国际事务硕士(MIA)系列

全球治理导论

赵可金 ◎ 著

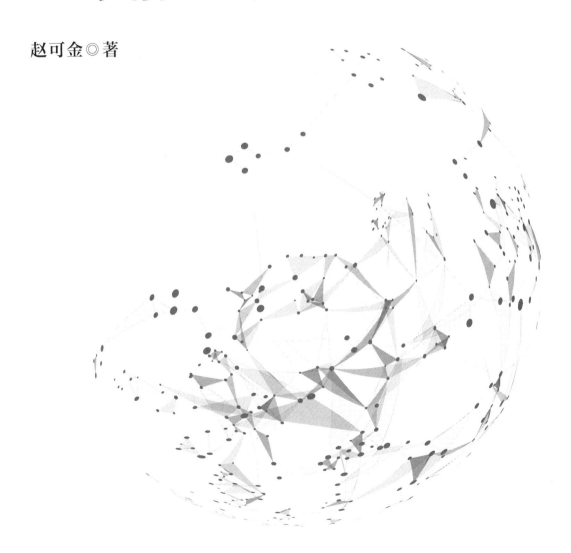

复旦大学出版社

"国际事务(MIA)系列"总序

　　创新是一个民族进步的灵魂,也是打开新世界之门的钥匙。上古时期,四大文明古国(古代埃及、巴比伦、印度和中国)与古希腊-罗马创造了灿烂的古典文化,开启了人类文明的轴心时代,引领人类社会走向文明。中世纪晚期,著名的文艺复兴和启蒙运动发生在欧洲,开启了人类社会走向工业文明时代的大转型。自1500年开始,欧美发达国家执世界发展之牛耳,以欧洲中心主义为主要内核的现代知识支配了全世界的知识体系。尤其是威斯特伐利亚体系建立以后,无论是欧洲人的"东方主义"思维,还是美国人主导的社会科学方法论,均不同程度地贯穿西方的历史、哲学、宗教、科学的知识谱系,对斯拉夫地区、亚非地区和其他地区产生了深刻影响。这种现象被一些学者批评为"学术殖民地化"。第二次世界大战以来,在全世界反对帝国主义、殖民主义和霸权主义的浪潮下,亚非拉等地区掀起了民族独立的高潮,纷纷打破了殖民主义的枷锁,实现了国家独立和人民解放,并在一定程度上复苏了经济。然而,迄今为止,广大发展中国家和地区尽管实现了政治独立和一定程度上的经济独立,但在思想文化和知识体系上尚未实现真正的独立,仍然笼罩在欧风美雨的暧昧云霭之中。

　　当今世界正经历百年未有之大变局。这一大变局主要表现为:国际力量对比正在发生历史性变化,一大批新兴市场国家和发展中国家快速崛起,数字化和智能化浪潮正在推动全球发展动能实现革故鼎新的巨大变化,以及全球治理体系和治理秩序呈现"礼崩乐坏"之态。在百年未有之大变局中,最具全局影响力的因素就是中华民族的伟大复兴,新型冠状病毒肺炎疫情的暴发则加速了百年未有之大变局的演化趋势,整个人类社会正在面对的是一个大变局的世界,一个新时代的中国正在世界舞台上绽放光彩。毫无疑问,当今世界的大变局和当今中国的大变革,对世界知识体系产生了巨大的冲击,一些原有的概念、理论和方法在解释力上都大打折扣,世界呼唤新的知识体系,包括学科体系、学术体系、话语体系和教材体系,甚至在更大的范围内呼唤实现人类历史上的"第二次文艺复兴"。

大道之行,天下为公。中国的发展离不开世界,实现中华民族伟大复兴,需要始终做到胸怀天下。中国共产党自成立以来,始终以世界眼光关注人类前途命运,从人类发展大潮流、世界变化大格局、中国发展大历史正确认识和处理同外部世界的关系,坚持开放,不搞封闭,坚持互利共赢,不搞零和博弈,坚持主持公道,伸张正义,站在历史正确的一边,站在人类进步的一边。随着日益走近世界舞台中央,中国前所未有地需要培养一支具有全球水准的高素质、专业化国际事务大军。为此,习近平多次强调,走中国特色大国外交之路,建设一支忠于党、忠于国家、忠于人民,政治坚定、业务精湛、作风过硬、纪律严明的对外工作队伍。2016年9月27日,习近平在中共中央政治局集体学习的讲话中强调,"参与全球治理需要一大批熟悉党和国家方针政策、了解我国国情、具有全球视野、熟练运用外语、通晓国际规则、精通国际谈判的专业人才。要加强全球治理人才队伍建设,突破人才瓶颈,做好人才储备,为我国参与全球治理提供有人才支撑"[①]。适应新时代中国国家战略需要和全球治理高素质人才培养需要,加强具有世界眼光的国际事务人才培养,对于服务中华民族伟大复兴和推动构建人类命运共同体具有重大战略意义。

中共十八大以来,中国特色社会主义步入新时代,而坚定不移地走中国特色大国外交之路,需要一大批具有全球水准的高素质人才。长期以来,我国国际事务人才较多在伦敦政治经济学院、约翰·霍普金斯大学、塔夫茨大学等欧美发达国家教学机构学习、进修。近年来,西方国家与我竞争日益激烈,外交人才的国际化培养面临困难,尤其是高级外交人员缺乏全球战略素养的训练,理论和实践"两张皮"问题十分严重,不能适应新时代中国特色大国外交的需要。同时,中国特色大国外交要求在世界范围内有一大批熟悉各国文化和了解中国国情的"国别通"和"中国通",而其他国家政府官员普遍对中国缺乏了解,他们往往到欧美大学读书,接受的是欧美国家的思想教育,对中国存有不同程度的偏见。同

---

① 《习近平谈治国理政》第二卷,外文出版社2017年版,第450页。

时,来中国留学的外国学生多攻读学术型学位,过于关注文化、历史、管理、商务等特定领域,缺乏对中国全面深入的了解。据统计,各国外交官有几十万人,因此,创建国际事务专业学位,帮助他们全面了解中国与其国家的关系,改善其与中国打交道的方式方法,是一项意义重大且极为迫切的战略任务。

建立国际事务学科、发展国际事务专业学位已经成为国内外的普遍做法。总体来看,国际一流高校普遍设有国际事务类专业硕士学位。环顾世界,设立国际事务硕士(Master in International Affairs)的知名院校有牛津大学、伦敦政治经济学院、日内瓦外交与国际关系学院、诺丁汉大学、杜伦大学、伯明翰大学、香港大学等。设立国际事务在职硕士(Mid-Career Master in International Affairs)的知名院校有哈佛大学、伦敦政治经济学院、哥伦比亚大学、约翰·霍普金斯大学的保罗·尼采高级国际研究学院、塔夫茨大学、加州大学圣地亚哥分校、乔治·华盛顿大学等。上述项目普遍为学制1—2年的全日制或非全日制学位项目。通过设立专业学位来培养国际事务领域的专业化复合型人才已经成为国际高校的普遍共识。除国际高校外,国内高校也普遍设立了国际事务相关专业。据统计,国内高校已经设立近32所国际关系学院或国际事务学院,但设立的人才培养项目普遍属于学术型学位项目,培养的学生进入外交和国际事务领域较少。国内如北京大学、清华大学和复旦大学等学校的公共管理学院和政府管理学院等设立了国际公共管理硕士(International Master of Public Administration,IMPA)学位,但大量课程属国内公共事务管理相关课程,不适合对外工作和国际事务需要,国际化程度还有待提升。由此,建立与国际事务专业学位相匹配的教材体系越来越成为我国国际事务人才培养的瓶颈。

清华大学是我国国际事务人才培养的重镇。自1997年薛谋洪大使在清华大学创办国际问题研究所以来,清华大学国际事务学科经过二十多年的发展,已经形成了基础厚实、文理交叉、中外合作的学科体系,拥有文科资深教授、俄罗斯科学院院士阎学通教授,金砖国家新开发银行首席经济学家李稻葵教授,国际货币基金组织全球副总裁朱民教授,世界卫生组织原总干事陈冯富珍教授,世界贸易组织上诉机构前主席张月姣教授等一大批高水平师资。国际政治本科专业成为国家一流本科专业,政治学一级学科成为国家"双一流"建设学科,在中外学科评估中都位居前列。同时,学科交叉融合是清华大学的传统优势,学校迄今为止已经建设计算社会科学平台,成为北京市政务大数据实验平台。清华大学计算社会科学平台与国家治理实验室成为教育部首批哲学社会科学实验室,它们推动建立全国计算社会科学联盟、建设大国关系定量预测数据库、举办亚洲政治学方法论年会,以及开发定量研究和统计分析的新型软件,在国际事务相关领域具有很好的思想、理论、方法以及技术基础储备。

自2022年开始,清华大学探索自主设立国际事务硕士(Master of International Affairs,MIA)专业学位人才培养项目,这是国内首家自主设立的国际事务硕士专业学位,是中国国际事务人才培养重心从学术型向专业型转变的重要标志。为了加强该人才培养项目,清华大学呼吁国内高校和研究机构共同加强国际事务相关学科专业建设,经与国内各兄弟院校协商,并得到复旦大学出版社的鼎力支持,决定推出一套"国际事务硕士(MIA)系列"教材,陆续推出《全球治理导论》《政治学基础》《国际事务概论》《国际发展》《国际谈判》《世界经济》《跨文化交流》《中国经济外交》《全球经济治理》《国际安全治理》《国际法事务》《国际公务员制度》《涉外文书写作》《国际事务伦理》《国际事务研究方法》等教材,期待更多的国内外同行一起参与,打造一套具有世界眼光、中国特色和专业水准的一流教材,为实现中华民族伟大复兴、推动构建人类命运共同体作出更大贡献。

是为序。

赵可金
2021年12月6日于北京双清苑

目 录

序一 ··· 秦亚青 Ⅰ
序二 ··· 蔡 拓 Ⅲ

导论 ··· 1
    第一节 治理概念 ·· 1
    第二节 治理意义 ·· 6
    第三节 治理轴心 ·· 14
    第四节 研究框架 ·· 18

第一部分 治 理 理 论

第一章 历史发展 ·· 25
    第一节 治理渊源 ·· 25
    第二节 帝国治理 ·· 28
    第三节 国际治理 ·· 30
    第四节 全球治理 ·· 35

第二章 理论范式 ·· 43
    第一节 治理范式 ·· 44
    第二节 理论路径 ·· 52
    第三节 分析模型 ·· 61

第三章 治理价值 ·· 70
    第一节 治理价值及其意义 ···································· 71
    第二节 全球价值及其要素 ···································· 75
    第三节 全球价值的实践 ······································ 81

第四节 全球价值的愿景 ·················· 85

第二部分 治 理 体 系

第四章 权力的变迁与治理 ·················· 95
    第一节 权力逻辑 ·················· 95
    第二节 结构变迁 ·················· 102
    第三节 大国关系 ·················· 105
    第四节 治理途径 ·················· 109

第五章 跨国公司与治理 ·················· 119
    第一节 市场逻辑 ·················· 119
    第二节 跨国公司 ·················· 127
    第三节 治理形态 ·················· 134
    第四节 治理途径 ·················· 142

第六章 社会网络与治理 ·················· 150
    第一节 认同逻辑 ·················· 150
    第二节 社会网络 ·················· 157
    第三节 治理形态 ·················· 162
    第四节 治理途径 ·················· 164

第七章 国际制度与治理 ·················· 169
    第一节 法的逻辑 ·················· 169
    第二节 多边主义 ·················· 173
    第三节 多中心治理 ·················· 178
    第四节 治理途径 ·················· 190

第三部分 治 理 能 力

第八章 议题管理 ·················· 199
    第一节 议程设置 ·················· 199
    第二节 框架政治 ·················· 207
    第三节 方法技术 ·················· 213

第九章　治理规范 … 216
第一节　国际规范 … 216
第二节　规范创制 … 219
第三节　规范扩散 … 225
第四节　规范变革 … 231

第十章　标准设定 … 234
第一节　制度化与制度巩固 … 234
第二节　标准化与标准设定 … 237
第三节　治理过程的政治 … 245

第十一章　遵约履行 … 253
第一节　遵约 … 254
第二节　履行 … 259
第三节　强制执行 … 265

第十二章　能力建设 … 273
第一节　国际公务员制度 … 273
第二节　国际组织预算管理 … 280
第三节　国际事务管理 … 285

第四部分　治理实践

第十三章　领域治理 … 295
第一节　全球和平与安全治理 … 295
第二节　全球经济与发展治理 … 301
第三节　公共卫生与全球健康治理 … 308
第四节　全球环境与气候治理 … 312
第五节　全球公共领域治理 … 316

第十四章　地区治理 … 320
第一节　地区治理概论 … 320
第二节　欧洲的地区治理 … 326
第三节　亚洲的地区治理 … 329

  第四节　美洲的地区治理 …………………………………… 333
  第五节　非洲的地区治理 …………………………………… 336

第十五章　全球治理的中国路径 ……………………………………… 340
  第一节　中国的全球治理观 ………………………………… 340
  第二节　全球治理与中国大战略 …………………………… 344
  第三节　全球治理的中国实践 ……………………………… 348

主要参考文献 ………………………………………………………… 356

后记 …………………………………………………………………… 358

序 一

◎ 秦亚青

冷战结束之后,全球化以前所未有的势头席卷世界,随之而来的是各种各样的全球性问题。全球治理作为国际社会应对全球问题和跨国威胁的重要方式,已经成为世界政治的重大议程,也成为国际关系研究的重要内容。近年来,全球治理赤字严重,民粹主义升温,反全球化、逆全球化的思潮和现象处处可见,使得全球治理更趋复杂、有时甚至步履维艰。赵可金教授的《全球治理导论》(以下简称"《导论》")正是在这种背景之下,围绕全球化这一时代的重要命题,对全球治理做出系统的解读。这是一部优秀的国际关系教材,是国际关系专业学生必读书;同时,这又是一部学术性很强的著述,对于我们理解全球治理,进而理解当今的国际关系和世界政治,都具有深刻的启发性意义。

《导论》有几个鲜明特色。一是全面系统地阐释全球治理的思想和实践。《导论》从治理的概念入手,梳理了全球治理的发展脉络;同时,也以治理理论、治理体系、治理能力、治理实践为支柱,构建了一个逻辑性很强的学理系统。比如,在治理理论的讨论中,首先讨论治理理念的发展历史,从帝国治理到国际治理再到全球治理,脉络清晰、解释合理,使读者有了一种纵向的历史景观。再比如,在治理实践的讨论中,包含当今世界最重要的治理领域,从安全和平到公共卫生再到能源、环境和气候变化,纹理明晰、分析精准,使读者有了一种横向的广阔视域。这种纵横交错的设计所展现的是全球治理的全景图像,使读者对全球治理有了一个系统的认知。

二是兼容并蓄地呈现全球治理的多样形态。《导论》无论是在理论还是实践的表述上面,都表现了一种尊重多样性的包容态度。书中讨论了亚洲、欧洲、美洲、非洲等不同地域文化的治理方式,既对这些不同地区治理的相通相似之处做了清楚的描述,也对其差异进行了合理的分析。这一点是至关重要的,因为对于治理而言,不同地区的目标可能会有许多相似的地方,比如和平与发展;但是实践方式却会有着很大的不同,比如欧洲的制度先行方式和东亚的灵活开放方式,等等。《导论》采用的呈现不同、尊重差异的叙事方式在认识论方面给予读者一种潜移默化的影响,使他们领略大千世界的万千景象,在观察、认知、比较、思考中获得知识并体悟获得知识的方法。

三是与时俱进地展现全球治理的全球视野。全球治理离不开一种以天下观天下的全球视野、一种以人类意识思考人类命运的人文关照,这也是《导论》的一个支撑性理念。全球化和全球治理无疑是国际关系历史发展的重要事件,不但将世界变成了一个"地球村",也将整个人类的命运紧密地联系在一起。全球治理的成功与否,与制度、规则、规范等有着密切关系,但如果没有全球的视野和人类的关照,有效治理永远只能是一句空话。全球公共产品、全球公共权威、全球规范价值等都是以全球为目的、以天下为事业的,都需要一种全球的公民境界和人文意识。正如作者在书中强调全球启蒙教育时所指出的那样,"全球治理所蕴含的最大能量就是通过公民生活对全球公民意识进行全球性教育启蒙,不断生产出具有全球公民精神境界的全球治理主体"。只有具有这样的精神和意识,才能真正建设人类命运共同体,实现全球良治。

赵可金教授是一位优秀的国际关系学者,多年来潜心研究、笔耕不辍,出版了多部重要著作。《导论》作为一本专业教材,内容全面、脉络清晰、布局合理、资料丰富,在结构上具有很强的系统性和科学性。作为一名在清华大学开设多门国际关系专业课程的教授,他的谋篇设计既考虑到教学的需要,也为学生提供了丰富的思考空间。每一章后面都附有课后思考题,包括名词解释和论述题,以加深学生对核心概念的理解和重要内容的反思。另外,《导论》表现了作者对全球治理的理解和诠释,在一些重要的治理问题上,见解独到、论证有力,反映出作者深厚的学术功底,对于关心国际事务的一般读者和研究国际关系的专业人员也会产生有益的启迪。

全球化是当今世界政治的一个重要特点,不会因为反全球化的思想和行为而终止;全球治理是全球化无法避开的议程,也是国际关系研究的重要内容。希望这部著作的出版能够进一步推动全球治理的教学和研究,进而推动国际关系学科的建设和发展,培养更多具有全球公民意识的治理人才。

2021年2月8日于京西厂洼

序 二

◎ 蔡 拓

冷战结束至今的三十年,是人类社会发展进程中波澜壮阔、气象万千的三十年,也是波谲云诡、风云变幻的三十年。其间,美苏两霸格局的瓦解和冷战的终结、全球化与全球治理浪潮营造的世界统一市场和对话合作政治的新态势,以及陆续出现的"9·11"事件、国际金融危机、欧洲难民危机、英国脱欧、中美贸易战,直至肆虐全球的新冠病毒疫情,一幕幕悲喜剧给当代人类带来极大的震撼。与之相伴随,特朗普主义、强人政治、民粹主义、身份政治造成的社会撕裂和价值、理念、意识形态的极化与对抗,又呈现出人类面临的空前严峻的挑战。所谓世界百年未有之大变局,就在于上述问题、挑战、困境在这短短三十年内叠加并集中爆发。

但是,贯穿上述重大事件、走向的更具基础性、根本性的历史主题,在我看来是全球化与全球治理的时代意义与历史定位,是全球主义与国家主义的博弈与融合。正是在这三十年中,全球化与全球治理经历了从高潮走向低谷,甚至遭遇逆全球化、去全球化、去全球治理的困境。因此,理性地认知当下的全球化与全球治理,深刻地反思全球化与全球治理进程中出现的问题与失误,探寻务实、有效地推进全球化与全球治理的路径与对策,就是人文社会科学特别是国际关系学界共同关注的议题与责任。

不言而喻,学者们对全球治理的反思和新认知、新探索是丰富多彩、不尽相同的。我的基本观点如下。

其一,坚守全球化的大方向。20世纪70年代至今的全球化的失误、偏颇与弊端,绝不意味着全球化客观性的终结与合法性的丧失。因为,全球化的客观性与合法性根源于市场经济的全球扩张和科学技术的不断进步所带来的全球相互依存。凭借通信网络技术和交通工具的革命性变革,以全球产业链、供应链、价值链为纽带,辅之以相应的组织、规范、制度、机制的全球社会正日益发展,这个大的历史走向不以人的意志为转移。尽管每个时期的全球化都会经历启动、上行、高潮、下行的阶段，但全球化总的历史进程是不断提升、深入的，几千年的文明史，特别是地理大发现以来的全球化发展史都证明了这一点。所以，这一轮全球化的下行、危机，尤其是新型冠状病毒肺炎疫情带来的空前困境，都不能使我们得出全球化终结的结论。只有认同、坚守全球化的大方向，在此前提下，认真反思全球化进程中的失误、偏颇、弊端，并下大力气采取果断措施，去纠正、克服，才能摆脱当下全球化的艰难困境，开辟全球化发展的新前景。

其二，明确全球治理的理论本质与要义。全球化的历史客观性与走向，决定了全球治理的历史客观性与走向。因此，尽管当下全球治理面临困境，处于低谷，但伴随反思后全球化的新进程，全球治理也会在不断反思与变革中走向新的发展阶段，人类的公共事务离不开全球治理。这里要注意，对全球治理的坚守需要国际社会有更多的理论共识，这个共识就是明确并认同全球治理的两个理论支撑。一是行为体的多元性，只有国家的治理和传统的国际治理，不能称之为全球治理。全球治理的主体中必须给予非国家行为体应有的承认与尊重。二是全球主义的价值，多元行为体参与的全球治理当然要维护国家合理、正当的权益，但其更本质的追求是人类共同利益、共同意愿与权利，以及全球正义。偏离全球主义价值的治理不是真正的全球治理。

其三，必须着力处理好全球主义与国家主义的关系，统筹全球治理与国家治理。为此，需要践行一种新的政治哲学，即全球主义观照下的国家主义。

其四，全球治理的共治特点，要求在理念、组织构建、机制运行等各个方面平衡国家与非国家行为体的关系，并承认国家在全球治理中更基础的地位。理念上要同时破除国家中心和社会中心，坚持国家与非国家行为体的平等地位。

其五，直面全球治理的领导权之争。全球治理的领导权体现为在全球治理议程的设置、规则与机制的制定、结果导向的控制等方面有明显的影响力和作用。这种领导权来源于或依托于硬实力（主要是经济、科技和军事实力）、软实力（即良好的国内治理、公认的制度和价值的吸引力、号召力）。冷战时期，美苏扮演世界领导者的角色。冷战结束后，美国成为唯一的超级大国和毋庸置疑的领导者。2008年国际金融危机以后，中国在全球治理中的地位与作用日益彰显。今后，全球治理的领导者是谁，领导者应该如何理性行使领导权，履行领导责任，这些恐怕是包括中国在内的世界大国或国家联盟必须认真思考和对待的问题。

众所周知，21世纪以来，清华大学的人文社会科学异军突起，国际关系学科更是其中的典型。赵可金教授及其团队多年来活跃于全球治理领域，推出了多项有影响的研究成果，得到了学术界的广泛认同。赵可金教授及其团队撰写的《全球治理导论》一书，系统、深刻地阐述了他们对全球治理的最新认知，代表了他们的最新研究成果，是全球治理研究领域一本颇有理论深度的力作。该书体现了如下几个特点。

首先，该书的最大特色，也是最突出的学术贡献是对治理能力的理论阐述与分析。在通常的全球治理研究中，涉及较多的是治理的理论、历史、主体、机制和诸多全球性问题所代表的治理领域，但鲜有对治理过程、治理技术层面的研究。治理过程、技术层面的研究，实际上体现了两个重要的视角与要求，一是动态的视角与要求，二是实践的视角与要求。也就是要回答治理是如何进行的？正是基于此，《全球治理导论》通过第三部分共五章的内容，即议题管理、治理规范、标准设定、遵约履行和能力建设，系统地阐述了治理实际运行中的重要节点与要素，从而加深了人们对治理的认知。总之，治理能力的概括与阐述既反映了作者对全球治理更深刻的理论把握，也是他们长期关注和投入治理实践的反馈与结晶。

其次，该书有意识地打破学科界限，以多学科的视野对全球治理进行研究。纵观全书，可以看到，该书不仅立足于国际关系学科，还广泛借鉴了社会学、经济学、传播学、心理学、公共政策等学科的理论与研究方法，从而丰富了该书的分析工具和理论内容，有助于更好地认知与理解全球治理。学科的交叉和交叉学科的设立与倡导，已是学科发展大趋势，该书在这方面作出了新的值得赞许的努力。

最后，该书在理论的广度与深度上着力显著。这突出表现于第三部分关于治理能力的阐述，正是诠释新知识点的需要和多学科方法的运用，为拓展全球治理研究的理论视野和深度提供了可能。所以，该书虽然定位为一本教材，但更确切地讲，应该是一本研究性教材。

2016年，北京大学出版社出版了我和杨雪冬、吴志成两位教授共同主编的国内第一本规范意义上的全球治理教材——《全球治理概论》。现在，赵可金教授的又一本规范意义上的全球治理教材即将问世，这是学术界的一件喜事。自党的十八大明确宣示中国认同和积极参与全球治理，特别是中共中央政治局2015年、2016年两年连续专题研究全球治理相关工作以来，全球治理已成为我国对外战略的总战略，也是与国家治理并重的两个大局之一，其地位与作用之重要毋庸置疑。

高校不仅需要承担深入研究全球治理、为我国外交政策贡献智慧的工作,还应自觉履行推进全球治理教育、培养全球治理人才的责任,而教材正是开展全球治理教育的必备品。我相信,这两本教材可以更好地满足社会,特别是高校开展全球治理教育的需要。同时,在教学实践中也能相互比较、借鉴,取长补短,不断予以完善,共同为我国的全球治理教育作出新贡献。

2021 年 1 月 15 日

导 论

新型冠状病毒肺炎疫情(以下简称"新冠疫情")是21世纪以来人类社会面临的真正全球意义上的危机,对整个世界产生了重大而深远的影响。自2019年年底暴发以来,疫情已蔓延到整个世界。根据世界卫生组织数据,截至2021年12月29日,全球累计新冠确诊病例已达279 663 987例,包括死亡病例5 399 161例。美国、印度、巴西累计确诊病例数位列全球前三。具体而言,美国累计确诊51 775 769例,印度累计确诊34 793 333例,巴西累计确诊22 230 737例。[①]

应对新冠疫情过程中暴露出来的严重问题凸显了全球公共卫生治理的脆弱性。在疫情蔓延的过程中,不仅新兴市场国家等广大发展中国家深受其害,连公共卫生体系和医疗条件均有较高水准的欧美发达国家在面对疫情冲击时也显得不堪一击。更令人忧虑的是,疫情引发的种种次生灾害如经济衰退、社会停摆、权力扩张甚至国际摩擦等问题,更令人对全球治理的未来感到忧心。一些国家,尤其是西方发达国家在面对疫情冲击时非但没有致力于建立"世界抗疫统一战线",反而陷入了无端指责甚至企图"甩锅"的局面,有人在这过程中惊呼全球化逆转和世界秩序的坍塌。

总之,新冠疫情不仅是医学问题,更涉及公共卫生治理问题,甚至是治理体系和治理能力不足的问题。应对新冠疫情是全球健康治理的重要内容,解决治理问题是关键。因此,全球治理是什么?为什么要进行全球治理?如何进行全球治理?这些相关问题不仅关系到一个国家的未来,更关系着整个世界的未来。

第一节 治 理 概 念

"治理"(governance)一词在英语中起源于拉丁文和古希腊语中的"掌舵",原意是控制、引导和操纵,经常与政府(government)一词混用,主要用于描述与国家

---

① 数据来源:世界卫生组织网站,https://who.maps.arcgis.com/apps/opsdashboard/index.html#/345dfdc82b5c4f6a815f1d54a05d18ec,最后浏览日期:2021年12月29日。

公共事务相关的宪法和法律的执行问题。"治理"被重视起源于16世纪，为了拓展和争夺海外殖民，争夺大西洋海上霸权，欧洲列强爆发了连绵不断的战争冲突。针对连绵不断的战争带来的巨大破坏，荷兰法学家雨果·格劳秀斯（Hugo Grotius）和塞缪尔·普芬道夫（Samuel Pufendorf）重新界定古罗马关于民族权利的概念，力图制定一部足以约束欧洲列强行为的国际法规范。但是，在信奉"丛林法则"的近代殖民开拓时期，主导国际关系和国际秩序的仍是国家权力，强权即真理。因此，两位学者在此种时代背景下所做的一切只能是徒劳的。

当代的治理概念首先出现于20世纪80年代。1989年，世界银行（World Bank）在讨论撒哈拉以南非洲的发展问题时，针对主权失败和市场失败提出了"治理危机"的说法。近年来，随着全球化进程的加快，全球治理相关研究在世界各国逐渐兴起，全球治理问题日益引起国际社会的关注。[①] 但是，关于何谓全球治理，其包括哪些要素和客观内容等问题，学术界至今存在很大争论。学界对全球治理概念的表述常见的有"全球治理""世界治理""国际治理""国际秩序的治理""没有政府的治理""全球秩序的治理"等，概念的多样化呈现足以体现研究者在全球治理研究方面的混乱程度。

从严格的学术意义上来说，一个学术范畴的引入必然意味着在学理上抽象了某一类客观事实，这一客观事实作为一种前所未有的新颖事实在社会生活中持续地发挥作用。[②] 全球治理最早由德意志联邦共和国前总理维利·勃兰特（Willy Brandt）在20世纪90年代初提出和倡导，他与瑞典前首相英瓦尔·卡尔松（Ingvar Carlsson）等28位国际知名人士于1992年在联合国发起成立全球治理委员会，在1995年发表《天涯成比邻》的报告，提出全球治理的概念。在这一报告中，"治理"指的是各种公共的或私人的个人和机构管理共同事务的诸多方式的综合。它是使相互冲突或不同利益得以调和并采取联合行动持续的过程。根据这一报告，治理存在四个特征：一是治理不是一套规则和一种活动，而是一个过程；二是治理过程的基础是协调而非控制；三是治理既涉及公共部门，也涉及私人部门；四是治理是持续互动而非一种正式制度。基于上述特征，全球治理最终被界定为"各种各样的个人、团体——公共的或者私人的——处理其公共事务的综合，通过这一过程，各种互相冲突和不同利益得到调和并采取合作行动。它既包括有权迫使人们服从的正式制度和规则，也包括各种经人们同意或者符合其利益的非正式制度安排"[③]。综合而言，全球治理委员会对全球治理的认定较为宽泛，它从互动过程的

[①] "治理"一词最早在20世纪80年代初开始被不规则地使用，20世纪90年代以来日益流行。
[②] ［英］伊·拉卡托斯：《科学研究纲领方法论》，兰征译，上海译文出版社1986年版，第69页。
[③] ［瑞典］英瓦尔·卡尔松、［圭］什里达特·兰法尔主编：《天涯成比邻——全球治理委员会的报告》，赵仲强等译，中国对外翻译出版公司1995年版，第2—3页。

角度界定全球治理,涵盖众多行动体的共同参与,以及各种非制度性的协调行动,更加注重各行为体间的利益协调和合作达成的过程,因而包含的内容更多而且更复杂。

在联合国全球治理委员会基础上,联合国开发计划署(The United Nations Development Programme,UNDP)2007年发表的《治理指数:使用手册》则进一步明确了治理的定义,提出治理是一套价值、政策和制度的系统。其中,一个社会通过国家、市民社会和私人部门之间或者各个主体间内部互动来管理经济、政治和社会事务。它是一个社会通过自身组织来制定和实施决策,以达成相互理解、取得共识以及采取行动的过程。治理由制度和过程组成,公民和群体可以通过这些制度和过程表达自身利益,减少彼此间分歧,履行合法权利和义务。然而,这个定义依然比较烦琐,无法简明概括治理的内涵,在边界上也不十分清晰。

在国际政治学界,自美国学者詹姆斯·罗西瑙(James Rosenau)和德国学者恩斯特-奥托·泽姆(Emst-Otto Czempie)于1992年编辑出版《没有政府的治理:世界政治中的秩序与变革》一书以来,全球治理成为人们关注的重点问题。在罗西瑙等学者看来,全球治理指的是一系列活动领域中的管理机制,它们虽未得到正式授权,却能有效发挥作用。全球治理是一套没有公共权威的管理人类活动的行之有效的机制。[1] 治理与政府统治有着重大区别。治理是一系列活动领域里的管理机制,是一种由共同的目标支持的活动,管理活动的主体未必是政府,也无须依靠国家的强制力量来实现。治理既包括政府机制,也包括非正式的、非政府的机制。全球治理可以设想为"包括通过控制行为来追求目标以产生跨国影响的各类人类活动——从家庭到国际组织——的规则系统"[2]。

另一位美国知名学者奥兰·扬(Oran Young)认为,一个治理体系是一个不同集团的成员就共同关心的问题制定集体选择的特别机制,这种机制具有多种形式,包括传统的部落组织模式、中世纪欧洲的治理机构模式、现代主权国家机制模式以及全球社会、政治和经济组织的雏形结构模式。[3] 显然,在奥兰·扬看来,全球治理是历史的产物,且含义极为广泛,涵盖了自古至今的不同治理模式,未来的全球治理模式不过是以往治理模式的变迁而已。不过,奥兰·扬的定义过于偏重制度,而对不同制度之间的关系、国家与国际制度的关系、调节国际制度中的利害冲突等问题没有加以充分强调和说明。

此外,还有很多学者从不同角度对全球治理的内涵做出了自己的界定。劳伦

---

[1] James Rosenau and Ernst-Otto Czempiel, eds., *Governance Without Government: Order and Change in World Politics*, London: Cambridge University Press, 1992, p. 5.

[2] James Rosenau, "Governance in the Twenty-first Century", *Global Governance*, 1995, Vol. 1, No. 1, p. 13.

[3] Oran Young, *International Governance: Protecting the Environment in a Stateless Society*, New York: Connell University Press, 1994, p. 26.

斯·芬克尔斯坦(Lawrence Finkelstein)直言不讳地宣称全球治理就是超越国界的关系,就是治理而没有主权,就是在国际上做政府在国内做的事。① 戴维·赫尔德(David Held)则强调全球范围的、多层次的、民主参与的治理。② 除政府以外,社会上还有一些其他机构和组织负责维持秩序,参加对经济和社会的调节。各国政府不再垄断指挥和仲裁的政治职能。现在,行使这些职能的是多样性的政府和非政府组织、私人企业和社会运动,它们合在一起构成本国的和国际的某些政治、经济和社会协调形式。因此,全球治理应该是一个规范的系统,主张所谓"没有政府的治理",即一个由共同价值观和共同事业来指导的管理体系,通过共识建立权威,通过体现着共同目标的主动精神进行治理。

相比之下,著名国际政治学者罗伯特·基欧汉(Robert Keohane)和约瑟夫·奈(Joseph Nye)对全球治理的认识则包容了前面的看法,将全球治理界定为由正式和非正式的程序和制度来指导和限制一个集团的集体行为。两位学者认为全球治理在努力探索一种自由放任和世界政府之间的中间方案,即一套提高协调性,创造疏导政治和社会压力安全阀的治理机制,这样的治理机制需要不同性质组织的参与,包括政府、私人部门和第三部门。③ 基欧汉等人的看法得到了学界的广泛认同。在此基础上,一些学者将全球治理分解为"为什么治理""谁治理""治理什么""如何治理"以及"治理得怎么样"五个问题。④

中国学者在介绍全球治理思潮的时候基本接受了基欧汉和奈的界定。比如俞可平认为,所谓全球治理,指的是通过具有约束力的国际规制解决全球性的冲突、生态、人权、移民、毒品、走私、传染病等问题,以及维持正常的国际政治经济秩序。⑤ 蔡拓认为,全球治理以人类整体论和共同利益论为价值导向,多元行为体平等对话、协商合作,共同应对全球变革和全球问题挑战的一种新的管理人类公共事务的规则、机制、方法和活动。⑥ 俞正樑、陈玉刚和苏长和认为,全球治理是全球政治的一种形式,是一种没有世界政府的治理,是一个由共同理念和共同视野来指导的管理体系,它通过共识树立权威,不一定需要以强制为手段,靠的是闪耀着共同

---

① Lawrence Finkelstein, "What is Global Governance", *Global Governance*, 1995, Vol. 1, No. 3, p. 369.
② 参见[英]戴维·赫尔德:《民主与全球秩序:从现代国家到世界主义治理》,胡伟等译,上海人民出版社2003年版。
③ Robert Keohane and Joseph Nye, "Introduction", in Joseph Nye and John Donahue, eds., *Governance in a Globalizing World*, Washington, D.C.: Brookings Institute Press, 2000, pp. 12—14.
④ 参见[加拿大]K.J.霍尔斯蒂:《没有政府的治理:19世纪欧洲国际政治中的多头政治》,载[美]詹姆斯·N.罗西瑙主编:《没有政府的治理》,张胜军、刘小林等译,江西人民出版社2001年版,第32—59页;俞正樑、陈玉刚、苏长和:《21世纪全球政治范式》,复旦大学出版社2005年版,第38—62页;俞可平:《全球化与政治发展》,社会科学文献出版社2005年版。
⑤ 俞可平:《全球治理引论》,载俞可平主编:《全球化:全球治理》,社会科学文献出版社2003年版,第13页。
⑥ 蔡拓:《全球治理的中国视角与实践》,《中国社会科学》2004年第1期,第95—96页。

光芒的主动精神。① 总之,在学者们看来,全球治理即在没有权威机构的情况下管理超国界和跨国界的事务,在国际上实施政府在国内所扮演的功能。② 由此可见,全球治理内在着一种秩序性追求,亦如罗西瑙所言,治理是"秩序加意向性",亦即共同目标和规则。③

综上所述,全球治理是由各种公共的和私人的机构共同参与的对全球公共问题的管理,进而达成不同程度的全球集体合作行动,并确定稳定的秩序,其核心是如何克服集体行动困境的问题,或者说"如何组织集体行动"的问题。④ 关于全球治理的要素,俞可平认为主要包括治理主体、治理客体、治理价值、治理规制以及治理效果五个,分别对应回答了谁治理、治理什么、为什么治理、如何治理、治理效果如何等问题。然而,这一认识更多是从现象描述的角度认识全球治理,没有回答全球治理的本质特征,不利于人们对全球治理逻辑的理解。本教材认为,全球治理与统治、管理、参与等行为不同,理解全球治理的本质需要关键把握以下三个要素。

一是治理主体的开放性。全球治理的主体是开放的,在结构上呈现为网络化而非等级化的结构,涵盖国家、非国家乃至个人等众多行为体。与政府统治、经济管理不同,治理行为不是法律赋予的权力体系,而是积极行动的责任体系,治理不存在能力问题,只存在意愿问题,即不管是国家治理、社会治理还是全球治理,治理的本质属性是积极公民精神。尽管政府统治也可以通过民主化实现决策的开放透明,工商管理也通过履行社会责任以包容更多的利益相关者,但其核心是权力而不是责任。治理意味着意愿和责任,参与全球治理的行为体是一些责任主体,只要坚持公共责任导向,就可以参与治理和全球治理。当然,推动政府决策民主化和企业社会责任,也可以被称为政府治理和企业治理。

二是治理对象的全球性。全球治理仅解决那些国家间的事情,仅仅治理全球性问题,而国家内部事务属国家治理范畴。因此,全球治理不是以国家为中心的治理,而是以人类为中心的治理,它集中解决事关全人类的、超越单一国家的问题。传统上,国家间的问题主要涉及和平与发展问题,即如何避免和防止战争以及实现国家发展繁荣的问题,分别属于国际关系和国际政治经济学问题。与国际关系和国际政治经济学相比,全球治理要解决的是国家和国际关系无法解决进而上升到全球层次的问题。与国家治理相比,属于主权范围内的事情并不是全球治理要关注的问题,但当主权无法履行对人类权利的保护的责任(responsibility to protect,

---

① 参见俞正樑、陈玉刚、苏长和:《21世纪全球政治范式》,复旦大学出版社2005年版。
② Lawrence Finkelstein, "What is Global Governance", *Global Governance*, 1995, Vol. 1, No. 3, p. 369.
③ James Rosenau and Ernst-Otto Czempiel, eds., *Governance Without Government: Order and Change in World Politics*, Cambridge: Cambridge University Press, 1992, p. 9.
④ 参见苏长和:《全球公共问题与国际合作:一种制度的分析》,上海人民出版社2000年版。

R2P)时,这类原属主权范围内的问题就需要被纳入全球治理的范畴。与国际关系相比,国家间通过和平谈判的外交、同盟、集体安全等手段能够解决的问题,也不是全球治理关注的问题,全球治理仅仅是在国际关系失灵的情况下出现的一道新的堤坝,它遵循辅助性原则,主要致力于提供全球公共物品。

三是治理方式的协商性。全球治理是在假定没有世界政府的前提下,有关各方形成集体行动的过程。在全球范围内形成集体行动并提供全球公共物品是一项十分困难的事情。根据公共物品理论,任何一个理性行为体为了维持自己的利益,都不愿主动向社会提供公共物品,特别是在安全、军事等高级政治议题领域,更多的理性行为体都抱着观望和搭便车的心理,最终的结果就是回归"霍布斯丛林法则"。[①] 如何通过协商有效组织集体行动成为全球治理要解决的核心问题。因此,全球治理的本质属性是一个过程安排而非结构安排,这一过程能否导向特定的结果从根本上来说是不确定的。从这个意义上来说,虽然强调全球治理的价值十分重要,但治理价值并非全球治理的必要因素,全球治理在本质上对价值保持开放性,最终确立什么价值是协商过程的产物,而不是预先既定的产物。

总之,全球治理的理念最初来自西方,且更多强调非政府组织和其他社会行为体自下而上地参与全球公共事务协商与合作,本质上是一种"没有政府的治理"(governance without government)。相比之下,中国对全球治理有着特定的理解,即坚持共商共建共享的全球治理观。这一治理观更强调政府与非政府组织之间的合作,尤其是强调一些具有全球影响力的大国在其中发挥建设性引领作用,本质上是一种"与政府合作的治理"(governance with government)。因此,全球治理的概念可以被界定为在处理全球公共事务过程中,国家与国家之间、政府与市场和社会行为体之间为有效应对全球性问题而开展的持续协商和互动,进而确立全球公共权威和提供全球公共产品的活动、关系、过程。全球治理研究是致力于探索全球公共事务治理之道及其发展规律的一门新兴学科,这一学科实现了从以国家为本位的国际关系研究向以人类命运共同体为本位的全球治理研究的跨越,引领了人类知识进步的潮流。

第二节 治 理 意 义

任何一个新生事物都有其独特意义。迄今为止,绝大多数学者在使用全球治理概念时都隐含着一个重要假定,即捍卫全球利益和全球价值。存在这一假定是

---

① 参见[美]曼瑟尔·奥尔森:《集体行动的逻辑》,陈郁等译,上海三联书店、上海人民出版社1995年版。

因为人类社会已被划分为领土主权的政治空间，国家内部的事务主要由国家治理，国家间事务由国际关系和国际体系处理，人类社会整体的事务则交给全球治理，这是一种人类的本质意识的觉醒。当一个国家内部的事务外溢出国界，且国际关系又无法解决时，全球治理的意义就凸显了。因此，提出全球治理的首要意义，就在于应对国家失灵和国际关系失灵后的政治建制问题。一个国家无论是富甲天下，还是武装到牙齿，都无力解决环境保护、国际犯罪和恐怖主义、大规模传染病、气候变化等人类共同面临的问题。从某种意义上可以说，全球治理是人类社会追求美好世界的一种崇高理想和正义行动，既包括跨国的权威，也包括国际的规范。因此，全球治理的意义主要体现在以下四个方面。

一、全球治理为应对全球问题提供了全球公共产品

传统上，提供公共产品是政府的责任。在现有国际体系下，提供国内公共产品是国家和政府的责任，而国际公共产品普遍缺乏。"国际公共产品"这一概念由"公共产品"发展而来，虽然"公共产品"属于经济学概念，但最早关注它的却是古典政治学家亚里士多德（Aristotle）。后来，大卫·休谟（David Hume）、托马斯·霍布斯（Thomas Hobbes）、亚当·斯密（Adam Smith）、约翰·斯图亚特·穆勒（John Stuart Mill）等学者也关注了公共产品，并通过描述公共产品的提供困境来论证政府存在的合法性。现代意义上的"公共产品"概念则由瑞典学派的埃里克·罗伯特·林达尔（Erik Robert Lindahl）于1919年在《公平税收》（*The Justness of Taxation*）一书中首次提出。目前，学术界所公认的"公共产品"定义由美国经济学家保罗·萨缪尔森（Paul Samuelson）提出，他给出了公共产品的两个特征：非排他性与非竞争性，并指出每个人对这种产品（公共产品）的消费都不会导致其他人对该产品消费的减少，然而在现实中很难找到完全符合萨缪尔森定义的公共产品。因此，在萨缪尔森定义的基础上，后来的学者进一步将不同的产品划分为纯公共产品、准公共产品（包括俱乐部产品、公共池塘资源）及私人产品。现在学界研究的公共产品一般包括纯公共产品和准公共产品。虽然有研究认为私人和集团（组织）也提供公共产品，但政府仍然被公认是公共产品最大的提供者，提供公共产品是政府的主要职责。

最早提出"国际公共产品"概念的是普林斯顿大学曼瑟尔·奥尔森（Mancur Olson），他将"国际合作"定义为一种国际公共产品，并分析如何增加这种国际公共产品的供给。查尔斯·金德尔伯格（Charles Kindelberger）、罗伯特·吉尔平（Robert Gilpin）等学者则将"国际公共产品"定义为各种维护国际社会稳定的制度性与非制度性安排，强调霸主国有责任提供国际公共产品。金德尔伯格在对1929—1933年的大萧条进行研究的基础上，认为开放和自由的世界经济需要一个

居支配地位的强国来起稳定器的作用,作为稳定器的国家有责任向国际社会提供"公益"(公共产品),包括稳定的国际货币、开放的贸易体制及国际安全等。①吉尔平进一步拓展了国际公共产品的内涵,提出"霸权稳定论"。他所指的国际公共产品包括稳定的国际金融体制、开放的国际贸易体制、有效的国际援助体制以及可靠的国际安全体制等,强调霸权国通过提供这些国际公共产品来实现体系内的稳定和繁荣。霸权国提供国际公共产品,其他国家作为消费者"搭便车",这样的结果是霸权国提供的国际公共产品会越来越少,最终出现短缺。② 西方学者的"霸权稳定论"观点影响很大,哈佛大学教授约瑟夫·奈也认为美国应该提供包括维持重要地区均势,调解分歧,组建联盟,促进国际经济开放,提供经济发展援助,保护国际公共领域,维持国际规则与制度等在内的公共产品。③

20世纪末以来,随着全球化和地区一体化进程的加快,各式各样服务于区域一体化的组织大量出现,国际公共产品的内涵被进一步丰富,学界对国际公共产品的认识也进一步深入,出现了对区域公共产品的研究。与一般意义上的国际公共产品不同,区域公共产品类似于俱乐部产品,具有排他性,主要服务于某区域(甚至只适用于某区域),其成本一般由域内国家共同分担。区域公共产品的表现形式主要是各种区域性的国际组织及制度安排。这里的区域可以是地理空间上的自然区域,也可以是通过人们的集体行动被有意或无意构建的观念区域。区域公共产品的研究者认为,区域公共产品避免了私物化及供应短缺的问题,从而使成员更加受益。区域公共产品的提供更强调域内国家共同建设,共同享有。近年来,学界对于国际公共产品的认识进一步深入,突破了国家中心主义的限制,更加关心全球生态环境甚至恐怖主义等全球治理问题,出现了对全球公共产品的研究。英吉·考尔(Inge Kaul)等认为,全球公共产品是所有国家、所有人群、所有世代均可受益的物品。④联合国开发计划署主张,所有国家、组织和个人都有责任提供全球公共产品。

从传统的国际社会观念来看,霸主国应提供国际公共产品毫无疑问,但是对于霸主国之外的其他国家是否也要提供国际公共产品却存在争论。传统的霸权稳定论认为,提供国际公共产品只是霸主国的义务,其他大国只需要"搭便车"即可,久而久之,霸权国因承担更多义务而相对衰落。但是,近几十年来,越来越多的学者

---

① 参见[美]查尔斯·P. 金德尔伯格:《1929—1939年世界经济萧条》,宋承先、洪文达译,上海译文出版社1986年版。
② 参见[美]罗伯特·吉尔平:《全球政治经济学:解读国际经济秩序》,杨宇光、杨炯译,上海人民出版社2003年版。
③ Joseph Nye, "The Rise and Fall of American Hegemony from Wilson to Trump", *International Affairs*, 2019, Vol. 95, No. 1, pp. 63-80.
④ 参见 Inge Kaul, Isabelle Grunberg, and Marc Stern, eds., *Global Public Goods: International Cooperation in the 21st Century*, Oxford: Oxford University Press, 1999。

认为提供国际公共产品不仅是霸主国的责任,更是大国的责任,甚至是所有国家、组织和个人的责任。尤其在区域公共产品的提供上,区域大国应承担更大的责任,并且域内国家共同承担成本,从而避免公共产品提供上的"搭便车"及"私物化"。

二、全球治理为国际公共事务创造了全球公共权威

提供国际公共产品需要国际公共权威去识别、监督和实施国际政策,进而约束众多行为体去提供全球公共产品。然而,自威斯特伐利亚体系建立以来,主权是国际体系的基石,国家主权不隶属于任何外部权威,所有的跨国管制必须建立在主权同意的原则基础上,国际法作为软法不能干涉主权范围内的事情,仅仅可以规范引导国家外部的活动,在任何意义上与国内法相比都处于派生的地位。20世纪以来,国际社会出现了一个"制度化运动",越来越多的国际组织和国际制度开始建立,最集中的代表是国际联盟和联合国体系的建立,开始出现了一些管制主权国家的规制。虽然这些规制严格意义上以不干涉内政为前提,但它们的确具有了国际公共权威的潜力。唯一的例外是欧盟的发展,欧盟逐渐形成一种超越民族国家的一体化机构,形成一种特殊形态的区域公共权威。托马斯·霍尔(Thomas Hale)和戴维·赫尔德(David Held)在《跨国治理手册:制度与创新》一书中列举了全球治理的五种类型的权威创新:一是跨政府网络(transgovernmental networks),主要是政府部门形成了国际规制网络,比如巴塞尔银行监管委员会;二是裁决实体(arbitration bodies),主要是跨国公司和非政府组织的国际监管网络,比如世界银行的监督小组;三是多利益相关者倡议(multi-stakeholder initiatives),主要是一些包含政府和非政府行为体的专题行动网络,比如全球抗艾滋病基金;四是自愿管制机制(voluntary regulation),主要是一些同业组织建立的管制网络,比如管理钻石的金伯利进程;五是金融机制(finance mechanism),比如国际药品采购机制。① 不难看出,两位作者将基于国家本位建立起来的正式国际组织(比如联合国、国际货币基金组织、世界银行、世界卫生组织等)和国际制度以及区域性的正式国际组织、国际制度没有纳入其中,在选择标准上过于狭义。

事实上,按照全球公共权威组织化的成熟度,全球治理缔造的新公共权威主要有三种类型。第一种类型是全球主义的世界政府。这是组织化程度最完善和最成熟的世界政府形态,尽管目前在现实中还不存在,但一些国际组织已经具有准世界政府的形态,这些形形色色的全球政体已经具有世界政府的雏形。比如,联合国安

---

① 参见 Thomas Hale & David Held, eds., *Handbook of Transnational Governance: New Institutions and Innovations*, Cambridge: Polity Press, 2011。

全理事会(United Nations Security Council，UNSC)建立了维持和平部队，就可以授权一支军队对某个主权国家实施打击，尽管这一机制对五个常任理事国有着很高的依赖度。第二种类型是国家主义的国际政府间组织，这种公共权威形态虽然不如世界政府完善，但也具有约束和管制成员国的能力，比如国际货币基金组织(International Monetary Fund，IMF)、世界银行(World Bank)、世界贸易组织(World Trade Organization，WTO)、世界卫生组织(World Health Organization，WHO)等相关国际组织，在金融、投资、贸易、公共卫生领域的决议在一定程度上已经发展成为国际公共政策，对主权国家的行为形成了权威性的约束。第三种类型是跨国主义的国际机制。比如，作为世界三大评级机构标准普尔公司、穆迪投资者服务公司和惠誉国际信用评级有限公司，对于银行、证券、基金等在金融市场上都具有很大的权威。[1] 上述由全球治理所缔造的三种形态的国际公共权威，越来越成为国际事务的权威基础。

三、全球治理为人类社会确立了全球价值规范

价值规范是全球治理的重要坐标，集中反映了不能由跨国公司和民族国家代表的一种崭新的价值，在全球治理中居于十分重要的地位。关于全球治理价值，学术界并没有给出确切的答案，比如自由、平等、公正、法治、民主、透明、宽容、非暴力等。然而，价值坐标确立的牢固与否，在社会上达成共识的范围大小，直接决定着全球治理的能量。近年来，全球治理通过在社会领域高举这些价值标准的旗帜，开展了一系列有声有色的社会活动，在社会议题设置以及许多国家的对外政策讨论中都产生了巨大的影响，越来越多的国家开始认同并成为所谓的"志趣相投的国家"。

在价值标准的指引下，全球治理的政治能量在社会领域中转化为伦理规范供给的强大力量。尤其是冷战结束之后，传统国际政治主题即战争与和平的议题重要性逐渐下降，新的全球性议题得到越来越多学者的关注。面对非传统安全、环境危机、跨国犯罪、全球贫富不均、女性地位、可持续发展等崭新议题，传统的价值观显得无能为力，时代呼吁新的价值伦理。但是，在全球新伦理的供给上，无论是奉

---

[1] 标准普尔公司(Standard & Poor's)由亨利·瓦纳姆·普尔(Henry Varnum Poor)先生创立于1860年，由普尔出版公司和标准统计公司于1941年合并而成为世界权威金融分析机构，总部位于美国纽约市。1975年，美国证券交易委员会SEC认可标准普尔为"全国认定的评级组织"或称"NRSRO"。穆迪投资者服务公司(Moody's Investors Service)由约翰·穆迪(John Moody)于1909年创立，对铁路债券进行信用评级。1913年，穆迪开始对公用事业和工业债券进行信用评级。穆迪公司的总部设在美国纽约，其股票在纽约证券交易所上市(代码MCO)，穆迪公司是国际权威投资信用评估机构，同时也是著名的金融信息出版公司。惠誉国际信用评级有限公司(Fitch)是全球三大国际评级机构之一，是唯一的欧资国际评级机构，总部设在纽约和伦敦。在全球设有40多个分支机构，拥有1 100多名分析师。

行国家利益至上和民族利己主义的民族国家,还是奉行私有利益神圣不可侵犯的跨国公司,都缺乏着眼全球和关照压抑群体的热情。在这一背景下,全球治理的兴起为国际政治运行增添了新的政治和伦理价值供给来源,在环境、气候变化、妇女、人权、民族种族和宗教等新政治领域倡导新的全球观念、确立国际议事日程、推动签署国际公约和监督国家行为等方面扮演了极为重要的角色。比如,有1400多个非政府组织注册参加1992年于里约热内卢召开的联合国环境与发展大会。另外,在1993年的维也纳人权大会之前,联合国也曾在哥斯达黎加首都圣约瑟举行了政府与非政府组织对话的预备论坛。全球公民社会的参与对国际会议的决策产生了重要影响,在1992年里约热内卢联合国环境与发展大会接受了非政府组织的许多意见和政策建议,1995年在北京召开的世界妇女大会接受了女权运动组织的要求,公开发表宣言谴责科威特对妇女选举权的限制。① 全球治理就是一个以伦理为中轴的新社会领域,整个领域的游戏规则是价值争论和伦理供给。玛莎·费丽莫(Matha Finnemore)②认为,国家利益的再定义,常常不是外部威胁和国内集团要求的结果,而是由国际共享的规范和价值所塑造的。③ 由于全球治理具有强大的伦理供给能力,其所倡导的全球伦理价值深刻影响了国家和公司的行为乃至利益观。像人权保障、种族民族平等、宗教自由与宽容等一些全球公民社会所倡导的价值准则,已日益成为执政者进行统治及主权国家在国际上赖以存在的前提,引起了全球伦理政治的复兴。④

此外,在全球治理提供的新伦理价值的导引下,一些调控政治社会的基本规范比如最大限度地减少暴力,最大限度地增加经济福利,实现社会和政治正义,保持环境质量、人道主义和同情心等,也在新的环境下重新焕发出生命力。⑤ 规范是全球治理政治能量的重要来源,社会科学大都十分重视社会规范的作用,多数研究者都把规范视为规则,认为规范通过影响各种行为的动机制约着行为。⑥ 规范就是一种非正式的制度规则,在一定程度上制约着社会交往并促进协作行为受益,正如罗伯特·帕特南(Robert Putnam)所说,规范制约着日常政治交往,影响着社会有

---

① Kathryn Hochstetler, Ann Marie Clark, and Elisabeth Jay Friedman, "Sovereignty in the Balance: Claims and Bargains at the UN Conference on the Environment, Human Rights and Woman", *International Studies Quarterly*, 2000, Vol. 44, No. 4, pp. 591—614.
② 玛莎·费丽莫(Matha Finnemore)也译为玛莎·芬尼莫尔,本书统一翻译为玛莎·费丽莫,涉及文献时保留文献原貌。
③ 参见[美]玛莎·费丽莫:《国际社会中的国家利益》,袁正清译,浙江人民出版社2001年版。
④ 参见石斌:《国际关系伦理学:基本概念、当代论题与理论分野》,《国外社会科学》2003年第2期,第8—14页;余潇枫:《国际关系伦理学》,长征出版社2002年版,第11—15页。
⑤ 王杰、张海滨、张志洲主编:《全球治理中的国际非政府组织》,北京大学出版社2004年版,第113页。
⑥ 比如,詹姆斯·科尔曼(James Coleman)就把规范当作建构重大行为的规则;皮埃尔·布尔迪厄(Pierre Bourdieu)认为个人按照社会规范来行动时的行为受规则制约,即使并不符合自身的利益,个人依然会根据规则行动。

效地运用民主决策制度的能力。① 如国际标准化组织（International Organization for Standardization，ISO）制定的 ISO9000/14000 等系列标准早已为世界所普遍认可，ISO 认证也是一个企业走向世界的通行证。ISO 是一个独立的非政府国际组织，拥有 165 个成员国，截至 2020 年 12 月 11 日，该组织已制定各类国际标准 23 558 个。② "ISO900X"系列的国际质量认证体系已经成为优质产品和服务的保证。③ 再比如，由国际商会制定的《国际贸易术语解释通则》《托收统一规则》等也已成为国际贸易惯例，具有法律效力。④ 国际反地雷组织（International Campaign to Ban Landmines，ICBL）通过与各国政府的多次谈判以及发起全世界范围内的广泛压力运动，于 1996 年得到各国政府的响应，各国政府于 1997 年在加拿大召开的渥太华会议上顺利地达成《渥太华禁雷公约》（Mine Ban Treaty）。截至 2019 年，该条约的签字国已达 146 个，经过国内立法程序批准的国家已经达到 131 个。⑤ 总之，以规范为本位，通过规范供给约束社会政治行为，成为全球治理能量的又一现实表达形式。

四、全球治理和教育启蒙全球公民

全球治理是一个责任分配的过程，有赖于各方积极行动。因此，全球治理也是一个培育全球公民价值观的摇篮，有关各方在全球治理协商过程中体验合作、关爱和信任的公民精神，公民文化在日常生活中逐步涵化为公民的道德情操。从这一意义上来说，全球治理所蕴含的最大能量就是通过公民生活对全球公民意识进行全球教育启蒙，不断生产出具有全球公民精神境界的全球治理主体。在国家框架内，全民义务教育承担着塑造国家公民身份、加强公民认同的职责，在国家组成的社会中，公民精神意味着国家公民精神，缺乏全球公民的教育启蒙。诚如弗里德里希·威廉·尼采（Friedrich Wilhelm Nietzsche）所说，"上帝死了"，人间进入"诸神纷争的世界"，每个国家的公民都有自己认同的旗帜，造成了全球公民意识的缺失。

尽管关于世界公民意识的思想可以追溯到古希腊的斯多葛学派以及近代的世界主义思想，但真正推动国际理解教育（世界公民教育）是第二次世界大战以后的

---

① 参见［美］罗伯特·帕特南：《使民主运转起来：现代意大利的公民传统》，王列、赖海榕译，江西人民出版社 2001 年版。
② 参见世界标准组织网站（https://www.iso.org/about-us.html），最后浏览日期：2020 年 12 月 11 日。
③ 盛红生、贺兵主编：《当代国际关系中的"第三者"——非政府组织问题研究》，时事出版社 2004 年版，第 192 页。
④ 王勇、方建伟：《非政府间国际组织略探》，《当代法学》2002 年第 7 期，第 89—91 页。
⑤ International Campaign to Ban Landmines, *Landmine Monitor Report 2003: Toward a Mine-Free World?*, p. 3, International Campaign to Ban Landmines Website, http：www.icbl.org/lm/2003/, retrieved December 7, 2020.

事情。联合国教科文组织在 1946 年第一次大会上就提出了"国际理解教育"的概念,并在 1950 年将其命名为"世界公民教育"加以推动。1968 年,联合国教科文组织发布《作为学校课程和生活之组成部分的国际理解教育》,提出"国际理解教育"的目的是致力于发展有利于国际理解和尊重人权的态度和行为。多年来,联合国教科文组织积极加强国际交流与合作,倡导国际理解教育、发展教育与和平教育。2012 年,时任联合国秘书长潘基文正式启动"教育第一"全球倡议行动,决定将推动教育作为全球行动的优先事务,明确提出把培养全球公民意识作为重要内容和目标。此外,世界银行、联合国开发署等国际组织也倡导全球教育,美国、欧盟、日本、中国等国家或组织也都提出了推动全球教育的行动方案。所有这些努力,都是将全球治理视作全球教育启蒙的现代城邦共同体,引导广大民众进入这个共同体充分体验,才能逐步启蒙全球公民精神,全球公民社会的政治潜能也才能得到更大程度的激发。总之,诚如帕特南所说,全球治理能够使参加者社会化,接受"一般化的互惠规范"和"信任",而互惠和信任是形成有效合作所必需的社会资本的重要组成部分。① 从站在国家看世界到站在世界看世界,全球治理所浸润的全球胜任力教育是全球教育启蒙的重要途径。

全球治理的教育意义不仅仅体现在启蒙全球公民意识,更重要的还体现在提供更多信息交流和社会化的机会。信息革命的深入逐渐使世界的实际距离缩小,网络的迅速与神奇使地球成了一个真正意义上的"地球村",再小的事情只要构得成新闻或事件,就极有可能瞬间传遍全球。与这种开放的信息权力相比,一些传统的权力支柱——国家主权、国家经济和军事力量已经与过去不可同日而语,此种权力的转移浪潮为全球治理发挥政治影响力提供了广阔的空间。对于全球治理而言,如何利用网络改变原有的权力关系有着格外不同的意义。特别是由于媒体革命的发展,全球性媒体不仅播发信息,还常常解译信息、引导舆论,把信息演绎成为权力的重要桥梁,这尤其体现在艾滋病、禁毒、环保、妇女等领域专业知识的传播方面。例如,近年来国际透明组织(Transparency International, TI)每年定期发布全球各个国家与地区的腐败指数,在国际政治和社会生活中的影响很大。国际透明组织按其宗旨与立场每年发布一次全球反腐败报告,评估世界各国和地区的腐败状况,在世界范围内引起公众对腐败问题及其对发展造成影响的关注,其自身也在短短的十年里有了很大发展。② 其他一些非营利组织还借助自己广泛的国际网络搜集信

---

① 参见[美]罗伯特·帕特南:《使民主运转起来:现代意大利的公民传统》,王列、赖海榕译,江西人民出版社 2001 年版,第 167—175 页。
② 参见 Fredrik Galtung, "A Global Network to Curb Corruption: The Experience of Transparency International", in Ann M. Florini, ed., *The Third Force: The Rise of Transnational Civil Society*, Washington, D. C.: Brookings Institution Press, 2012, pp. 17-47.

息,整理后向国际权威机构提供材料,或者参加国家以及国际组织召开的听证会,对这些组织的决策施加信息影响。诸如此类的案例,在国际非政府组织的政治行为中不胜枚举,这充分表明全球公民社会所具有的巨大政治能量。面对全球公民社会部门所掀起的揭露和批评浪潮,许多国家和国际组织都不得不做出反应。

第三节 治理轴心

全球治理以人类为轴心,改变了传统上以国家为轴心的治理模式,因此应以人为轴心去理解全球治理。近年来,全球治理从守土有权向守土尽责转变,从权力政治走向责任政治。与此同时,世界正在经历一些重大变化,这些变化对全球治理提出了新的要求。通过观察,我们可以简单地把握当前世界变化的一些基本特征,并分析其对全球治理产生的压力。

一、人口的地理分布结构:人口聚集在沿海地区对全球治理的要求

当今世界的第一个特征是人口的急剧增长,沿海内陆地区分布不均衡。截至2021年2月,世界人口数量已超过72亿。① 从地理分布结构来看,当今世界的人口越来越向亚洲和欧洲地区集中,人口密度较少的空间连接着人口高密度的空间,不均衡分布成为当今世界人口地理结构最基本的特征,全球人口多分布在外围地区,即沿海地带。具体来说,亚洲人口多分布在农村且在辽阔地区分布密度很高。亚洲众多古老国家中的农民多通过利用水和插秧技术耕作为生,密度空间比较单一。对比而言,欧洲则呈现出多样化的密度空间,其一方面包括最密集的耕种空间,但另一方面即使是最古老的城市里也具备最高的工业化和最密集的交通运输网。西欧的核心发展地带始自大伦敦地区,沿着莱茵河两岸地区延伸到意大利的北部,沿海地区成为人口更为密集的地区。另外,美洲居民也主要居住在沿海地带。非洲则只有马格里布、尼罗河谷、大湖地区以及几内亚湾构成非洲人口密度最高的地区。

人口主要集中在亚洲和欧洲沿海地区的分布结构对全球治理具有决定性的影响,这意味着大量的资源需要投放在沿海地区。同时这一地区也由于过度发展而面临多种严峻挑战,包括大规模的能源资源供应与就业需求、过载的交通通信、严重的环境破坏等。尽管这些挑战可能成为社会进步的不竭动力,但由此带来的治

---

① 数据来源:世界人口网,https://www.renkou.org.cn,最后浏览日期:2021年3月8日。

理赤字和发展不平衡则加剧了全球治理的压力。

二、人口的城乡分布结构：全球城市化进程加速对全球治理的压力

当今世界的第二个特征是全球城市化加速，城市乡村人口聚集不平衡。世界城市群的出现深刻地改变了全球治理的重心。从20世纪30年代起，地理学家们就十分明确地认识到城市的等级分布取决于它们所具备的职能。时至今日，巨型城市间的关系远比它们各自与邻近周边地域间的关系更为紧密，巨型城市集中着所有的经济、金融、政治、信息和文化权力。根据国际移民组织和中国与全球化智库发布的《世界移民报告2015》的数据，当今世界有一半以上人口聚居在城市，总量达39亿，约每周都有300万人向城市移居。[①] 这种城市网络构成了一个经济世界的决策、组织和运作结构，形成了一种社会性的世界，同样这些城市也为维持掌握上述权力进行着激烈竞争。各种各样的全球性交换和流通发生在这些巨型城市网络之中，港口和机场、高速公路枢纽、信息平台、证券交易所、企业总部、名牌大学、科研机构、影视制作中心等遍布各地。

然而，城市化进程中出现了发展不平衡的问题。那些融入全球化的人居住在富豪区，而另外众多贫困群体则生活在破落城区或贫民窟。一般来说，贫民区往往是国家相关机构在很大程度上已实际抛弃的地段，大多破落失修。根据联合国人居署2007年的报告，在撒哈拉以南的非洲，72%的城市人口居住在贫民窟环境中，这一数字在南亚达到56%。[②] 社会学家迈克·戴维斯在《布满贫民窟的星球》中描述的贫民窟规模令人十分震撼，贫民窟成几何级数的增长警告着人们地球的未来可能将是城市贫民窟星球。面对被边缘化的情境，那些被迫从事低薪服务业或非正式经济生活的群体，更易于选择进行各种非法的交易活动，甚至难以抵御邪教团体和宗教激进主义的诱惑等，这进而导致和加剧了恐怖主义、全球气候变暖、资本主义失控等各种全球性挑战，整个世界在这一形势下越发变得脆弱和不堪一击。

三、人口的跨地域流动：移民和难民问题上升给全球治理的压力

第三个特征是人员跨地流动加快，移民与难民问题成为重大问题。尽管人类

[①] 国际移民组织：《世界移民报告2015》，中国与全球化智库译，全球化智库网站，http://www.ccg.org.cn/archives/57672，最后浏览日期：2021年3月7日。

[②] 《2007年世界城市状况报告：解放城市发展的潜力》，联合国网站，https://www.un.org/chinese/esa/swp/2007/swp2007.pdf，最后浏览日期：2021年3月7日。

历史上一直存在远距离人口流动的现象,但最近几十年来国家间移民数量的迅速增加使得许多国家开始越发重视这一问题。

一是移民问题。移民并非世界上最贫困的群体,其离家远行不仅需要对外部世界足够的知识,还需要家庭的海外关系以及沿途接送的网络和资金等。除此之外,世界上还出现了一些因交通费用下降而日益增长的临时移民,这部分群体包括每年七亿以上的国际观光客、跨国公司经营需要的移民等,这些移民的出现与增加显著改变了许多国家的人口结构。具体而言,当前国际移民的主要体系主要涉及两种。第一种是北方与南方之间的国际移民,主要指从南方向北方国家迁移的难民,这些移民迁移的主要原因涉及贫困、地理距离接近和历史联系。同时,当今世界移民的新趋势也不容忽略。新的经济中心正在吸引着越来越多的移民,亚洲一些富有活力的城市也正在吸引越来越多的国际移民,发展中国家作为移民输出国的同时也逐渐成为移民接收国。第二种是南方与南方之间的国际移民,如大量印度人、巴基斯坦人、印度尼西亚人移民到了盛产石油的海湾诸国。

二是难民问题。一般而言,近距离难民迁徙现象的出现主要是出于在紧急情况下维持生存的需要,多出现于中东、西亚、撒哈拉以南的非洲等冲突不断的地区,出于此种原因出逃的难民在事态平息后,往往会重返家园。相比之下,长距离国际难民现象的发生则源于其无法忍受长期存在的政治局面,世界上接受难民申请最多的国家是美国、德国和南非。

针对移民对城市及其管理者带来的诸多挑战,世界各国都在积极思考移民治理之策,不少城市通过举办国际论坛、发展国际友好城市、建立形式多样的议题性城市联盟等方式,探求缓解跨国人口流动的压力,积极参与全球移民治理体系。正如《世界移民报告 2015》提到的那样,"降低迁移到城市的风险,控制被迫迁移的动因,确保移民享有社会资源以帮助他们开展新生活是城市移民治理的重中之重"[①]。总之,移民和难民的问题长期被忽视,国际关系的零和逻辑更令该问题雪上加霜,相关解决方案前景黯淡。在这一背景下,全球治理是疏导移民治理和化解难民危机的治本之举,如何构建一个公正合理的全球移民和人口流动体系是一个重大课题。

四、人口的年龄结构:世界的老龄化造成的治理压力

第四个特征是世界的人口老龄化。目前,全球老龄人口的增长率已经高于世界人口的增长率。在过去的半个世纪中,老龄人口增加了三倍。而在未来的半个

---

① 国际移民组织:《世界移民报告 2015》,中国与全球化智库译,全球化智库网站,http://www.ccg.org.cn/archives/57672,最后浏览日期:2021 年 3 月 7 日。

世纪当中,老龄人口占世界总人口的比重还将增长两倍。老龄人口的增加将会给社会造成越来越大的压力。就北方国家而言,北方国家的人口转型已经完成,呈现出生育率急剧下跌且人均寿命延长的局面。在北方国家福利制度日益瓦解之际,人口更新的停滞使得整个社会的公共经济和私人经济间出现失衡,医疗开支剧增、养老金匮乏、相关机构设施不足以及延长工作年龄、所得税加重等问题严重地影响到了社会的各个方面。就南方国家而言,虽然其人口仍处于转型过程之中,但近年来其老龄化趋势也达到了令人忧虑的地步。比如,预计到2040年,印度60岁以上的老年人口将达到2.394亿,而2011年为1.042亿,且其中大多数属于贫困人口。①

五、人口的收入结构:全球贫富分化造成的治理压力

第五个特征是人口收入差距增大,贫富分化趋势明显。一般来看,大多数国家的人均国民生产总值在20世纪60年代时差距并不明显,而后便迅速拉开,富国和最贫困的国家之间的差距越拉越大。同时,全球化也加剧了社会内部的急剧不平等。不管是北方国家还是南方国家,由于缺乏社会增长再分配机制等相关安排,社会不平等在更多国家呈上升趋势。根据乐施会(Oxfam)2018年年底发布的年度全球财富不平等报告,全球34亿贫困人口每天生活费不足5.5美元;男性拥有的财富比女性拥有的财富多50%;对最富有的1%人群加征0.5%的财富税,筹措的资金可以为全球2.62亿失学儿童提供一年的教育费用,同时还能提供可拯救330万人生命的医疗服务。②从20世纪80年代开启,得到国际金融组织大力推行的"华盛顿共识"提出了结构调整的政策,包括稳定化、自由化、私有化。然而这一计划今天遭到严重质疑,因为它导致了最不发达国家和中等发达国家的经济增长被摧毁,人们开始对发展援助进行重新界定。

六、人口的健康结构:全球卫生健康鸿沟造成的治理压力

第六个特征是全球医疗卫生健康鸿沟拉大。2020年暴发的新冠疫情让人们重新认识到全球健康治理的脆弱性。另外,肥胖与食物等问题也都属于今天医疗健康鸿沟不容忽视的问题。具体而言,不发达国家的公共健康体系落后,各类传染

---

① 《印度政府警告:印度人口老龄化将至》(2019年7月6日),参考消息网,http://m.cankaoxiaoxi.com/world/20190706/2384718.shtml,最后浏览日期:2020年12月7日。
② 《公共服务:普惠全民还是偏待私利?》(2019年1月),乐施会网站,https://www.oxfam.org.cn/uploads/2020/03/121623417256.pdf,最后浏览日期:2021年3月7日。

性疾病,包括艾滋病、结核病、疟疾、埃博拉病毒、流行性感冒和被忽视的热带寄生虫病等成为重大威胁。弱势群体由于得不到足量的食物而导致健康状况的恶化,甚至在一些国家和族群冲突中,饥荒被作为一种武器来使用,通过剥夺民众食物来迫使其屈服。在发达国家,一些非传染性的慢性病成为影响人类社会的重要难题。肥胖症及其引发的高血糖、高血脂、高血压、糖尿病、脑卒中、癌症等正在打击着脆弱的公共健康体系。同时,南北国家之间在药物生产与销售方面存在鸿沟。1995年,世界贸易组织框架签订《与贸易有关的知识产权协议》,严格限定了对现存药品进行同类生产的可能性,相关药品未经许可不得在其他国家生产和销售,居高不下的价格限制了更多患者的使用。

环顾世界,我们的国际关系研究长期以来存在着只见国家不见人的问题,我们过度关注国家之间的争雄斗胜和纵横捭阖,却对人民的人生疾苦和社会多艰视而不见。因此,国际关系研究经常被批评为"没有良心的无情怪物"。联合国开发计划署于1994年在《人类发展报告》中首次提出了"人类安全"的概念,认为人类安全主要包括食品、健康、环境、政治、经济、个人和群体七大领域。当今世界越来越从以国家为中心来构建这个世界秩序,走向以人为中心来构建这个世界秩序,全球治理就是这样一门以关怀人为主要使命的学问。那么,作为一个以人为中心的世界,引入治理或全球治理的这个重要概念,希望推动多元行为体的协商互动,找到通往打开更美好世界大门的钥匙。所以,全球治理的建构,无论从知识体系,还是从实践方略来看,以人为中心都是一个范式性的变化。只有理解了或者是确立了以人为中心的这样一个基本框架,才能够真真正正地把全球治理落到实处。

第四节 研 究 框 架

治理是一个古老的现象,但关于治理的研究却不是很早就有的。严格来讲,全球治理的研究是自冷战结束开始的,而且目前处于发展过程之中。2004年美国博睿出版社(Brill & Nijhoff Publisher)出版的《全球治理:多边主义与国际组织评论》(*Global Governance: A Review of Multilateralism and International Organizations*)目前已经成为该研究领域的旗舰学术期刊,出版了大量有影响的学术论文。然而,总的来说,迄今为止大部分关于全球治理的研究都以论文集的形式出现,代表性专著并不多。蔡拓、杨雪冬和吴志成在2016年出版了国内第一本全球治理的教材——《全球治理概论》,其中包括导论,全球治理的理论基础与研究范式,全球治理的价值,全球治理行为体,全球治理的路径,全球经济治理,全球发展治理,全球生态环境治理,全球公共安全治理,全球通信、媒体与文化治理,全球公域治理,全球传统安全治理,大国关系治理,全球区域治理,以及中国与全球治理等章节。这一教材作为概论性教材,以描述的方法涉及全球治理的方方面面,初步探索了全球治理的教材建设。在总结现有教材特点基础上,本教材在结构编排上除了导论和结语之外,分为治理理论、治理体系、治理能力和治理实践四个部分。

一、治理理论

理论是理解世界的基本工具。该部分主要介绍全球治理的历史发展、理论范式和价值体系。第一章主要追溯了治理的历史发展脉络,阐释了从古代部落和城邦治理到帝国治理,再到近代国际治理和未来全球治理的发展历程,展开了一幅治理演进的宏观历史画面。第二章介绍了解释全球治理的现有理论范式和理论成果,从理论范式上看,主要有国家主义、全球主义和跨国主义三种理论范式,分别体现了现实主义、自由主义和建构主义的基本立场。从理论解释的视角,第二章介绍了功能主义、利益理论、制度理论和历史分析等理论路径,希冀借此发现全球治理发展变化的内在逻辑。第三章主要讨论了全球治理的价值体系:全球治理是一个不同价值观互动协商的过程,最终全球治理采取什么样的价值原则是一个协商政治的过程,而不是一个既定的前提。通过上述历史、理论和价值的投射,这一部分为全球治理分析奠定了坚实的理论基础。

二、治理体系

全球治理是一个开放的互动体系和过程,涵盖了国家、次国家、跨国家、超国家和非国家行为体多元互动的过程。行为体的多元性和治理的多层网络结构是全球治理体系的基本特征,呈现为多中心治理的基本结构。第四章主要解释大国关系引发的地缘政治变迁及其对全球治理的影响,主要表现为霸权国、中小国家在全球治理体系中的地缘变化导致的治理体系的变化,集中考察了近代以来从欧洲主导的欧洲协调体系到国际联盟体系,再到联合国体系的变迁,主要考察国际结构变化对全球治理的影响,并对全球治理的未来体系前景进行了预测。第五章主要考察跨国公司及其海外扩张对全球治理的影响,主要探讨近代欧洲海外殖民以及欧美发达国家跨国公司全球化配置资源对全球治理体系的影响,尤其是企业社会责任和公司外交的发展对全球治理的意义。第六章主要考察社会网络及其国际化运动对全球治理体系的影响,尤其是作为国家网络的国际组织和国际规制和作为社会化网络的非政府组织与全球公民社会的发展对全球治理的影响。第七章主要考察国际组织和多边制度作为全球治理体系载体和平台的意义,阐述了法的逻辑和多中心治理。具体而言，第七章通过对国家权威体系、全球市场体系和全球社会网络体系的互动和叠合进行考察，从整体上把握全球治理体系的结构、网络和复杂互动，从而在整体上把握全球治理的物质载体和行动逻辑。

三、治理能力

全球治理不仅是一个多元互动的网络，更是一个协商互动的过程。在这一过程中，治理能力是决定治理绩效的重要因素。在全面梳理全球治理体系的结构、构成和互动的基础上，本书将提升治理能力摆到显要位置，认为其有助于提升全球治理的社会影响力。任何议题都要被纳入全球治理议程并建立广为接受的治理框架，这是体现全球治理能力的首要因素。第八章集中考察议程设置理论和框架政治理论，提供了框架政治的若干政策工具和实践经验。第九章则在议程设置和框架政治的基础上集中考察规范理论、规范创建和扩散，尤其是如何将某一全球理念转化为国际规范。第十章聚焦于国际标准及其设定，集中考察了国际标准的制度化、标准化，以及制度和法律在全球治理的应用。第十一章则集中考察遵约、履行以及强制执行的内容，这些治理能力确保全球治理的观念能够在实践中得到落实和运用。第十二章集中考察人力资源、预算、风险控制等能力建设，阐释赋能理论及其在全球治理实践中的运用。

四、治理实践

全球治理不仅是理论、体系、能力，更重要的它还是实践。作为一种治理实践，全球治理首要的是其具有议题领域依赖性。因此，第十三章通过集中考察全球治理在和平与安全、经济与发展、卫生与健康、环境与气候以及全球公共领域中的实践发展，总结全球治理的实践经验。第十四章考察全球治理在国家、区域和全球各个层面的实践案例，回答了全球治理面临的政治障碍和实践方案。第十五章考察全球治理的中国路径，尤其是随着中国在世界舞台上的地位和作用日益突出，全球治理的中国路径越来越具有实质性意义。

总体来看，全球治理是一门新兴的学问，它是20世纪以来在国家学（政治学）、国际关系学和地区学基础上逐步发展和成熟的新兴学科。这一学科不仅要求人们学会站在国家和地区角度看世界，更要求人们站在人类共同利益、共同责任和共同价值的全球角度看世界，将整个世界作为一个整体而非局部来进行认识，开辟了人们知识建构的新空间。要而言之，全球治理是人类的本质意识的觉醒，它将人类的利益、权利和价值摆在第一位，确立了一种在全球主义视角下观照世界的新维度，是全球学的一部分。长远来看,全球治理的意义在于开启了人类智慧的新领域,为人类共同的未来指明了前进的方向。

课后习题

一、名词解释

全球治理　　　人类权利的保护责任　　全球公共产品
全球公共权威　全球教育启蒙　　　　　全球价值规范

二、论述题

1. 请简述全球治理的本质要素。
2. 请简述全球治理的意义。
3. 请简述当前世界变化的基本特征。

第一部分
治理理论

理论是行动的先导。理解全球治理，要首先夯实理论基础，在理论上有高度。作为一种新生事物，尽管全球治理直到20世纪80年代才为学界关注，但全球治理尤其是治理的历史却可以追溯到久远的古代，沉淀了丰富的治理智慧，所有这一切都是治理理论研究的宝贵材料。从远古时期的部落治理到古典时期的帝国治理，从近代以来的国际关系到当代的国际治理和全球治理，贯穿始终的线索都是社会公共权威的活动、关系和过程。

如何为全球事务提供公共权威，是全球治理理论的核心问题。围绕这一问题，本部分从历史、理论和价值三个维度展开，分别探讨全球公共权威形成的历史进程，梳理学界对全球治理研究的学术范式、理论解释和分析模型，明确全球治理的价值坐标及其发展前景，对于立体地透视和理解全球治理大有裨益。

第一章
历史发展

全球治理的历史源远流长,经历了一系列具有阶段意义的历史变迁,有其发生、发展的历史渊源。美国学者奥兰·扬提供了一个治理模式变迁的历史谱系,其中提到了部落组织模式、中世纪组织模式、主权国家组织模式和全球雏形模式。[①] 英国著名思想家巴里·布赞(Barry Buzan)也提供了原始部落、帝国、现代国家、全球社会等几种历史模式。[②] 一直到 16、17 世纪,以民族国家为单位的国际体系才基本形成,以主权国家为分析单位的威斯特伐利亚体系成为国际政治的基本分析范式。然而,近代以来,工业革命也推动国家创造了跨越边界的交通、通信等一系列与商务相关的国际功能性组织,比如国际电讯联盟(the International Telegraphic Union)和万国邮政联盟(Universal Postal Union),还进一步推动构建了一系列维护和平、安全和繁荣的普遍性国际组织,比如国际联盟(the League of Nations)和联合国(United Nations)。它们的建立是国际社会遭遇两次世界大战重创后的结果,也是全球和平与发展治理的重要基础。

第二次世界大战结束以来,世界大国在贸易、金融、安全、发展、投资保护、环境、人权和劳工标准、移民等一系列领域建构起大量国际机制和国际制度,各个类型国际条约和国际法庭也如雨后春笋般出现。从长期趋势来看,全球治理将会越来越多,且越来越强劲。如何追溯治理的渊源,梳理从国际治理到全球治理的发展历程,从西方治理到真正的全球治理的历史演进,对于理解全球治理无疑具有重要意义。

第一节 治理渊源

治理是公共事务的处理之道。逻辑上讲,自从公共事务产生那一天起,就存在着治理之道。尽管当时还未曾出现治理或者全球治理等明确概念,但治理公共事

---

① 参见[美]奥兰·扬:《世界事务中的治理》,陈玉刚、薄燕译,上海人民出版社 2007 年版。
② 参见[英]巴里·布赞、理查德·利特尔:《世界历史中的国际体系:国际关系研究的再构建》,刘德斌主译,高等教育出版社 2004 年版。

务早就是世界几大文明沉淀下来的重要智慧。在古典时代,世界各地都积累了大量多样化治理的实践,总结这些治理实践背后的治理智慧,是治理的渊源之一。巴里·布赞认为至少可以上溯四万年,并且存在于公元前4000年开始出现的国际体系的时空范围以外。① 在布赞等人看来,人类历史的早期阶段存在着一个前国际体系,是由游动的、人人平等的狩猎群主导,逐渐转变为定居部落,再转变为等级制酋邦,城邦处于该轨道的尽头,最终形成了城邦政治、官僚帝国或者游牧帝国等多样化的形态。当时治理的主要是修建抵御入侵者的城墙、参加削弱邻近城邦的协约制定以及管理灌溉、宗教等公共事务。本书认为治理的渊源主要有如下三种。

一、部落治理

恩格斯在《家庭、私有制和国家的起源》一书中,明确提出了"第一次社会大分工"的理论:"游牧部落从其余的野蛮人群中分离出来——这是第一次社会大分工。"②20世纪60年代,埃尔曼·塞维斯(Elman Service)提出人类社会的政治组织经历了游群(bands)、部落(tribe)、酋邦(chiefdoms)、早期国家(early states)四个阶段。其中,部落被认为是新石器时代出现的基于"血缘关系"基础上形成的跨越家庭和村落的社会组织,其主要功能是为共同体提供社会认同感和归属感,增强人们团结和生存的能力。③ 血缘关系是部落最主要的纽带,它决定着一个地区的文化、语言、宗教和传统习俗,是比家族、氏族和村落更为明确的军事政治单位,维持着对部众较高的吸引力。迄今为止,人类社会的大部分时间仍然是处于以血缘关系为基础的社会权威模式之中。

在一个理想的部落典型里,有共同的部落名称,领土相邻;共同从事贸易、农业、建筑房屋、战争以及举行各种宗教仪式活动。部落通常由若干个较小的地区村社(例如宗教、村落或邻里)组成,并且可以聚集成更高级的群集形式,比如族群。最典型的部落保持在游牧文明之中。游牧文明居无定所、机动性强、对血缘的依赖关系高。希伯来人、波斯人、阿拉伯人、匈奴人、蒙古人、突厥人等的治理大多依靠部落治理,公共事务更多依靠血缘伦理关系网络来治理。

---

① [英]巴里·布赞、理查德·利特尔:《世界历史中的国际体系:国际关系研究的再构建》,刘德斌主译,高等教育出版社2004年版,第105页。
② 《马克思恩格斯选集》第4卷,人民出版社2012年版,第203页。
③ 参见 David Ronfeldt, "In Search of How Societies Work: Tribes — The First and Forever Form", RAND Working Paper, 2006, pp. 26-30。

二、公社治理

亚细亚生产方式最早是由马克思于 1859 年在自己的《政治经济学批判》序言中对其唯物史观进行概括时提出的。① 马克思明确指出,他以前的人类社会已经依次更替地经历了亚细亚的、古代的、封建的、资本主义的四种社会形态。现在一般认为,劳动密集型、效率偏低的传统农业是亚细亚生产方式的代表。从马克思列举的亚细亚生产方式的特点可以看出,主要是指埃及、两河流域、印度等地的东方型农业社会。"亚细亚"不是地理概念,而是马克思基于对世界历史深刻研究而抽象出来用以说明社会经济形态的科学概念。

以"亚细亚生产方式"为基础的社会是原始社会的最后阶段,其治理特征表现为:国家以农村公社为基本社会组织;国家在社会生活中管理农村公社;国家指挥农村公社来进行大型工程的建设。亚细亚生产方式的重要特点是土地公有、不允许自由转让。典型的国家有印度、西周前的中国等,其基本单位是若干对夫妻和他们的孩子组成的大家庭,经济平等且社会地位相同。但也正因这种平等主义,生产力的发展存在内在的阻碍性因素,因为没有生产剩余产品的动力。在宗教方面,人们普遍崇拜土地女神,即丰产女神——大地之母。在亚细亚生产方式下,东方国家普遍具有专制主义特色,民主、自由的思想也很难在东方产生。

三、城邦治理

最早出现文明之光的是烈日蒸晒下的底格里斯河和幼发拉底河养育的一片荒原,最早的文明中心是苏美尔文明(伊拉克南部地区),实现了新石器时代的部落文化到文明的过渡,主要标志是建立了城邦,体现为包括一个城市和供养它的农村腹地,两者共同构成了一个声称能够进行管理和自治的领土型政治单位。苏美尔的早期城邦可能有 1 万—2 万人口,控制着大约周围半径 10 千米—30 千米的地域,比如,伊拉克境内的乌尔城邦、巴基斯坦境内的哈拉巴城邦、印度河流域的摩亨佐·达罗城邦和墨西哥尤卡坦半岛的玛雅城邦,最著名的还是古希腊的城邦体系和文艺复兴时期的意大利城邦。城邦的治理一般共享高度的文化要素(语言、宗教、文字体系等),形成了建立在复杂分工基础上不同等级的阶级结构(祭司、国王、商人、工匠、军人、平民等)。最早的苏美尔时期由数个独立的城市国家组成,这些城市国家之间以运河和界石分割。每个城市国家的中心是该城市的保护神或保护

---

① 《马克思恩格斯选集》第 2 卷,人民出版社 2012 年版,第 3 页。

女神的庙。每个城市国家由一个主持该城市的宗教仪式的祭司或国王统治。从考古发现已经得到的史料来看,从公元前2900年开始,苏美尔城邦进入一个"诸国争霸"的时代。比较大的城市有埃利都(Eridu)、基什(Kish)、拉格什(Lagash)、乌鲁克(Uruk)、乌尔(Ur)和尼普尔(Nippur),这些城市因水权、贸易道路和游牧民族的进贡等事务进行了近一千年、为时不断的互相争战,导致民主力量与独裁力量的内部争斗成为周期性的特征。一般来说,城邦已经不再为血缘关系所控制,而是由设置在城市里的集权式机构来治理。一般是僧侣们负责管理城邦事务,尤其是管理灌溉系统,政治决策由城市中全体成年男子组成的公民大会进行。

此外,城邦之间还会建立各种各样的同盟,比如柯林斯湾建立的阿哈伊亚同盟,12世纪建立的70—80个非君主制的城镇和100个左右的市镇建立的汉萨同盟,覆盖了北欧、东欧地区。与苏美尔城邦类似,古希腊雅典的城邦政治基础是公民政治,主要体现在:(1)政府官职向全体公民开放,取消财产和等级的限制;(2)公民大会构成城邦的权力核心,公民政治得到充分的体现;(3)贵族会议形同虚设,贵族特权丧失殆尽;(4)国家公职实行薪金制,进而为公民参政议政提供经济保证。但是,雅典民主政治属于古代政治的范畴,只有成年男性的雅典自由人具有公民资格,妇女和非自由人被排斥在公民政治和民主政治之外。一般来说,古典时代城邦的命运兴衰不定,但一直是财富和权力的有效创建者,而城邦最终崩溃主要来自三个因素:环境的变迁破坏了食物生产,部落的掠夺以及贸易的中断。

第二节 帝国治理

事实上,城邦体系是帝国的平台和基础。城邦通过控制其他城邦可以将自身扩展为一个帝国,比如雅典、巴比伦、迦太基、德里、尼尼微、罗马、特诺奇蒂特兰以及乌尔等,而当帝国崩溃时,重新退回到城邦水平,一般不会危及文明,除非城邦消亡回到村庄水平(比如玛雅和哈拉巴)。迈克尔·多伊尔(Michael Doyle)把帝国定义为"有些政治社会强加于另外一些政治社会有效统治权之上的控制性政治关系"[①]。

一、农业帝国的治理

帝国不仅仅是高压强制的产物,古典时代的农业帝国的典型特征往往是中心城市对其邻国施加不同程度的行政和军事控制。当然,一些帝国(比如埃及、中华

---

① Michael Doyle, *Empires*, New York: Cornell University Press, 1986, p.19.

帝国和印加帝国)的城市化水平不高,帝国并非建立在一个居于主导地位的城邦之上,相反是帝国创建了城市,尤其是希腊化时代向中东扩张过程中建立了诸多城市,比如亚历山大城。但是,农业帝国的共同特征是占据了人口稠密和农业发达的地区,有着便利的交通运输线(河流或者运河、道路和驿站)以及强大的军队,这些构成了帝国的主干。帝国建立的动机往往来自控制贸易路线或者征税,用以支撑帝国的军事力量及运行,帝国也提供了重要的安全、福利和其他公共物品。一般来说,帝国没有明确的边界,国内制度也不同质,存在着大量的行政特区,近乎一种等级制的国际体系(比如宗主国体系),其原则不是势力均衡,而是分而治之。

公元前1700年左右,汉谟拉比建立巴比伦帝国,确立对规模巨大的版图长期保持中央集权式的、世俗的权威。威廉·麦克尼尔(William McNeill)和约翰·麦克尼尔(John McNeill)确认了稳定帝国的四个特征:一是有效的非地方性意识形态,比如一神教要比多神教更具凝聚力,有利于实施霸权;二是有效的官僚机构和常备军及其监控体系;三是专业化的治理技术;四是确立书面通信和书面语,楔形文字。① 此后,亚述帝国、赫梯帝国等也都延续了巴比伦帝国的要素,直到建立希腊-罗马帝国。当然,帝国的建立并没有破坏城邦治理,在古代和古典时代,城邦保持长期存在。总结历史经验,农业帝国之所以稳固,主要原因在于帝国共享一些特征。一是英雄神武的统帅及其统治精英领导阶层。帝国的兴衰往往伴随着一些伟大的军事统帅,比如汉谟拉比、亚历山大大帝、旃陀罗笈多、查理大帝、成吉思汗、尤里安、萨尔贡、帖木儿、拿破仑等。二是帝国观念的吸引力,尤其是在中国和中东地区。当然,帝国也存在着兴衰周期律,受到蛮族入侵、疾病肆虐、内耗等因素的冲击。关于帝国的兴衰研究,一直是令人着迷的话题,也是帝国治理的重要内容。比如中华帝国的《论语》和《资治通鉴》、印度孔雀王朝的《政事论》、波斯帝国的《治国策》、阿拉伯帝国的《历史绪论》,这些著作都记述了大量的治国理政经验和智慧,也是帝国治理的重要参考读物。

二、游牧帝国的治理

除了农业帝国外,在游牧蛮族中还建立了部落帝国(tribal empires)、贸易帝国(迦太基)等。游牧帝国的建造者是一些善于骑射、流动性很强的游牧民,他们与农民处于相互依存的状态下一起生活,②关键是他们获得了对农业帝国和城邦的政

---

① 参见[美]约翰·R.麦克尼尔、威廉·H.麦克尼尔:《麦克尼尔全球史:从史前到21世纪的人类网络》,王晋新等译,北京大学出版社2017年版。
② Seth Schwartz, *Imperialism and Jewish Society: 200 BCE to 640 CE*, Princeton: Princeton University Press, 2009, p. 253.

治独立性,且在更广大的范围内将定居的人群联结起来,时不时对定居的城邦或帝国发起突然的军事袭击。比如匈奴人、突厥人和蒙古人对中华帝国,贝多因人对定居的阿拉伯人、北方蛮族与罗马人等,都是这种冲击-回应模式的产物。游牧部落在公元13世纪建立了迄今为止世界舞台上出现的最庞大的陆地帝国——蒙古帝国,阿拉伯半岛的游牧民族与伊斯兰教结合建立了显赫一时的阿拉伯帝国,以及土耳其人建立的奥斯曼土耳其帝国。游牧帝国和农业帝国是完全不同的,它们在世界历史中的作用(在很大程度上是破坏性的)是独特的。斯台基人和匈奴人处于欧亚大陆两端,它们创立了最初的游牧帝国。游牧帝国的治理主要靠狂飙猛进的机动性和强悍的军事实力,以及对贸易关系的偏爱,但定居是游牧帝国最大的敌人,一旦选择定居,游牧帝国就解体了。

一个典型的案例是蒙古帝国。在成吉思汗的领导下,蒙古人在实现自身统一的基础上,将忠诚和自身的勇猛结合起来,创造了部落政治的智慧。1206年库里尔台铁木真被推举为成吉思汗(世界的统治者),其名言——"人类最大的幸福在胜利之中,征服你的敌人,追逐他们,夺取他们的财产,使他们的爱人流泪,骑他们的马,拥抱他们的妻子和女儿"①——反映出当时游牧帝国的治理思想。成吉思汗将闪电战引入军事战略,利用强大的骑兵军团发起狂风暴雨的袭击,并采取分而治之、间谍和心理战等战术,借助各方陷入内斗和分裂的机遇,东征西讨,建立起强大的草原帝国。然而,一旦停止扩张,蒙古帝国就解体了,除了忽必烈的元帝国外,察哈台汗国、窝阔台汗国、伊尔汗国等分裂了蒙古帝国。

第三节 国 际 治 理

欧洲中世纪的世界是由一种重叠的、有时又相互竞争的诸权威的混杂物构建起来的,罗马教会和神圣罗马帝国都声称对由天主教徒组成的同一选区拥有权威,还有国王、贵族、城市公民、贸易行会等也声称拥有权威,但实际上谁也不是最高权威。这一混乱的格局引发了三十年战争。作为三十年战争的结局,威斯特伐利亚和约确立了近代国际体系。近代以来,映入眼帘的治理框架是自17世纪中叶以来形成的以威斯特伐利亚体系为核心的国家中心治理模式,也就是奥兰·扬提及的主权国家治理模式。在此模式下,主权国家是国际社会的唯一行为体,每个国家在法理上拥有最高的权威,国家主权是国际政治的最高原则,军事、征税、行政、再分

---

① [美]勒芬·斯塔夫罗斯·斯塔夫里阿诺斯:《全球通史:1500年以前的世界》,吴象婴、梁赤民译,上海社会科学院出版社1999年版,第378页。

配和生产性组织相结合,形成了现代国家,它支持着国际政治中的霸权主导地位、国家主权之间的相互承认原则和不干涉原则,使用军事力量的合法性和国家利益的正当性原则。① 长期以来,从现实主义到新现实主义,从自由主义到新自由主义,都将无政府状态作为先验给定的因素,都强调国际体系的自我维持性。这一治理模式认为,国际社会中的事务只要实行各国自扫门前雪,整个国际社会就会相安无事,只要各国能把自己的国内事务处理得当,整个国际社会就能实现利益最大化。至于国家间的公共事务,威斯特伐利亚体系以及此后的维也纳体系、凡尔赛-华盛顿体系、雅尔塔体系都依靠以国家主权原则为基础的势力均衡(balance of power)、国际法和国际组织等权力机构得以维系。19世纪的欧洲协调、20世纪的联合国都是这一治理模式的代理行为体(agent),这是传统主权国家治理模式的形式规定。

一、维也纳体系:欧洲协调

在18世纪的欧洲国际政治关系中,维持均势成为国际政治的主题。从法国对奥匈帝国的打击,一直到欧洲国际社会组织起来针对拿破仑的七次反法同盟,其中贯彻的核心精神就是通过各种"分分合合"的联盟,确保欧洲大陆的几个大国处于一种势均力敌的大致均衡状态,以此保证国际社会的秩序状态和国际秩序法理系统的权威。

均势原则虽然保证了大国之间的法理秩序得以维持,却导致了对弱小国家间法理秩序的侵蚀。比如在18世纪发生的俄、普、奥三国瓜分波兰事件,看上去好像实现了东欧地区的大国权力平衡,但它是以对小国和弱国利益的破坏和侵犯为代价,才保证了大国之间的势均力敌。此种做法在此后欧洲列强在殖民地的争夺中也反复出现。1815年拿破仑战争结束后,欧洲列强英国、俄国、普鲁士和奥匈帝国按照所谓"正统原则",恢复了拿破仑战争所推翻的各正统王朝,还按照彼此的实力地位和均势原则,就实力和领土安排做出了调整,以所谓"补偿原则"的精神重构了欧洲政治地图,瓜分了法国的海外殖民地,重新奠定了欧洲的均势格局。② 对此,恩格斯一针见血地指出:"大大小小的帝王们……分配赃物和奖金,并商讨能把革命前的形势恢复到什么程度。"③"民族被买进和卖出,被分割和合并,只要完全符合统治者的利益和愿望就行。"④基于此,维也纳和会之后欧洲盛行的所谓欧洲协调,从根本上来说依旧没有摆脱大国政治和强权角逐的色彩。均势原则也好,大国

---

① [日]星野昭吉:《全球政治学——全球化进程中的变动、冲突、治理与和平》,刘小林、张胜军译,新华出版社2000年版,第280页。
② Rene Albracht-Carrie, *A Diplomatic History of Europe Since Congress of Vienna*, New York: Haper & Row Publisher, 1973, p.11.
③ 《马克思恩格斯全集》第12卷,人民出版社1998年版,第740页。
④ 《马克思恩格斯全集》第2卷,人民出版社1957年版,第641页。

协调也好，归根结底不过是大国秩序的构成要件而已，不可能矫正大国秩序。

更加严重的是，均势不仅在本质上是为大国秩序服务的，而且本身也是导致秩序破坏的一个重要震源，均势原则确立起来的不是和平和稳定，而是永无休止的冲突、战争乃至日甚一日的生灵涂炭。19世纪晚期以来各种战争特别是第一次世界大战都是均势原则陷入恶性循环的根本体现。欧洲在此期间，到处干涉各国人民的革命行动，镇压被压迫民族的抗争，而彼此之间也无法制止冲突行为升级，最终在1848年欧洲大革命后宣告破产，欧洲再次陷入战乱频仍之中。其中，具有较大影响的是第十次俄土战争（1877—1878年）、第二次英阿（富汗）战争（1878—1880年）、俄阿（富汗）战争（1885年）、英法法绍达事件（1898年）、美西战争（1898—1899年）、英布战争（1899—1902年）、日俄战争（1904—1905年）、两次摩洛哥危机（1905—1906年、1911年）、意土战争（1911—1912年）和两次巴尔干战争（1912年、1913年），最终引发了第一次世界大战。对此，美国学者爱德华·古利克（Edward Gulick）颇有见地地指出："和平仅仅是均势政策的偶然的副产品，或仅仅是其第二位的目标。和平作为均势战略的产物能够暂时得以维持，这一点是毫无疑问的；但是，我们必须相信，一个由独立的、武装的、彼此敌视的国家所组成的体系，仅仅凭借均势技巧根本不能保证长期的和平。"[1]

二、凡尔赛-华盛顿体系：国际联盟

第一次世界大战之后，各国人民深刻反思战争的起因，并由此催发了关于维护和平理论研究的兴起，引发了对于国际新秩序的探索。特别是面对一战后的欧洲破败景象，美国式的新自由主义意识形态为主导的世界秩序观开始居于主流。此种世界秩序观具有复杂的内容：在经济上，奉行自由放任主义基础上的国际管理思维；在政治上，执行民族自决权原则基础上的集体安全；在国际层面，威尔逊的十四点方案的政治理想是在维护现状并加强集体安全原则的国际组织保护下进行民族自决。[2] 在威尔逊方案的指导下，凡尔赛-华盛顿会议确定了以标榜"促进国际合作，保证国际和平与安全"为宗旨的国际联盟，以国际联盟盟约的各项原则为基础，以国际联盟（简称"国联"）行政院的调解和干涉作用为手段，形成了第一个全球意义上的国际秩序，即在集体安全保护下的民族自决权秩序。

然而，此种秩序方案是极其脆弱的，特别是其中所包含的外交公开、航海自由、民族自决、门户开放等原则都与英法等国的秘密外交、殖民统治、海上霸权、肢解德

---

[1] Edward Gulick, *Europe's Classical Balance of Power*, New York: W. W. Norton, 1967, pp.36-37.
[2] [美]爱·麦·伯恩斯：《当代世界政治理论》，曾炳钧译，商务印书馆1983年版，第18页。

国等特权政治思想存在深刻的矛盾。这些国家虽然在第一次世界大战中深受打击,但依然是海陆强国。虽然他们表面上同意威尔逊的原则精神,实际上早已与美国同床异梦。从国联此后在国际上的表现来看,它不过是英法操纵的帝国主义外交工具。英国政府曾直言不讳地宣称,国联是"英国对外政策的附属物",列宁在揭露国联时也一针见血地点明,国联实际上是一伙你抢我夺的强盗。正是由于内部存在的深刻裂痕,国联在面对资本主义世界经济危机的狂风暴雨和法西斯主义的肆虐时,无法应对而宣告破产,最终,资本主义体系的内在矛盾以及由此引发的动荡,导致了具有巨大破坏力的第二次世界大战的爆发。

三、雅尔塔体系:联合国体系+布雷顿森林体系

第二次世界大战的爆发,宣告了国际联盟治理下的民族自决秩序的破产,也进一步证实了大国秩序和霸权政治的持续。二战后,美国总统西奥多·罗斯福(Theodore Roosevelt, Jr.)承袭了威尔逊新自由主义的集体安全思想并汲取了国联的教训,认识到没有大国之间的协调一致的集体安全是靠不住的,必须努力寻求一种最低限度的大国协调一致。为此,在战后世界政治秩序的安排上,在主张集体安全思想的同时,更加强调大国在其中的责任、权力和协调一致。[①] 于是战后建立了联合国安理会以及大国否决权这样的机制,其核心是确定美国、苏联、英国、中国、法国(后加)五个国家为安理会常任理事国,承担维护世界政治秩序的任务。联合国的创立奠定了当代国际秩序,基石是《联合国宪章》的宗旨和原则,支撑是多边主义的理念与实践。主权平等是数百年来国与国规范彼此关系最重要的准则,也是联合国及所有机构、组织共同遵循的首要原则。主权平等的真谛在于国家不分大小、强弱、贫富,主权和尊严必须得到尊重,内政不容干涉,都有权自主选择社会制度和发展道路。在联合国、世界贸易组织、世界卫生组织、世界知识产权组织、世界气象组织、国际电信联盟、万国邮政联盟、国际移民组织、国际劳工组织等机构,各国平等参与决策,构成了完善全球治理的重要力量。新形势下,我们要坚持主权平等,推动各国权利平等、机会平等、规则平等。在世界经济秩序上,美国和英国主导下建立了"嵌入其中的自由主义体制(embedded liberalism)"[②],建立了布雷顿森林体系,实行美元以固定价格与黄金挂钩,各国货币以固定汇率与美元挂钩,从而建立了以美元为基础的世界货币秩序,并在此基础上建立了以关税及贸易总协定为核心的世界贸易秩序和以国际货币基金组织与世界银行为调控的世界金融秩

---

① 李滨:《国际体系研究:历史与现状》,南京大学出版社 2000 年版,第 179 页。
② 参见 John Ruggie, "International Regimes, Transaction and Change Embedded Liberalism in the Post-war Economic Oder", *International Organization*, 1995, Vol. 36, No. 2, pp. 379-415。

序。总而言之，战后建立的世界秩序是一种在美国主导下的大国政治秩序，美国试图在世界范围内推行"门罗主义"。

然而，这一"大国合作主导世界"的秩序安排照样存在着深刻而尖锐的矛盾。其中，最为重要的是美国如何在安理会中确保与超级大国苏联的合作。由于战后苏联坚持走社会主义道路，在东欧国家的政权体制问题上与美国产生了深刻的分歧。此种分歧从东欧开始，然后波及远东和世界其他地区。再加上美国和苏联在战后展开了世界范围内大国势力的激烈争夺，最终演化成为尖锐对抗的两极格局，形成了长达四十年的冷战局面，使得世界事务无处不闪烁着两极角逐的影子，联合国一度也沦为两极争霸的工具而无所作为，国际秩序依旧呈现为大国争霸的秩序，世界各地依旧处于战争威胁的高压之下甚至热点不断、战火纷飞。虽然1991年随着苏联解体和东欧国家剧变导致了两极体系瓦解，但世界秩序的大国偏向至今没有得到根本的改观。故而，在国际政治系统内，国际秩序需要探讨的问题就不仅仅是"什么秩序"的问题，而是转变为"秩序是强权的还是民主的""秩序的目的和利益是什么"以及"未来理想的国际秩序是什么"等议题。

20世纪60年代以来，随着布雷顿森林体系出现危机和世界经济出现滞胀问题，西方阵营内部发生了松动，西欧和日本的独立性诉求开始增强。与美国之间除了经济上经常发生争执外，西欧内部许多国家在政治上也开始要求获得更多的民族利益。比如法国的戴高乐（Charles André Joseph Marie de Gaulle）谋求成为美苏之间的第三种力量，并积极推动欧洲"从大西洋到乌拉尔的统一"；联邦德国的勃兰特（Willy Brandt）开始推出所谓的新东方政策，促进与东方特别是民主德国的和解；日本也开始启动了谋求政治大国的步伐，更多地在对外政策中表现出了一定的独立性。对此，美国也不得不承认现实，对盟国的要求予以一定程度的积极回应。与美国类似，苏联在20世纪60年代后也经历了类似的遭遇，东欧的波兰、匈牙利、捷克斯洛伐克、南斯拉夫以及东亚的中国和朝鲜，也日益要求独立自主行动。美国和苏联在战后各自阵营内部控制能力的下降，充分表明国际秩序中大国影响力的相对下降。同时，越南战争、阿富汗战争以及阿拉伯国家发起的石油输出控制行动等案例，也进一步表明在国际政治中，大国并不一定完全让小国屈服，某些小国比如新加坡、朝鲜、以色列等国家的影响力并不比某些大国弱。

事实上，在传统的国家中心的治理模式内，还存在着一套治理的"潜规则"。尽管国家中心治理模式在法理上明确了国家主权的独立和平等地位，但实际上的主权国家之间就主权的内容、意义和效力而言，都是不平等的，大国和小国、富国和穷国、先进国家和落后国家之间在国际社会中的发言权从来也没有真正平等过，而且也不可能实现真正的平等。很难想象作为超级大国的美国在国际社会中的影响力会与欧洲小国卢森堡相提并论，也无法实现冷战期间超级大国苏联与东欧社会主义国家之间在主权上的完全平等。在此种主权事实上不平等的历史情境下,即便有发达的国际法、国际制度和外交,势力均衡和国际协调的原则也无法保证国家间有效合作。国际社会中的公共事务从根本上取决于大国角逐,国际政治成为大国争雄斗胜的角斗场,国际治理思维奉行着你死我活、斗智斗勇的零和游戏,各大国都在积极努力寻求霸权地位。

第四节 全球治理

冷战结束后,随着全球化和信息革命的发展,全球治理发展迅速,治理实践不断扩大,治理理论也日益成熟。以联合国、IMF、世界银行、WTO、WHO、二十国集团(G20)等全球性治理平台和欧盟、亚太经济合作组织(Asia-Pacific Economic Cooperation,APEC)、北美自由贸易协议(North American Free Trade Agreement,NAFTA)、南方共同市场(Mercado Común del Sur,MERCOSUR)、非洲联盟(African Union,AU)、南亚区域合作联盟(South Asian Association For Regional Cooperation,SAARC)、金砖国家合作机制(Brazil-Russia-India-China-South Africa,BRICS)等一大批区域合作平台为引领,全球治理的发展步伐日益加快。进入21世纪以来,全球治理领域正在发生一些重大变化,其中之一就是相对西方(the West)而言的所谓"非西方的崛起"(rise of the rest),这一变化可能会引发全球治理模式和实践的革故鼎新;第二个重大变化就是整个世界越来越信息网络化,以及大量与之相关的国际政策和立法倡议;第三个重大变化是一些新的制度性实体包括领土国家、跨国公司、公民社会组织等开始发挥一些治理职能,导致全球治理更加复合、更具活力以及愈发碎片化。

一、世界经历百年未有之大变局

时代特征决定国际政治总格局。习近平指出:"把握国际形势,要树立正确的历史观、大局观、角色观。"[①]"当前,我国处于近代以来最好的发展时期,世界处于百年未有之大变局,两者同步交织、相互激荡,做好当前和今后一个时期对外工作,具备很多国际有利条件。"[②]习近平提出"世界处于百年未有之大变局"的场景和视角是明确的,就是强调要树立正确的历史观、大局观和角色观。因此,理解"百年未

---

① 习近平:《习近平谈治国理政》第三卷,外文出版社2020年版,第427页。
② 同上书,第428页。

有之大变局"的内涵,需要把握作为时间意义范畴的"百年",作为空间意义范畴的"世界"和作为社会意义范畴的"大变局"三个维度,以此来划定"世界处于百年未有之大变局"的解释范围。

一是世界大变局是近代以来数百年未有大变局,核心是国际力量中心转移的"东升西降"。要想真正把握全球大变局,则需要将其放在近代五百年以来世界发展的宏观场景之中来理解。从这个意义上来说,"百年未有之大变局的最大变化,就是以中国为代表的新兴市场国家和发展中国家群体性崛起,从根本上改变了国际力量对比"①。自近代以来,整个世界一直是由欧美发达国家主导,无论是欧洲人主导的殖民扩张时代,还是美苏主导的霸权对抗时代,一直到冷战后美国的单极霸权时代,都有一个共同点,那就是整个世界的权力集中在西方发达国家手中,世界秩序主要由欧美列强掌控,非西方国家没有发言权。然而,进入21世纪以来,一大批新兴市场国家和发展中国家群体性崛起,世界经济中心和全球战略中心从欧洲大西洋地区向亚洲太平洋地区转移,当今世界的权力结构第一次出现向非西方世界转移、向非国家行为体弥散的趋势,少数几个西方发达国家垄断世界权力的时代已经难以维持了,出现"东升西降"的现象,近代以来欧美发达国家主导世界政治的局面正在发生根本性变化。按购买力平价计算,新兴市场国家和发展中国家经济总量2008年已经超过发达国家,到2018年占世界经济比重达到59%。② 一方面,发达国家内部矛盾重重,耗散了主导世界的能力。在"美国第一"的口号下,美国大搞单边主义和保护主义,美、欧、日裂痕日益加深,盟国体系日益松弛。同时,发达国家各国内部建制派与反建制派政治斗争日益激烈,各国"内顾"倾向日益凸显,大大削弱了国际影响力。另一方面,新兴市场国家和发展中国家的团结合作日益加强,成为重塑国际格局的一个新的重要变量。尤其是中华民族伟大复兴正在展现出光明的前景,有着五千年文明历史底蕴的东方大国日益走近世界舞台的中心,"一带一路"倡议受到越来越多国家的欢迎,在共商共建共享原则指导下,各国发展战略深度对接和互联互通日益紧密,发展中国家和新兴市场国家的影响力越来越显赫。

二是世界大变局是第四次工业革命引发的新旧力量对比变化,核心是全球发展动能的"新旧转换"。进入21世纪以来,全球科技创新进入空前密集活跃的时期,新一轮科技革命和产业变革正在重构全球经济和政治结构,使得近代工业革命以来一切生产方式和生活方式都要进行重新定义。尤其是以人工智能、清洁能源、机器人技术、量子信息技术、虚拟现实以及生物技术为主的新技术革命引领第四次

---

① 中华人民共和国国务院新闻办公室:《新时代的中国与世界》,《人民日报》,2019年9月28日,第2版。
② 同上。

工业革命，即以智能化为核心，以人工智能、物联网等技术为代表的新工业革命。世界经济论坛创始人兼执行主席克劳斯·施瓦布（Klaus Schwab）在其著作《第四次工业革命》中，把无人交通工具（自动驾驶汽车和无人机）、3D打印、高级机器人、新材料、物联网与基因工程列为核心推动技术。施瓦布认为，中国将会成为第四次工业革命的领军者。在第四次工业革命浪潮推动下，世界经济将经历一场新旧动能转换的"革故鼎新"，它将引发全球政治经济体系的深刻调整，从根本上塑造和决定着未来世界的面貌。① 诚如习近平在全国院士大会上所言，"我们迎来了世界新一轮科技革命和产业变革同我国转变发展方式的历史性交汇期，既面临着千载难逢的历史机遇，又面临着差距拉大的严峻挑战"②。在这场历史交汇期内，世界正在进入以信息产业为主导的经济发展时期。中国应当抓住数字化、网络化、智能化融合发展的契机，以信息化、智能化为杠杆培育新动能，推进互联网、大数据、人工智能同实体经济深度融合，做大做强数字经济，以智能制造为主攻方向推动产业技术变革和优化升级，推动制造业产业模式和企业形态根本性转变，以"鼎新"带动"革故"，以增量带动存量，促进我国产业迈向全球价值链中高端。

三是世界大变局指全球治理体系变革的大变局，当今国际秩序"礼崩乐坏"。18世纪以来，在欧美发达国家主导下，国际秩序经历了欧洲列强主导的"维也纳秩序"和美国霸权主导的"国际新政秩序"两个阶段。尤其是二战后，以联合国体系为核心的国际政治秩序和以布雷顿森林体系为核心的国际经济金融秩序，成为二战以来确立的世界秩序的基础，是支撑未来世界秩序大厦的根基，必须坚决维护和巩固。然而，以"英国脱欧"和美国"退群"为标志，二战以来确立的国际政治经济秩序出现了坍塌的危险，秩序的设计者反而认为自己"吃了亏"，试图以不平等的双边关系取代现有国际政治经济秩序，肆无忌惮地破坏现行国际规则，成为当今世界名副其实的"修正主义者"。相比之下，以中国为代表的新兴市场国家正在以和平方式，推动国际秩序和全球治理体系的变革，在维护和巩固现有国际秩序基础上，推进全球治理体系向着公正合理的方向变革。国际秩序处于革故鼎新的转型过渡期，这是人类历史上百年未有之国际秩序和平变革。

面对人类社会面临的共同挑战，所谓的"另一个世界是可能的"实际上是不可能的，"另起炉灶"不仅不符合世界的整体利益，也不符合中国的国家利益。尤其是面对少数西方发达国家"退群""脱群"和"筑墙"等种种利己主义的行为，中国必须始终高举人类命运共同体旗帜，坚持以开放为导向，以规则为基础，以共赢为目标，维护和巩固以《联合国宪章》宗旨和原则为核心的国际秩序，夯实人类进步的秩序

---

① 参见[德]克劳斯·施瓦布：《第四次工业革命——转型的力量》，李菁译，中信出版社2016年版。
② 习近平：《在中国科学院第十九次院士大会、中国工程院第十四次院士大会上的讲话》，《人民日报》，2018年5月29日，第2版。

基石。同时,二战以后建立起来的国际秩序有着明显的缺陷,尤其是忽视广大发展中国家的合法权益和正当利益,漠视广大非国家行为体的参与热情,是十分不合理的。在维护和巩固现有国际秩序基础上,中国也应该积极倡导共商共治共享的全球治理观,不断提出和丰富体现非西方世界古老智慧的治理之道、治理理念和治理实践,为广大发展中国家和新兴市场国家争取公正地位,为广大非国家行为体争得合理权利,推动全球治理体系和治理能力向着公正合理的方向发展。

要而言之,全球大变局的主要特征是国际力量对比的"东升西降"、新旧动能转换的"革故鼎新"以及世界秩序的"礼崩乐坏"。在这一"百年未有之大变局"的冲击下,整个世界进入了转型过渡期,中华民族伟大复兴处于近代以来的最好时期,既面临难得的发展机遇,也面临着严峻的复杂挑战。

二、全球政治觉醒

置身于"百年未有之大变局"的时代洪流中,一个最突出的冲击就是全球政治觉醒。全球政治觉醒是美国战略家兹比格纽·布热津斯基(Zbigniew Brzeziński)提出的一个概念,主要指全球范围内广大民众追求自身政治权利的愿望被日益唤醒,掀起大规模的政治抗争运动,这是继近代以来宗教觉醒、阶级和民族觉醒之后的"第三次政治大觉醒"。[①] 随着互联网和社交媒体的普及,曾经被威斯特伐利亚体系从国际体系中放逐的"上帝"回来了,被马基雅维利(Niccolò di Bernardo dei Machiavelli)从政治领域驱逐的"伦理道德"回来了,被各国的民族主义者封存的"族群认同"回来了,回到了世界政治舞台的中心地带,整个世界面临着秩序的重新构造。尤其是在以价值观为核心的认同政治运动中,非西方的价值观和非主流的价值观日益挑战西方主流价值观,整个世界处于"第二次文艺复兴"的前夜。

毫无疑问,全球大变局背后的核心是构建一个什么样的世界秩序,以及如何构建这一世界秩序的问题。亨利·基辛格(Henry Kissinger)在《世界秩序》一书中对此进行了深入的阐述。[②] 在全球化和信息技术革命浪潮推动下,整个世界变小了,但在全球政治觉醒激发下,整个世界的问题却变大了,强烈地冲击着现有国际秩序的堤坝,要求构建起更具生命力的新世界秩序,出现严重的和平赤字、发展赤字、治理赤字和信任赤字。2019年3月26日,国家主席习近平在巴黎出席中法全球治理论坛闭幕式,并发表题为《为建设更加美好的地球家园贡献智慧和力量》的重要讲

---

① 参见[美]兹比格涅夫·布热津斯基、布兰特·斯考克罗夫特:《大博弈:全球政治觉醒对美国的挑战》,姚芸竹译,新华出版社2009年版。
② 参见[美]亨利·基辛格:《世界秩序》,胡利平、林华、曹爱菊译,中信出版社2015年版。

话,提出"坚持公正合理,破解治理赤字","坚持互商互谅,破解信任赤字","坚持同舟共济,破解和平赤字",以及"坚持互利共赢,破解发展赤字"。① 在习近平看来,世界秩序重构将围绕着治理赤字、信任赤字、和平赤字、发展赤字等"四个赤字"展开。

一是治理赤字。关于治理赤字的讨论来自学界热议的所谓"金德尔伯格陷阱论"。美国麻省理工学院教授查尔斯·金德尔伯格在《1929—1939年世界经济萧条》一书中认为,20世纪30年代世界经济大萧条的根本原因在于国际公共产品的缺失,于是一些学者便将"金德尔伯格陷阱"界定为在全球权力转移过程中,国际公共产品的供给缺失问题。当今世界经济发展不平衡问题日益突出,南北差距扩大和贫富分化悬殊日益严重,以及衍生出来的饥饿、疾病、难民、社会冲突等国际公共事务难题困扰着世界各国。② 据有关统计,现在世界基尼系数已经达到0.7左右,超过了公认的0.6"危险线"。③ 在社会分化和极化的趋势中,各国内部呈现出精英群体与大众群体的群体分化,国家之间呈现出发达国家与发展中国家之间的移民分化,以及各国政治舞台上的政治"极化"倾向和国际政治舞台上的大国"内顾"倾向,大国履行国际责任动力明显不足,国际公共产品供给热情衰减。面对日益凸显的全球性挑战,单边主义、保护主义思潮的抬头,令全球治理体系和多边合作机制面临日益严重的危机,这就是习近平所说的治理赤字问题,习近平在会见联合国秘书长古特雷斯时指出,"国际上的问题林林总总,归结起来就是要解决治理体系和治理能力的问题"④。

二是信任赤字。强调信任赤字来自古罗马历史学家塔西佗在他所著的《塔西佗历史》中对一位罗马皇帝的评价:"一旦皇帝成了人们憎恨的对象,他做的好事和坏事就同样会引起人们对他的厌恶。"⑤后来被一些中国学者引申成一种社会现象,指当政府部门或某一组织失去公信力时,无论说真话还是假话,做好事还是坏事,都会被认为是说假话、做坏事。2014年3月18日,在河南省兰考县委常委扩大会议上,习近平总书记提醒全党注意"塔西佗陷阱"。⑥ 信任是社会发展的基础,也是国际关系发展的基础。在谈到国际关系时,习近平指出,"信任是国际关系中最好的黏合剂"⑦,信任赤字之所以值得关注,主要原因是近年来"国际竞争摩擦呈上

---

① 习近平:《为建设更加美好的地球家园贡献智慧和力量》,《人民日报》,2019年3月27日,第3版。
② [美]查尔斯·P.金德尔伯格:《1929—1939年:世界经济萧条》,宋承先、洪文达译,上海译文出版社1986年版。
③ 习近平:《中国发展新起点,全球增长新蓝图——在二十国集团工商峰会开幕式上的主旨演讲》,《人民日报》,2016年9月4日,第3版。
④ 《习近平会见联合国秘书长古特雷斯》,《人民日报》,2018年4月9日,第1版。
⑤ [古罗马]塔西佗:《塔西佗历史》,王以铸、崔妙因译,商务印书馆2017年版,第6页。
⑥ 习近平:《做焦裕禄式的县委书记》,中央文献出版社2015年版,第35页。
⑦ 习近平:《为建设更加美好的地球家园贡献智慧和力量》,《人民日报》,2019年3月27日,第3版。

升之势,地缘博弈色彩明显加重,国际社会信任和合作受到侵蚀"①,特别是有关国家立场反复,给国际社会释放出不可信任的负面信号,导致对国际合作的信任度急剧下降。因此,在处理国际关系时,习近平强调,"要把互尊互信挺在前头,把对话协商利用起来,坚持求同存异、聚同化异,通过坦诚深入的对话沟通,增进战略互信,减少相互猜疑"②。

三是和平赤字。当今世界的主题仍然是和平与发展,但和平的基础仍然十分脆弱,世界面临着很多严峻挑战。关于和平赤字的讨论主要与学界热议的"修昔底德陷阱论"有关,此说法源自古希腊著名历史学家修昔底德,他认为,当一个崛起的大国与既有的统治霸主竞争时,双方面临的矛盾冲突多数以战争告终。从2014年起,习近平主席在多个场合提到"修昔底德陷阱"的问题,提醒着力防范化解重大战略风险。尽管世界面临诸多挑战,但和平力量依然胜过战争力量,当今世界面临的战争威胁并不严峻,没有战争状态的"消极和平"的压力不大。相比之下,和平赤字主要来自"积极和平"领域,贫富差距、族群矛盾、教派纷争、性别矛盾等"结构性暴力"在世界各国比比皆是,导致建制派与反建制派的政治斗争愈演愈烈,基于不同价值观的身份认同斗争此起彼伏,甚至逐渐外溢到世界事务之中,成为世界和平的最主要威胁。

四是发展赤字。关于发展赤字的讨论主要来自学界热议的"中等收入陷阱论"。所谓中等收入陷阱,是指一个国家发展到中等收入阶段(人均国内生产总值4 000—12 700美元)后,要么出现持续发展,逐渐成为发达国家;要么出现贫富悬殊、环境恶化甚至社会动荡等问题,导致经济发展徘徊不前。后一种结果被认为走入了中等收入陷阱。世界银行《东亚经济发展报告》提出了"中等收入陷阱"(middle income trap)的概念,基本含义是指鲜有中等收入的经济体成功地跻身高收入国家,这些国家往往陷入经济增长的停滞期,既无法在人力成本方面与低收入国家竞争,又无法在尖端技术研制方面与富裕国家竞争。③ 当今世界经济发展不平衡,全球性产能过剩引发了供需结构失衡,尤其是数字化与智能化时代所推动的资本流向"脱实入虚",财富流向"嫌贫爱富",在世界范围内引发世界经济增长动能不足,需求不振,通胀压力过载,债务高居不下,发展鸿沟扩大。同时,全球发展失衡,特别是收入分配不平等、发展空间不平衡成为当今全球发展的核心问题,也是一些国家发生动荡的深刻动因。无论是发达国家,还是发展中国家,均面临着严重的发展赤字,尤其是日甚一日的保护主义、霸凌主义、单边主义倾向,已经严重制约

---

① 习近平:《为建设更加美好的地球家园贡献智慧和力量》,《人民日报》,2019年3月27日,第3版。
② 同上。
③ Indermit Gill, Yukon Huang and Homi Kharas, eds., *East Asian Visions: Perspectives on Economic Development*, World Bank, 2007, pp. 17-18.

着开放型世界经济的繁荣。

三、走向全球治理

冷战结束以后,全球化迅猛发展,全球公共问题大量丛生,越来越多的全球和区域机构如雨后春笋。面对此情此景,尽管世界政府尚未成为现实,但一张越来越大的全球治理之网的确越来越密,全球化驱动了权力运用和交往行为的跨大陆的或者区域间的网络,日益迫切地提出了世界事务应该如何治理的问题。[①] 正是在这样的背景下,全球治理成为一个热议的话题,超越地缘政治和国际关系,深化全球治理改革,成为当今时代的一个任务。

作为一种全球和区域治理安排,全球治理主要的分析单元是制定与执行权威性规则的全球、区域或跨国的体系,焦点是公私协作的伙伴关系体系是如何构建的、如何变革的。尤其是全球治理的核心特征是权威在治理的不同层次之间或者不同的基础设施之间被重新划分。当然,随着逆全球化思潮的发展,全球治理在当下遭遇困难,形形色色的"脱钩""退群""筑墙"的内顾倾向大行其道,全球治理自身也存在着立场不一、行动低效、管理不善、正当性不足等治理赤字问题,全球治理遭遇了严峻的挑战。关于全球治理发展的未来趋势,主要有以下四个问题值得研究。

一是有效的全球治理。当下,全球治理是一个热点话题,相关的理念、原则、规范和项目都比较多。然而,全球治理不能仅仅取决于谁创立的,而应该关注治理是否有效,是否能够真正解决公共问题,确立治理理性的权威。事实上,从有效性的角度而言,在实践中已经取得一定成效的全球治理机制是私有领域的商业仲裁、技术标准、全球抗艾滋病倡议、金融跨国网络等跨国非政府机制。相比之下,一些志愿管制机制和政府间的治理机制反而是口惠而实不至,大量的口号式倡议在漂亮的外交辞令下熠熠生辉,但实际上并没有得到切实的履行。因此,究竟什么样的全球治理安排的有效性更高,更能够解决复杂的全球性问题,这才是全球治理的初心和使命。因此,有效的全球治理并不取决于神圣的价值观和设计周密的规则和规范,而是取决于能够有效解决问题,提供更多国际公共产品。

二是民主的全球治理。迄今为止的全球治理仍然存在一个重要的问题是权力结构导致的参与度不平衡,北方发达国家与南方发展中国家在全球治理参与上存在着严重的"治理鸿沟",大量的倡议和项目是由北方发达国家提出的,更多的国际组织和国际制度设计出自北方发达国家之手,更多体现了发达国家的利益和要求,

---

① Maire-Claude Smouts, "The Proper Use of Governance in International Relations", *International Social Science Journal*, 1998, Vol. 50, No. 155, pp. 81–89.

无法回避全球治理与霸权的关系。尤其是在一些创新性的治理机构上,南北差距要比传统的治理机构更大。这一治理鸿沟造成了严重的地缘政治后果,只要这一鸿沟不解决,全球治理的努力只会加重全球公共问题。为此,全球治理研究要求有更多的新型经济体和广大发展中国家的参与,有更多跨国公司和非国家行为体的参与,推动建立更加民主的全球治理。尤其是随着金砖国家合作机制和G20影响力的上升,民主的全球治理是值得追求的一个方向。

三是包容的全球治理。治理不仅仅是一个制度安排的问题,也是文化和文明对话的问题。近代以来的全球治理安排,更多在正当性上反映着西方文明的知识背景。无论这一文明谱系多么具有正当性,当全球治理遭遇非西方文明的时候,都存在着严重的治理赤字。毫无疑问,推进全球治理变革,并不是全盘否定欧美发达国家在其中的贡献,而是在尊重欧美已有贡献的基础上,包容非西方文明的全球治理经验和智慧。尤其是要从文明对话和交流的角度,推动治理智慧的对话,构建更具包容的全球治理体系。

四是公正的全球治理。全球治理权威的正当性,也是全球治理研究的一个核心问题。如果按照传统的代表和授权理论,其所设计出来的治理安排将不得不面临着严重的"民主赤字"问题。关于全球治理民主化的问题引发了诸多讨论,包括世界主义民主、激进民主和跨国协商民主等问题。比民主的全球治理更重要的是公正的全球治理,已经有很多学者讨论治理的公正性问题,包括公正性议题和规范性原则,如何推动全球治理体系向着公正合理的方向发展,是全球治理研究的一个趋势。公正的全球治理意味着对每一个国家、地区、组织乃至个人都采取公平公正的态度,尊重其基本尊严和意见主张,努力做到全球治理从民众中来到民众中去。

展望未来,全球治理尽管面临诸多挑战,但是,长远来看,所有这些都是暂时的,全球治理反映着人类公共事务的发展方向,全球治理的势头是不可逆转的。因此,只要坚定不移地推进全球治理体系和治理能力的现代化,全球治理的未来就是光明的。

 课后习题

一、名词解释

维也纳体系　　凡尔赛-华盛顿体系　　雅尔塔体系
国际治理　　全球治理　　全球政治觉醒

二、论述题

1. 治理在历史上主要经历了哪些重要阶段,呈现出哪些不同的模式?
2. 推动全球治理发展的力量有哪些?
3. 全球治理进一步发展需要关注哪些重要议题?

第二章
理论范式

作为一门学问,任何一项研究都具有系统的学术规划,或者称为研究纲领。所谓学术规划是一个现代概念,指的是为实现一个理念而对种种活动和资源做出协调一致的、合理的安排。① 在18世纪的启蒙时代,思想家们十分看重自己的学术规划,比如圣·皮埃尔(St. Pierre)的"一个使欧洲永葆和平的规划"、伊曼努尔·康德(Immanuel Kant)的"永久和平论"、弗里德里希·黑格尔(Friedrich Hegel)的"绝对精神的自我运动"等,在这些学者看来,一个学术规划是种种精力、资源和实践活动在一个连贯的整体中的聚焦,该整体赋予他们以目的、方向和次序,进而"创造一个统一的人类交往场地,以之提供单一的事件框架,创造出单一的世界"②。后来,英籍匈牙利著名的数学哲学家和科学哲学家伊·拉卡托斯(Imre Lakatos)在卡尔·波普尔(Karl Popper)证伪主义方法论的基础上,提出了著名的科学研究纲领,以之衡量思想家的理论。伊·拉卡托斯认为:"一切科学研究纲领都在其'硬核'上有明显区别,纲领的反面启发法禁止我们将否定后件式对准这一'硬核',相反,我们必须运用我们的独创性来阐明甚至发明'辅助假说',这些辅助假说围绕该核形成了一个保护地带。"③根据拉卡托斯的理论,一个研究纲领必须具有一定的内核,然后爆炸开来,形成一个理论体系,否则就是一个"退化的"研究纲领。学术规划和研究纲领成为人们建构知识体系的重要工具。全球治理是一个完整的研究纲领,涵盖了治理范式、理论路径和分析模型等各个方面,只有在理论上确立完善的分析框架,才能从整体上把握全球治理的内在逻辑。

---

① [英]马丁·阿尔布劳:《全球时代:超越现代性之外的国家和社会》,高湘泽、冯玲译,商务印书馆2001年版,第47页。
② 同上书,第20、48页。
③ [英]伊·拉卡托斯:《科学研究纲领方法论》,兰征译,上海译文出版社1986年版,第67页。

第一节 治理范式

作为一门学问，全球治理也必须从学术规划的角度来认识和理解。自从20世纪90年代冷战终结以来，关于全球治理范式的研究日益成为国际学术界关注的焦点。包括新左派、新右派、第三条道路等各大流派的学者都纷纷提出各种各样的所谓解释未来世界政治的理论范式，比如历史终结论、霸权稳定论、文明冲突论、全球治理论、区域治理论、两枝世界论、和平区与动乱区论、大混乱论、新中世纪主义、女性主义、世界体系、生态主义等，每一种理论路线都为未来勾勒了一副色彩斑斓的图画。就全球治理而言，自从20世纪90年代全球治理研究兴起以来，从范式的高度而言，形形色色的理论研究无外乎纳入三大范式。一是国家主义范式。国家主义是全球治理的传统范式，主导的学术路线是现实主义，恪守国家中心论，坚持以权力和利益作为解释治理行为的主导变量。二是全球主义范式，全球主义是全球治理的理想范式，主导的学术路线是理想主义、自由主义，在承认国家主导角色的同时，更看重个人自由权利和国际制度建构，将福利、权利和制度作为解释全球治理的主导变量。三是处于全球主义和国家主义之间的形形色色的折中范式，有学者称之为跨国主义。该范式主导的学术路线是社会建构主义和历史路径，强调跨国行为体的身份认同。以上三大范式基本上涵盖了全球治理理论研究的主要路径，然而如果从当今世界改造世界政治秩序的直接动力而言，仅仅从国家主义、全球主义和跨国主义的角度来研究全球治理是不够的，因为在实践中存在着众多变体。

一、国家主义及其变体

国家主义是近代威斯特伐利亚体系确立以来处理国际事务的主导范式，其假定的基本分析单位是主权国家，所谓全球治理不过是主权国家之间的纷争与合作。无论在国内事务中的个人与社会的关系，还是国际事务中国家与世界的关系，都坚持以国家利益为本位，国家拥有对内最高、对外独立的主权。从维也纳体系到凡尔赛-华盛顿体系，一直到雅尔塔体系，国家都被视作决定国际公共事务的基石。冷战后，尽管也出现了一些挑战国家主权的种种观点，比如"人权高于主权""保护的责任""新干涉主义"等，无论是发达国家还是发展中国家，仍然高举国家主义旗帜，国家主权的地位仍然不可撼动。以美国芝加哥大学政治学教授约翰·米尔斯海默（John Mearsheimer）为代表，大多数国家奉行着现实主义国际政治哲学观。此种哲学观都潜在或者直接承认国际社会是一种无政府状态,体系由独立国家组成,国家之上没有任何权威,无政府状态是一种强制性的先验法则。① 在这样的环境下,国家由于更多地考虑相对收益和提防欺诈行为,国家的合作通常难以实现,而且总是难以持久。② 在这里,米尔斯海默尽管没有否定大国之间合作的可能性,但是也没有研究大国合作发生的原因和机制,把合作看作一种偶然的例外。③

在国家主义的范式下,全球治理被视作国家之间在处理全球性挑战时进行的合作和协商。无论是二战后建立的以联合国体系为核心的国际政治安全安排,还是以布雷顿森林体系为核心的国际经济金融安排,本质上都是国家主义全球治理理论的重要实践。此外,包括为应对各种危机和挑战建立起来的西方七国首脑峰会(G7)、八国集团、二十国集团、金砖国家合作机制、上海合作组织、亚太经合组织等,都属于国家主义范式的旗下实践形态。无论这些治理形态多么复杂多样,其共同的特征都是坚持国家主权本位,以不挑战国家主权作为前提,在很多治理合作上基本上遵循主权类事务"负面清单"的方式进行。近年来,形形色色的"退群""废约""筑墙"等内顾形象和保护主义举措充分表明,国家主权仍然制约着全球治理的合作深度和合作限度。

除了上述国家主义治理的正常形态外,受制于国家力量对比关系的影响,国家主义治理还呈现出帝国主义和霸权主义的种种变体形态。霸权理论在二战后就开始兴起,重要代表人物有乔治·莫德尔斯基、罗伯特·吉尔平、曼瑟尔·奥尔森、罗伯特·基欧汉、保罗·肯尼迪、约瑟夫·奈等,他们提出了霸权稳定论、国际公共产品论、霸权周期论、权力转移论、国际制度论、软实力论等。在霸权理论看来,全球治理就是霸权提供的国际公共产品,全球治理的目标就是维护和巩固霸权。

冷战结束尤其是"9·11"事件发生以来,关于未来世界政治秩序的安排问题,在欧美发达国家特别是在美国出现了一股"新帝国"(或"新帝国主义")论,包括英国首相布莱尔外交政策顾问罗伯特·库伯(Robert Cooper)提出的"新帝国主义"④,美国新保守主义提出的新帝国理论和美国学者麦克尔·哈特(Michael

---

① 其实,这种设定根植于西方历史久远的一个哲学信念。黑格尔在《精神现象学》中提及一个著名的故事:两个人在大森林里狭路相逢,互不退让,互不承认,只好拼死一战,以冲突决出高低,以实力判定胜负。斗争的结果产生了黑格尔所说的主人和奴隶、主体和客体、中心和边缘等概念,这就是绵延久远的西方文化中根深蒂固的主体和客体的割裂思维方式。参见[德]黑格尔:《精神现象学》,先刚译,人民出版社2013年版。
② [美]约翰·米尔斯海默:《大国政治的悲剧》,王义桅、唐小松译,上海人民出版社2003年,第64页。
③ 米尔斯海默的这种对国际现象的省略态度彰显了他保守的态度,要知道关于国家合作可能性的论证恰恰是新现实主义和新自由主义争论的一个焦点,米尔斯海默的这种对焦点问题的回避态度,体现出一个国际政治理论学者的不负责态度。
④ 参见 Robert Cooper, "Why We Still Need Empires", *The Observer*, April 7, 2002; Robert Cooper, "The New Liberal Imperialism", *The Guardian*, April 7, 2002。

Hardt)和意大利学者安东尼奥·奈格里(Antonio Negri)提出的新帝国论。形形色色的帝国论都认为未来全球政治的秩序是帝国结构,存在帝国维持力量和挑战帝国力量的划分;都站在帝国的立场上,主张运用各种手段抑制帝国的挑战力量;都强调在未来全球政治领域应该注重自由、民主等所谓的普遍价值观等,主张美国要利用当前无与伦比的实力优势,凭借军事优势,用美国的价值观来改造世界,建立一种全新的、美国统治下的、有利于自由与和平的世界秩序,使21世纪成为又一个"美国世纪",其手段主要是单边主义的、先发制人的、美国主导的,其目标是实现美国"单极霸权的稳定"。① 它们在推进帝国建设的目标上是一致的,区别在于方式和手段不同而已。尽管霸权论和帝国论在国际上饱受批评,但在美国一超独霸的单极时刻,的确在全球治理的很多事务(比如反对恐怖主义、应对金融危机、应对全球气候变化以及治理地区和国际问题)上无法回避美国霸权的影响,区别只不过在于温和霸权还是强制霸权而已。

二、全球主义及其变体

与国家主义范式不同,全球主义的分析单位是全球性和全球利益,强调以人类中心论和世界政体论来实施全球治理,认为全球治理就是通过具有约束力的国际规制解决全球性的冲突、生态、人权、移民、毒品、走私、传染病等问题,以维持正常的国际政治经济秩序。在学术界,以詹姆斯·罗希瑙、戴维·赫尔德、罗伯特·罗茨(Robert Rhodes)、罗伯特·基欧汉等人为代表,乐观的人们认为,全球化和全球性公共问题的日益凸显,加速国际事务与国内事务界限的消退,取而代之的是"地球村"和人类命运共同体,人们将越来越确立一套共享信念、价值、制度、社会网络等全球主义意识。② 不少学者认为,民族国家在全球化潮流中最终也将因为制度选择而被新的组织机构所淘汰,国家权威在防务、金融和提供福利三个层面正在逐步被销蚀。③ 还有的学者甚至认为,"传统的民族国家已经成为全球经济中不和谐的,甚至不可能继续存在的活动单位"④。特别是随着全球性问题的大量涌现,认为全球治理应该是一个规范的系统,主张所谓"没有政府的治理",就是一个由共同的价值观和共同的事业来指导的管理体系,它通过共识建立权威,治理靠的是体现

---

① 参见张立平:《"新帝国论"在美国政治外交中的影响》,《中国社会科学院院报》,2003年8月26日,第3版。
② 参见[美]弗朗西斯·福山:《历史的终结与最后之人》,黄胜强、许铭原译,中国社会科学出版社2003年版。
③ 参见[英]苏珊·斯特兰奇:《全球化与国家的销蚀》,王列译,《马克思主义与现实》1998年第3期,第70—73页。
④ 参见 Kenichi Ohmae, *The End of the Nation State*, New York: The Free Press, 1995。

着共同目标的主动精神。一些政治家比如联邦德国总理勃兰特、美国第 42 任总统比尔·克林顿(Bill Clinton)、英国前首相托尼·布莱尔(Tony Blair)、德国前总理格哈德·施罗德(Gerhard Schröder)以及法国前总理利昂内尔·若斯潘(Lionel Jospin)等都是主张全球治理的代表性政治领导人,他们在政策实践上走所谓"第三条道路",以贯彻全球治理的思想。

在全球主义范式下,全球治理被视作治理在世界范围内的放大,是包括国家和非国家行为体在世界范围内协商互动,制定全球政策并推动全球公共行政,应对全球公共问题和缔造全球治理的活动、形式、关系和过程。毫无疑问,符合全球主义范式最典型的实现形式就是世界政府。作为一种构想,古往今来有无数的思想家提出了关于世界联邦(world federation)或世界政府(world government)的思想,通过建立类似于一个国家中央政府那样的世界中央政府,作为消除国际无政府状态的最高统一权威。比如意大利文艺复兴运动的先驱者但丁(Dante Alighieri)关于《世界帝国》的构想,伊拉斯谟(Erasmus)、雨果·格劳秀斯、威廉·宾(William Bin)、圣·皮埃尔、让-雅克·卢梭(Jean-Jacques Rousseau)和杰里米·边沁(Jeremy Bentham)等人也不同程度地期盼所谓的《永恒和平方案》、共和国家联盟和世界"邦联政府",提出了和平主义(非战主义)、国际政府、国际警察部队、世界公众舆论法庭、全面裁军、建立国际法体系、消灭秘密外交、深化相互依赖等实施方案,但在一战后引发了人们关于"乌托邦主义"的批评。冷战结束以后,关于世界政府的想法重新升温,比如,英国学者罗伯特·斯基德尔斯基(Robert Skidelsky)主张打造所谓的"全球契约",成为治理全球事务的共同规范;法国学者雅克·阿塔利(Jacques Attali)主张建立基于人类价值观至上获得民众普遍认同的全球性民主政府;更多的学者强调要建立世界主义的民主治理等。所有这些主张的目的都是致力于打造世界政府。当然,尽管迄今为止世界政府论在国际思想界很有市场,世界人民如久旱盼甘霖般地渴望世界政府,但世界政府并没有出现。

尽管人们祈盼的世界政府没有出现,但具有世界政府雏形和轮廓的变体形态却已经初露端倪,在刑事司法、人权、气候变化等领域已经开始涌现出形形色色具有管制国际事务能力的全球契约或国际机制。根据美国学者奥兰·扬的看法,国际机制在当代世界秩序中创造了一种新的治理体制——或者更确切地说,是一种"没有政府的治理"的体制。[①] 不少学者经过研究发现,现代民族国家的组织、实践以及决策过程的国际化已经出现了一条非常清楚的脉络,一国政府被限制在全球

[①] Oran Young, *International Cooperation: Building Regimes for Natural Resources and the Environment*, Ithaca: Cornell University Press, 1989, p. 11; James Rosenau and Ernst-Otto Czempiel, *Governance without Government: Order and Change in World Politics*, Cambridge: Cambridge University Press, 1992, p. 5.

性、区域性和多边治理体系的安排之中,形成一些跨国网络行为体。这些跨国网络行为体往往不以国家主权为界,而以议题显著性为点,以跨国动员为线,以追求共同目标结网,形成具有跨国集体行动能力的社会网络,包括"议题联盟"(coalition of issue)、公私伙伴关系(public private partnerships,PPP)、非正式制度安排和社会规范等形式。在其现实性上,主要包括跨国政府部门网络、跨国工商界联盟、跨国社会网络等形式,它们之间的区别主要是领域区别,在结构和行动逻辑上没有实质性差异。

关于跨国网络行为体的最典型的案例是成立于2002年的国际刑事法院(International Criminal Court,ICC)。第二次世界大战结束后,国际社会逐渐设置了很多国际和地区性保护人权的机制,但仍有百千万的人沦为灭绝种族罪、危害人类罪、战争罪和侵略罪的受害人。非常可耻的是仅有少数的加害者最后受到国家法庭的审判,绝大多数的加害者至今逃脱受惩罚的后果。为了解决这一难题,根据2002年7月1号开始生效的《罗马国际刑事法院规约》(以下简称"《规约》")成立海牙国际刑事法院(ICC)。该法院对犯有种族屠杀罪、危害人类罪(反人道罪)、战争罪、侵略罪的个人进行起诉和审判。权限只限于审判个人,而且仅对规约生效后的前述四种国际罪行有管辖权,实际上暂时还不能对侵略罪行使管辖权。截至2015年10月6日,全球已经有134个国家签署了《规约》,并有123个国家批准了《规约》,其中非洲国家34个,拉丁美洲和加勒比国家28个,东欧国家18个,西欧和其他国家24个,亚太国家19个。但全球有30个国家与美国签署了旨在排除国际刑事法院管辖权的"98条协定"。此外,在《规约》的所有缔约国中,有40个国家已经具备实施《规约》的国内法律,有31个国家已经完成了立法草案。自2002年成立以来,已经有三个缔约国(刚果民主共和国、乌干达和中非共和国)主动向国际刑事法院提交案件,一个非缔约国(科特迪瓦)自愿就其境内有关情势接受法院的管辖,联合国安理会也于2005年3月就苏丹达尔富尔情势通过第1593号决议首次向法院提交案件。此外,国际刑事法院的检察官除针对刚果民主共和国、乌干达和苏丹达尔富尔情势进行调查外,还密切跟踪包括中非共和国和科特迪瓦在内的八个情势。国际机制开始对国内公民和法人进行管辖,这一做法突破了主权界限,成为联合国"保护的责任"的重要内容,具备世界政府的雏形。此外,联合国气候变化《巴黎协定》等也是"全球契约"的重要代表。

近年来,随着逆全球化思潮的泛滥,不少国家纷纷推出相关全球契约和国际机制,一些国家也拒不执行国际责任,甚至公然违反国际协议精神,给全球主义范式造成极大的困难。种种现象表明,距离真正全球主义的治理仍然前路漫漫。但是,跨国公司所遵守的全球契约,个人和社会行为体受到的国际规范的约束仍将长期存在,国家主义完全掌握全球治理的局面也不会重现。长期来看,国家主义与全球主义之间的张力将主导全球治理的进程。

三、跨国主义及其变体

处于全球主义范式和国家主义范式之间的被称为跨国主义范式,与其说跨国主义是一个典型范式,不如说是全球主义和国家主义之间的过渡状态,它既具有国家主义范式的某些特征,也具有全球主义范式的某些特征,不是一个结构清晰的全球治理范式。跨国主义范式的分析单位是跨国地理区域、权力结构、制度安排和文明认同等,跨国主义范式下的全球治理被理解为区域治理、文明治理和形形色色的跨国制度安排。考虑到跨国制度安排已经被作为全球主义范式的变体,故而在跨国主义范式中仅仅介绍区域主义治理和文明主义治理两种变体。

区域主义是跨国主义范式的重要实现形式。彼得·卡赞斯坦（Peter Katzenstein）认为,"尽管存在变数,地区影响在世界政治中的重要性正在增长。对于'冷战结束后应如何思考国际政治'这个问题,回答'看作由地区组成的世界'似乎是有道理的"[1]。阿隆·弗里德伯格（Aaron Friedberg）也认为世界政治的主要趋势是区域化而非全球化,趋向碎片化而非一体化。区域主义治理的分析单位是区域,区域并不仅仅是地理概念,更主要的是经济互动和社会建构的概念。作为一个地理概念,某一区域遭就存在,但当时并没有作为治理主体,而是帝国主义和大国霸权的竞争对象,不具有区域主义治理的含义。约瑟夫·奈在 1968 年给国际区域下了一个定义,认为国际区域是一定数目的国家因地理关系和一定程度的相互依存联系在一起,"区域主义是在区域基础上国家间团体的形成"。爱德华·曼斯菲尔德（Edward Mansfield）和海伦·米尔纳（Helen Milner）则强调区域往往和某种优惠经济安排联系在一起,而区域主义则是一种区域内国家间的经济流动发展远远超过区域外国家的经济流动发展速度的经济进程。相比之下,区域化是一个由技术变迁所驱动的社会经济变化之客观进程,区域主义则是全球化背景下区域对区域化进程的政治战略、制度安排和认同回应。因此,区域治理存在着区域化推动的自国家之下层面开启的"自下而上"的国内地区治理,也包括区域主义驱动的自国家之上层面开启的"自上而下"的国际区域治理。无论哪一个过程,区域性、区域意识和区域认同是区域治理的关键因素。基于此,阿尔弗雷德·赫特纳（Alfred Hettner）和弗里德里克·索德尔鲍姆（Fredrik Söderbaum）阐述了前区域地带（pre-region zone）、区域复合体（regional complex）、区域社会（region society）、区

---

[1] Peter J. Katzenstein, *A World of Regions: Asia and Europe in the American Imperium*, Ithaca: Cornell University Press, 2005, p. 6.

域共同体(region community)和区域国家(region state)等不同区域治理的形态。在实践中,欧盟是区域治理的典型代表,是处于区域共同体和区域国家之间的治理形态。不过,从欧洲人关注的焦点来看,联邦路线恐怕仅仅停留在集中精力解决"从大西洋到乌拉尔的统一"①,力图重振欧洲的雄风,还没有对整个世界的前景予以更多的关注。毋宁说欧洲人的联邦路线从根本上来说是一种"区域主义"的纲领,在可见的未来,欧洲一体化现实地对欧洲秩序有意义,对于其他地区也具有一定的榜样带动作用。除了欧盟之外,北美自由贸易区、东南亚国家联盟、加勒比共同体和共同市场、非洲联盟、海湾合作委员会、南亚区域合作联盟、欧亚经济联盟等也属于区域治理的典型代表。

和区域主义一样,文明主义也是跨国范式的重要实现形式。1993年夏天,美国《外交季刊》夏季号发表塞缪尔·亨廷顿(Samuel Huntington)的《文明的冲突?》一文,提出了广受争议的观点。他认为,随着冷战的终结,冷战后的国际政治超越了自身的西方阶段,在全球范围内呈现为多文明的世界,文明成为取代国家和意识形态的国际政治分析单位。未来的世界是一个多文明的世界,全球政治正在沿着文明线进行重组。重新划分的政治界线越来越与种族、宗教、文明等文化的界线趋于一致,文明间的断层现正在成为全球政治冲突的中心界线。② 在日益形成的全球政治中,最为突出的是西方文明、东正教文明、伊斯兰文明和中华文明。未来全球政治最大的冲突将存在于不同文明的国家和集团之间,文明冲突的核心部分是西方文明和非西方文明以及非西方文明之间的冲突。最后,亨廷顿站在西方文明的立场上,认为防止文明冲突的最可靠保障是建立在多文明基础上的国际秩序,他为西方文明提出的药方是团结西方文明内部的力量,团结一致对付非西方文明社会的挑战。应当说亨廷顿的文明冲突论在逻辑上是十分清晰的,通过引入文明这一概念,并将这一概念作为国际政治分析的一个基本单位,赋予文明一种"文化实体"的角色,让文明运动起来,实现了对全球治理的逻辑勾画。事实上,文明主义的范式古已有之,并非亨廷顿首创。早在20世纪,奥斯瓦尔德·斯宾格勒(Oswald Spengler)和阿诺德·汤因比(Arnold Toynbee)就开始从文明的角度来思考历史和社会的发展。19世纪末到20世纪初是西方人普遍忧患的时代,罗伯特·穆西尔(Robert Musil)论精神的颠覆、神秘的时代病蔓延,乔治·西梅尔(Georg Simmel)论文化与生命、结构和动因之间令人苦恼的冲突,马克斯·舍勒(Max

---

① 早在20世纪60年代,戴高乐就说希望看到一个"从大西洋到乌拉尔"的欧洲;20世纪80年代,弗朗索瓦·密特朗(François Mitterrand)用"三个同心圆"形象地描述了他对把欧盟扩大到东部的期望。他所说的第三个同心圆,就是广大中东欧国家和地中海国家。欧洲人的兴趣集中在乌拉尔山以西,以至于有人批评欧洲太小家子气。参见郑园园:《大欧洲的梦想与现实》,《环球时报》,2000年12月15日,第3版。
② [美]塞缪尔·亨廷顿:《文明的冲突与世界秩序的重建》,周琪等译,新华出版社1999年版,第129页。

Scheler)论价值的毁灭,超人狂徒尼采论上帝的死亡,形形色色的讨论本质上都是对西方文明的忧虑。文化的忧患和感伤在英国历史学家汤因比身上体现得更为迷茫和凄楚。汤因比历经两次世界大战,深知人类社会的末日情绪,他认为历史就是挽救文明的历史。因此,他以"文明原子——社会"为单位,追寻文明起源、停止、生长以及衰败、解体的内在规律,最后皈依高级宗教,托付苦难深重的灵魂,透过冲突与矛盾、和解与交流的繁杂表象,忧思观望文明的未来。关于文明冲突的理论尽管没有明确和区域主义联系在一起,但提供的也是一个地缘文明的图景。随着中美战略竞争日益尖锐,"文明冲突论"开始受到美国战略界和一些政府官员的重视。2019 年 5 月 12 日,美国国务院政策规划事务主任基伦·斯金纳(Kiron Skinner)就中美关系发表谈话,将中美关系界定为"文明较量",并称美正在制定基于"文明冲突"的对华关系框架。过去的大国冲突、包括美苏冷战,一定程度上都是"西方内部较量",而与中国之间的较量是美国首次面对"非高加索人"的超级强国竞争。斯金纳称,"这是与一种完全不同的文明和不同意识形态之间的斗争,美国以前从未经历过,这是我们第一次面临一个非白人的强大竞争对手"[1]。虽然美国政界一直以来不乏有人炒作所谓的"中国威胁论",然而将中美关系上升到所谓"文明冲突"的层面,尚属首次。美国众议院前议长纽·金里奇(Newt Gingrich)也声称美中冲突是长期的"文明冲突"。美国前国务卿迈克·蓬佩奥的团队正基于"与一个完全不同的文明作战"("a fight with a really different civilization")的理念制定对华战略,这在美国历史上尚属首次。

然而,批判的武器不能代替武器的批判,未来历史的发展可能不会完全按照思想家们的设想前进,而是在彼此实践和相互碰撞中前进,我们把握全球治理的范式,必须立足于对一系列客观历史趋势的逻辑整理。德国慕尼黑大学的耶尔格·弗里德里希(Jörg Friedrichs)认为,当前的国际关系理论面临着三股基本力量的竞争:一是以国家为中心的传统理论,这在过去 50 多年里占据主导地位;二是全球化的论述,认为民族国家正遭受经济、技术、社会变迁力量的腐蚀;三是碎片化的讨论,认为民族国家正遭受种族、文化和宗教分裂的崛起和重新崛起的腐蚀。他认为,全球化的到来、社会的逐步碎片化以及民族国家体系顽强的生命力其实是一个进程的不同侧面,国际关系的理论努力关键是要找到一种能同时容纳这三方面的解释。[2] 在这一问题上,恩格斯的认识显然深刻得多,他提出一个著名的"历史合力"理论。恩格斯说:"历史是这样创造的:最终的结果总是从许多单个的意志的

---

[1]《美中之间的较量是文明的冲突吗?》(2019 年 5 月 3 日),美国之音网站,https://www.voachinese.com/a/us-china-clash-of-civilization-20190502/4901363.html,最后浏览日期:2022 年 2 月 23 日。
[2] Jörg Friedrichs, "The Meaning of New Medievalism", *European Journal of International Relations*, 2001, Vol. 7, No. 4, p. 249.

相互冲突中产生出来的,而其中每一个意志,又是由于许多特殊的生活条件,才成为它所成为的那样。这样就有无数互相交错的力量,有无数个力的平行四边形,由此就产生出一个合力,即历史结果,而这个结果又可以看作一个作为整体的、不自觉地和不自主地起着作用的力量的产物。因为任何一个人的愿望都会受到任何另一个人的妨碍,而最后出现的结果就是谁都没有希望过的事物。所以到目前为止的历史总是像一种自然过程一样地进行,而且实质上也是服从于同一运动规律的。但是,各个人的意志——其中的每一个都希望得到他的体质和外部的、归根到底是经济的情况(或是他个人的,或是一般社会性的)使他向往的东西——虽然都达不到自己的愿望,而是融合为一个总的平均数,一个总的合力,然而从这一事实中决不应做出"这些意志等于零"的结论。相反地,每个意志都对合力有所贡献,因而是包括在这个合力里面的。"①在恩格斯提出的关于社会历史的创造表现为一个合力的著名原理中,我们可以看出,历史的发展是由无数个互相交错的意志力量融合而成的合力所推动的。国际关系的发展也是历史合力推动的结果。显然,要想获得未来全球治理的奥秘,问题的关键是考察上述路线互动合成的结果:决定未来全球治理范式的关键在于大国、区域、文明和社会领域的众多非国家行为体之间展开的复杂博弈。

第二节 理 论 路 径

迄今为止,关于全球治理的理论路径归结起来可以概括为以下四个:功能主义理论、利益竞争理论、观念理论以及历史理论。尽管四类理论之间强调不同的变量和因果联系,但它们之间不完全是互斥的和竞争性的,全球治理的行为在很多情况下可以综合四种理论进行解释。下文将分别阐述这四类理论。

一、功能主义理论

功能主义(functionalism)是社会学理论的一个流派,滥觞于英国社会学家赫伯特·斯宾塞(Herbert Spencer),法国社会学家爱米尔·涂尔干(Emile Durkheim),以及美国社会思想家塔尔科特·帕森斯(Talcott Parsons)、罗伯特·默顿(Robert Merton)、金斯利·戴维斯(Kingsley Davis)、马里昂·利维(Marion Levy)、尼尔·斯梅尔塞(Neil Smelser)等社会学家都是功能主义理论的代表人物,

---

① 《马克思恩格斯选集》第4卷,人民出版社2012年版,第605—606页。

该理论在 20 世纪五六十年代风行一时。功能主义认为社会是具有一定结构的社会系统,只有满足适应、目标达成、整合、潜在模式维系等功能,才可以使系统保持稳定性。在国际关系研究中,功能主义理论是二战后关于多边机构的主流理论,主要代表人物是戴维·米特兰尼(David Mitrany)、厄恩斯特·哈斯(Ernst Haas)、赫尔穆特·施密特(Helmut Schmidt)、约瑟夫·奈等。

功能主义理论认为,全球主义所产生的治理需求恰好为自己创造出相应的供给,所有的治理遵循着生物学进化意义上的适应性逻辑,是一种环境决定论。比如,联合国等国际机构的治理是国际事务需求决定的,而这些需求是国内政府无法提供的,只能由国际合作提供。按照米特兰尼的解释,"必须把那些相同的利益,在它们相同的地方,按照相通的程度结合起来"①。戴维·米特兰尼在《一个工作的和平体系》和《政治学中的功能主义理论》两部著作中,把对世界银行和国际劳工组织的研究都视作功能主义的产物。基欧汉和奈关于相互依存和国际机制的研究也受到米特兰尼的影响。所有这些机构被认为提供了一种特殊的国际公共服务,那些具有潜在国际影响的技术和科技机构应该跨国去推行那些艰苦的、以科技为主导的公共项目和基础设施规划,其中起决定作用的是共同需求指数。"为一个有限目标用尽全力"是米特兰尼对功能主义的权威叙述:"通过委托某个权力机构一定的任务、必需的权力和手段,一部分权力从旧的权力机构转到了新的权力机构。随着时间的推移以及转移量的累增,权威之间的位次最终发生了转移。"②功能主义理论的确可以解释万国邮政联盟、国际电信联盟、世界卫生组织、国际民用航空组织、国际原子能机构、联合国难民事务高级专员公署、联合国儿童基金会等。米特兰尼认为,这些职能机构和各种规划署的进一步发展有助于转变全球治理的性质,使其有利于持久的和平。一些学者用"任务—扩展"来描述功能需要对治理的激励,比如,国际原子能机构从 1957 年提供技术援助,一直到 20 世纪 70 年代承担管理核不扩散的安全系统,承担的任务越来越敏感,最终获得了当场核查这样渗透主权的权力。切诺奇·雅各布森(Chanoch Jacobsen)从国际组织逐渐统一标准、创造规则、加强规则和最终有计划地负责等角度阐述了这一过程。③ 因此,米特兰尼的功能主义创造了一个国际共同体的治理逻辑:各国提供福利的能力和水平,往往取决于一个复杂的、和平的跨越国界的职能联系网。特定的议题领域内基于技术有效的治理能力,是决定全球治理的重要解释变量。

功能主义理论在与其他理论辩论的基础上,除了解释全球性专业机构的兴起

---

① David Mitrany, *A Working Peace System*, Chicago: Quadrangle Books, 1966, pp. 115-116.
② Ibid., p. 31.
③ Chanoch Jacobsen, "Permissiveness and Norm Evasions: Definitions, Relationships and Implications", *Sociology*, 1979, Vol. 13, No. 2, pp. 219-233.

外,也推动自身进入新功能主义（neo-functionalism）理论的新阶段。随着功能主义理论在一些高级政治事务中出现解释力有限的问题,哈佛大学的厄恩斯特·哈斯教授就鲜明地批判米特兰尼的功能主义理论过分侧重技术力量和政府的技术经济职能的作用,全然忽视政治职能和权力因素,因此,他将政治和精英纳入地区一体化的解释之中,认为一体化的主要推动力量不是功能主义的地区制度,而是国家和地区精英与权力集团。新功能主义者认为,在政治精英和权力的推动下,通过功能的、技术的和经济的合作等"低级政治事务"可以"外溢"到"高级政治事务",对欧洲的一体化具有促进作用。因此,新功能主义理论开始用功能主义的方法把联邦主义的高级政治目标联系起来,认为"低级政治"比如交通、基础设施、农业补助和关税政策等事务的国际合作可以促进公民权、宏观经济和货币政策、外交和防务政策等"高级政治"领域的合作,因而对欧洲经济共同体做出了乐观的解释。然而,1965年由戴高乐在欧共体制造的"空椅子危机"、1973年的石油危机和1979年撒切尔夫人的保守主义行动等重挫了新功能主义的梦想。以斯坦利·霍夫曼（Stanley Hoffmann）等为代表的一批学者驳斥了新功能主义的潜能,批评他们低估了社会冲突和权力竞争,批评他们在方法论上过于重视归纳法、批评他们错误地认为政治可以和技术分开的观点,批评过于相信自由主义、唯物主义和理性主义以及决定论和可转移论等观点。20世纪70年代后,人们越来越批评联合国机构的官僚主义、政治化、腐败和部门主义等,以及预算缺乏控制和低效率等。20世纪90年代以后,联合国各专门机构职责的增长始终面临着新右派在预算控制方面的阻挠,联合国在内部管理和人事改革方面的努力陷入困境。在七国集团、八国集团、国际货币基金组织、世界银行等"豪华专车"竞争下,联合国见站就停且车厢拥挤的"国际公共汽车"的确缺乏吸引力。换言之,全球治理的制度创新仅仅靠功能主义的方式解决是不充分的,一定存在着"政治首创者"（political entrepreneur）,他们有能力投资于制度的创新和规则实施的监控,"需求问题和供给问题必须一道加以解决"。

二、利益竞争理论

全球治理的制度安排一定反映着一种类型的博弈和谈判均衡。曼瑟尔·奥尔森的研究表明,没有人能保证创立一种可以维持全球意义高水平发展的治理安排,而仅仅关注制度本身并不能理解制度之间在效率上为什么存在着巨大差异。"奥尔森问题"要求人们对制度和治理的研究必须深入利益谈判和利益竞争的领域进行分析。国际研究中的现实主义理论、自由主义理论和西方马克思主义理论,尽管立场不一,但说到底都是一种基于利益竞争的理论。

现实主义理论假定国际社会是无政府状态,国家是追求国家利益的行为体,而国家利益是由国家实力决定的。汉斯·摩根索(Hans Morgenthau)、乔治·凯南(George Kennan)、肯尼斯·华尔兹(Kenneth Waltz)等现实主义代表人物均持有这一立场,从力量均衡论到霸权稳定论,现实主义基本上不承认全球治理的可能性,因为不存在比主权国家更高的权威,所谓的全球治理只不过是霸权的治理和国家之间战略竞争的产物而已。当然,现实主义并不必然拒绝承认道德和价值因素在决定国家行为中的重要性,但现实主义者都反对把一个国家的命运建立在道德追求上,只有权力和权力竞争在国际事务中起着主导作用。因此,在现实主义者看来,全球治理的制度是虚伪的,本质上还是反映强权者的利益和意志。现实主义者也承认国际组织和国际制度的重要性,但认为这些组织在涉及经济和政治事务时,起决定作用的实体仍然是各国政府,其活动规则也操纵在国家手中,即使像欧盟这样的高度一体化组织,法国、德国等最重要的成员国仍然是其最重要的实体,技术和经济力量不会改变国家的决定性地位,尤其是在国防、外交、税收和货币领域,主权国家仍然占据支配地位。强者即公理,这是现实主义者眼中的利益竞争逻辑,也是其治理全球的逻辑。

与现实主义者不同,形形色色的制度主义者更看重"政治首创者"基于"先行者优势"(first-mover advantage)和议程控制权而启动的制度创新,以及克服"阿罗不可能定理"(Arrow's paradox)和结构诱导型均衡(structure-induced equilibrium)问题的协同和威慑策略。如果说全球治理能够实现,最有可能的领域是经济和社会领域。沃夫冈·赖尼克(Wolfgang Reinicke)在《全球公共政策:没有政府的治理》中提出了一个核心命题,认为政府的统治和治理职能是能够相互分离,尤其是在经济事务上,它能够通过公共网络、个人团体或者各种国家级、区域级、国际级的机构来实现自己的目标。对此,新自由制度主义、新中世纪主义、跨政府主义都有其系统的理论体系。新自由制度主义仍然强调国家的重要性,但假定正式国际规制、规则和机构能够治理国际事务,其中一个重要的变量是内部成员国的顺从对国际组织效率构成的约束,来自外部民主赤字造成的社会力量的反抗以及国际制度内部的机构改革面临的艰难。说到底,新自由制度主义的创新之处在于在坚持自由原则的同时,十分看重制度对利益竞争、利益分配和行为体偏好的塑造作用。新中世纪主义则假定国家和国际体系已经被经济、技术和其他力量侵蚀,国家主权的终结以及随之而来的权力解体,将推动无私的国际非政府组织大显身手。赫德利·布尔(Hedley Bull)等认为,网络时代的政府已经丧失了信息的垄断权,受到了非政府组织的成功挑战,集权化的结构被破坏,等级化的民族国家秩序正在被水平化的国家、非政府组织、国际组织所构成的网络所取代,促进了全球治理机制:多元化的义务感和责任心取代了以往公民对国家的一元化的忠诚,次国家、国家和超国家机构分享着对个人的权威。① 跨政府主义则认为在全球事务管理中，通过国家的管理联盟或者某些专门职能领域中的跨国合作正在取代集权化的国家政府决策，由技术专家、商业经理和公共部门官员组成的跨国网络开始负责管理这个越来越复杂的、一体化的、广泛的技术投入不可缺少的世界，跨国主义者认为技术问题和专业事务可以从政治中分离出来，成为全球治理的基础。迄今为止，所有这些理论家都忽视了全球治理体系必须解决的所谓"权力"问题，全球治理有关国际法和国际组织的权威在很大程度上无法回避最有实力国家的权力意志，因为权力大小对于利益分配起着至关重要的主导作用。除了权力控制和平衡外，所有全球治理体系还需要建立在社会的、政治的和经济的基础上，需要建立保证平稳变革的机制。对于这个问题，罗伯特·基欧汉认为，将阿马蒂亚·森（Amartya Sen）的可行能力和罗尔斯的正义概念结合起来可能是一个解决办法。为此，全球治理的制度设计至少要履行控制大规模的暴力使用、抑制非中心化行为带来的一切消极的"外部性"或"外溢"效应、为"协同博弈"提供"标的"、有效应对体系的瓦解、履行保护的责任这五项职能。此外，一种可接受的全球治理制度应该是遵守负责任、参与和劝服三条原则的制度。

相比之下，西方马克思主义者更是一个利益竞争理论的典型代表。这一理论的基石是假定全球治理不过是全球资产阶级的共同事务委员会而已，全球范围内的资本原始积累过程是世界政治的悲剧，全球资本主义推动建立权力结构以获取来自无产阶级和边缘地区的剩余利润。② 一些学者强调了资本家行为体的角色，尤其是跨国公司在这一过程中的作用。③ 还有一些学者强调资本主义世界体系和一体化的影响，导致全球治理拉大了最有权势的发达国家对南方国家的优势。④ 沃勒斯坦关于世界体系的研究，都侧面折射出西方马克思主义对全球治理的认识，强调列强之间地缘政治竞争和地缘经济竞争。尤其是尼克斯·波朗查斯（Nicos Poulantzas）对美国控制论的研究和资本主义内卷化的研究，葛兰西（Antonio Gramsci）关于文化霸权的研究以及罗伯特·考克斯（Robert Cox）关于生产组织及其所产生的社会阶级、国家形式与公民社会的特殊关系以及世界秩序等问题的

---

① 参见 Hedley Bull and Adam Watson, eds., *The Expansion of International Society*, Oxford: Oxford University Press, 1984。
② 参见 Alex Callinicos, "Marxism and Global Governance", in David Held and Anthony McGrew, eds., *Governing Globalization Power, Authority and Global Governance*, Cambridge: Polity Press, 2002, pp. 249-266。
③ 参见 Volker Bornschier and Christopher Chase-Dunn, *Transnational Corporations and Underdevelopment*, New York: Praeger, 1985。
④ 参见 Michael Hardt and Antonio Negri, *Empire*, Cambridge: Harvard University Press, 2000; Bastiaan van Apeldoorn, "Transnational Historical Materialism: the Amsterdam International Political Economy Project", *Journal of International Relations and Development*, 2004, Vol. 7, No. 2, pp. 110-112。

研究,更加巩固了文化和意识形态霸权的影响力。迈克尔·哈特和安东尼奥·奈格里在《帝国》中发现全球治理的形式是一个三重金字塔：顶端是美国、工业七国以及实行君主政治的其他主要国家；其次是跨国公司和民族国家的官僚机构；最后是各种机构的集合、联合国大会、非政府组织、教堂等。迄今为止,西方马克思主义关于全球治理的观察依然描绘出资本利益及其扩张的逻辑。

三、观念理论

在评论托克维尔时,阿尔伯特·赫希曼（Albert Hirschman）就强调了观念和规范的意义,认为"以利益取代情感作为人类行为的指导原则,这样的社会性安排（调节）会有扼杀公民精神的副作用"①。事实上,理性主义和利益考虑上的利己主义的确存在简化社会现实的问题,道德观念、社会价值和公平互惠的规则的确影响社会行为。② 无数的研究表明,人们的价值观、观念和道德等因素绝不是可有可无的。为此,学界一些人也非常重视价值观、信仰、信任、声誉、期待等观念性对全球治理的影响,被称为观念理论。与利益竞争理论相比,观念理论更重视观点建构,主要探讨何种类型的全球治理安排被相关各方认定是无论在规范意义上还是在功能意义上是合理的,以及此种理解是如何变化的。③ 诸如此类的观念将建构全球治理的环境,塑造各个行为体的政治行为,全球治理安排的变化也被认为主要是由主导观念塑造的。

一种观点认为,全球治理的制度性安排是由社会在一定时期的主导理念和意识形态塑造的。彼得·卡赞斯坦就认为,理解历史和文化情境是分析治理制度如何运作的关键所在,他令人信服地解释了德国和日本在对待军事失败和经济复兴上的不同反映及其背后的历史文化情境原因。埃莉诺·奥斯特罗姆（Elinor Ostrom）也强调要把理性选择理论和认知科学的实验室试验结合起来,认为制度激励、基本的信任规范和互惠性实践都可以提供关键的合作基础。④ 此外,罗伯

---

① Albert Hirschman, *The Passions and the Interests: Political Arguments for Capitalism before Its Triumph*, Princeton, N. J.: Princeton University Press, 1977, p. 125.
② 参见 Margaret Levi, "A Model, a Method, and a Map: Rational Choice in Comparative and Historical Analysis", in Mark Lichbach and Alan Zuckerman, eds., *Comparative Politics: Rationality, Culture and Structure*, Cambridge: Cambridge University Press, 1997, pp. 19-41; Elinor Ostrom, *Governing the Commons: The Evolution of Institutions for Collective Action*, Cambridge: Cambridge University Press, 1990。
③ John Ruggie, "Reconstituting the Global Public Domain — Issues, Actors, and Practices", *European Journal of International Relations*, 2004, Vol. 10, No. 4, pp. 499-531.
④ 参见 Elinor Ostrom, *Governing the Commons: The Evolution of Institutions for Collective Action*, Cambridge: Cambridge University Press, 1990。

特·帕特南在《使民主运转起来》中对价值观、社会规范和信任等社会资本的分析,玛格丽特·凯克(Margaret Keck)与凯瑟琳·辛金克(Kathryn Sikkink)对跨国倡议网络的研究以及玛莎·费丽莫对国际规范的探索都从不同维度表明,社会主导观念和价值对治理的意义。从这个意义上来说,自由主义的观念、世界主义的观念、现实主义的观念等在塑造全球治理上的观念性影响也不容被忽视。从古典自由主义在人性坚定不移的信念基础上建立起来的国内共和制、市场和自由贸易以及最小限度的国际政府等观念,到新自由主义开始强调积极的世界联邦或邦联思想,一直到冷战后形形色色的自由主义的制度主义(罗伯特·基欧汉)、结构主义(约翰·伊肯伯里)、改良主义(詹姆斯·罗西瑙)和世界主义(戴维·赫尔德)思想等,尽管强调的侧重点不同,但根本上都是要将全球治理建立在自由民主的原则基础上,毋宁说在他们看来,全球治理就是自由民主的一项世界大战略。

另一种观点从反思和批判的角度强调观念的建构性影响,认为对新的特定问题的理解方式的反思和变化,也会对全球治理安排产生影响。在这一问题上,批判理论和反思理论作出了很大的贡献。相比此前的解释性理论强调实证主义和理性主义,反思理论的认识论基础是后实证主义,涵盖了批评理论、后现代主义、女性理论和建构主义等,他们对权力和知识的关系、观念与利益、规范与制度等的思考,对理解全球治理的变革具有重要启发。尤其是建构主义批评利益原则,认为利益不是由权力或制度塑造的,而是由身份认同界定的,国际关系中存在的社会规范结构、观念、规范和认同对全球治理安排具有互动建构关系。对建构主义者而言,世界永远是一个被演绎过的东西,全球治理也被视作社会结构观念建构产物,是社会规范创造出来的行为模式。全球治理的变化被认为是受到人们理解方式变化或学习过程的影响。克劳斯·丁格沃斯(Klaus Dingwerth)和菲力浦·帕特博格(Philipp Pattberg)就认为,学习和规范扩散的微观社会过程是环境领域中的新治理安排的主要引擎。[①] 在他们看来,全球治理完全是一个学习过程。这一学习过程可以在不同治理层次发生,而且在国家层次的学习可能也会导致跨国层次的学习,甚至一些企业和社会组织的学习也会产生外溢效果。

此外,观念理论还包括识别和描述治理机构周围的话语环境,以此作为理解社会行动意义的方式。[②] 这些话语环境可能是被视为制度变迁的重要正当性来源。

[①] Klaus Dingwerth and Philipp Pattberg, "World Politics and Organizational Fields: The Case of Transnational Sustainability Governance", *European Journal of International Relations*, 2009, Vol. 15, No. 4, pp. 707-743.

[②] 参见 Thomas Risse, "Transnational Actors and World Politics", in Walther Zimmerli, Markus Holzinger and Klaus Richter, eds., *Corporate Ethics and Corporate Governance*, Berlin: Springer, 2007, pp. 251-286。

尤尔根·哈贝马斯(Jürgen Habermas)的话语政治的分析有助于通过推动跨国政策制定过程中的充分协商而获得更多的正当性。① 在哈贝马斯看来,全体公民共享一种由文化建构起来的背景知识,②比如民主理论就认为政府的一切权力的正当性来自被治理者的同意,就是一种共享的文化背景。哈贝马斯的话语理论用交往理性重构了这一背景知识,认为权力的正当性来自公开沟通与集体反思的制度化程序,由此而来的问题是全球治理的制度怎样才能在协商民主的话语过程中产生,以及什么样的制度才是适应现有世界需要的。

四、历史理论

在全球治理理论解释中,还有一股强劲的历史社会学的潮流,这一学术潮流扎根于由马克·布洛赫(Marc Bloch)、巴林顿·摩尔(Barrington Moore)、卡尔·波兰尼(Karl Polanyi)、伊曼纽尔·沃勒斯坦(Immanuel Wallerstein)、佩里·安德森(Perry Anderson)、爱德华·汤普森(Edward Thompson)、查尔斯·蒂利(Charles Tilly)、西达·斯考切波(Theda Skocppol)等一大批优秀学者开创的历史社会学领域,聚焦全球治理的宏观历史研究,主要代表人物有克雷格·墨菲(Craig Murphy)、罗伯特·考克斯等。与功能主义强调环境和技术因素、利益竞争理论注重利益和竞争因素、观念理论看重观念和建构因素不同,历史理论更重视经济和社会领域的发展进程,认为全球治理安排的本质是宏观经济社会变化的孪生物,治理的变革是社会大转型的一部分。诚如卡尔·波兰尼在《大转型》一书中所说的那样,现代国家从此前封建国家中走出来是和现代资本主义的兴起相伴随的,现代国家与现代资本主义之间携手前进不应该被认为是国家和市场的关系,而应该被认为是一体化的社会结构。③

什穆埃尔·艾森施塔特(Shmuel Eisenstadt)和佩里·安德森从较长历史演变的角度解释全球治理的可能框架。艾森施塔特通过概念化解释历史官僚帝国的演变,阐释了治理体系的"分化的水平"和"社会整合模式"。安德森则聚焦于绝对主义国家兴起的进程,重新定义了"生产的模式"和"阶级控制与阶级斗争的模式"。

---

① 参见 John Dryzek, "Political Inclusion and the Dynamics of Democratization", *The American Political Science Review*, 1996, Vol. 90, No. 3, pp. 475-487; Rodger Payne and Nayef Samhat, *Democratizing Global Politics: Discourse Norms, International Regimes, and Political Community*, Albany: SUNY Press, 2004。
② Jürgen Habermas, *The Inclusion of the Other: Studies in Political Theory*, Cambridge, M. A. : MIT Press, 1996, p. 296.
③ 参见 Karl Polanyi, *The Great Transformation: The Political and Economic Origins of Our Time*, Boston: Beacon Press, 1944。

伊曼纽尔·沃勒斯坦和查尔斯·蒂利也分别对资本主义世界体系和资本与强制的全球性关系重构进行了细致的分析。尽管他们关注的侧重点不同，但共同点是都把全球治理置于宏观社会历史发展进程，将全球治理看作社会变革的产物。最典型的代表是沃勒斯坦的世界体系理论，沃勒斯坦认为现代社会变迁的实现只能放在一个由历史构筑成的世界体系中来研究，他确定单一的社会体系就是资本主义世界经济，这一体系不是此前学者所讨论的资本主义单一民族国家之间的松散联系，而是一个跨越大陆和政治的经济实体，是一个独特的包容性的社会体系。

沃勒斯坦认为，现代世界体系是一个由经济、政治、文化三个基本维度构成的复合体。首先，世界经济体的雏形是产生于"延长的16世纪"（1450—1640年）的欧洲经济体，在西欧发达国家的推动下，这一体系不断向外扩张，将美洲、非洲、亚洲等世界各个国家、地区纳入体系中，最终形成了覆盖全球的一体化的资本主义世界经济体，"一体化"与"不平等"是资本主义世界经济体的两个最主要特征，呈现为"中心—半边缘—边缘"的层级结构。英、美等发达国家居于体系的"中心"，一些中等发达程度的国家属于体系的"半边缘"，某些东欧国家、大批落后的亚非拉发展中国家处于体系的"边缘"。"中心"拥有生产和交换的双重优势，对"半边缘"和"边缘"进行经济剥削，维持自己的优越地位；"半边缘"既受"中心"的剥削，又反过来剥削更落后的"边缘"，而"边缘"则受到前两者的双重剥削。其次，世界政治体中同样存在"中心—半边缘—边缘"的等级结构，并以国家主权的有限性和国家机器的强弱为划分依据。最后，就世界文化体而言，它产生于经济体需要一种文化上的维持机制以增进民族国家的政治凝聚力和提高经济生产的有效性；同时，世界资产阶级进行经济剥削、政治控制的需要也导致了创造统一模式的文化诉求。于是，由中心国家所推动，以西方文化为模板的普遍主义世界文化凌驾于多元民族文化之上，营造了一种全球趋同的文化氛围。"中心—半边缘—边缘"的层级结构再次在文化体中得到展现。通过庞大理论体系的设计和宏观世界史的描述，世界体系理论把主流派和非主流派的理论充满矛盾地融合在一起。由于沃勒斯坦对资本主义的认识和批判过于绝对，最终陷入了历史悲观主义和怀疑论的误区。

此外，墨菲和考克斯对全球治理的变迁给出了一个新葛兰西主义的解释。在墨菲看来，治理结构和公民社会的内在逻辑是一致的，都遵循当代经济的基本规律。随着现代工业化的发展，一些国际公共联盟（比如万国邮政联盟等国际组织）相应出现，和民族国家兴起的逻辑是类似的，从地主阶级主导的社会集团向工商业主导的社会集团的演变，决定了国际组织的产生。国内制度和国际制度往往携手前进。当然，墨菲并没有解释在同样的社会集团主导的情况下，为什么国际制度呈

第二章 理论范式

现出多样性。考克斯认为全球治理变革必须放到全球资本主义发展的进程中才能被理解。① 他利用历史结构分析,考察了生产、国家形式和世界秩序,认为国家既受到内部生产集团的影响,也受到世界秩序(霸权与非霸权)的制约,呈现为一个多重网络化的"遍布全球的星云"。另一位学者斯蒂芬·吉尔(Stephen Gill)也认为,作为资本主义霸权国家,美国有强烈的动力去扩张资本主义在全球的统治范围,全球治理机构是其保持和加强全球公司资本主义绝对优势的工具,维护的是全球资本的利益和要求,而且经常不惜以牺牲国家和社会的福利以及自然环境为代价。② 显然,在历史学家的眼界中,全球治理只不过是历史的天空飘过的一片白云。

第三节 分 析 模 型

为了理解现实和制定正确的政策,常常需要应用一些以如何治理世界乃至全球公共事务的新理论模型。③ 从理论上来说,治理全球公共事务并不仅仅是一个描述性的界定,而是提供了一整套事关全球政治背景下的核心政治问题,也就是一些学者所归纳的谁治理?为何治理?治理什么?治理者如何治理?治理产生什么结果(影响)?④ 在回答这些问题的过程中,人们就会获得全球政治学分析模型的基本框架。

美国乔治·华盛顿大学教授詹姆斯·罗西瑙在讨论全球治理时提出了一个新的概念:"权威空间"(SOAS)。他认为,在一个不同于以国家和政府为主导的世界,新的本体论建立在世界由"权威空间"组成这一前提之上,权威空间并不一定与根据领土划分的空间相一致,而是具有相当大的灵活性。在他看来,主权国家和政府

---

① 参见 Robert Cox, "Realism, Political Economy and the Future World", in Roger Morgan, Jochen Lorentzen, Anna Leander, and Stefano Guzzini, eds., *New Diplomacy in the Post-Cold War World*, London: Palgrave Macmillan, 1993; Robert Cox, "Democracy in Hard Times: Economic Globalization and the Limits to Liberal Democracy", *The Transformation of Democracy*, 1997, Vol. 1, pp. 49-71.
② 参见 Stephen Gill, "Globalizing Capital and Political Agency in the Twenty-First Century", in Georgi Derluguian and Scott Greer, eds., *Questioning Geopolitics: Political Projects in the World-System*, Connecticut: Praeger, 2000, pp. 15-32; Stephen Gill and David Law, "Global Hegemony and the Structural Power of Capital", in Stephen Gill, ed., *Gramsci, Historical Materialism and International Relations*, Cambridge: Cambridge University Press, 1993, pp. 93-124.
③ 参见[法]玛丽-克劳德·斯莫茨:《治理在国际关系中的正确运用》,肖孝毛译,《国际社会科学杂志》(中文版)1999年第1期,第81—89页。
④ 参见[加拿大]K. J. 霍尔斯蒂:《没有政府的治理:19世纪欧洲国际政治中的多头政治》,载[美]詹姆斯·N. 罗西瑙主编:《没有政府的治理》,张胜军、刘小林译,江西人民出版社2001年版,第35页。中国学者苏长和将这一整套事关全球政治背景下的核心政治问题归纳为:为什么需要全球治理,治理什么,谁是全球治理者,以及如何进行治理。

属于权威空间,但大量非政府的超国家组织和次国家组织也都在权威空间之内,至少有10个描述世界政治的相关术语已经得到人们的认可:非政府组织、非国家行为体、无主权行为体、议题网络(issue network)、政策协调网(policy networks)、社会运动、全球公民社会、跨国联盟、跨国游说团体和知识共同体(epistemic community)。① 借用罗西瑙的权威空间并根据权威的基础不同,我们可以将全球政治划分为三大权威空间(如图2.1所示):一是以合法的暴力为基础的国家权威空间,包括民族国家、政府间国际组织、国际制度、国际规制等;二是以金钱和财富为基础的市场权威空间,包括跨国公司和其他经济、贸易和金融行为体;三是以知识为基础的社会权威空间,包括全球公民社会的行为体。上述三大权威空间与以领土和边界划分的权威空间交叠存在,形成了全球政治中以权力角逐为轴心的无政府状态结构、以价值规律为轴心的竞争性的地缘经济互动结构、以伦理争论为轴心的多元互动结构以及三大权威空间互动的全球治理结构,上述全球政治结构的共同特点是没有一个最高的公共权威,但也并非毫无规则和秩序的复合体,众多政治结构之间彼此交叠错落,是无序与有序的统一。

全球治理关注的核心是研究全球公共权威的形式、关系、活动及其发展规律,它所面对的是整个星球上错综繁杂的具体矛盾以及由此引发的各种潜在或者现实的冲突,思考的是如何将这些不同程度的矛盾和冲突在不同层次上得以成功化解。因此,全球公共权威的形态是一个多层次、多中心的混合物,内部各环节之间的关系是不均衡甚至是异质的,各自的活动遵循着不同的甚至彼此矛盾的政治逻辑,全球治理学的任务就是将这些错综复杂的因素进行有机的梳理,明确其边界,清晰其权能,规范其关系,塑造其体制,最终为全球政治生活秩序的和谐发展提供政治文明的规约。

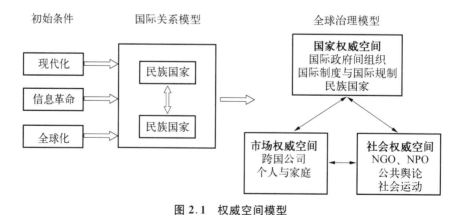

图 2.1 权威空间模型

---

① 参见[美]詹姆斯·N.罗西瑙:《面向本体论的全球治理》,载俞可平主编:《全球化:全球治理》,社会科学文献出版社2003年版,第55—67页。

一、全球治理的本体论问题

学术研究是一项追求精确的科学研究,在研究工作中必然涉及探求的现象与本体之间是什么关系的问题。所谓本体,原是德国哲学家康德唯心主义哲学中的重要概念,指与现象对立的不可认识的自在之物。① 一般而言,在哲学研究中,本体论是学者的根本世界观在理论创作时的哲学表达或反映,一般分为观念本体论和物质本体论,前者又称理念主义,后者又称物质主义。美国学者詹姆斯·N.罗西瑙意识到从本体论的维度考察全球治理问题的重要性,感到新的本体论必然要求新的标识来区分新时代不同于旧时代的通常含义,并且认识处于新本体论中心的就是全球化力量和本体化的互动以及一体化趋势和碎片化趋势的叠加。② 可惜的是,罗西瑙并没有沿着本体论的线索进一步提炼概念,而是就此打住,最终将全球治理本体论概括为"分合论":世界政治经历了从"两极"到"两枝"的演变,出现了"以民族国家为中心的无政府体系"与"多中心国际体系"相结合的"两枝"格局。随着全球化的发展,强调全球相互依存的"多中心国际体系"的地位却日益突出。"两枝"世界政治在很长时期内将成为国际关系的基本格局。③ 罗西瑙的理论止步给华尔兹留下了批评的把柄,这也造成了全球治理本体论止步不前的一个原因。

事实上,沿着罗西瑙提供的理论路径进一步深入挖掘,我们就会发现:随着全球化的发展和信息社会的兴起,对国际关系最大的影响在于国际关系不再是仅仅局限于国家与国家之间的关系,而且包含社会与社会、国家与非国家行为体等众多层面的关系之总和。以往,人们在认识世界政治的时候,往往运用一个著名的"牛顿主义"比喻:把国家看作一个个的圆球,在一个凹陷的餐桌上相互碰撞。现在,情况发生了有趣的变化:不仅在原来的游戏格局中增添了非国家行为体作为新的"参与者",而且餐桌上圆球相互之间如何碰撞不但取决于圆球之间的相互碰撞,还取决于餐桌结构的动力,由于餐桌本身的结构处于变动之中,这种变动使之成为一个新的重要因素。因此,有学者称之为"后牛顿主义"。④ 20 世纪 70 年代以来,除

---

① 商务印书馆辞书研究中心编:《古今汉语词典》,商务印书馆 2000 年版,第 57 页。
② [美]詹姆斯·N.罗西瑙:《面向本体论的全球治理》,载俞可平主编:《全球化:全球治理》,社会科学文献出版社 2003 年版,第 55—67 页。事实上,早在 1983 年罗西瑙就提出了这一概念。参见 James Rosenau, "Fragmegrative Challenges to National Security", in Terry Heyns, ed., *Understanding U. S. Strategy: A Reader*, Washington, D. C.: National Defense University, 1983, pp. 65-82。
③ 参见 James Rosenau, *Turbulence in World Politics: A Theory of Change and Continuity*, Princeton, N. J.: Princeton University Press, 1990。
④ John Arquilla and David Ronfeldt, *The Emergence of Noopolitik: Toward an American Information Strategy*, Santa Monica, Calif.: RAND Corporation, 1999, pp. 34-35.

了正统现实主义理论家以外,多数研究国际关系理论的学者们受到 20 世纪后期国际相互依赖和全球化运动的影响,都承认世界政治正在发生着深刻的变化。① 这样的变化可能是长期的历史运动过程,尽管学术界和思想界众说纷纭,最根本的变化还是世界观将自然环境重新纳入社会理论的考虑之中,将人、社会、自然统一起来,从整个星球的角度观察和理解社会事务。在科学世界观看来,国际政治的发展是民族国家之间关系深化和进步的过程,包括领域范围的拓展、关系程度的提升、对外行为的整合等,此一意义的发展观从根本上仅仅指国家与国家之间关系的发展变化。新的世界观更强调了"整体的、综合的和内生的"发展,是"为了一切人和完整人的发展",强调人类总体的共同利益。② 德国著名思想家乌尔里希·贝克(Ulrich Beck)提出了一个"风险社会"的概念,受到学术界的广泛关注。他强调在风险社会里,危险不再来自外部,而是来自内部,在列举了核爆炸和由化学物质的使用造成的环境质量恶化所可能导致的种种后果后,他断言:"在全球层面已出现了一个风险共同体,它使国界成为无意义的东西,使世界社会成为一种必要的乌托邦。"③从整个星球的角度考察社会政治事务,意味着生态政治有机体原则的确立,逐渐奠定了生态学世界观的基础。

在生态学世界观看来,人—自然—社会是有机统一的整体,应该首先看重的不是个体利益的差别,而是整体的全人类利益甚至星球利益的和谐。在生态学世界观统摄之下,民族国家、跨国公司、全球公民社会、次国家政府、民族、种族、宗教等一切因素都被看作整个星球的一个具有自身合理性的有机组成部分,整个全球政治的本体是一种多中心多层次的结构,当彼此发生矛盾和摩擦的时候,注重运用不同层面的法律、制度、程序、规则和协商互动予以化解。时下不少学者提出的"协商民主""万民法""共识政治""全球治理"等都在不同程度上触及这一问题。总之,信息社会视野中的全球治理成为多领域、多层次和多样化的立体画面,已经在一定程度上改变了人们思考世界的路径,逐渐形成了"全球意识"。因此,全球政治本质上是一种心灵政治的过程,如何引导和协调不同政治行为体的心灵认同,使之形成一种"环绕地球的电子薄膜,把世界各个角落的人们拉入一个单一的神经系统",进而产生一种全球共同体意识,④这是全球治理研究的主要任务,贯穿全球治理的核心线索是塑造全球心灵。

---

① Robert Keohane and Joseph Nye, Jr., "Power and Interdependence in the Information Age", *Foreign Affairs*, 1998, Vol. 77, No. 5, pp. 81–94.
② [法]弗朗索瓦·佩鲁:《新发展观》,张宁、丰子义译,华夏出版社 1987 年,第 1—9 页。
③ [德]乌尔里希·贝克:《风险社会》,何博闻译,译林出版社 2004 年版,第 5 页。
④ Jennifer Cobb, "A Globe, Clothing Itself with a Brain", *Wired*, 1995, Vol. 3, No. 6, pp. 108-113.

二、全球治理的认识论

理解全球政治,不仅需要确立明确的本体论基础,更需要在认识论层面打破旧思维方式的羁绊。长期以来,在传统国际政治学领域,不仅存在着理念主义与物质主义的本体论对立,而且在认识论上也存在着重大的缺陷。西方国际关系理论深受这种主-客体分析思维方式的影响,一直存在着所谓的"大分界",即在国际政治领域存在着大量的二分现象:理论/历史、归纳/演绎、水平/垂直、定性/定量、系统/行为体、国内政治/国际政治、国家/社会、新现实主义/新自由主义、工业社会/后工业社会、经济/政治、单边主义/多边主义等,不一而足。问题的关键在于,国际政治和国内政治的二分是否一定就是合理的?在现实生活中,国内政治和国际政治是密切联系且相互运用的有机体,人为地将其割裂开来是否显得过于武断?詹姆斯·罗西瑙首先看到了这一做法存在的严重问题,他将其称为习惯中陷入了"方法论的地域主义"(Methodological Territorialism)牢笼。① 其实,如果深究此种二分的根据,最终得到的是研究者自身的研究偏好甚至偏见,此种武断的割裂和人为的界分固然有其便于开展深入研究的好处,但也不能完全杜绝存在向其他人强加价值判断的嫌疑。对此,哲学家尼采早就洞悉这一问题,尼采断言:所谓的理性体系,实际上就是劝诱体系,脱去假面具的真理,其实乃是尼采所谓的"权力意志"。② 诸如此类的问题,在国际关系理论研究十分普遍,从这一意义上可以认为,矗立在二分法基础上的任何理论都是有限的,都存在一定的片面性和偏见。

美国学者迈克尔·布莱彻(Michael Brecher)在一篇文章中对国际关系研究中存在的二分法的缺陷进行了比较深入的研究。他认为,20世纪的国际问题研究存在着一系列缺陷,包括不容忍竞争性的范式、模型、方法、研究,研究视野比较封闭,追求研究时尚,日益明显的科学性退却,价值评估的缺失等,布莱彻教授称之为"有缺陷的二分法"。为此,布莱彻教授认为,应该运用综合和累积的方法将不同的范式、模型、方法和研究结合起来,实现理论的融合发展,才是国际问题研究的根本方向。③ 在全球治理的视野内,布莱彻教授的建议是非常具有启发性的。在全球化的历史背景下的国际关系,已经处于彼此密切联结的整体之中。全球化成为推动信息社会政治经济转型的主要动力,并正在重组现代社会和世界秩序,跨国界的

---

① 参见[美]詹姆斯·罗西瑙:《全球新秩序中的治理》,载[英]戴维·赫尔德、安东尼·麦克格鲁主编:《治理全球化:权力、权威与全球治理》,曹荣湘、龙虎等译,社会科学文献出版社2004年版,第71—95页。
② 参见[加]大卫·莱昂:《后现代性》(第二版),郭为桂译,吉林人民出版社2004年版,第15—17页。
③ 参见 Michael Brecher, "International Studies in the Twentieth Century and Beyond: Flawed Dichotomies, Synthesis, Cumulation", *International Studies Quarterly*, 1999, Vol. 43, No. 2, pp. 213-264。

政府和社会正在对世界进行重大的调整，国际与国内、外交与内政的界线已经不再清晰，所谓的"国内外相交事务"(inter-mestic affairs)日益成为一种新的边界，促使政治、经济和社会的空间急剧扩大，成为影响一个社会和社区发展的决定性"转型力量"，促使世界秩序中的社会、经济和制度产生"剧变"(shake-out)。这是国际关系理论研究亟待做出回答的领域。国内事务和国际事务的边界模糊，直接导致国际关系内涵的扩大。国际关系除了以前主流理论讨论的政治、经济、军事等物质关系之外，信息、观念、知识、价值、思想、理论等非物质方面的关系日益重要。在全球一体化运动的场景下，国家与国家之间，社会与社会之间、群体与群体之间、组织与组织之间、个人与个人之间等多层次、多领域的关系交错重叠，彼此相互错乱，种种断裂、失范、无序和无所适从的问题此起彼伏，人们亟待寻找一个认同的空间和精神的家园。于是，国家至上主义衰落之后，宗教激进主义、民族主义、社群主义、种族主义等种种"想象的共同体"接连出现，引发了全球性的认同危机。① 对于这些问题来说，采取国际政治与国内政治的二分，进行行为体-结构之间的争论，已经不能适应现实发展的要求，虽然很难说被完全否定，至少已经缩小了解释范围，不再成为主导国际政治学的普遍性理论。总之，面对国际社会发生的巨大变化，沿用僵化的观念思考问题，只能得出荒谬的似是而非的结论，用这样的结论指导实践，只能出现错误的后果。因此，人们的思维必须适应变化了的情况，从而保持常新的观念，常新的思维方式，用以思考一切问题。因此，全球政治时代的研究在认识论需要综合运用多元主义的视角，如同布莱彻教授所言，多元主义是复兴国际关系理论研究的必要选择。只有将不同理论流派得出的理论综合起来，才能得出全球政治的全貌。换句话说，理解全球政治事务，只有将现实主义、自由主义、批判理论、建构主义、女性主义等若干理论综合起来，至少"在不同理论视角之间搭起桥梁"②，才能看到接近完整的全貌。

其实，从多元主义综合的视角考察全球政治，也是由全球政治本体论决定的。全球治理的本体是多中心多层次的结构，包括全球层面、区域层面、国家层面、地方层面等众多层次。基于此，在理解全球政治事务的时候，就不能仅仅抓住一点站在一个轴心或者层面上考虑问题而不计其余，只能几个轴心或层面上的理论逻辑结合起来，并在其多元互动中把握全球政治的运行规律，才能获得全局性的认识。这就是全球政治之多元综合认识论的合理性基础。

---

① 参见[美]菲利克斯·格罗斯：《公民与国家——民族、部族和族属身份》，王建娥、魏强译，新华出版社2003年版。
② 参见 James Caporaso, "Across the Great Divide: Integrating Comparative and International Politics", *International Studies Quarterly*, 1997, Vol. 41, No. 4, pp. 563-591; Alexander George, *Bridging the Gap: Theory and Practice in Foreign Policy*, Washington, D.C.: United States Institute of Peace Press, 1993.

三、全球政治研究方法论

方法论来自希腊语单词 μεθοδολογία，指在某种知识的领域上，对探索知识所采用的分析原则或做法，或者说关于获得知识的特定方法的哲学，是科学的实践。新制度主义、新现实主义及社会建构主义都是个体主义的方法论（methodological individualism），也被称为"化约主义"（reductionism）的一种形式[如马克斯·韦伯（Max Weber）、弗里德里希·哈耶克（Friedrich Hayek）和卡尔·波普尔]，所有的公共事务通过展示它们如何由个体行动所导致而加以解释。相对应的是整体主义的方法论（methodological holism），通常也叫结构主义（structuralism），涂尔干主张理解社会科学的实践要求集中在结构和组织原则，结构和组织原则形成社会实践，认为社会阶级的角色、性别的角色或种族等决定了个体的行为。①

全球治理方法总体上属于个体主义的方法论，主张社会现象必须通过显示他们怎样从个体行为体产生而加以解释，但同时也可以通过历史的、结构性的解释作为方法论，这实际上是一种整体性的方法论。冷战结束之后，人类站在历史步入新时代的起点。人类社会走向全球治理的历史走向，迫使国际政治学家们的首要职责应该是关注具有深远历史意义的重大国际问题，同时为繁杂的国际社会发展提供准确的理论阐释模式。面对这一现实需要，不同的方法论作出了自己的努力，并回应了这一问题。传统的宏观理论试图通过人、国家和国际无政府状态等范畴进行假定，在此基础上建立一种普适性的框架，并试图发现某种普遍的规律，结果只能建立起一些抽象的框架而不能对现实提供有效的解释，提供的理论太抽象和宽泛，缺乏现实说服力。行为主义和理性选择方法论集中精力解决对具体现实的解释问题，虽然提高了理论的可验证程度，但得出的结论往往太琐碎和具体，很难捕捉到大历史的宏观图景。因此，全球治理的研究任务要求在方法论上将抽象的宏大理论研究和零打碎敲的微观经验研究结合起来，拉近两者之间存在的学术鸿沟，弥合宏观与微观的研究裂痕，这是全球政治研究的重要学术路径，其可能的理论方式就是在宏大叙事理论与微观经验研究之间建立中层理论。

事实上，"中层理论"（theories of the middle range）的概念并非国际关系理论研究，而是来自社会学。这一方法论路径首先由美国社会学家默顿在《社会理论与社会结构》（1949年）一书中提出。中层理论在社会学中原则上被应用于指导经验性调查，同时也是描述社会行为组织与变化和非总体性细节描述之间的中介物。②

---

① Ernest Gellner, "The New Idealism — Cause and Meaning in the Social Sciences", *Studies in Logic and the Foundations of Mathematics*, 1968, Vol. 49, pp. 377-432.
② 杨念群：《中层理论——东西方思想会通下的中国史研究》，江西教育出版社2001年版，第194页。

中层理论是相对于著名社会学家塔尔科特·帕森斯提出的"宏大理论"和行为主义学者提出的"微观理论"而言的。然而,帕森斯的学生、社会学博士默顿却对老师醉心于无所不包的理论体系没有兴趣。他认为,构筑抽象统一理论的条件还不成熟,因为缺乏必要的理论和经验基础研究,还没有进行充分的准备工作;而只热衷于研究实际问题,也会窒息社会学。所以现代社会学的主要任务是"发展具体的、适用于有限数据的理论",即"中层理论"。这些理论集中体现在他的专著《社会理论与社会结构》《论理论社会学》中,所谓"中层理论",是介于抽象的综合性理论同具体的经验性命题之间的一种理论,是一种脱离抽象层次而力图接近经验事实的功能论,所以乔纳森·特纳(Jonathan Turner)又称之为"经验功能主义"。[①] 中层理论的意义在于架通抽象理论研究与具体经验分析之间的桥梁,其主要目的是指导经验研究,并能够通过经验加以验证有限领域中的理论问题,它并不刻意寻求重大社会问题的终极解决方案和理论假说,而是在有限的范围内通过实证的方法寻求可以解决现实问题的理论途径和方案。中层理论在社会学产生之后,在20世纪60年代开始影响政治学领域,60年代之后在西方政治学界盛行的政策研究、决策分析、政治文化理论、政治社会化理论、多元主义理论和集团政治理论都属于中层理论的研究范畴。[②]

从中层理论的角度研究全球治理,可以概括为对全球行为体互动之动态过程的研究。在全球网络共同体的背景下,民族国家、全球市场、全球公民社会、全球精英等行为体分别奉行着不同的政治逻辑,如果单独从某一个行为体出发考察,必然陷入一种微观方法论零打碎敲的泥潭;如果从全球政治总体出发将研究建立在国家利益、权力、无政府状态等阐释性概念的基础上,就会形成一种抽象的理论框架,难以解决具体的问题。对全球政治进行中层理论的研究,一方面建立在具体的全球政治行为体及其制度化行为等经验性概念基础上,也不刻意寻求对全球政治的终极理论解说,而是在有限的范围内通过分析客观的社会条件把握全球政治的逻辑;另一方面整个研究也不拘泥于特定的政治行为,而是从不同政治行为逻辑的互动中追问全球治理的内在规律,能够推而广之地获得全球治理的一般理论。从这个意义上来说,全球政治的中层理论研究事实上是宏大理论和微观经验理论研究的综合和延伸。

200多年前,著名哲学家伯特兰·罗素(Bertrand Russell)认为,国际关系研究的使命是两个:一是如何避免国家之间发生冲突和战争;二是如何避免大国欺负

---

① 参见[美]乔纳森·特纳:《社会学理论的结构·下册》(第6版),邱泽奇等译,华夏出版社2001年版。
② 参见由郭定平撰写的"中层理论"词条,载中国大百科全书总编辑委员会《政治学》编辑委员会编:《中国大百科全书·政治学卷》,中国大百科全书出版社1992年版,第521页。

或者看不起小国。① 今天,全球社会的发展已经逐步跃出了传统意义上的国际关系范围,除了物质层面的国际关系②之外,还产生了非物质层面的关系,比如思想观念、意识形态、社会制度、文化传统和社会习俗等,这些在悠悠历史发展过程中积淀下来的"遗迹"在全球信息社会中彼此迎面相逢,如何处理彼此之间的关系,成为全球治理的一个重要领域。

 **课后习题**

一、名词解释

国家主义　　全球主义　　跨国主义

功能理论　　利益理论　　观念理论

二、论述题

1. 全球治理范式的国家主义、全球主义、跨国主义的特征是什么?这些主义之间有什么区别?

2. 全球治理有哪些理论,各理论的核心主张、优点和缺点是什么?现有的理论能不能解释当今世界面临的全球治理问题?

3. 全球治理的本体论如何变化?这样的本体论对全球治理思路方式和理论研究产生了怎样的影响?

---

① 参见[英]伯特兰·罗素:《社会改造原理》,张师竹译,上海人民出版社2001年版。
② 物质层面的国际关系,主要是以权力(特别是军事权力,后来是综合国力)和国家利益为主要内容的关系,这些内容是主流国际关系理论讨论的主题,更是政府间外交的理论基础。

第三章
治理价值

　　全球治理是一个多元社会行为体协商互动的过程,它不仅需要以形成共同利益为物质基础,更需要以确立共同价值为指引,全球治理必然涉及全球价值、伦理、规则、准则和正义等一系列问题,以及由这些问题决定的全球政治秩序安排问题,没有价值追求的全球治理是不可想象的。从这个意义上来说,全球治理内含着全球主义和国家中心主义之间的一场紧张甚至对抗性的矛盾,①这组矛盾从一定意义上可以看作一场新的价值对抗。究竟是站在人的价值基础上进行治理,还是站在国家利益基础上进行治理,决定着全球治理的基本形态。

　　全球化时代是一个全球性与地方性并行不悖、一体化和碎片化共同发展、统一性和多样性并存前进的过程。一方面,随着发达的交通和通信技术覆盖世界,跨国公司遍布全球,世界空间正在缩小,人类社会在全球范围内的交流越来越紧密,以至于"地球一村,世界一家","处于区域和全球流动过程之中的国家这一政治共同体已经卷入了密集的跨国协调和规制之中"②。建立在全球价值共识基础上的国际共同价值存量越来越厚实。另一方面,差异化、多样化和多元化又日益成为全球化时代的特征,除了传统的阶级差异、意识形态差异外,文明的冲突、民族分离主义、族裔政治、女性主义、同性恋群体、新宗教、恐怖主义、网络族群、生态运动等问题也日趋严重,人们又不得不面对更加紧张的多元文明、复杂差异和社会断裂而产生的深刻矛盾和频繁摩擦,人类社会不仅面临着物质主义价值的纷争,也面临着后物质主义价值的分化。如何在一个以信息、权力和公共资源为主要生存轴心的社会平台上,在多元化、多样性和差异化的全球价值公共空间中有效地调适差异主体之间的交往,调适"人—自然—社会"间的矛盾关系以及调适"自我"与"他者"之间的断裂,在社会多样化价值的矛盾空间中寻求全球治理,妥善协调矛盾和谨防冲突,谋求全球正义,成为当今时代的一项主要任务。

---

① 蔡拓:《全球主义与国家主义》,《中国社会科学》2000年第3期,第16—27页。
② [英]戴维·赫尔德、安东尼·麦克格鲁主编:《治理全球化:权力、权威与全球治理》,曹荣湘、龙虎等译,社会科学出版社2004年版,导言。

第一节　治理价值及其意义

价值观是文化的核心,任何治理都离不开价值观,仅仅靠利益维持的全球治理很难走出"公地悲剧"。唯物辩证法认为,世界是多样的,人类社会文化和文明也是多种多样的。由于自然、历史和现实经济社会发展水平不同,世界各个地区、国家和民族几千年来形成了独特的文明。不同的文明,在历史传说、文化传统、价值取向、性格特征、行为方式等各方面,都表现出互不相同的特质。且不说亨廷顿关于文明冲突的结论正确与否,文明的多样性是他以及其他思想家如斯宾格勒、汤因比等大学者共同承认的。当我们研究世界文明史的时候,每一种文明都有其对世界的独特理解,历史上和当今世界上有多少种文明并不重要,重要的是承认文明之间在价值观上的差异性,并能够包容和理解差异,形成和而不同的治理秩序。

当今世界有200多个国家和地区,有2500多个民族和多种宗教,产生了独特的文明。每一种文明背后都有着独特的价值观。按照斯宾格勒、汤因比等人的观点,历史上的文明虽然有生长、强盛和衰亡的,但人类历史发展迄今,还没出现过一种文明一统天下的局面。如果如亨廷顿所言,宗教也是一种文明的主要标志,那么当今世界还存在基督教、伊斯兰教和佛教三个大的宗教,小的宗教和同一宗教内的不同宗教派别,更不胜枚举。全球化进程的深入推进既在逐步塑造反映人类共同价值观的世界文明,又要求人们尊重每个国家、民族的独特个性,维护人类文明的多样性。

就其本质意义而言,不同文明框架之内、不同国家之间的不同社会制度和发展模式之间的互动也是全球治理的一个重要内容。受制于特殊的文明和文化,各个民族、国家、文明背后均有自己奉为神圣的"精神家园"和价值评价体系,每当看到与自己不同的异国情调和异族风俗时,"我族"意识十分强烈,并导致看问题的立场和方式存在很大的差别。概括起来,主要有"两个分化":一是本土主义,发展中国家为争得自己的权益,维护自己的利益,同干涉本民族的强权作斗争;二是干涉主义,一些发达国家凭借自己的"权力优势",奉行"上帝的使命",以所谓的"人道主义干预"为幌子干涉其他民族的内部事务,有的借口民族同源性,大搞"泛民族主义",以此来扩大自己的势力范围。同时,即使在一个国家内部,从文化上来看必然有占主导地位的共同体文化和非主流的边缘文化的区分,各民族及不同的文化在国家发展的过程中,发生交流和融合。不过,世界多样性是人类社会的基本特征,也是人类文明进步的重要动力。在人类历史上,各种文明都以自己的方式为人类文明进步作出积极贡献。存在差异,各种文明才能相互借鉴、共同提高;强求一律,只会导致人类文明失去动力、僵化衰落。各种文明有历史长短之分，无高低优劣之别。历史文化、社会制度和发展模式的差异不应成为各国交流的障碍，更不应成为相互对抗的理由。

从1500年开始的世界历史便从地区史走向全球史，而且是由欧洲文明为主体的西方文明主导的全球史。从文化价值观角度来看，在近代以来的世界文明发展史中，西方发达国家在全世界强推所谓的"普世价值"。普世主义（universalism）是英文单词 universe 的派生词。根据《剑桥高级英语学习辞典》对 universe 一词的解释是"一切存在的事物，尤其指包括各种星体和星系在内的自然事物"，故而作为其派生的 universalism 也与人们对宇宙的认识有关。西方文化对整个宇宙的普世主义精神来自斯多葛学派的世界主义思想和中世纪的基督教教义。基督教作为在全球影响最广泛的宗教，是古代犹太教所代表的希伯来文化与希腊-罗马文化融合的产物。作为一种宗教，基督教对宇宙的看法就是作为唯一的神的上帝创造了一切并统治这一切。在基督教从犹太人波及欧洲的过程中，又自发或被动地吸收了在欧洲占据主导地位的柏拉图主义和斯多葛主义等希腊哲学的精华，斯多葛学派的自然法学说和柏拉图哲学的正义理念和绝对自在的理想国图景成为主导西方文明的价值坐标。于是，在古希腊斯多葛学派的自然法哲学和基督教哲学交织发展的主导下，追求人类一体生活和奉行共同标准的普遍主义成为西方人对待自然和社会的共同精神，其最鲜明的标志就是西方人不停地在追问"我们是什么"以及"我们是谁"。用康德的话说就是"人类是什么"，它考虑的是人与其他动物通过什么得以区分开来，它是一个探求本原的形而上的问题。方方面面的理论家对这个问题的解答给予人类无数启迪，其共同的价值标准就是确立人类一体和万物对象化的一元化价值原则。从这个意义上来说，启蒙运动的意义只不过在于将这一普遍主义理性化和人性化，尽管社会价值摆脱了宗教束缚，但崇尚理性又形成了一种新的普遍主义，即理性普遍主义。

在社会发展史领域，理性普遍主义挟技术、资本和权力优势在世界各地横冲直撞，打开了古老民族和封闭文化的坚固城墙，迫使它们卷入各方面的相互依赖和各文明的相互往来中。特别是由于资本和技术的力量，"一切固定的古老关系以及与之相适应的素被尊崇的观念和见解都被消除了，一切新形式的关系等不到固定下来就陈旧了。一切等级的和固定的东西都烟消云散了，一切神圣的东西都被亵渎了。人们终于不得不用冷静的眼光来看他们的生活地位、他们的相互关系"[①]。"它的商品的低廉价格，是它用来摧毁一切万里长城、征服野蛮人最顽强的仇外心

[①] 《马克思恩格斯选集》第1卷，人民出版社2012年版，第403页。

理的重炮……一句话，它按照自己的面貌为自己创造出一个世界。"① 但是，面对西方文明水银泻地般强大的压力，其他文明共同体也没有完全放弃寻求自主性的反击和抗争。特别是当西方文明内部陷入因争夺市场和原料来源引起的划分势力范围的世界大战之时，广大的殖民地和半殖民地国家和人民掀起了前仆后继的民族独立斗争，最终在 20 世纪五六十年代实现了民族独立，赢得了文化自主发展的政治基础。

非西方文明虽然在政治上赢得了民族独立和主权平等的自主权利，建立了现代民族国家，但在文化和价值观领域中的斗争并没有停止。西方文明的普遍主义与其他文化寻求自主性的特殊主义之间形成了尖锐的矛盾：普遍主义往往以人和万物本质、本性的共同性、普遍性，以及认识的真理性等观念为基础，进而在价值问题上持本质主义、绝对主义和一元论的观点，相信人类生活中存在着"终极"的、绝对合理的、普遍适用的一元化价值及其标准，只要人们通过恰当的方式发现并推广执行之，就能够基本解决世界上的大部分纷争；特殊主义则以人的个性、认识的主体性和价值的特殊性为基础，在价值问题上持个性化、相对主义和多元论的观点，认为世界上不存在唯一的、终极不变的价值体系及其标准，必须面对人类价值多元化的事实，依据主体的具体特殊性来处理各种价值问题，才能保持人类社会的平等、自由、和谐和安宁。② 这一普遍主义与特殊主义的争论，成为当代哲学的一个核心命题，更是制约全球治理发展的深层矛盾。

长期以来，由于受制于冷战的高压，普遍主义和特殊主义的争论停留在价值和价值观领域的思想层面。然而，冷战结束以后，由于军事和政治因素压力的缓和与国际政治低级化的发展，经济、社会和文化因素在国际关系中的重要性大大上升，价值冲突越来越具有利益冲突的物质载体，两者复杂交织在一起。特别是随着全球化的发展，被迅速卷入全球公共场所并频繁互动的人们，在相互碰撞中逐渐感受到了文化的巨大力量：原先那些地方的、落后的、封闭的民族随着整个国家一齐卷进了全球化的进程，由于电视、因特网等现代化传媒手段的普及和发展，他们的视野日益开阔，看到了自己与其他民族的不同，民族的"非我族类"意识随着全球化的发展在一段时期表现的比较明显，"一个封闭的村落，祖祖辈辈没有走出过家门，哪会考虑自己是什么民族，在与异邦、异族、异地、异国接触后，才会有'我是谁'、'从哪里来'、'为什么不同于别人'等文化辨识的疑义和问题"③。著名社会思想家罗兰·罗伯森（Roland Robertson）则从文化的深层结构观察到了这一趋势：在 20

---

① 《马克思恩格斯选集》第 1 卷，人民出版社 2012 年版，第 404 页。
② 李德顺：《全球化与多元化——关于文化普遍主义与特殊主义之争的思考》，《求是学刊》2002 年第 2 期，第 9—15 页。
③ 王逸舟：《当代国际政治析论》，上海人民出版社 1995 年版，第 126 页。

世纪后期,我们是一个巨大的两重性过程的目击者和参与者,这个过程包含了特殊主义的普遍化和普遍主义的特殊化的互相渗透。① 为此,罗伯森提出了一个"全球地方化"(glocalization)的概念,以此表明全球化过程中相互矛盾的力量并行不悖的现象。地方受着全球的影响,但地方也登上了全球舞台,这就是罗伯森所说的"在全球中的地方、在地方中的全球"。② 依据罗伯森和埃德等学者的解释,"全球地方化"可被视为是一种借助全球化信息、技术、思想、资本、人才等要素快速跨国流动,来协助建构及促进具多元性及特殊性之地方化发展的过程。在罗伯森看来,全球化可能并不是一个特别令人关注的问题,更重要的是全球化所造成的地方多元化,强调"地方根源"及"本土认同"对抗"西方印象和价值观"的全球化现象;强调"地方分权"及"区域治理"对抗国际组织或跨国规模的统治权能集中现象;强调"社区主义"对抗全球化带来的更抽象的疏离感。③ 总之,全球化是各种过程的复合,其影响是断裂,也是统一;它创造了新的分层形式,而且往往在不同的地区或地方产生相反的结果。全球化影响可能摧毁行为的本土情境,但那些受到影响的人们会对这些情境进行反思性重组,全球化一词的使用,在各地反而导致"对地方的重新强调",冷战后各种民族分离主义运动和所谓的新认同政治,都是全球地方化的一个重要体现。

在这样的背景下,普遍主义与特殊主义之间的争论逐渐从价值观层面进入组织行为、发展模式和社会政治经济制度等实践层面,世界范围内的责任冲突成为全球治理中的一道重要的风景线。20 世纪 90 年代以来,民族分离主义、宗教冲突、种族冲突在西亚、东南欧、外高加索、南亚、东南亚、中亚等地蔓延开来,在这些地区,文化问题常常是现实问题与历史因素交织、国内问题与国际因素交织、优秀的民族传统文化与封闭的现实社会生活交织、精神亢奋与物质贫困交织、合法的宗教信仰与非法的恐怖手段交织,成为制约国际关系发展的重要制约因素。其实,文化在国际关系中地位上升不仅表现在发展中落后国家,在发达国家也是如此,比如法国发起的保护法语运动、美国国内围绕不同价值观和宗教引发的所谓"文化战争"等。所有这一切都充分表明:随着全球化的发展,全球各地的文化共同体在日益卷入一个一体化的公共空间之后,多元的文化和文明之间的矛盾和摩擦越来越成为制约国际关系的重要因素。

因此,价值冲突、利益冲突和责任冲突为整个世界注入了强大的内在张力,成

---

① [美]罗兰·罗伯森:《全球化:社会理论和全球文化》,梁光严译,上海人民出版社 2000 年版,第 144 页。
② 参见 Roland Robertson, "Glokalisierung: Homogenität und Heterogenität in Raum und Zeit", in Ulrich Beck(Beck), *Perspektiven der Weltgesellschaft*, Frankfurt, 1998, S. 192-220。
③ 转引自李永展:《全球化大趋势下的地方永续经营》(2002 年 3 月 19 日),环球资讯中心,https://e-info.org.tw/node/9981,最后浏览日期:2021 年 9 月 20 日。

为制约全球治理发展的深刻矛盾。奉行不同多元文化价值观的多元文化共同体如何在一个日益一体化的全球物质文明(表现为技术-经济-社会生活的统一体)平台上和谐相处,取长补短,共同发展,越来越成为全球治理的重大问题。在应对这一重大问题的过程中,全球价值毫无疑问是打开一切麻烦的锁钥。

第二节 全球价值及其要素

2015年9月28日,国家主席习近平在纽约联合国总部出席第70届联合国大会一般性辩论并发表题为《携手构建合作共赢新伙伴 同心打造人类命运共同体》的重要讲话,强调"大道之行也,天下为公"。和平、发展、公平、正义、民主、自由是全人类的共同价值,也是联合国的崇高目标。尽管人们对全球共同价值的理解不同,但的确存在基于全球共同体意识基础上的全球价值。因此,所谓全球价值,就是在一定社会发展阶段基础上形成并共同持有的人类价值。全球价值是一个应然问题,是超越个人价值、国家价值、区域价值和文明价值的人类共同价值。

在现实中,所有这些全球价值尽管层次不同,但相互之间有重叠性。蔡拓等在《全球治理概论》中认为全球价值是一个复合的体系,包含了不同层次的价值,大致可以分为如下三个层次。一是已经在全球范围内达成共识的共同价值,比如联合国《世界人权宣言》中倡导的"四大自由",联合国可持续发展目标所体现的自由、平等、团结、包容、尊重自然和共同责任等价值。二是在一些全球问题治理领域倡导和遵循的价值,比如全球气候变化领域确立的共同但有区别的责任原则,全球金融治理中的公开透明原则,全球反贫困领域中的能力原则等。三是针对一些新的国际或者全球问题的应对提出的价值理念。这种从实然的角度采取列举式的分类在学理上不利于揭示全球价值的本质属性。理解全球价值,应该从全球正义的高度出发,为全球治理指明前进方向。

正义问题是政治哲学和道德哲学围绕的一个主题,也是全球价值的重要灯塔。从思想史上来看,哲学家往往从不同角度解释正义。柏拉图在《理想国》一书中,主要从精神以及社会构成的和谐、秩序等层面理解正义;亚里士多德则对分配正义给予更多的关注。后者在当代受到美国思想家约翰·罗尔斯(John Rawls)的尊重和延续。罗尔斯将正义看作社会制度的首要价值,正像真理是思想体系的首要价值一样。① 可见,罗尔斯强调的正义问题更多涉及一个社会的基本结构,"或者更准确地说,是社会主要制度分配基本权利和义务,决定由社会合作产生的利益之划分

---

① [美]约翰·罗尔斯:《正义论》,何怀宏等译,中国社会科学出版社1988年版,第1页。

的方式"①。为了不受思想家的思想偏见的影响,本书首先辨析一般意义上的正义(justice in general sense)概念。

就最初的含义而言,正义首先涉及个体之间以及个体与社会之间的关系,其字典含义大致相当于公正(fairness)和平等(equity)等概念的内涵。最一般的定义还是查士丁尼(Justiniaus I)所说的:正义乃是一种使任何人获得其所应得的东西的不间断的、永恒的意志。② 正义的思想将人们的目光集中于一个特别的领域:作为相互独立个体的人获得适当的或者说是适合他们的待遇。进而言之,社会正义则包含了这样一种观点,即认为努力把社会的整体分配模式与正义的原则调谐一致是现实的。这个词最早出现在19世纪早期的政治争论中,其中,约翰·斯图亚特·穆勒(John Stuart Mill)就使用过,主要包括两种概念:一是体现赏罚和功过的观念;二是体现需求和平等的观念。在以穆勒为代表的功利主义者看来,社会正义分配归根结底是能产生最大幸福的那种分配。③ 罗尔斯在谈到社会正义时,认为物品分配中的不平等只有当给社会中最不富裕的人们带来利益时才是可以容忍的,这给社会正义观套上了平均主义的色彩。此种观念遭到了哈耶克和罗伯特·诺齐克(Robert Nozick)等人的批判,他们主张正义应该被理解成尊重法律和既有权利,因而正义就是程序性而非结果性的。④ 事实上,社会正义的争论反映了人们认识正义问题上存在的一个逻辑悖论:一方面,正义是一种程序和规则,它意味着以正当的方式和适用的规则对待人们;另一方面,正义是一种结果安排,它意味着人们应当关心他们所应获得或需要的任何东西,在许多情况下,这两者往往构成了一种现实的矛盾。

尽管如此,人们在谈论社会正义的时候,往往更多地强调衡量一种社会制度和秩序安排的合理性和正当性的问题,讨论全球价值的意义也在于衡量治理制度和过程的正当性,它包括两个要素:一是某种特定的社会制度安排和社会秩序是否具有内在的合理性;二是这一具有内在合理性的社会制度和社会秩序是否在社会成员集体中具有高度的合法性。在不同的社会发展阶段上,由于社会需求结构和层次存在较大的差异,社会正义的内涵和范围都产生了较大的分歧,因而社会正义问题便成了历代思想家关注的主题。随着经济全球化在社会各方面的展开,正义问题也逐渐超越了地域和国界的限制而成为全球范围内的话题。冷战结束以来,政治、军事、经济、社会、文化和生态等领域中的各种形式的矛盾和冲突,进一步将

---

① [美]约翰·罗尔斯:《正义论》,何怀宏等译,中国社会科学出版社1988年版,第5页。
② [英]戴维·米勒、韦农·波格丹诺:《布莱克维尔政治学百科全书》,邓正来等译,中国政法大学出版社2002年版,第408页。
③ [英]约翰·穆勒:《功利主义》,唐钺译,商务印书馆1957年版,第65页。
④ [美]约翰·罗尔斯:《正义论》,何怀宏等译,中国社会科学出版社1988年版,序言。

第三章　治理价值　　77

如何在国际范围内建立一种公正的政治、经济秩序等问题提上国际政治理论研究的日程。特别是由于全球资源配置在发达国家和发展中国家之间,跨国公司、全球公司和无产阶级之间日益严重的分化,超级大国的霸权主义和弱小国家的无助地位形成严重反差,以及全球治理和经济增长导致的对生态系统的严重破坏、对人类内心社会公正问题的忽视和对世界多样性的扼杀,以及公共治理机构之合理性与合法性的缺失等一系列问题,已经不仅仅是一个民族国家内部的事情。诚如著名后现代思想家小约翰·柯布(John Cobb Jr.)所言:"经济学的压路机(economic steamroller)正在将一切夷为平地,包括家庭、村庄、社群。今天美国社会中人与人的疏离,人性的冷漠,就是这一破坏的后遗症,""他们仅仅关注经济的增长,很少关注正义的价值,很少关注共同的价值,很少关注人类内心的满足感,很少关注生态系统的价值。"[1] 接下来的问题是,全球正义究竟意味着什么,其主要内涵包括哪些方面? 从实质的层面来看,全球正义包含如下两个层面的要素。

一是国家与国家之间的正义关系。国家与国家之间的正义关系,往往与国际正义具有相通性,我们可以将其称为以国家为中心的全球价值。就国际正义而言,它又可以区分为两种情况。第一种情况是国家之间的平等权利,全球正义意味着所有国家,不论大小、贫富、强弱,都应当被公正地看待:在经济领域,每一个国家都应该平等地享有资源、市场和发展的机会,处于同一游戏规则和同一起跑线上,不应该有所差别和歧视;在政治领域,每一个国家都应该拥有在国际事务中参与对话、讨论以及在国际社会中表达自己意见的平等权利。国际正义之所以有这样的内涵,主要源自正义本身的实质含义,即承认和尊重人的权利,简言之,它意味着每一个人都有权利被平等而公正地对待。不管任何国家,都不应该有所例外。当然,此种国际正义的内涵也隐含着一个重要的逻辑前提,即每一个国家在其人民中都是具有合法性和正义性的,符合国内社会对正义的要求。[2] 国际正义的第二种情况是国家与国家之间形成公正、合理的政治经济秩序。事实上,在正义的本原含义中,确立公正合理的秩序是其十分重要的内涵。柏拉图、西塞罗、康德等著名哲学家都将建立合理的社会秩序与正义结合在一起,特别是康德,在其"永久和平论"中,他所赖以确立的一个最为重要的依据在于将确立永久和平的社会秩序看作最高的道德律令。[3] 因此,如果从确立公正、合理的国际秩序层面来考察国际正义,则包括十分丰富的内涵,比如全球经济秩序(世界贸易组织、国际货币基金组织、世

---

[1] 任平:《呼唤全球正义——与柯布教授的对话》,《国外社会科学》2004年第4期,第80—82页。
[2] 参见 David Richards, "International Distributive Justice", in Roland Pennock and John Chapman, eds., *Ethics, Economics, and the Law*, New York: New York University Press, 1982。
[3] 参见 Thomas Pogge, *Kant, Rawls, and Global Justice*, Ann Arbor: University Microfilms International, 1983。

界银行等组织管制下的经济秩序)、全球政治秩序、全球精神-文化-社会秩序、全球空间-环境-生态秩序等。全球正义要求不管在任何领域之中,以形成某种和谐有序的状态为至关重要,特别是确立公正、合理的有序状态。比如经济领域中的平等互惠、资源领域的公正分配、对多元文化的尊重和确认,在政治和军事上的相互尊重以及有限目标等。总之,全球正义为全球秩序确立一种巩固的伦理基础和道义内涵。

二是人与人之间的正义关系。人与人之间的正义关系可以称之为以人为中心的全球价值。随着全球化的发展,人们日益认识到,在传统的国际关系中,那种仅仅从国家出发理解的正义概念,越来越难以令人满意。托马斯·波吉(Thomas Pogge)研究发现:现有的国际秩序存在着重大的缺陷,一个国家的统治者有资格对一个国家的自然资源从产权角度进行处置,而现有的国际秩序认可此种资源的合法性,且承认他们有资格以国家的名义借贷还贷。而之所以要承认的唯一理由在于,这些统治者在某个特定国家之内有效地行使他们的权力。这种认可将国际借贷还贷权与资源权授予了许多窃用一国之名实际上并不能代表这个国家的政府。这些特权在使这些国家走向赤贫的同时,也使这种权力本身走向枯竭,因为这些权力的行使常常以剥夺人民从政府借贷、资源出售行为中获得利益的权利和剥夺人民的政治参与权为前提。[①] 波吉的质疑其实揭示了全球正义的另一面更为重要的内涵,即强调所有国家的人民,无论是生活在发达国家,还是生活在发展中国家,都应该享有平等或者共同的权利,都有权利在经济、政治、文化、社会领域的各项事务中被公正、平等地加以对待。也正是从这一意义上,罗尔斯在讨论全球正义的时候选择使用万民法(the Law of People),而不是国际法(International Law)的概念。[②] 这一思想直接渊源于康德。康德在《永久和平论》里面讨论了三项正式的条款:第一,每个国家的公民体制都应该是共和制;第二,国际权利应该以自由国家的联盟制度为基础;第三,世界公民权利将限于以普遍地友好为其条件。[③] 在一个自由的共和体制中,人民是国家权力的唯一的来源,国家的意志不是也不可能是最高的意志,它必须服从公民的公共意志。在康德看来,一个自由和理性的公民,不仅属于某个民族国家,而且也属于全世界,是世界公民,他所必须遵从的理性的普遍法则,是超越民族国家界限的公民共同体之间的互相尊重和承认。

如何让国际社会走出自然状态,进入有序的文明社会,最重要的是要认同和建立一个普遍的正义秩序。普遍的正义秩序如何可能? 200多年前的康德在《永久

---

① [美]T.波吉:《何谓全球正义》,李小科译,《世界哲学》2004年第2期,第3—11页。
② 参见[美]约翰·罗尔斯:《万民法》,张晓辉等译,吉林人民出版社2001年版。
③ 参见[德]康德:《永久和平论》,载[德]康德:《历史理性批判文集》,何兆武译,商务印书馆1990年版,第105—118页。

和平论》中通过"世界公民权利"与"和平联盟"的理念,论证了其可能性。秉承了康德永久和平理想的罗尔斯,在《正义论》和《政治自由主义》中讨论了自由立宪社会中的正义原则之后,在其晚年一直考虑如何将自由社会的正义原则扩展到国际社会,他在《万民法》一书中详细讨论了国际社会中不同政治体制之间的国家建立普遍正义秩序的可能性。罗尔斯在书的一开始便承认,"一旦政治哲学扩展到人们一般认为是实际政治可能性之限度时,它便是现实的乌托邦",不过,万民法又是一个非常重要的和吸引人的现实乌托邦,因为它将合理性与正义建立在公民对其根本利益的认识的基础之上。① 罗尔斯在《万民法》中继承了康德的这一思想,按照现代的人民主权论原则,得出了一种用什么样的规则去支配和掌控国家行为的理论。在罗尔斯看来,在全球正义体系中,国家利益不是最重要的,人民所组成的共同体才是最重要的,人民的意志高于国家的意志,国家政策的合法性来自公民的理性和正义,不同的人民共同体所建立的世界"法"是高于国家利益的。由此可见,罗尔斯全球正义的内在含义是,所有的人,不管他处于哪一个国家,其促进经济福祉、改善政治状况、提升教育水平等愿望和要求应当得到平等的尊重,一句话,所有不同国家的人民都应当被一视同仁地对待。罗尔斯明确指出,人民的根本利益不是自我利益,而是相互尊重,一个国家即使为自我利益所驱使,违反国家间的互惠原则的话,就意味着国家与人民之间有了裂痕,人民有权宣布国家为不合法。可见,罗尔斯超越了几个世纪的民族国家利益至上的正义原则,确立了一种全球正义的原则。当然,即使从今天来看,罗尔斯的全球正义观还是一种乌托邦,更多具有价值导航的功能而不具有实践指南的意义。

不过,罗尔斯毕竟仅仅提供了全球正义的一家之言,他的学说在学术界也遭到了许多学者的批驳,其中不乏哈贝马斯、戴维·米勒(David Miller)、诺齐克等一大批思想大师级的人物。哈贝马斯认为,应当将正义问题放在一个比政治领域更为广泛的公共领域之中考察,强调通过公共领域中多元公众的交往和对话,通过商谈达成共识,此种共识和交往理性才构成了社会正义的基础。② 社群主义者戴维·米勒在《社会正义原则》一书中则反对罗尔斯虚化社会正义前提的做法,而主张将交往共同体的共同善价值看作高于个人价值的权利,社群才是社会正义的基础。由于社群是多元的,故而正义也是多元的,要按照不同社群的性质来建立多元正义原则,根据社群的不同性质,正义原则应该分为需要、互利互惠和平等三种。③ 在

---

① [美]约翰·罗尔斯:《万民法》,张晓辉等译,吉林人民出版社2001年版,第6—8页。
② 参见[德]尤尔根·哈贝马斯:《欧洲民族国家》《欧洲是否需要一部宪法?》,载[德]尤尔根·哈贝马斯:《包容他者》,曹卫东译,上海人民出版社2002年版;[德]哈贝马斯:《公共领域的结构转型》,曹卫东等译,学林出版社1999年版。
③ [美]戴维·米勒:《社会正义原则》,应奇译,江苏人民出版社2001年版,第31—34页。

学者们的争论和对话之中,罗尔斯的观点也发生了很大变化,开始注意到差异政治理性的问题,他在《万民法》中已经接受了"合理多元主义"或者"理性多元主义"的理念。

总体而言,西方思想家考察全球正义问题的争论主要围绕三个哲学问题。一是全球正义的出发点究竟是抽象的理性人个体,还是一个涵盖社会差异的社群,抑或是一个个主权国家,推而广之,全球政治究竟应该讨论以个人为单位的权利政治,还是讨论以社群为基础的公益政治,抑或讨论以国家为中心的权力政治?二是全球正义的内涵究竟是一个政治意义上的契约,还是更为广泛的社会交往共同体,抑或仅仅是国家之间关系的伦理体系?三是全球正义的契约究竟是先验逻辑的产物,还是差异主体商谈的系统,抑或主权国家政治互动的结果?围绕上述三大议题,新自由主义、社群主义以及以哈贝马斯为代表的德国学派之间展开了激烈的论战。

抛开西方思想家关于全球正义研究方法的争论,就全球正义的实质内容而言,全球正义是历史的正义体系,对全球正义的理解一切都必须从历史演变的社会生产和交往结构中去说明。全球正义是随着人类社会全球化交往实践的历史发展形成的,全球正义的原则必定是全球多元差异主体之间在交往实践中不断整合的产物,而不可能是先验逻辑的产物。同时,对全球性多元差异主体之间的差异理性也不能过分强调,认为这些差异都是可以在历史实践中超越和克服的。如果从这一角度来理解全球正义,我们可以将全球正义看作全球性主体(包括国家、超国家、非国家行为体)在全球生产和交往实践中确立的共同体游戏规则,具体包括如下三个方面的内容。一是全球性交往主体之间的平等和公正原则。不管是大国还是小国,也不论是国家行为体还是非国家行为体,在法理上一律都必须坚持平等和公正的原则,相互尊重,相互理解,形成一个限制霸权主义和强权政治,实现和谐相处的有机社会共同体。二是全球正义体系的合理性与合法性原则。全球正义体系要反映特定生产力发展阶段所决定的客观社会交往规律的状况,具备历史的合理性。同时,也要尽可能地获得特定历史条件下全球社会大众主流价值取向的支持和认同,具备社会的广泛合法性。三是全球正义体系的变迁是社会生产和交往结构转换的产物。要具体地、历史地看待全球正义体系,不可能存在着超时空的全球正义原则,一旦一种生产和交往结构消解,全球正义的原则就必然发生结构转型,这是历史唯物主义的重要结论,也是全球正义研究的重要方法论。

同时,全球价值也不是一成不变的,在经验领域表现为时代变迁引发了价值观的变迁。工业革命以来,现代工业社会实现了物质主义价值观的更新,从陆地上的争雄斗胜到海陆对峙。现代化进程催生了物质主义价值观。近代以来的价值观探索,都确立了民族主义和国家利益至上的价值观。当然,也有争论,自由主义经济学与国家主义经济学、理想主义国际关系理论与现实主义国际关系理论,以及资本唯利是图的扩张与人类解放的思想。随着全球化和信息技术革命的深入,在价值观上出现了从物质主义价值观向后物质主义价值观转移的趋势。罗纳德·英格尔哈特(Ronald Inglehart)自20世纪90年代伊始推动了著名的世界价值观调查(World Values Survey)。截至2014年,世界价值观调查已经涵盖了97个国家和地区,覆盖90%左右的世界人口,是当前全球最有影响的调查项目。该调查每五年发布一次调查结果,自1981年起已进行六次,其调查结果已经为国际学术界普遍认可。调查发现,西方发达工业社会中民众价值观的重大代际转变:"物质主义"价值观向"后物质主义"价值观转型,人们对于经济安全等物质主义价值需求开始降低,与此相对应的是,人们开始日益追求一些后物质主义价值——诸如保障人们的言论自由权、让人们在政治决策过程中有更多的发言权等。英格尔哈特认为,这一价值观转型是一场更为广泛的文化转型的组成部分,而且这场文化转型正在逐步改造这些社会的政治生态,是一场"静悄悄的政治革命"。基于价值观的演变,全球治理也逐渐从利益治理走向认同治理,全球治理的实践在一定程度上也是全球认同形成的过程。

第三节 全球价值的实践

全球价值并非毫无根据,而是有其在实践中寻求共识的过程。关于如何建构全球价值,在理论上主要有四种选择方式。一是自由主义的普适化方式,认为地球上的人类社会均应该接受西方现代自由、平等、博爱的所谓的普适价值观,代表着人类发展的方向。这一选择方式存在"文化霸权主义""西方中心主义"的问题。二是文化多样论,认为应该承认不同文化的合理性,倡导不同文化之间相互尊重和包容,文化价值观没有高低贵贱之分。三是文化对话论,认为应该推动跨文化交流、沟通,推动形成文化共识。四是跨文化论,主张在多样文化之间进行互动,相互汲取营养,形成作为全球治理正当性的价值观共识。迄今为止,上述四种理论路径概括了当前关于全球治理价值构建方式的理论思考。在实践中,以上所述的全球价值建构理论路径需要寻求相应的载体,以落实具体的实践方案。目前为止,较为有效的实践载体主要包括政府间国际组织、国家,以及跨国公司和非政府间国际组织三类。

一、主要政府间国际组织的全球价值实践

以联合国为代表的政府间国际组织推动发表宣言、达成国际协议以及举办各种论坛是全球价值建构的最主要形式。尤其是第二次世界大战后成立的联合国,

是当今世界最具普遍性、权威性和代表性的政府间国际组织。凡爱好和平、接受《联合国宪章》所载义务的国家,均可成为会员国。截至2020年12月,联合国共有会员国193个。联合国除会员国外,还设有常驻观察员(permanent observers)制度,邀请政府间国际组织、非会员国和实体参与联合国事务。以《联合国宪章》的宗旨和原则为基础的国际普遍原则和准则是全球价值的重要载体。根据《联合国宪章》规定,联合国之宗旨是:维护国际和平与安全;发展国家间以尊重各国人民平等权利及自决原则为基础的友好关系;进行国际合作,以解决国家间经济、社会、文化和人道主义性质的问题,并促进对于全体人类的人权和基本自由的尊重。为实现上述宗旨,联合国应遵循下列原则:(1)所有会员国主权平等;(2)各会员国应忠实履行根据宪章规定所承担的义务;(3)各会员国应以和平方法解决国际争端;(4)各会员国在国际关系中不得以不符合联合国宗旨的任何方式进行武力威胁或使用武力;(5)各会员国对联合国依照宪章所采取的任何行动应给予一切协助;(6)联合国在维护国际和平与安全的必要范围内,应确保使非会员国遵循上述原则;(7)联合国组织不得干涉在本质上属于任何国家国内管辖的事项,但此项规定不应妨碍联合国对威胁和平、破坏和平的行为及侵略行径采取强制行动。自成立以来,联合国尽管也受到了霸权主义和强权政治的干扰,基本上维持了国际关系原则和基础的权威地位。在实践中,联合国不断确立和丰富了基本人权、人格尊严与价值以及男女与大小各国平等权利之信念,建立起了庞大的联合国体系,并且在维护和平与安全、保护人权、提供人道主义援助、促进可持续发展、维护国际法等方面作出了重大贡献,成为全球价值倡导的重要旗手。

除了联合国以外,其他国际和地区的政府间国际组织、国际会议也在倡议全球价值方面作出了不可忽视的贡献。二战后成立的欧盟倡导的共同价值主要体现在《欧盟条约》和《欧盟宪法条约》等文本中,强调对人的尊严、自由、民主、平等、法治、人权以及少数民族权利的尊重,各成员国必须是一个"多元、无歧视、包容、公正、团结以及男女平等的社会"。在欧盟倡导的价值理念中,辅助性原则尤为值得关注,其基本含义是一个社会中直接影响人民生活的决定,原则上应由最接近个人的小单位来做,只有在它们做得不够好时,才由大单位加以协助。自主与协助是这个原则的基本精神,与国际法的原则是一致的。20世纪60年代以来发展中国家推动的不结盟运动奉行独立、自主和非集团的宗旨和原则,支持各国人民维护民族独立、捍卫国家主权以及发展民族经济和民族文化的斗争,坚持反对帝国主义、新老殖民主义、种族主义和一切形式的外来统治和霸权主义,呼吁发展中国家加强团结;主张国际关系民主化和建立国际政治经济新秩序,也受到了国际社会的支持。此外,二十国集团、上海合作组织、金砖国家合作机制、非洲联盟、加勒比共同体和南方共同市场、欧亚经济联盟等也在倡导全球价值上作出了重要贡献。

二、主要国家的全球价值实践

除了国际组织之外,一些国家也通过政策文件、实践行动表达价值观,积极倡导全球价值。二战后,欧美发达国家在不同的历史发展阶段上,都高度重视价值观的传播和输出。从近代欧洲传教士在海外传教中传播所谓"福音"到当代高举人权至上和人道主义干涉的大旗,口口声声要在世界各地"输出民主",推广所谓"普世价值",甚至推进所谓"价值观外交",实质是为了谋求其不可告人的战略利益。此外,欧美发达国家也在不断进行价值观的创新,比如尊重文化多样性和文明对话、"人类安全"概念、可持续发展理念以及主要大国在维和、反恐、不扩散、打击跨国犯罪、国际公共卫生等领域提出的一系列新倡议和新理念,也不断丰富着全球价值实践的内涵。

与西方发达国家相比,广大发展中国家也积极倡导全球价值,为全球价值创新注入了新鲜的血液。从20世纪50年代的万隆会议到不结盟运动和七十七国集团的实践,一直到当下正在进行的金砖国家合作倡导的金砖精神,尽管总体上仍然处于劣势,但也不容低估。和平共处五项原则就是由中国正式提出的外交准则。目前,它在国际上已得到了广泛的承认。和平共处五项原则是周恩来在1953年年底与印度代表团就中印两国在中国西藏地方的关系问题进行谈判时提出的,倡议互相尊重主权和领土完整、互不侵犯、互不干涉内政、平等互利、和平共处五项原则,[1]并于次年先后同印度、缅甸两国正式倡导这五项原则为处理相互关系的基本原则。迄今为止,这一原则也得到普遍公认,"和平共处五项原则是处理国家关系的基本准则"[2]。近年来,中国提出了"一带一路"倡议、人类命运共同体等新理念和新倡议,弘扬和平、发展、公平、正义、民主、自由的全人类共同价值,受到世界各国的普遍欢迎。2017年2月10日,联合国社会发展委员会通过"非洲发展新伙伴关系的社会层面"决议,"呼吁国际社会本着合作共赢和构建人类命运共同体的精神,加强对非洲经济社会发展的支持"[3]。随后在11月1日举行的第72届联合国大会负责裁军和国际安全事务第一委员会(联大一委)会议通过了"防止外空军备竞赛进一步切实措施"和"不首先在外空放置武器"两份安全决议,"构建人类命运共同体"理念纳入联合国安全决议。从人类命运共同体的倡议提出到转变为国际共识和国际规范,充分体现了人类命运共同体思想的强大国际影响力,有着很强的生命力和广阔的发展空间。

---

[1] 李达南:《周恩来与和平共处五项原则》,《百年潮》2014年第6期,第6页。
[2] 韩荣璋等:《周恩来外交战略》,黑龙江人民出版社1998年版,第6页。
[3] 《"构建人类命运共同体"首次写入联合国决议》(2017年2月12日),新华网,http://www.xinhuanet.com/world/2017-02/12/c_129476297.htm,最后浏览日期:2021年3月16日。

三、跨国公司和非政府间国际组织的全球价值实践

在全球价值实践上，跨国公司和非政府间国际组织的角色不容低估。事实上，跨国公司倡导全球价值的实践最为有效，最具行动力。尤其是一些具有品牌价值的大型跨国公司，非常重视企业内部文化建设和企业社会责任，积极践行一些行业标准和普遍价值。从行业标准来说，目前已经形成了三套关于企业社会责任的国际标准体系，包括联合国提出的全球契约（global compact）、国际劳工组织（ILO）提出的"社会责任8000"，经济合作发展组织（OECD）国家提出的多国企业行为指南。跨国公司高度重视经营过程中的合规行为和社会责任，努力处理与顾客的关系、与生活社区的关系、与新闻界的关系、与供应商的关系、与政府部门的关系、与竞争者的关系以及与社会名流关系，不断扩大社会交往范围，提高企业知名度，扩大市场影响力和竞争力。同时，企业也非常重视其价值观、信念、仪式、符号、处事方式等组成的企业特有的文化形象。越是大规模的企业，越重视通过企业文化建设来传递企业的经营哲学、企业精神、企业道德、团体意识和社会形象，以此积累企业的无形的品牌资产。比如，提到宝马与奔驰轿车，我们会联想德国制造业讲究效率与高品质保证；提及索尼，我们会联想日本引领时代潮流的电动玩具、高科技电子娱乐商品。这些强势品牌不仅创造企业盈利，而且还能够连带提升国家的知名度，消费者或许不知这些国家在地球哪一个角落，但一定会购买心目中的理想品牌，这充分反映出品牌的强度已逐渐取代出产国的地位。此外，企业在经营过程中对国际标准组织的相关标准也非常重视，在环保标准、劳工标准和社会保障等方面自觉行动，努力在市场竞争中赢得优势。

此外，非政府间国际组织的价值倡导实践也不容低估。比如在以罗马俱乐部为代表的非政府间国际组织的推动下，"可持续发展"才逐渐成为国际社会普遍认可的发展原则。在国际红十字会等非政府间国际组织的推动下，人道主义援助和人类安全等理念才成为国际普遍接受的人权规范。此外，1992年，有1 400多个非政府组织注册参加在里约热内卢召开的联合国环境与发展大会，许多意见和政策建议都被吸收进会议的最终文件中；在1993年的维也纳世界人权大会之前，联合国曾在哥斯达黎加首都圣约瑟举行了政府与非政府组织对话的预备论坛，对国际会议的决策产生了重要影响；1995年在北京召开的世界妇女大会接受了女权运动组织的要求，公开发表宣言谴责科威特对妇女选举权的限制。[①] 此外，在保护生物

---

① Kathryn Hochstetler, Ann Marie Clark, and Elisabeth Jay Friedman, "Sovereignty in the Balance: Claims and Bargains at the UN Conference on the Environment, Human Rights and Woman", *International Studies Quarterly*, 2000, Vol. 44, No. 4, pp. 591-614.

多样性、反腐败和反避税等领域都离不开非政府间国际组织包括国际学术界的积极参与。一个典型的例子是在全球发展领域,诺贝尔经济学奖获得者阿马蒂亚·森的可行性能力理论就产生了重要影响。在森看来,人类发展是一个不断扩大人们选择权的过程,这一理念直接影响了国际社会对减贫和国际发展的认识,进而从价值原则高度开辟了新的天地。

全球价值的形成是一个复杂互动的过程,是不同价值观交流交融交锋的复杂过程。在其现实性上,全球价值交锋存在于各国之间、不同国家集团之间以及不同社会组织之间。尤为复杂的是,全球多样性价值之间的冲突在很多时候伴随着利益的矛盾,往往错综复杂,难分难舍。不仅有着沟通和交流渠道和技术的障碍,也面临价值偏见、歧视甚至价值观霸权等复杂因素,全球价值的形成过程和途径注定是不平坦的。

第四节 全球价值的愿景

缔造全球价值的前提是承认人类价值的多样性,尊重不同价值观之间的差异。面对全球治理背后的价值差异和文化摩擦问题,在学术界有大量研究试图从各种渠道寻求调适化解之道。有的学者把文化上升到软权力的高度,[①]对文化的意义给予足够的强调。按照文化和文明在国际关系中的地位和态度,主要可区分为如下几种。

第一类是对文化之间的交流和融合持乐观态度的观点,认为随着全球化和世界经济、政治、科学、技术等相互交流的深入,整个世界必定会走向社会文化一体化,成为一种全球性的普遍文化。最突出的是日裔美国学者弗朗西斯·福山(Francis Fukuyama)在冷战前后提出的"历史终结论","历史终结论"是福山于1989年在《国家利益》夏季号发表的《历史的终结?》一文中提出的。福山在《历史的终结?》中断言,自由主义取得了最后胜利,西方国家的自由民主制度也许是"人类意识形态发展的终点"和"人类最后一种统治形式",大规模的国际冲突已经消失,自由民主主义和"民主市场资本主义"成为一个永恒模式,成为全球理论与实践的共同标准。[②] 此论一出,立即在国际学术界掀起轩然大波,批评、支持、反对等声音此起彼伏,形成了弥漫全球的"终结热":冷战的终结、政治的终结、意识形态的终结、艺术的终结、组织化资本主义的终结等,不一而足。针对学术界提出的各种

[①] 相应观点可参见美国学者约瑟夫·奈和中国学者王沪宁的有关文章。引自王缉思主编:《文明与国际政治——中国学者评亨廷顿的文明冲突论》,上海人民出版社1996年版。

[②] Francis Fukuyama, "The End of History?", *The National Interest*, 1989, Summer, No. 16, pp. 3-18.

学术批评和反馈意见,福山在前文的基础上进行了重新整理和概括,出版了《历史的终结和最后之人》一书。福山认为,冷战的结束标志人类历史的终结,因为由于资本主义的自由民主制度将在冷战后一统天下,因此再也不会有诸如法西斯主义、共产主义等不同思想意识形态的生死斗争。人类未来面临的挑战将是经济、技术和环境问题,而这些问题都不会构成资本主义自由民主制度体系的"矛盾"。① 尽管福山承认不可能消灭各种文化的基本差异而变成一种全球文化,但是文化的趋同却是一个长期发展的过程。福山的看法带有极强的西方中心论色彩,对其他民族和国家的传统文化的活力和创造性认识不够,对其他意识形态怀有先入为主的偏见,过分相信"人性"和"宗教"的作用,这些都是其理论的缺陷所在。

福山的看法尽管饱受批评,但在西方却相当有市场。特别是他关于现代化发展的"匀质化"特征以及现代化和全球化发展必将导致社会文化一体化的观点就受到了詹姆斯·罗西瑙的支持。1990 年,罗西瑙在《世界政治的动荡——变化和连续的理论》一书中提出了"全球文化"(global culture)的观点,认为全球性相互依赖的发展扩大了世界政治的文化基础,导致了规范的分享以及全球共同体对地域共同体的吸收,正在塑造一种由国际机制治理全球性事务的"全球文化"。② 另外,还有一大批左派学者把大众文化批判与媒介帝国主义批判(或相关的后殖民主义、第三世界批评、多元文化主义、全球化等)结合起来,认为西方(尤其是美国)大众文化的跨国性、全球性的传播导致非西方或第三世界国家文化传统的丧失,导致全球文化的"美国化",就是整个世界的"麦当劳化"或"可口可乐化"。③ 尽管福山、罗西瑙和左翼学者之间在立场上存在很大差别,但对全球化时代文化的发展方向却是相近的,都认为全球性文化的前景是值得期待的,不同的文化或者文明最终将汇入同一条河流。

第二类是对不同文化和文明之间一体化前景持悲观态度的观点,认为未来的世界将面临"文明的冲突"或者"文化的摩擦",21 世纪的国际政治将是文明冲突的世纪。持这一观点的突出代表是美国哈佛大学政治系教授塞缪尔·亨廷顿。亨廷顿的文明冲突论尽管存在不少问题和缺陷,但却是冷战结束以来少有的大理论的思考,人们不得不承认亨廷顿的文明冲突论在理论建构方面所作的努力,比如人们承认亨廷顿提出了一个重要的国际政治分析视角,对冷战后的世界政治冲突做出

---

① Francis Fukuyama, *The End of History and the Last Man*, Avon Books: New York, 1992, p. 136.
② James Rosenau, *Turbulance in World Politics — A Theory of Change and Continuity*, Princeton: Princeton University Press, 1990, pp. 419-420.
③ 参见 Jonsuk Chay, ed., *Culture and International Relation*, New York: Praeger Publishers, 1990, pp. 1-17。

了崭新的解释,加深了人们对冷战后世界复杂性的认识。当然,亨廷顿的文明冲突论中有很多问题需要继续进一步深入研究,逐步解决文明范式作为范式成立的必要条件。比如,文明(文化)之间的区别和内涵、世界文明的划分标准和分类、文明之间的差异与矛盾导致冲突的可能性、文明在世界政治中发挥作用的机制以及世界文明的基本结构等。特别是如何看待文明引发的冲突,学术界争论不休。其实,在全球化时代,文化之间存在矛盾是一种常态,亨廷顿所列举的所谓"文明冲突"的案例,并非全然是文明的冲突,有的是历史、政治、经济和文化综合作用的结果。即使那些存在文化冲突的现象,诚如日本学者平野健一郎所说,这些现象与其说是一种文明冲突,还不如说是一种文化摩擦。①

第三类观点就文化对国际关系的影响持一种折中的态度,从国际政治体系文化规范的层面理解国际关系的性质与变化,认为不同的体系文化决定不同的国际关系走向,这就是20世纪90年代以来国际关系理论中建构主义理论的兴起。建构主义以美国学者亚历山大·温特(Alexander Wendt)、彼得·卡赞斯坦和玛莎·费丽莫,北欧学派的奥利·维夫(Ole Waever),以及英国学派的巴里·布赞为主要代表,建构主义的兴起使得文化和社会学的理论在国际关系研究中得到空前重视。他们认为,文化是社会共有的知识,是主体间实践的产物。在国际无政府状态中存在着三种体系文化,分别是强调主体间冲突逻辑的霍布斯文化、强调主体间竞争逻辑的洛克文化和强调主体间和平相处的康德文化,不同的文化规范决定代理者(国家、社会行为体)的身份认同,特定的身份认同又决定不同的利益界定,特定的利益界定进一步决定不同行为体的行为,而不同行为体的行为又塑造体系层面的文化规范。如此往复,体系文化便构成了一个"自我实现的预言"。至于国际关系未来的前景,建构主义认为国际体系结构的变化很可能是一种文化的变化或者无政府状态的变化,即代理者通过实践活动创造出新的文化,从霍布斯文化向洛克文化的转变,从洛克文化向康德文化的转变,世界体系的终极状态是"世界国家",每一个国家都会参与世界国家形成多边主义进程。② 从建构主义的逻辑来看,其对全球化时代文化和文明的终极前景是持一种较为乐观的态度,但对于实现这一前景的过程却保持了谨慎态度,认为如果代理者之间奉行霍布斯文化,建构主义的逻辑将演化成"安全困境"。更明确地讲,对于不同文明共同体的关系问题,建构主义认为,如果一种文明将另一种文明看作敌人,那么它就成为自己的敌人;如果一种文明将另一种文明看作朋友或者伙伴,那么它就成为自己的朋友或者伙伴。不难看出,建构主义对国际文化关系采取了一种折中的学术综合态度,构建了一个

---

① [日]平野健一郎:《是文明的冲突,还是文化的摩擦——亨廷顿论文批判》,黄东兰译,《国外社会科学》1997年第2期,第51—55页。
② 参见[美]亚历山大·温特:《国际政治的社会理论》,秦亚青译,上海人民出版社2000年版。

分析图式,打开了国际关系社会学的广阔空间。但是,建构主义在学术上显得过于主观甚至于随意,在学术因果律方面并不十分严谨,有些新自由主义者甚至认为接受建构主义就等于放弃了因果理论。在许多问题上,建构主义前提设定的多种可能性使得其缺乏令人信服的解释力。

环顾世界,如果具体地、历史地看待当前的全球治理及其秩序,人们便不难发现关于全球正义的一幅严峻的图景:在处理国际或者全球事务时,国家利益总是被置于优先地位,虽然许多国家特别是发达国家口口声声承诺公正地对待其国民,但他们却很少真正以同样的原则对待其他国家的公民,还力图寻找种种理由,对其他国家实施必定使该国公民蒙受苦难的种种制裁,甚至还对某些污染严重的工业废料向其他国家地区转移等现象采取默许态度,有的国家甚至对此类现象采取纵容和鼓励的政策,丝毫不关心其他国家人民因此而蒙受的苦难,反而宣称赞同全球正义的原则。更恶劣的是,一些国家甚至打着维护全球正义的旗号,挥舞着满载偏见的所谓人权标准、和平标准、环保标准等对其他国家和人民的内部事务横加干涉,粗暴践踏全球正义原则的尊严。可以毫不夸张地断言,全球正义的最大悲剧就在于正义本身被当作强权的工具,被异化为全球非正义的帮凶,遭到了可耻的亵渎。由于全球正义被亵渎,长期以来在国际社会中形成了一种以霸权主义和强权政治为本质特征的不公正、不合理的国际秩序。此种不公正、不合理的国际秩序严重阻碍了社会正义的前进,阻碍了世界和平与发展的历史航向。

面对全球正义和全球秩序领域出现的严重问题,如何摆脱危机,完善全球正义秩序,以哈贝马斯、罗尔斯等哲学家为代表的一大批思想家把希望的目光投向全球公民社会领域(哈贝马斯称之为全球公共领域)。哈贝马斯在《公共领域的结构转型》一书以及英国学者戈登·怀特(Gordon White)在《公民社会、民主化与发展:廓清分析的范围》一文中都认为,对于全球正义而言,当下最为重要的是重振以自由、民主为导向,以自由的、理性的、公开的、批判性的讨论为主要特征的公共领域,让更多的公民参与到全球公共事务管理中来,从而抵制国家领域对"生活世界"的非理性"殖民"。在哈贝马斯看来,全球政治不是市场化的政治,而是对话和交往的政治,是商谈政治和交往共同体政治,是所谓的"后民族结构"。[①] 在这一政治运行领域,其主要的要求是全球主体之间自由的和高水平的协商和交流,从而为全球政治提供合法性的基础。哈贝马斯认为,要在宏观上重建"公共领域",即通过理性交流而不是诉诸权力和金钱制定政策,在微观上将生活世界建立在理性交流的基础上,那么全球社会就能得到整合,全球正义秩序就能得到实现。[②] 在全球正义秩序

---

① 参见[德]尤尔根·哈贝马斯:《后民族结构》,曹卫东译,上海人民出版社2002年版。
② [德]尤尔根·哈贝马斯:《包容他者》,曹卫东译,上海人民出版社2002年版,第43页。

建设上,他认为,现在缺乏一个强有力的机制来保障正义的实现,因此实现全球正义的关键在于强化全球仲裁性力量,需要有维持世界和平的联合国常规部队。哈贝马斯还提出:要改变大国一票否决权,促使安理会更民主;要加强世界司法的仲裁,让海牙国际法庭实体化,具有跨国的制裁性作用;改革联合国,将其划分为上院和下院①;等等。② 显然,哈贝马斯在全球正义秩序建设上十分重视全球公共领域的作用,并努力在理论上予以制度化,将其纳入全球政治体系的建制,虽然具有浓厚的乌托邦色彩,但的确揭示了全球公共领域和全球正义的内在联系,不失为哲学家的高屋建瓴。

与哈贝马斯相比,罗尔斯的工作则更具学理化。在罗尔斯看来,全球正义的实现取决于万民法的实现。罗尔斯遵循了《正义论》中关于"原初状态的思想实验—公平正义原则—具体制度安排"思路,在全球正义理论上划分了两个层次:首先是原初状态下的思想实验,然后是直接应用于国家行为的一系列规则。罗尔斯为万民法设定了八条原则,归纳起来主要包括两条——一是战争限度原则(即为国家主权原则),二是人权原则,前者是共同体的权利,后者是个体的权利。③ 罗尔斯认为,相比之下,整个国际社会最基本的正义规则归根结底是对人的最基本的生命权利的保护,其次才是国家主权的原则。不难看出,罗尔斯力图将人权原则普世化,但值得指出的是,万民法的基本原则是从自由民主国家"公平正义"原则中拓展出来的,遵循的线路是从自由民主国家向非自由民主国家扩散。在罗尔斯看来,在世界上还存在着许多非自由民主国家(如所谓的合宜的人民、法外国家、负担不利条件的社会、仁慈的专制主义),自由民主国家应当宽容它们,应该按照"万民法"与它们和平共处,那些违背正义原则的法外国家则应当受到惩罚。可见,罗尔斯的逻辑中虽然强调了不同国家之间应有的宽容,但其潜台词依旧是没有摆脱西方国家和非西方国家之间的宽容与被宽容的逻辑,而不是真正意义上的平等对话和协商,不是由不同国家、文明、宗教等通过平等合理的对话达成共识,而是有预设的价值标准的背景,从骨子里还是没有摆脱西方中心主义的窠臼。尽管如此,罗尔斯特别是后期的罗尔斯还是强调了这一合作和宽容逻辑背后隐含的差异平等性,也强调了公民社会的作用,并提出协商民主的政治过程原则,包括公共理性观念、宪政民主

---

① 现在的联合国作为政府机构的代表成为上院,作为各国政府不同利益之间商谈和妥协的空间;由世界公民团体组成联合国的下院,代表由各国选区选举产生,至于选举办法,哈贝马斯设想在民主国家可以自由选举,在非民主国家可以由非政府组织来代表,他们不代表国家和个人的利益,而是要以各自所理解的全球立场来讨论,从而形成全球公共舆论,为各种国际规范和轨迹行动提供价值性评价和合法性支持。
② 参见[德]尤尔根·哈贝马斯:《在事实与规范之间》,童世骏译,生活·读书·新知三联书店 2003 年版。
③ Robert Amdur, "Rawls's Theory of Justice: Domestic and International Perspectives", *World Politics*, 1977, Vol. 29, No. 3, pp. 438-461.

制度和公民自身所具有的知识和愿望等。罗尔斯认定,在全球公民社会中,通过协商民主程序确立一种适合的公共理性观念,显然是实现全球正义的最重要条件。这一点是罗尔斯作为一个伟大哲学家的亮点所在。

无论是哈贝马斯的全球公共领域和商谈政治,还是罗尔斯的公共理性观念和协商民主,都强调了重建全球公民社会是实现全球正义的关键。全球正义框架强调多元主体间交往的整合,对话、商谈、辩论、谈判成为全球治理实现正义的真谛,推动全球治理从基于全球共同价值的全球善治(good governance)走向基于全球共同利益的全球善制(good system),进而最终实现基于全球共同责任的全球善政(good polity),为全球治理发展提供了可行的"路线图"。保罗·拉法格(Paul Lafargue)在《思想起源论》一书中科学地分析了正义概念的历史沿革,认为由于经济关系和伦理关系的变动,正义的内涵经历了从"血亲复仇"到"同态复仇"再到"对等赔偿"和"司法正义"的变化。沿着拉法格的思路,未来全球正义秩序的实现,都是全球性交往实践的产物,都是多元正义原则在全球公民社会中实现自由商谈、在交往中达成重叠共识的结果,这是我们总结思想家的真知灼见得出的一个重要结论。实现全球正义的关键问题是如何在全球公共问题治理过程中,实现全球政治的民主化,将全球性行为体的平等权利和公正机会利用民主化渠道纳入全球政治的建制中来,确立全球正义秩序。

毋庸置疑,全球政治民主化的道路不可能是平坦无坡的,而是极其曲折的。其中,既有来自时代发展和国际社会的动力,也不可避免受到来自既得利益群体的强大阻力,特别是面对霸权主义和强权政治的百般阻挠,不合理的国际政治、经济旧秩序等也都会对全球政治民主化设置障碍。面对当今世界面临的共同挑战,习近平在多个国际国内场合强调,弘扬和平、发展、公平、正义、民主、自由的全人类共同价值,坚持合作、不搞对抗,坚持开放、不搞封闭,坚持互利共赢、不搞零和博弈,反对霸权主义和强权政治,推动建设新型国际关系,推动构建人类命运共同体。① 和平、发展、公平、正义、民主、自由的全人类共同价值也是推动全球治理变革的重要坐标,需要在实践中创新完善,为建设一个更加美好的世界而不懈努力。

课后习题

一、名词解释

本土主义　干涉主义　普遍主义

特殊主义　全球正义　全球价值

---

① 参见习近平:《在庆祝中国共产党成立 100 周年大会上的讲话》,《人民日报》,2021 年 7 月 2 日;习近平:《习近平谈治国理政》第三卷,外文出版社 2020 年版,第 16、194 页。

二、论述题

1. 全球正义包含的两个层面的因素是什么？

2. 结合具体案例，说明全球价值治理的三类实践载体及其角色。

3. 请论述学界目前针对全球治理背后的价值差异与文化摩擦问题所提出的三种调适化解之道。

第二部分
治理体系

全球治理最根本的特征是行为体的多元化。与仅仅由主权国家行为体构成的国际体系不同,全球治理体系不仅包括了主权国家行为体,还包括了次国家、跨国家、超国家和非国家等众多社会行为体,它们均以某种形式参与到全球治理中来,围绕某一特定全球公共问题持续互动,构成相互联系、相互作用和自成一体的全球治理体系。著名全球治理思想家罗西瑙用权威领域(SOA)来描述全球治理的新分析单位,世界呈现为由主权国家构成的世界与由非国家行为体构成的世界并行的"两枝"世界。罗西瑙认为,长远来看后者更具生命力,构成了全球治理体系的基本轮廓。

借用罗西瑙的权威空间并根据权威的基础不同,可以将全球治理体系划分为三大权威空间:一是以合法的暴力为基础的国家权威空间,包括民族国家、政府间国际组织等;二是以金钱和财富为基础的市场权威空间,包括跨国公司和其他经济、贸易和金融行为体;三是以知识为基础的社会权威空间,包括国际非政府组织等行为体。上述三大权威空间与以领土和边界划分的权威空间交叠存在,形成了全球治理中以权力角逐为轴心的无政府状态结构、以价值规律为轴心的竞争性的地缘经济互动结构、以伦理争论为轴心的多元互动结构以及三大权威空间互动的全球治理结构。上述全球治理体系的共同特点是没有一个最高的公共权威,但也并非毫无规则和秩序的复合体,众多政治结构之间彼此交叠错落,是无序与有序的统一。

第四章
权力的变迁与治理

在全球治理体系中,最重要的行为体仍然是国家。近代以来,主权国家成为国际社会的主导行为体。根据国家中心主义范式,现代国家将军事、征税、行政、再分配性和生产性组织结合起来,统治着许多毗连的地区及其城市,将资本和权力融为一体,成为吉登斯所说的"拥有边界的权力集装器"——"民族国家存在于由其他民族国家所组成的联合体之中,它是统治的一系列制度模式,它对业已划定边界(国界)的领土实施行政垄断,它的统治靠法律以及对内外部暴力工具的直接控制而得以维护。"[①]显然,在吉登斯看来,现代国家更多是一种制度模式,它是处于不断变化之中的。一般来说,在传统的国际政治范式中,国家作为国际性行为主体而得到承认的本质性构成要件是主权、承认(权威和合法性)、领土以及对公民的统治(权力)。[②]本章认为,在全球化的推动下,随着全球市场经济一体化格局的形成和全球公民社会部门的壮大,现代国家形态必将逐渐脱去民族的外衣和民族基础,向新的国家形态转变。不管国家形态发生怎样的变化,它始终是国际事务的一支主导性力量。相比企业、社会组织等行为体,国家的主导逻辑是权力,尤其是权力对地理空间控制的特殊化逻辑,即地缘的逻辑。

第一节 权 力 逻 辑

权力结构的变迁与地缘政治密切相关。而地缘政治学是一门古老的学问。地

---

① [英]安东尼·吉登斯:《民族-国家与暴力》,胡宗泽、赵力涛译,生活·读书·新知三联书店1998年版,第147页。
② Brian Hocking amd Michael Smith, *World Politics: An Introduction to International Relations*, Second Edition, London: Prentice Hall/Harvester Wheatsheaf, 1995, p.84. 国家之国际法人格完整与否,受国际社会中其他国家和国际组织对该国承认的影响。外交承认被看作一个国家在国际社会决定其存在与否的必要条件之一,即认为国家具有五个要素:领土、人口、主权、政府和外交承认。参见 M. J. Peterson, "Political Use of Recognition: The Influence of the International System", *World Politics*, 1982, Vol. 34, No. 3, pp. 324-352; Janice Thomson, "State Sovereignty in International Relations: Bridging the Gap between Theory and Empirical Research", *International Studies Quarterly*, 1995, Vol. 39, pp. 213-233.

缘政治学研究的是政治行为体通过对地理环境的控制和利用来实现以权力、利益、安全为核心的特定权利,并借助地理环境展开相互竞争与协调的过程及其形成的空间关系。① 从地缘政治的视角出发,能够发现国家权力及其运行逻辑。

一、权力空间

地缘政治是人类政治和地理环境相互作用的产物,是空间属性和特定社会关系属性的统一。它是行为体之间通过地理空间实现的互动关系,以及互动所构成的政治关系在空间中的存在、分布和运动。② 地缘政治受政治、经济、文化和科学技术等因素的影响,随着时间的推移,地理空间已经"由过去单一的自然环境拓展到人类的整个生存空间"③。地缘的逻辑在本质上是政治权力在空间中的展开。围绕这一核心问题,可以细分为如下三个子问题。

(一) 特定的地理空间为什么在政治上是重要的?

布热津斯基从维护美国霸权的政治价值出发,结合欧亚大陆的地理特点,认为只要控制乌克兰、阿塞拜疆、土耳其、伊朗、韩国五个地缘支轴国家,就可以赢得欧亚大陆的主导权,进而保持美国的霸权地位。所谓地缘支轴国家是指所处敏感地理位置,以及它们潜在的脆弱状态对地缘战略棋手行为造成的影响的国家。④ 布热津斯基的分析就是从地理逻辑和美国政治价值角度得出的美国地缘战略,是一种经典的政治地理分析。哈尔福德·约翰·麦金德(Halford John Mackinder)的"大陆心脏"说、尼古拉斯·斯皮克曼(Nicholas Spykman)的"边缘地带"说,以及阿尔弗雷德·赛耶·马汉(Alfred Thayer Mahan)的"海权论",都是从不同国家的政治价值出发,结合地理逻辑得出的地缘政治理论。⑤ 从根本上来说,按照政治逻辑对地理空间进行分析的过程,是绘制政治地图的过程,它通过对地理空间之政治重要性的分析,可以帮助人们认清政治的空间特征和目标方向,从而理解政治权力在空间中的运行逻辑。

---

① 陆俊元:《地缘政治的本质与规律》,时事出版社2005年版,第86页。
② 同上书,第9页。
③ 陈力:《战略地理论》,解放军出版社1990年版,第5页。
④ 参见[美]兹比格纽·布热津斯基:《大棋局——美国的首要地位及其地缘战略》,中国国际问题研究所译,上海人民出版社1998年版。
⑤ 参见[英]哈·麦金德:《历史的地理枢纽》,林尔蔚、陈江译,商务印书馆1985年版;[美]斯皮克曼:《和平地理学》,刘愈之译,商务印书馆1965年版;Nicholas Spykman, *The Geography of the Peace*, New York: Harcourt, Brace & Co., 1944;[美]马汉:《海权论》,萧伟中、梅然译,中国言实出版社1997年版;[美]马汉:《海权对历史的影响(1660—1783)》,安常容、成忠勤译,解放军出版社1998年版。

（二）特定政治权力如何在空间中展开？

在界定地理空间之政治重要性后，确立政治空间化的战略优先次序及其策略安排，就是政治地理学研究的重要内容。尤其是政治如何获得具有政治意义的特定地理空间？面对其他政治权力竞争和冲突时，如何对特定地理空间做出政治制度安排以缓和冲突和矛盾？对于这些问题的回答，是政治地理学的核心，是地缘战略学的主要内容。当美国航海史学家、海军上将马汉在意识到制海权，特别是对于具有重要战略意义的狭窄航道的控制是国家力量至关重要的因素后，针对俄国扩张将集中在谋求出海口的态势，他提出应该由英美结成同盟控制亚欧大陆边缘的战略基地，以此赢得美国的战略优势。① 麦金德则站在英国的政治立场上，针对世界历史是陆上国家与海上国家角逐的事实，认为海上力量为了保持自己对于陆上力量的优势地位，必须阻止"心脏地带"被某一力量中心所控制——实际上就是阻止德国和俄国可能的联合，麦金德捏出的策略是通过凡尔赛体系在俄国和德国之间创造一系列"缓冲国"，包括白俄罗斯、乌克兰、南俄罗斯、格鲁吉亚和亚美尼亚，同时建立英美主导的托管制度维持力量均衡，进而维护大英帝国的战略领导态势。② 二战后，针对苏联已经控制"心脏地带"的态势，他提出了"陆间大洋"（the Midland Ocean）的概念，倡导陆上力量（法国和德国）与海上力量（英国和美国）结盟，以遏止苏联的扩张。美国战略家斯皮克曼则站在美国的立场上，认为并非心脏地带威胁海上力量，而是边缘地带（rimland）威胁海上力量，他主张美国与边缘地带国家结盟，保持军事优势，以遏制苏联的扩张。③

（三）政治权力的空间结构及其理想政治秩序是什么？

政治在空间中展开后必然呈现为特定的权力结构和政治形态，政治地理学在研究政治空间化战略的基础上，还必须进一步考察政治空间化的内在规律，以及遵循规律构建理想的政治秩序，确立政治在空间中展开的合法性基础。政治权力的空间结构是政治空间化的一个直接后果。从国内政治空间维度来说，政治权力的空间结构表现为"政治首都—核心区—行政区划—边疆和边界"之间的权力关系。在国家的空间结构中，首都占有特殊的地位，它既是中央政府和最高权力的所在地，也是国家政治生活的核心。一般来说，首都是一国政治管辖权集中的地方，是中央政府或中央行政机构的所在地，是国家行政系统的中心。首都的确定体现着

---

① 参见 Alfred Mahan, *The Problem of Aisa and its Effect upon International Politics*, London: Sampson Low, Marston & Co., 1990, pp.47-55。
② 叶自成主编：《地缘政治与中国外交》，北京出版社 1998 年版，第 49—50 页。
③ 参见 Nicolas Spykman, *The Geography of Peace*, New York: Halkt and Brice Inc., 1944。

政治空间化的规律。核心区通常是国家的中心或发源地区,在这个区域中,这个民族产生并且成长。① 根据政治空间化规律确定核心区,对于国家的稳定和繁荣具有十分重要的意义。行政区划是政治权力在国家范围内的空间分布,不同政治管辖区分界线的划分必须遵循政治空间化的规律,否则将会影响国家的凝聚力乃至政治安定,不同的行政区划原则将会对国家政体、国家结构、政府体制等都产生直接影响。边疆和边界的政治意义不亚于首都,它们往往是政治权力辐射的边缘地带,对边疆和边界的确定,也是政治空间化规律的必然结果。从国际政治空间维度来看,政治权力结构表现为"中心—半边缘—边缘和外围"之间的权力关系。从16世纪到20世纪,资本主义世界体系共出现了三个霸权国家:16世纪中叶到17世纪的荷兰,18、19世纪的英国和20世纪中叶的美国。"问题在于,称霸是短暂的,一个国家一旦成为霸权国,它也就开始衰落。"②尽管沃勒斯坦的理论被批评为过于僵化,但他对政治空间化研究路径的贡献是毋庸置疑的。地缘政治学是一种动态发展的理论,在人类社会发展的不同时期,交往的内容方式不同,不同时期地理环境不同,学者对地缘政治的理解也有所不同,地缘政治呈现不同的阶段性。西方地缘政治学思想起源于19世纪末、20世纪初,德国学者弗里德里希·拉策尔(Friedrich Ratzel)在1897年发表的《政治地理学》中提出了"国家有机体"学说,之后发表论文阐述了"生存空间论"。③ 德国教授鲁道夫·契伦(Rudolf Kjellen)吸收了其理论观点,并进一步发挥,于1916年在《生存形态的国家》一书中提出地缘政治学(geopolitik)一词的概念。④ 一个多世纪以来,地缘政治学理论经历了繁荣—低迷—复兴的历史发展过程。⑤ 从马汉的海权理论、麦金德的大陆心脏说到卡尔·豪斯霍费尔(Karl Haushofer)的生存空间论;从杜黑的"空权论"到美国斯皮克曼的边缘地带论;从布热津斯基的大棋局和基辛格的大外交,到反地缘政治学和批评性地缘政治学理论,地缘政治学不断向前动态发展。21世纪以来,在全球市场化和信息化的推动下,地缘政治理论获得了新的发展。全球化时代呼唤新的地缘理论,需要从全球化发展的实际出发,构建适应全球治理发展要求和具体实际的新地缘理论。

二、国际体系

从地缘政治的逻辑出发,全球治理受到近代以来国际体系变迁的影响。近代

---

① 参见 George Etzel Pearcy and Russel Hunt Fifield, *World Political Geography*, New York: Crowell, 1948。
② Ibid., p.38.
③ 张丽君等:《地缘经济时代》,中央民族大学出版社2006年版,第41页。
④ 王恩涌等编著:《政治地理学——时空中的政治格局》,高等教育出版社1998年版,第214页。
⑤ 许勤华:《评批判性地缘政治学》,《世界经济与政治》2006年第1期,第15—21页。

以来,欧洲人在17世纪左右发明了领土国家,18世纪发明了民族主义,19世纪走向全球形成殖民帝国,民族国家是当今世界的主导行为体。根据国际法,一个国家的定义包括领土、居民、政府以及其他国家对其地位的国际承认。民族国家构成的大家庭就是国际体系,在地理逻辑上,这一国际体系经历了威斯特伐利亚以来的地理空间变化。这一国际体系的地理中心最初在地中海沿岸,近代以来从地中海转移到大西洋两岸,在二战后从欧洲扩展到全球,形成了以联合国体系为核心的国际政治安全秩序,以布雷顿森林体系为核心的国际经济金融秩序。

在近代以来的治理秩序变迁中,大国霸权是一个不可回避的因素。回顾几百年来的世界历史,争夺霸权始终是大国兴衰的一条重要线索,从16世纪中叶到17世纪的荷兰、18和19世纪的英国到20世纪的美国,凡是大国的崛起,几乎都伴随着战争和冲突。由此可见,大国的崛起不会是一件容易的事情,争取一个和平的国际环境并非"水到渠成"那样简单。汤因比、斯宾格勒、肯尼迪、莫德尔斯基、吉尔平、沃勒斯坦等一大批学者都对大国兴衰的规律持肯定态度。尤其以保罗·肯尼迪的理论最为典型。他认为,一流国家在世界事务中的相对地位总是不断变化的,一是由于各国国力的增长速度不同,二是因为技术突破和组织形式的变革,可使一国比另一国具有更大的优势。技术的进步和军事的竞争使得一些国家特别是"走下坡路"的国家把相当多的资源用于军事目的,而这一努力从长远来看又加速了国家的衰落。① 在保罗·肯尼迪看来,技术、财政、军事和地缘政治构成了决定霸权兴衰的核心因素。从大国兴盛到霸权,再到衰落,形成了一个历史的循环,从历史上来看,几乎所有大国都没能摆脱这一规律。

关于霸权与全球治理之相关性的讨论始自英国国际政治理论先驱爱德华·卡尔,他在《二十年危机:1919—1939》一书中指出,英帝国霸权的衰落,导致两次世界大战期间区域集团的形成,而缺乏制约的区域集团之间的恶性竞争,是第二次世界大战在一战结束后仅隔二十年又爆发的直接原因。② 卡尔的霸权理论后经金德尔伯格、莫德尔斯基、吉尔平、肯尼迪、奥尔森等学者的共同努力,最终形成了所谓的霸权稳定理论。霸权稳定论的内容概括起来就是"有霸则稳,无霸则乱"的所谓历史定律。该理论认为,作为国际治理秩序之类合作的达成,从本质上类似于经济学上的公共产品,由于公共产品具有供给的相关性和排他的不可能性等特征,很容易导致一些行为体采取免费搭车和驻足观望等态度,也注定了国际公共产品的供给短缺。在此情况下,如果存在某一个强大的霸权国家,该霸权国家有能力且有意愿为国际体系的稳定提供安全和经济稳定之类的公共产品,那么国际秩序就会保

---

① 参见[英]保罗·肯尼迪:《大国的兴衰——1500—2000年的经济变迁与军事冲突》,王保存等译,求实出版社1988年,第1—11页。
② 参见 Edward Carr, *The Twenty Years Crisis, 1919-1939*, London: McMillan Press, 1946。

持稳定与和平;相反,在不存在霸权的情况下,国际社会就处于无规则的混乱状态,大规模的战争很容易爆发,国际经济体系将会解体,造成全球政治混乱、经济倒退。① 另外,在从一个霸权向着另外一个霸权转移的过程中,往往伴随着国际秩序的冲突和混乱,从历史上来看,往往伴随着战争。据乔治·莫德尔斯基考察,霸权交替的周期大约是100年,据此将500年原来的国际政治划分为五个周期,并将国际政治的变化的周期看作一成不变的东西。无论国际体系如何变化,国际社会如何发展,每个国家都难以摆脱霸权国家和挑战国家之间轮番上台表演、有序和无序交替变化的规律的束缚。②

尽管霸权稳定论在学理上存在众多缺陷(比如,忽略霸权国动机、掩盖剥削本质、存在许多错误的假设),在历史上也遇到了许多反例,被学者们质疑是为国际政治中的霸权主义和强权政治张目,但是在客观上还是揭示了国际治理传统模式的本质内涵,在国际公共事务上的规则是霸权主义和强权政治。无论此种霸权是仁慈的、温和的,还是不仁慈的、霸道的,都是如此,其恪守的规则就是所谓的"强权即公理",国际公共事务呈现为一种自上而下的治理。在这一治理结构中,国家是唯一具备治理能力的行为体,国际公共事务往往取决于国家实力的差异所产生的权力等级关系,小国、弱国和贫国在国际公共事务中不得不忍受大国、强国和富国的强权政治和霸权主义政策,这就是国家中心治理模式的重要特征。

三、帝国消亡

在霸权的兴衰过程中,伴随着霸权国在世界各地瓜分势力范围的殖民化运动,在殖民化与非殖民化的较量中,全球治理也受到重大影响。近代以来,从地理大发现开始,整个世界就陷入了列强之间的殖民争夺。早期为了调节葡萄牙和西班牙争夺海外殖民地纠纷,1494年在教皇亚历山大六世仲裁下,两国签订了《托尔德西里亚斯条约》(Treaty of Tordesillas)。根据该条约的规定,葡萄牙和西班牙在佛得角以西370里格(约2 000千米)处划界(史称"教皇子午线"),线东新"发现"的土地属于葡萄牙,线西划归西班牙,该条约成为早期殖民秩序的基础。后来,在麦哲伦及其同伴完成历史上首次环球航行后,葡萄牙和西班牙再次签署《萨拉戈萨条约》(Treaty of Saragossa),作为明确划分海外殖民地势力范围的根据。1529年的《萨拉戈萨条约》将整个地球一分为二,西半球除了拉美之角的巴西沿海地区归葡萄牙

---

① 有关霸权稳定论的介绍,参见倪世雄等:《当代西方国际关系理论》,复旦大学出版社2001年版,第292—305页。
② 参见George Modelski, "The Long-cycle of Global Politics and the Nation-State", *Comparative Studies in Society and History*, 1978, Vol. 20, No. 2, pp. 214-235。

之外，其余统统被纳入西班牙的殖民范围，东半球则被葡萄牙主导。在全球治理体系中，无法回避国家和帝国的这一权力逻辑的影响。

近代以来殖民帝国的形成，从根本上影响了广大发展中国家的治理结构。然而，在殖民化的过程中，由国家来主导建构民族特征的法国模式显然不适合用于由殖民列强外来分割形成的国家，而以共享血缘文化为特征的德国模式则导致了20世纪最可怕的种族大屠杀。当今世界，民族主义和公民身份完全吻合的国家屈指可数。

第一次世界大战以后，奥匈帝国和奥斯曼帝国先后瓦解，掀起了民族独立革命的高潮。20世纪下半叶，首先是英法殖民帝国的终结，最后到1991年年底，苏联解体为15个新独立的国家。人类已经彻底告别帝国时代，进入民族国家主导的国际体系时代。二战以后，随之而来的是多少带有冲突性质的非殖民化过程，以及苏联解体带来的新一轮国家数量的增加。总的来说，在14个殖民帝国和多族群帝国的废墟上建立起来的一共150多个国家，按照其发育程度，可以划分为真正的民族国家、微型国家、半独立国家。

这种后发外生的国家与欧美先发内生的发达国家几乎没有任何相通之处。法国学者贝特朗·巴迪（Bertrand Badie）用"照版制衣"来形容众多新兴独立国家勉强尽力模仿西方现存模式建国，比如巴基斯坦就模仿了英国。但是，西方国家形成往往得益于特定的历史环境，是一种"量体裁衣"的模型。因此，后发国家往往面临着各种各样的制度不适情况。

同时，各国之间的力量对比差异也在拉大，在国家之间出现"委托-代理关系"。这些国家往往与前宗主国保持着不同类型的社会关系，涉及政治、军事、商贸、能源、移民、国家标志、文化和语言等领域。迄今为止，这些联系以不同的方式存在着，比如公共经济伙伴、外商投资、公民社会之间的教育和文化联系、文化与语言外交、军事/警务合作和以语言为基础的组织。比如，英联邦国家（1971年以来英联邦国家首脑会议）、法语同盟（1986年以来法语国家首脑会议）、葡语国家共同体（1996年以来的葡语国家共同体会议）等。此外，一些大国还通过提供援助和或者各种优惠来获得发展中国家的支持票。

冷战结束后，身份认同成为实现国家建设目的的重要手段，尤其是对于在殖民帝国的废墟上建立起来的民族独立国家，身份认同成为维系国家的重要纽带。尽管一些前殖民地国家竭力维系其在该地区的权威，国际社会也在尽力构建稳定世界局势的制度，但是在实践中都没有形成稳定的治理秩序。比如，一战之后，关于帝国崩溃之后的国际秩序，美国总统威尔逊提出十四点声明，尤其强调人民自决权，苏联则提出民族自决权等设想，但都在实践中引发了更多的冲突。冷战后，经过近百年风雨的洗礼，这两条建立国家的路线都遭遇了严峻挑战，在一些国家和地区形成了政治分离主义和恐怖主义的势力,国家分裂的逻辑在这些前殖民帝国崩溃的地区可能还会持续下去,成为国际体系不稳定的重要策源地,特别是有些缺位国家和失败国家没有力量满足其国民的最基本需求,导致越来越多的民众采用社会暴力和骚乱抗争的方式激烈地释放不满,使整个世界危机重重,随时有地方可能爆发激烈的冲突。

第二节 结构变迁

面对国际体系的挑战,国际社会的治理逻辑也在相应地改进。近代以来,从治理逻辑来看,国际体系对全球治理的影响,经历了殖民治理、冷战治理、霸权治理三个阶段。

一、大国兴衰与殖民治理

近代以来,西方世界迅速兴起,在武器和造船等技术革命基础上,工商业革命和政治革命尾随而至,推动了欧洲扩张的进程。整个欧亚大陆犹如一只巨大的"钳子":一条钳臂由俄国的延伸组成,从陆地上横越西伯利亚,挺进太平洋;另一条钳臂由西欧的扩张构成,绕过非洲,扩张到印度、东南亚和中国,同时,葡萄牙人和西班牙人在哥伦布等航海家的带领下,向西越过大西洋,占领了南北美洲。到20世纪初,欧洲吞并了整个非洲,并有效地建立了对亚洲的控制,有些是直接的,比如印度和东南亚,有些是间接的,比如中国和奥斯曼-土耳其帝国。近代以来的世界可以说是欧洲殖民国家纵横捭阖的时代,世界各地区的治理和秩序从根本上受制于殖民主义和强权政治的逻辑。

在欧洲殖民扩张的过程中,不同的欧洲列强在海外形成了多样化的殖民治理经验。基于人口稠密、地域辽阔、文化背景复杂等特点,相比其他殖民者,大英帝国倾向于用当地人治理当地人的殖民策略,每个英属殖民地都有由英国任命的一名总督、一个咨询会议和一个法院系统,从而在殖民地建立起了相对自主的殖民体系。相比英国的殖民治理经验,法国的殖民经验更突出服务于其在欧洲的霸权,法国更看重文化上的治理而非政治上的统治,在海外殖民地注重支持宗教、海外传教运动,输出法国文化,强调殖民地在社会文化上的改造。与英法注重对海外殖民地的政治经济和文化改造不同,俄国的殖民治理强调对土地的扩张,但存在大西洋主义和斯拉夫主义的分歧。同时,俄国在海外殖民扩张中强调获得出海口,核心是为沙俄帝国确立坚不可摧的要塞体系和地缘战略依托。此外,普鲁士、奥匈帝国、比利时等其他列强在海外殖民扩张中也形成了各自的殖民治理经验。不管采取何种殖民策略，在本质上都是侵略殖民，毫无正当性可言。

二、冷战对峙与国际治理

第二次世界大战创造了反法西斯统一战线，战时团结成为二战期间大国关系的一个重要特征。二战结束后，以美苏为首的两大集团迅速陷入冷战，在社会制度、意识形态、军事同盟、政治经济发展上呈现对峙格局。从东西方关系这一角度来看，杜鲁门主义和"马歇尔计划"是走向冷战的最后一步。1947年3月，杜鲁门在国会发表国情咨文中提出："美国的外交政策，必须支持那些正在抵抗拥有武装的少数集团或外来压力的征服企图的自由民族"，美国国会拨款4亿美元援助希腊和土耳其，使美国承担起所谓阻止共产党在地中海东部扩大其影响的责任。在经济领域，1947年6月5日，马歇尔在哈佛大学演讲时强调美国要最大努力地帮助恢复世界正常的经济繁荣。到1951年12月31日，这一计划支付了125亿美元。1949年4月4日，北大西洋公约组织成立。对于美国的攻势，苏联在1947年9月成立了共产党和工人党情报局。1948年2月，共产党人在捷克斯洛伐克夺取了全部控制权，消除了西方势力在苏联实力范围内的最后一个桥头堡。1949年1月，莫斯科设立了经济互助委员会，将它作为东欧的与"马歇尔计划"的对等物。1955年5月，华沙条约组织成立。冷战对峙格局初步形成。

在冷战对峙中，美苏争霸始终是冷战格局的主线。进入20世纪50年代中期后，美苏争霸格局形成。苏联斯大林逝世后，开始出现缓和基调。1955年7月，日内瓦和会举行。1962年，古巴导弹危机进一步表明美苏都不愿意进行战争。1963年，美英苏签订《部分禁止核试验条约》(Partial Test Ban Treaty)。1968年，美苏等国签订《不扩散核武器条约》(Treaty on the Non-Proliferation of Nuclear Weapons)。美苏对抗并没有引发两国间的直接战争，两者都保持一定的克制，是冷战治理体系的一个显著特点。

代理人战争和危机是冷战治理格局的另一个特征。在冷战中，欧洲的柏林和亚洲的朝鲜成为冷战对抗的前沿。1948年6月柏林危机、1950年6月开始的朝鲜战争，直到1953年7月27日，朝鲜战争各方签订停战协定。此外，在亚洲、非洲、中东和拉美等地区，地区热点不断，背后都有美苏对抗和代理人战争的影子。

此外，美苏对同盟体系的领导，也是冷战治理格局的一个特征。随着美苏对抗的加剧，欧洲一体化运动和东欧的自主倾向日益增强。1950年5月9日，法国外长罗伯特·舒曼(Robert Schuman)提出欧洲煤钢联营的计划。1951年4月18日，欧洲各国签订《欧洲煤钢联营条约》。1957年3月25日，欧洲原子能共同体和欧洲经济共同体启动。1969年12月31日，欧共体取消所有关税，成为巨大的自由贸易区。与此同时,社会主义阵营中也出现了裂痕,东欧开始争取自治。1956年苏共二十大以后,南斯拉夫爆发了第一个反苏运动,1956年,波兰危机和匈牙利事件爆发,社会主义阵营内部出现了波动。1968年8月,苏联军队入侵捷克斯洛伐克,引发了社会主义阵营的动荡。面对两大阵营内部独立化的倾向,美苏都采取措施维护各自的霸权地位,也引发了更多的摩擦和纷争。

三、单极时刻与霸权治理

冷战结束后,美国成为世界上唯一的超级大国,全球治理进入美国的"单极时刻"。[①] 美国凭借其对其他国家压倒性的实力优势,在全世界推行霸权治理。在经历了老布什政府与克林顿政府交接之初的外交政策辩论和对外战略摇摆期之后,克林顿政府提出了"参与扩展战略"作为美国冷战后的全球战略。美国认为,冷战后的世界里,民主和市场经济成为最核心的"普世价值",美国则拥有无可匹敌的实力。但与此同时,全球化的迅速发展带来了大量全球性问题,种族冲突、恐怖主义等不安定因素趋向活跃,对和平与秩序造成威胁。美国的任务就是对全球治理"参与而且要领导",在全球范围内扩展自由民主和市场经济。[②]

克林顿政府将美国全球治理战略的重点放在了环保、核不扩散和扩展美国价值观三个方面。环境保护和气候变化是20世纪90年代国际社会高度关注的问题之一,克林顿政府积极参与全球环境治理,参加并签署了最主要的全球气候变化框架公约《京都议定书》。面对冷战后核武器的扩散问题,国际社会达成了无限期延长《不扩散核武器条约》的决议,完成了《全面禁止核试验条约》的开放签署进程,并利用联合国裁军会议、《不扩散核武器条约》审议大会和核供应国集团组织对核武器技术、核相关设备以及核武器材料的出口加强了控制。扩展美国价值观则是美国推行霸权治理的最主要体现,克林顿政府大肆鼓吹"人权高于主权",以人道主义为名将对他国内政的干涉实现所谓的"合法化",先后对索马里、海地和科索沃地区进行军事干涉。

小布什政府上台后,美国的霸权治理开始显现明显的单边主义特征,对以合作协商为原则的既有全球治理框架造成了一定破坏。小布什政府在环保、军控和反恐三个全球治理的领域的动作最大、着力最多。环保方面,美国以履行减排义务会损害美国经济为由退出《京都议定书》。军控方面,美国拒绝执行联合国通过的《禁止生物武器公约》,拒绝参加国际刑事法庭,退出《反弹道导弹条约》,同时大力推进

[①] Charles Krauthammer, "The Unipolar Moment", *Foreign Affairs*, 1990-1991, Vol. 70, No. 1, pp. 23-33.
[②] 参见方连庆、刘金质主编:《国际关系史》(第12卷),世界知识出版社2006年版,第107—115页。

美国国家导弹防御系统的研制,拒绝批准《全面禁止核试验条约》,国际军控在美国的上述措施下受到严重打击。反恐方面,2001年"9·11"恐怖主义袭击使得美国将反恐作为国家安全和全球安全治理的重中之重,但小布什政府选择了以单边主义政策为主来推进打击恐怖主义,以反恐和反大规模杀伤性武器为由先后发动阿富汗战争和伊拉克战争,并对伊朗和朝鲜等所谓"邪恶轴心"国家进行制裁和威胁。

总体来看,冷战结束后的十余年时间里,美国依靠其作为国际社会唯一"极"的巨大优势,积极按照其自身利益和偏好主导全球治理进程,实行霸权治理。克林顿政府时期,美国尚且重视采用多边方式推进美国的全球战略,重视联合国和其他全球及区域国际组织的作用,强调协调与合作。小布什政府则偏好单边主义,无视既有的全球治理框架,强调依靠美国的实力和政策直接地应对其所关注的全球问题。2003年的伊拉克战争是美国霸权治理的一个转折点——未经联合国安理会授权即发动战争遭到国际社会的一致反对,包括法国、德国等传统盟友在这一问题上都没有站在美国一边,美国在国际社会的主导地位遭到质疑,霸权治理开始动摇。

第三节 大 国 关 系

在全球治理变迁的历史进程中,大国关系的变迁始终是最重要的决定性因素。无论是早期殖民列强的纵横捭阖,还是二战后美苏对抗的零和博弈,都从根本上决定着全球治理的方向。二战结束以来,大国关系的变化除了美苏对抗之外,传统大国关系、新兴市场国家关系以及中美俄(苏)战略大三角关系,是左右全球治理的三个大国关系因素。

一、传统大国关系:从七国集团到二十国集团

七国集团(G7)是发达国家治理公共事务的平台。这一平台的建立主要是由20世纪中后期频繁发生的世界经济危机驱动的。20世纪70年代,欧美发达国家遭遇一连串内外挑战,从越南战争到石油危机,从美元危机到布雷顿森林体系危机,让欧美发达国家应接不暇。为了应对接连发生的各类经济危机和社会危机,在法国倡议下,1975年11月,美、英、德、法、日、意六大工业国成立了六国集团,意在协调宏观经济政策,共同应对世界经济和货币危机,重振西方经济。后来,六国集团又邀请加拿大加入,发展成为七国集团。七国集团最初是一个危机应对机构,后来逐渐发展成为具有重要政治象征意义的"富国俱乐部"。在冷战背景下,七国集团先后经

历了经济议题首脑会议、政治议题首脑会议和多元议题首脑会议三个阶段,频频在经济、社会甚至安全事务上协调政策立场,对赢得冷战胜利也发挥了重要作用。

从七国集团到八国集团的演变,意味着该机制从冷战工具转变为全球治理平台。随着冷战的缓和与苏联解体,七国集团的冷战工具角色作用逐渐下降,开启了扩容的步伐。尤其是俄罗斯总统叶利钦积极向西方靠拢,七国集团开始以"客人"或"观察员"的名义邀请叶利钦参加七国集团首脑会议,但一直被排斥在关键会议的大门之外,呈现为"7+1"的合作模式。直到1997年在美国丹佛召开的第23届七国集团首脑会议上,俄罗斯总统叶利钦正式成为七国集团会议的全权成员,首次与七国集团首脑以"八国首脑会议"的名义共同发表公报,八国集团峰会机制形成。

从八国集团向十三国集团和二十国集团的转变,标志着国际经济治理框架日益成熟。随着2008年全球金融危机的爆发,出于合作应对全球金融危机的需要,吸纳新兴市场国家参与八国集团成为发达国家的共识。2008年7月7—9日八国集团会议在日本北海道召开。由于法国总统萨科齐和英国主张对八国集团进行扩充,会议增加了中国、印度、巴西、墨西哥和南非五国,八国集团扩大为十三国集团,代表了全球更多的国家,主要讨论地球变暖、油价飞涨、粮食危机、温室气体排放问题。二十国集团(G20)由七国集团财长会议于1999年倡议成立,由阿根廷、澳大利亚、巴西、加拿大、中国、法国、德国、印度、印度尼西亚、意大利、日本、韩国、墨西哥、俄罗斯、沙特阿拉伯、南非、土耳其、英国、美国以及欧盟20方组成。国际金融危机爆发前,G20仅举行财长和央行行长会议,就国际金融货币政策、国际金融体系改革、世界经济发展等问题交换看法。国际金融危机爆发后,在美国倡议下,G20提升为领导人峰会。2009年9月举行的匹兹堡峰会将G20确定为国际经济合作的主要论坛,标志着全球经济治理改革取得重要进展。

二十国集团实现了从危机应对机制向长效治理机制的转变。尽管二十国集团在应对经济和金融危机上与七国集团类似,但二十国集团在应对经济危机过程中逐步形成了比较成熟的全球经济治理机制。目前,G20机制已形成以峰会为引领、协调人和财金渠道"双轨机制"为支撑、部长级会议和工作组为辅助的架构。经过十几年的发展,现已成为全球经济治理的重要平台,开始从"西方治理"向"西方和非西方共同治理"转变。尽管由于大国战略竞争因素的上升,二十国集团的效力有所下降,且其政策协调的成果约束性尚无法律依据,但二十国集团对国际经济良性运行的影响作用是不可或缺的。

二、新兴市场国家关系:从万隆会议到金砖国家合作

推动发展中国家的团结合作,是二战后国际关系的一道重要风景线。二战后,

随着亚非拉大量新兴市场国家获得独立，发展中国家的队伍整体壮大，越来越成为全球治理的生力军。从1955年的万隆会议到不结盟运动，从七十七国集团到金砖国家合作机制，推动了世界各地蓬勃发展的地区化浪潮，新兴市场国家和发展中国家越来越成为推动全球治理变革的重要力量。

万隆会议是发展中国家走向世界历史舞台的重要里程碑。第三世界崛起是改变世界力量对比的一件大事。为推动亚非新独立国家之间的团结合作，1955年4月18—24日，29个亚非国家和地区的政府代表团在印度尼西亚万隆召开亚非会议，主要目的是促进亚非国家之间的经济文化交流，共同抵制霸权主义和殖民主义。这次会议被称为万隆会议。万隆会议是亚非新独立国家和地区第一次在没有殖民国家参加的情况下，讨论亚非人民切身利益的大型国际会议，万隆会议通过的《亚非会议最后公报》，涵盖了与会国在经济合作、文化合作、人权和自决、附属地人民问题、促进世界和平与合作等多个方面所达成的共识，形成了团结、友谊、合作的万隆精神，提出了载入史册的万隆十项原则，促进了亚非拉民族解放运动，加速了全球殖民体系瓦解的历史进程，是亚非人民团结合作的一个里程碑。

不结盟运动是发展中国家团结合作的重要平台。面对冷战期间东西方两大集团严重对抗殃及广大中小国家的情况，南斯拉夫总统铁托、埃及总统纳赛尔和印度总理尼赫鲁提出了不结盟运动（Non-Aligned Movement）主张，表明决不卷入美苏之间的冷战，将反对殖民主义、争取民族独立自主、消除贫穷和经济发展作为自己的目标。1961年9月，首次不结盟国家首脑会议在南斯拉夫首都贝尔格莱德举行，25个国家的代表出席了会议，不结盟运动正式形成。总体来看，不结盟运动是一个松散的国际组织，其成员国绝大部分是亚洲、非洲和拉丁美洲的发展中国家，在国际社会具有广泛的代表性。自成立以来，不结盟运动奉行独立、自主和非集团的宗旨和原则，先后举行了18次首脑会议，在推动发展中国家联合自强方面发挥了积极作用。然而，冷战结束后，不结盟运动失去了其不卷入大国对抗的初始意义，其战略中心从政治领域向经济领域转移。

七十七国集团（Group of 77，G77）是推动建立国际政治经济新秩序的重要力量。面对国际经济旧秩序下发展中国家的不利地位，1963年在18届联大讨论召开贸易和发展会议问题时，74个发展中国家和新西兰共同提出了一个《联合宣言》，七十五国集团由此成立。之后，肯尼亚、韩国、南越加入七十五国集团，新西兰退出，国家数量变为77个，七十五国集团于1964年改称为七十七国集团。尽管后来成员国有了增加（截至2021年7月，共有134个成员），但仍沿用了七十七国集团的名称。自成立以来，该组织逐渐从联合国贸发会议扩展到联合国环境规划署、教科文组织、粮农组织、工发组织、国际货币基金组织、世界银行等机构，并建立了相应协调机制。总体来看，七十七国集团反映了发展中国家为维护切身利益而走向联合斗争的共同愿望,在联合国内卓有成效地推动了国际政治经济新秩序的建立,为推动南南合作和南北合作作出了重要贡献。然而,随着南北对话陷入停滞,七十七国集团的影响力有所下降。

金砖国家合作机制是当今国际关系中的重要力量和国际体系的积极建设者。2001年,美国高盛公司首席经济师吉姆·奥尼尔(Jim O'Neill)首次提出"金砖四国"(BRIC)的概念,指巴西(Brazil)、俄罗斯(Russia)、印度(India)和中国(China)等新兴市场国家。[①] 认为到2050年,世界经济格局将重新洗牌,"金砖四国"将超越一些西方发达国家,与美国、日本一起跻身全球新的六大经济体。[②] 国际战略界对新兴市场国家的重视,推动金砖国家形成一个"政治俱乐部",将不断增长的经济力量转化为更大的政治影响力。自2008年5月起,金砖国家外长会议频繁召开,开启金砖国家合作机制。出于应对全球金融危机需要,2009年6月,"金砖四国"领导人在俄罗斯举行首次会晤,金砖国家合作机制正式启动。2010年12月,金砖国家领导人峰会决定吸纳南非作为正式成员,形成了以领导人会晤为引领,以安全事务高级代表会议、外长会晤等为支撑,在经贸、财政金融、科技、农业、文化、教育、卫生、智库、友好城市等数十个领域开展务实合作的多层次架构。自成立以来,作为新兴市场国家和发展中国家的代表,金砖国家共同致力于推动世界经济增长、完善全球经济治理,以及推动国际关系民主化,在推动国际货币基金组织和世界银行改革、创立新开发银行和应急储备安排、共同建设新工业革命伙伴关系和加强宏观经济政策协调等方面取得了积极进展,开辟了"对话而不对抗、结伴而不结盟"的国与国关系新路。此外,新兴市场国家还存在众多类似的合作机制,比如,中俄印三国外交会晤机制,中国、印度、巴西、南非组成的"基础四国"(BASIC)机制,这些新合作机制对于增进彼此合作、化解西方压力、营造良好的国际环境都发挥了很好的作用。

三、中美俄(苏)战略大三角关系

中美苏大三角关系是冷战期间国际战略格局的基本结构,左右着国际事务的全局。美国战略家亨利·基辛格在20世纪70年代提出了中美苏的"战略大三角"理论。在这一大三角关系中,华盛顿处于北京和莫斯科三角的顶端,其与北京和莫斯科的关系要近于北京与莫斯科的关系。这一战略判断是美国改善与中国关系的理论基

---

① Jim O'Neill, "Building Better Global Economic BRICs"(November 30 2001), Goldmansachs, https://www.goldmansachs.com/insights/archive/archive-pdfs/build-better-brics.pdf, retrieved December 27 2021.

② Dominic Wilson and Roopa Purushothaman, "Dreaming With BRICs: The Path to 2050"(October 1, 2003), Glodman Sachs, https://www.goldmansachs.com/insights/archive/archive-pdfs/brics-dream.pdf, retrieved November 12, 2021.

础。冷战结束后，中美苏"战略大三角"转变为中美俄"战略三角"关系，持续对国际事务和全球治理产生重大影响，甚至可能是决定全球治理体系及其发展方向的最重要因素。

中美俄（苏）大三角关系是势力平衡原理在国际关系中的实现形式。中美俄"大三角"关系起源于冷战时期，经历了一个从"老三角"到"新三角"的变化。"老三角"是指在冷战美苏两大阵营对峙的大背景下，中美苏在抗衡中形成战略三角关系。最初是中苏联手抗美，接着美苏试探过缓和，随后是中美携手抗苏，其间，中苏寻求过和解，中美也出现过紧张，三方的复杂互动左右着冷战局势的变化。"新三角"是指冷战后中美俄在霸权与反霸权上形成的战略三角关系。冷战结束后，美国成为唯一超级大国，但也不再像冷战那样在全球战略上联合谁对抗谁，只是从地区角度寻找盟友或者牵制谁。因此，尽管中俄都面临美国的战略压力，但始终没有出现冷战时期两方联手对抗第三方的"战略大三角关系"。毫无疑问，中美俄三国都希望自己在"三角关系"中处于较有利的地位，鉴于三国各自的强大综合国力和战略影响，三边长短、远近、组合的任何细微变动都对世界事务具有深刻影响，是推动国际体系和全球治理演变的重要力量。

未来，中美俄战略三角关系仍将是决定全球治理走向的决定性力量。近年来，美国先后推出"亚太再平衡战略"和"印太战略"，明确将俄罗斯和中国界定为"战略竞争对手"，释放出大国战略竞争的信号，并在诸多问题上调整战略布局。相比之下，中俄关系一直保持了稳定发展势头，中俄战略协作伙伴关系不断深入，从2011年建立平等信任、相互支持、共同繁荣、世代友好的全面战略协作伙伴关系到2019年的"中俄新时代全面战略协作伙伴关系"，[①]中俄关系向着更高水平、更宽领域、更深层次不断迈进，树立了相互尊重、公平正义、合作共赢的新型国际关系典范，成为世界和平与安全的中流砥柱。中俄虽都与美存在战略分歧，但也都希望与美改善和发展关系，并不会结成反美联盟。当然，中美俄关系不是等边三角关系，三对双边关系各有特点、各有所长、各有短板。相较之下，作为三国中综合实力最强的国家，美国对三角关系互动的影响最大，美国对全球治理采取什么样的态度，对全球治理的地缘逻辑走向影响很大。

第四节　治理途径

大国承担着特殊的全球治理责任。大国是左右全球治理体系的决定性力量，

[①]《中国同俄罗斯的关系》(2020年10月)，中华人民共和国外交部网站，https://www.fmprc.gov.cn/web/gjhdq_676201/gj_676203/oz_678770/1206_679110/sbgx_679114/，最后浏览日期：2022年1月7日。

大国关系的稳定事关全球战略格局,大国关系的好坏直接影响全球治理的成败。自威斯特伐利亚体系确立以来,大国竞争一直是左右国际关系的重要因素,在新的时代背景下,能否超越大国竞争对抗的宿命,能否构建新型国际关系,以及能否构建人类命运共同体,攸关全球治理体系变革的发展前景。

一、超越"威斯特伐利亚"

1648年签订的《威斯特伐利亚和约》划定了当时欧洲各国的边界,形成了维持现状永久化的政治均势原则,而这一原则从国际法的观点看则是指边界稳定原则。① 从此,领土主权原则成为国际法的支柱之一,对某个民族国家的领土威胁就是对该国行政与文化完整性的潜在挑战,不管那一部分领土是如何的贫瘠和无用。领土作为政治秩序里的独立与安全的架构,成为法律秩序里解决国际关系引起的大多数问题的起点。② 领土国家确立了现代国家权力的属地原则。国家的属地原则使得稳定的政治权力在一个确定的领域里行使,直接促进全体公众集体心理的形成,渐渐地,在其民族共同体的回忆与历史命运之上现代民族国家被建立起来。

全球化发展所引发的全球相互交流的浪潮以及全球问题的兴起,极大地冲击了现代国家的疆界基础,国家从安全国家向贸易国家乃至品牌国家的转移,从深层次上意味着国家在逐渐成为一个更多地凭借法理权威而非暴力权威实现政治整合的组织。此种脱域化的国家,可能从特定区域的经济事务和社会事务中逐渐抽身出来,专心致志地处理一般社会领域向国家提出的治理事务。渐渐地,现代国家的权力结构逐渐从属地原则中脱离开来,沿着经济、政治、社会、文化等功能性事务进行重构,使得国家主权出现了脱域化的走向,国家权力影响力所及并不局限于特定的领土,而是通过与其他国家的政府、非政府行为体通过契约的方式获得对特定事务的管理权。特别是在经济、贸易、货币、金融、投资等事务中,现代国家不再强求所有,但求所在。一个国家经济的繁荣不再取决于本国是否拥有强大的民族企业,而是取决于资本、技术、人才、信息等生产要素能不能在自己管理权力所及的领域汇集,从而为国家赢得充足的税收、财政和金融资源的支持,国家依靠充足的资源为整个社会提供公共产品,这是全球化的国家的一个重要体现。

由此可见,在全球化时代,随着市场经济一体化和全球公民社会的崛起,国家越来越不可能像过去那样沿着领土的边界垄断合法性权力,而是日益沿着功能拓展的路径重构国家的治理权力,逐渐成长为功能性的国家。同时,国家也远不能提

---

① 参见[苏]费尔德曼、巴斯金:《国际法史》,黄道秀等译,法律出版社1992年版。
② 参见徐国栋:《国家何时产生》,载易继明主编:《私法》(第一辑·第1卷),北京大学出版社2001年版,第144—145页。

供足够的地方性知识和有效治理,类似的职责逐渐转移到市场经济部门和公民社会部门手中,逐渐形成一种网络化的国家。这是"全球化的国家"的一个重要的特征。就现代国家间体系而言,"全球化的国家"兴起意味着所谓的"威斯特伐利亚神殿的支柱正在朽化",包括国家主权、互不干涉内政、作为遵守国际法义务基础的一致原则以及外交豁免权在内的现代国际秩序遭遇前所未有的冲击。① 在这个过程中,国际社会中出现了越来越多的思想混乱和秩序破坏行为,比如,一个国家凭借武力直接推翻另一个国家的政权、打着所谓的"人道主义干涉"的旗号干涉其他国家的内政、支持其他国家的内部力量发动"颜色革命"、拒绝履行法定的国际义务甚至公然退出或者破坏已经签订的条约、直接袭击一个主权国家的驻外使领馆等。在这些现象越来越多的情况下,民族国家在应对各种新威胁和挑战方面越来越显得无能为力,即使作为超级大国的美国,面对几乎无处不在的恐怖主义袭击事件,也显得捉襟见肘。所有这一切都充分表明:现代性的危机已经波及现代国际秩序领域,在理论上提出了重构国际秩序的历史使命。

二、发展新型国际关系

理解新型国际关系,需要确立解释管制国家之间竞争与合作的替代性理论,有学者将这一理论称为全球治理理论。② 从理论上来说,全球治理理论并不仅仅是一个描述性的界定,而是提出了一整套全球治理背景下的核心政治问题:谁治理?为何治理?治理什么?治理者如何治理?治理产生什么结果(影响)?2018年4月8日,习近平在会见联合国秘书长古特雷斯时指出:"国际上的问题林林总总,归结起来就是要解决好治理体系和治理能力的问题。我们需要不断推进和完善全球治理,应对好这一挑战。"③推进和完善全球治理,需要谋求各国间的协商与合作,并且首先是大国间的合作,建立基于合作共赢的全球发展伙伴关系。这就是理解新型国际关系的共享治理理论,其在权力原则的基础上将公平正义的价值原则、相互尊重的主权原则和合作共赢的利益原则融为一体,共同构成新型国际关系的逻辑体系。这具体表现为如下三个方面。

---

① 参见 Leo Grass, "The Peace of Westphalia, 1648-1948", in Richard A. Falk and Wolfram F. Hanrieder, eds., *International Law and Organization*, Philadelphia, P. A.: Lippincott, 1968, pp. 45-67; Lynn H. Miller, *Global Oder: Values and Power in International Politics*, Boulder, C. O.: Westeview Press, 1990; Martin Wright, *System of States*, Atlantic Heights, N. J.: Humanities Press, 1977.
② [法]玛丽·劳德·斯莫茨:《治理在国际关系中的正确运用》,肖秀毛译,《国际社会科学》(中文版)1999年第2期,第81—88页。
③ 《习近平会见联合国秘书长古特雷斯》,《人民日报》,2018年4月9日,第1版。

第一,全球社会变革推动国际关系从国际政治向全球政治转型,在全球政治理论框架中,权力政治不再是唯一的逻辑,公平正义的价值原则越来越成为新型国际关系的重要逻辑。

步入 21 世纪以后,经济全球化推动着 1500 年以来民族国家组成的国际体系向新的全球体系发展,世界开始进入一个"无极时代"(the age of nonpolarity)。[①] 在网络化的全球体系中,除了国家这种传统的基本行为体外,跨国公司、非政府组织、全球媒体和舆论等新行为体也参与到国际社会中来,世界各国被卷入统一性与多样性并存、一体化和碎片化并行的趋势中。[②] 受此影响,国际政治权力斗争不仅围绕军事实力、经济实力等传统硬实力资源展开,而且围绕价值观、社会制度、社会文化等软实力资源展开。[③] 有关各方日益重视对国际话语权和合法性的角逐,公平正义成为当今国际关系中不可或缺的重要因素。围绕所谓"普世价值"与中国模式、恐怖主义的概念界定、国际人权准则和人道主义干预、气候变化和国际温室气体减排标准、汇率争端和国际金融改革方案、利用核能与反扩散等问题展开的争斗,几乎无不首先表现为关于公平正义的价值观之争,国际政治日益演变成为"话语权政治"。

相应地,全球政治纷争不再像第二次世界大战及其之前的热战时代那样基于地缘政治、沿着军事同盟分界线展开,也不再像冷战时期那样基于社会制度、沿着意识形态两大阵营的分界线展开,更不像亨廷顿所说的那样沿着文明和宗教的分界线展开,有关各方更多地围绕着对公平正义原则的不同理解而展开角逐。相比传统国际关系强调"强权即公理",新型国际关系更强调义利兼顾,要讲信义、重情义、扬正义、树道义,公平正义成为新型国际关系的核心原则。在这一原则的指导下,新型国际关系要走出一条"对话而不对抗,结伴而不结盟"的国与国交往的新路径。"大国之间相处,要不冲突、不对抗、相互尊重、合作共赢";"大国与小国相处,要平等相待,践行正确义利观,义利相兼,义重于利"。[④]

[①] "无极世界"最早由美国学者尼尔·弗格森(Niall Ferguson)在 2004 年提出,但未得到国际社会重视。后来,联合国前副秘书长明石康、美对外关系委员会主席理查德·哈斯(Richard Haass)及美国学者法里德·扎卡里亚(Fareed Zakaria)等先后提出并论证了这一观点。参见 Niall Ferguson, *Colossus: The Price of American Empire*, New York: Penguin Press, 2004; Fareed Zakaria, *The Post-American World*, New York and London: W. W. Norton & Company, 2008; Richard Haass, "The Age of Nonpolarity: What Will Follow US Dominance", *Foreign Affairs*, 2008, Vol. 87, No. 3, pp. 44-56。

[②] 参见 James Rosenau, "Fragmegrative Challenges to National Security", in Terry Heyns, ed., *Understanding U. S. Strategy: A Reader*, Washington, D. C.: National Defense University Press, 1983, pp. 65-82。

[③] 参见 Joseph Nye, Jr., *Bound to Lead: The Changing Nature of American Power*, New York: Basic Books, 1991。

[④] 习近平:《携手构建合作共赢新伙伴 同心打造人类命运共同体》,《人民日报》,2015 年 9 月 29 日,第 2 版。

第二,全球社会变革推动国家形态发生从领土国家到全球性国家(社会化)的转型,国际关系的社会化趋势日益明显,主权平等与主权尊重成为新型国际关系的基本规范。

在全球化发展的推动下,作为传统国际关系基础的领土国家正在发生脱域化转型。加拿大多伦多大学教授伊安·克拉克(Ian Clark)提出"全球化的国家"(the Globalized State)的概念,他的逻辑是:在领土上,全球化的国家打破了现代国家的领土牢笼,通过与其他国家、全球市场经济部门、全球公民社会部门的社会契约,逐渐建构起功能性的网络国家,成为一个更大程度上凭借法理权威而非暴力权威实现政治整合的组织。① 此种意义上的国家,与哈佛大学哲学系教授罗伯特·诺齐克所说的"最低限度的国家"十分接近。国家逐渐从按照属地原则"治人"转变为按照功能原则"治事",在"治事"的过程中与其他国家的政府、市场部门以及全球公民社会部门形成一种覆盖全球各个领域的网络化权力关系。

英国埃克塞特大学教授戴维·阿姆斯特朗(David Armstrong)看到了国家社会化的历史趋势。他运用建构主义的方法提出"社会国家"(the social state)的概念,认为国家不仅是一个法律实体,同时也是一个社会行动者,能够通过其独特的主体间社会化过程来认知、学习、评估、安排并处理各项事宜。因此,尽管全球化在创造一个共同的权力、货币和文化结构,但国家作为社会行动者也寻求在国际社会领域确立自己新的权威和认同基础。② 在这一主权社会化的进程中,国家演化成一个网络,国家竞争正在从"国家间政治"转型为"网络间政治",竞争的重心日益集中在科技创新、经济发展和社会合法性上。除了国家之间的主权平等之外,主权国家与全球市场、全球公民之间的相互尊重也成为新型国际关系运行的必要条件。能否建立平等相待、互商互谅的伙伴关系,成为新型国际关系的关键。

当然,新型国际关系并不否定主权原则,而是在强调主权平等原则的基础上更加重视尊重主权的原则。诚如习近平在联合国日内瓦总部讲话时指出的那样:"主权平等,真谛在于国家不分大小、强弱、贫富,主权和尊严必须得到尊重,内政不容干涉,都有权自主选择社会制度和发展道路……新形势下,我们要坚持主权平等,推动各国权利平等、机会平等、规则平等。"③在主权尊重规范的指导下,新型国际关系要求确立主权平等和互相尊重的原则,"主权原则不仅体现在各国主权和领土完整不容侵犯、内政不容干涉,还应该体现在各国自主选择社会制度和发展道路的

---

① 参见 Ian Clark, *Globalization and International Relations*, Oxford: Oxford University Press, 1999, pp. 44—66。
② 参见[美]戴维·阿姆斯特朗:《全球化与社会国家》,载[英]D. 赫尔德、[美]J. 罗西瑙等:《国将不国:西方著名学者论全球化与国家主权》,俞可平等译,江西人民出版社 2004 年版,第 118—145 页。
③ 习近平:《共同构建人类命运共同体——在联合国日内瓦总部的演讲》,《人民日报》,2017 年 1 月 20 日,第 2 版。

权利应当得到维护,体现在各国推动经济社会发展、改善人民生活的实践应当受到尊重"①。

第三,全球社会变革推动国家之间的界限日益模糊,呈现为你中有我、我中有你的人类命运共同体格局,维护共同利益和有效管控分歧与竞争的需求导致合作共赢成为新型国际关系的核心原则。

自威斯特伐利亚体系建立以来,国家之间形成了明确的领土主权原则,领土疆域之内的事务由国家垄断治理权,国家之间的共同事务通过均势原则和外交渠道进行协调,而此种安排常常伴随着战争,因此不少学者甚至认为战争是国家的工业。② 然而,在历经近代无数战火的教训之后,自19世纪下半叶开始,战争权及其包含的暴力权开始受到国际法的限制。1856年的《巴黎会议关于海上若干原则的宣言》(简称"《巴黎海战宣言》"),规定了关于海战的四项规则。③ 1864年欧洲12国签署的《改善战地武装部队伤者病者境遇之日内瓦公约》④,开启了《日内瓦公约》体系。1899年5月18日召开的第一次海牙和平会议和1906—1907年召开的第二次海牙和平会议,对战争法进行了大规模的完善,战争法的"海牙法"(Law of Hague)体系初步形成。⑤ 第二次世界大战结束后,关于保护平民,限制战争,优待战俘,禁止生物武器、化学武器、核武器等的各类条约次第出台,联合国也相继出台了《保护的责任》《人道主义援助》《战争法》等一系列国际规范。2002年,国际刑事法庭成立,迈出了国际执法的重要一步。这些对国内自然人和法人具有直接管辖权的限制类国际法、国际规范在对战争产生巨大抑制效应的同时,也为国际关系逐步确立合作共赢的新规范奠定了基础。在管控国家间冲突和竞争的同时如何维护和巩固国际合作,成为冷战后国际关系的核心议题。在和平与发展成为时代主题的背景下,国家间的竞争逐渐转移到提高综合国力和经济竞争、科技竞争、人才竞争上来。这些竞争有别于以往的军事竞争和安全竞争,是一种合作性的竞争,表现为在竞争中合作,在合作中竞争。同时,随着全球化的深入,全球市场和全球公民社会日益活跃,在国际贸易、直接投资、人口流动等要素的推动下,逐渐形成一个不

---

① 习近平:《携手构建合作共赢新伙伴 同心打造人类命运共同体》,《人民日报》,2015年9月29日,第2版。
② 参见[英]安东尼·吉登斯:《民族-国家与暴力》,胡宗泽、赵力涛译,生活·读书·新知三联书店1998年版,第108页;[英]佩里·安德森:《绝对主义国家的系谱》,刘北成等译,上海人民出版社2001年版,第457页。
③ 王铁崖主编:《战争法文献集》,解放军出版社1986年版,第1—2页。
④ 《改善战地武装部队伤者病者境遇之日内瓦公约》最初签订于1864年,于1906年和1929年两次修订补充,于1949年再次修订并颁布新的公约,发展成为日内瓦四公约的第一部。最近版本参见网页:http://www.un.org/chinese/documents/decl-con/geneva_wounded.htm,最后浏览日期:2020年11月28日。
⑤ 徐进:《暴力的限度:战争法的国际政治分析》,清华大学法学专业博士学位论文,2008年,第1页。

可分割的全球性网络,环境污染、气候变化、大规模传染病、恐怖主义、跨国犯罪等全球性问题成为人类面临的共同挑战。如何提供全球公共产品,应对全球公共灾害,尤其是在联合国、国际货币基金组织、世界贸易组织和二十国集团等国际和地区制度框架内促进各参与方的合作共赢,成为构建新型国际关系的优先任务。这就是习近平反复强调构建以合作共赢为核心的新型国际关系的根本原因所在,也是共享治理理论阐释的核心内容。

三、构建人类命运共同体

人类命运共同体思想是习近平对当今世界性质和人类未来走向做出的重大判断。2013年3月,习近平在莫斯科国际关系学院发表演讲时提出:"这个世界,各国相互联系、相互依存的程度空前加深,人类生活在同一个地球村里,生活在历史和现实交汇的同一个时空里,越来越成为你中有我、我中有你的命运共同体。"①显然,在习近平看来,人类命运共同体不仅是我们追求的目标,更是当今世界发展的时空方位和时代潮流。

"人类命运共同体,顾名思义,就是每个民族、每个国家的前途命运都紧紧联系在一起,应该风雨同舟,荣辱与共,努力把我们生于斯、长于斯的这个星球建成一个和睦的大家庭,把世界各国人民对美好生活的向往变成现实。"②中共十八大以来,习近平在众多场合多次谈及人类命运共同体,赋予了人类命运共同体以丰富的内涵,逐渐形成了人类命运共同体的思想体系。2013年4月7日,在出席博鳌亚洲论坛年会发表主旨演讲时,习近平表示:"国家无论大小、强弱、贫富,都应该做和平的维护者和促进者,不能这边搭台、那边拆台,而应该相互补台、好戏连台。"③强调要走"对话而不对抗,结伴而不结盟"的伙伴关系道路。在出访世界各国期间,习近平引用中外文化中的名言警句,与东南亚朋友谈"水涨荷花高",与非洲朋友讲"独行快,众行远",对欧洲朋友引用"一棵树挡不住寒风",强调这就是中国文化中"大河有水小河满,小河有水大河满"的合作共赢道理。2014年5月21日,习近平主持亚洲相互协作与信任措施会议第四次峰会第一阶段会议并做主旨讲话,在谈到安全的普遍性时引用哈萨克斯坦谚语——"吹灭别人的灯,会烧掉自己胡子",强调安全问题上"命运与共,唇齿相依"的道理。他还指出,"不能一个国家安全而其他国家不安全,一部分国家安全而另一部分国家不安全,更不能牺牲别国安全谋求自身所

---

① 习近平:《顺应时代前进潮流 促进世界和平发展》,《人民日报》,2013年3月24日,第2版。
② 习近平:《习近平谈治国理政》第三卷,外文出版社2020年版,第433页。
③ 习近平:《共同创造亚洲和世界的美好未来——在博鳌亚洲论坛2013年年会上的主旨演讲》,《人民日报》,2013年4月8日,第3版。

谓绝对安全","努力走出一条共建、共享、共赢的亚洲安全之路"。① 在印度尼西亚国会和联合国教科文组织总部等演讲中,习近平多次强调,"计利当计天下利""山积而高,泽积而长""己所不欲,勿施于人""夫物之不齐,物之情也""一花独放不是春,百花齐放春满园"等兼容并蓄的文明观,指出了人类多样文明并育而不害的美好前景。② 不难看出,习近平对当今世界和人类文明的走向形成了从国与国的命运共同体到区域内的命运共同体和人类命运共同体的系统思考,是一种超越民族国家和意识形态的全球观。

人类命运共同体思想成熟的重要标志是习近平在联合国大会上的讲话。2015年9月28日,习近平在纽约联合国总部出席第七十届联合国大会一般性辩论,并发表题为《携手构建合作共赢新伙伴 同心打造人类命运共同体》的重要讲话,分别从政治、发展、安全、文明和生态五个层面阐述了人类命运共同体的思想内涵和政策方案:建立平等相待、互商互谅的伙伴关系;营造公道正义、共建共享的安全格局;谋求开放创新、包容互惠的发展前景;促进和而不同、兼收并蓄的文明交流;构筑尊崇自然、绿色发展的生态体系。③ 2017年12月1日,习近平在中国共产党与世界政党高层对话会上的主旨讲话中进一步阐述了人类命运共同体的内涵,强调"努力建设一个远离恐惧、普遍安全的世界";"努力建设一个远离贫困、共同繁荣的世界";"努力建设一个远离封闭、开放包容的世界";"努力建设一个山清水秀、清洁美丽的世界"。④

2017年1月18日,习近平在联合国日内瓦总部发表《共同构建人类命运共同体》的演讲中回顾了近代国际秩序的基本规范成长历程,"从360多年前《威斯特伐利亚和约》确立的平等和主权原则,到150多年前日内瓦公约确立的国际人道主义精神;从70多年前联合国宪章明确的四大宗旨和七项原则,到60多年前万隆会议倡导的和平共处五项原则,国际关系演变积累了一系列公认的原则,这些原则应该成为构建人类命运共同体的基本遵循"⑤。具体来说,构建人类命运共同体需要坚持以下五项原则。

一是主权平等。这是数百年来国与国规范彼此关系最重要的准则,也是联合国及所有机构、组织共同遵循的首要原则。主权平等的真谛在于:国家不分大小、

---

① 习近平:《积极树立亚洲安全观 共创安全合作新局面》,《人民日报》,2014年5月22日,第2版。
② 习近平:《携手建设中国-东盟命运共同体》,《人民日报》,2013年10月4日,第2版;《习近平在联合国教科文组织总部的演讲》,《人民日报》,2014年3月28日,第3版。
③ 习近平:《携手构建合作共赢新伙伴 同心打造人类命运共同体》,《人民日报》,2015年9月29日,第2版。
④ 习近平:《习近平谈治国理政》第三卷,外文出版社2020年版,第433—434页。
⑤ 习近平:《共同构建人类命运共同体——在联合国日内瓦总部的演讲》,《人民日报》,2017年1月20日,第2版。

强弱、贫富,主权和尊严必须得到尊重,内政不容干涉,都有权自主选择社会制度和发展道路。新形势下,要坚持主权平等,推动各国权利平等、机会平等、规则平等。

二是沟通协商。沟通协商是化解分歧的有效之策,政治谈判是解决冲突的根本之道。只要怀有真诚愿望,秉持足够善意,展现政治智慧,再大的冲突都能化解,再厚的坚冰都能打破。

三是法治正义。法律的生命在于付诸实施,各国有责任维护国际法治权威,依法行使权利,善意履行义务。法律的生命也在于公平正义,各国和国际司法机构应该确保国际法平等统一适用,不能搞双重标准,不能"合则用、不合则弃",真正做到"无偏无党,王道荡荡"。

四是开放包容。要推进国际关系民主化,不能搞"一国独霸"或"几方共治"。世界命运应该由各国共同掌握,国际规则应该由各国共同书写,全球事务应该由各国共同治理,发展成果应该由各国共同分享。

五是人道主义。面对频发的人道主义危机,应该弘扬人道、博爱、奉献的精神,为身陷困境的无辜百姓送去关爱,送去希望;应该秉承中立、公正、独立的基本原则,避免人道主义问题政治化,坚持人道主义援助非军事化。

大道至简,实干为要。习近平强调构建人类命运共同体,关键在行动。国际社会要从伙伴关系、安全格局、经济发展、文明交流、生态建设等方面作出努力:坚持对话协商,建设一个持久和平的世界;坚持共建共享,建设一个普遍安全的世界;坚持合作共赢,建设一个共同繁荣的世界;坚持交流互鉴,建设一个开放包容的世界;坚持绿色低碳,建设一个清洁美丽的世界。① 可见,人类命运共同体思想已经形成在实践中行之有效的治理方针,具有很强的政策生命力和很大的实践可行性。

在推动构建人类文明共同体思想指导下,中国外交已经在各个层面将人类命运共同体的理念转化为行动。在全球治理层面,习近平倡导建立网络空间命运共同体、核安全共同体、海洋命运共同体、人与自然生命共同体和人类卫生健康共同体。在双边层面,习近平推动与巴基斯坦、柬埔寨、老挝、越南、缅甸、哈萨克斯坦等国家建立利益命运共同体。在地区层面,中国推动构建周边命运共同体、亚洲命运共同体、亚太命运共同体、中国-东盟命运共同体、中蒙俄命运共同体、上海合作组织命运共同体、中非命运共同体、中阿利益共同体和命运共同体、中拉命运共同体等,人类命运共同体的理念已经深入人心,取得了积极进展,得到了国际社会的高度赞许和热烈欢迎。2017 年 2 月 10 日,联合国社会发展委员会通过"非洲发展新伙伴关系的社会层面"决议,"呼吁国际社会本着合作共赢和构建人类命运共同体

---

① 习近平:《共同构建人类命运共同体——在联合国日内瓦总部的演讲》,《人民日报》,2017 年 1 月 20 日,第 2 版。

的精神,加强对非洲经济社会发展的支持"①。随后在11月1日举行的第72届联大负责裁军和国际安全事务第一委员会(联大一委)会议通过了"防止外空军备竞赛的进一步切实措施"和"不首先在外空放置武器"两份安全决议,"构建人类命运共同体"的理念被正式纳入这两份安全决议。人类命运共同体倡议从提出到转变为国际共识,体现了人类命运共同体思想的强大国际影响力。

总之,人类命运共同体思想的理论价值纠正且超越了近代以来的西方现代化道路、理论、制度,是道路创新、理论创新、制度创新和文化创新,是共同利益、共同价值与共同治理的统一。构建人类命运共同体的主旨在于通过弘扬和平、发展、合作、共赢理念,弥合不同国家、不同民族和不同宗教之间的隔阂、纷争和冲突,建设更包容、更美好的世界。

课后习题

一、名词解释

地缘政治　　心脏地带　　海权论　　不结盟运动　　大三角关系

二、论述题

1. 请简述地缘政治的逻辑。
2. 请简述地缘变迁对于全球治理体系的影响。
3. 请简要分析全球化时代大国关系变化对全球治理的影响。

---

① 《"构建人类命运共同体"首次写入联合国决议》(2017年2月12日),新华网,http://www.xinhuanet.com/world/2017-02/12/c_129476297.htm,最后浏览日期:2021年9月10日。

第五章
跨国公司与治理

在全球治理的舞台上,跨国公司是一个显赫的角色。经济合作与发展组织2018年发表报告估计,跨国公司的经营占全球出口的一半,占世界GDP的近三分之一,约占全球就业的四分之一。① 跨国公司业务范围遍及贸易、工业、金融、科技和服务业,正在演变成为全球企业网络和全球资本网络。一些跨国公司所覆盖的国土范围和经营范围,甚至要比有史以来的任何帝国的地域都要订阔,它们真正把整个世界经济连为一体,通过开辟世界市场,使得一切国家的生产和消费都变成世界性的。

跨国公司已经成为当代世界舞台上的重要行为体,成为主权国家和国际非政府组织之外的重要角色。跨国公司掌握着一套最基本的经济武器,导致国际竞争不再仅仅以获取领土为目标,而是变成在其领土上创造更多的财富和制定更加有利的制度规则。在世界上众多国家竞相推出吸引外资的优惠政策的同时,跨国公司也受到全球公民社会的抵制,"三角外交"开始受到学界的关注,共同支撑着全球治理的大厦。

第一节　市　场　逻　辑

作为资本运动的载体,跨国公司的背后是资本追求利益的市场逻辑。德国著名社会思想家马克斯·韦伯在其名著《新教伦理与资本主义精神》中为西方资本主义成长提供了一种理论解读模式:新教伦理→资本主义精神→近代资本主义。显然,在韦伯看来,是资本主义精神决定着近代资本主义的兴起,同时,资本主义精神

---

① OECD, "Multinational Enterprises in the Global Economy: Heavily Debated but Hardly Measured", May 2018, available from https://www.oecd.org/industry/ind/MNEs-in-the-global-economy-policy-note.pdf, retrieved March 20, 2021.

又直接哺育于新教伦理,新教伦理造就了资本主义精神。① 然而,韦伯的解释却并不符合意大利的近代资本主义成长,因为当时意大利并没有新教伦理,决定意大利资本主义发展的因素并非来自新教伦理,而是来自社会领域的商业文明。亨利·皮朗(Henry Pirenne)写道:"对意大利人来说,顾客只要能付钱,其宗教信仰则没有什么重要。""正与大陆上的人们以土地为生一样,威尼斯全城的人都经营海上贸易,以此为生。""商业利润早就造成了富裕的商人阶级,他们的经营已经呈现出无可争辩的资本主义性质。"②对韦伯思想的反思,使我们开始注意对资本主义成长具有重要意义的商业利益逻辑以及与之相联系的市场逻辑。

一、市场及其扩大的内在趋势

与公司相关的第一个重要概念是商业行为。公司的基本活动即是开展各种各样的商业行为,商业行为的基本形态便是交换。但商业行为也有特定的内涵,不是任何一种买卖行为都可以成为商业行为,都是合法的交易。商业行为是指为法律所认可,以社会分工为基础,以提供商品和劳务为内容的营利性的买卖活动。商业行为是商业职能的具体表现,通过商业行为连接生产与消费,使社会再生产过程构成统一的整体。商业行为的开展将各种资源凝聚到一个系统中来,进行各种组合生产与消费,从而推动国民经济协调、稳定、持续地发展。

按照国际惯例划分,商业行为可以分为四种。一是直接商品交换的活动。如批发零售业直接从事商品的收购和销售活动,称为"买卖商"。二是为"买卖商"直接服务的商业活动。如运输、仓储、居间行为、加工整理等,称为"辅助商"。三是间接为"买卖商"服务的活动。如金融、保险、信托、租赁等,称为"第三商"。四是具有劳务性质的活动。如旅店、宾馆、饭店、理发、浴池、影剧院、商品信息、咨询等劳务服务,称为"第四商"。它们的共同特点是,利润来自直接或间接为社会提供商品、劳务、资金、信息和技术,是提供有效商品和服务的酬报,而不是来自非法的掠夺、欺诈和受贿。③

与公司相关的第二个重要概念是市场。市场的起源在逻辑上应该追溯到人们的需要/需求体系。马克思认为:"一切人类生存……一切历史的第一个前提,……是:人们为了能够'创造历史',必须能够生活。但是为了生活,首先就需要吃喝住穿以及其他一些东西。因此第一个历史活动就是生产满足这些需要的资料,……

---

① 参见[德]马克斯·韦伯:《新教伦理与资本主义精神》,于晓、陈维纲等译,生活·读书·新知三联书店1987年版。
② [比利时]亨利·皮朗:《中世纪欧洲经济社会史》,乐文译,上海人民出版社2001年版,第17—18页。
③ 祝合良:《现代商业经济学》,首都经济贸易大学出版社2017年版,第333页。

第二个事实是,已经得到满足的第一个需要本身、满足需要的活动和已经获得的为满足需要而用的工具又引起新的需要,……一开始就进入历史发展过程的第三种关系是……家庭。这个家庭起初是唯一的社会关系,后来,当需要的增长产生了新的社会关系而人口的增多又产生了新的需要的时候,这种家庭便成为从属的关系了(德国除外)。"① 从经济学上来看,人的需要是无限的,然而满足需要的资源却是稀缺的,基于满足需要的利益关系就成为理性市场逻辑的微观基础。"当人们由于稀缺不能进行选择时,总有一些相对较不重要的欲望被放弃,被弃者即为所选需要的'替代成本'或曰'机会成本'。"② 从这个意义上来说,人们在经济生活中是一个"理性的动物",时刻在追求自我利益的最大化以满足最大限度的需要。但是,人的无限需要的满足与资源的有限性,迫使人们必须学会理性地算计,力争以最小的机会成本换取最大的利益。这就是理性人假设的逻辑依据。不过,在理性的算计过程中,理性人必须选择与其他理性人进行交换,才能获取新的资源以满足自己的增量需要。此种交换的必要性是人的本质力量释放的逻辑必然,也是市场起源的第一推动力,推动确立了经济学上的消费者主权原则,亦即个人是他们自己的利益的最好的评判者以及个人偏好应得到尊重的原则。③ 根据消费者主权原则,当生产者与消费者利益发生矛盾时,生产者应服从消费者的利益。消费者主权原则要求企业按照不同的消费结构和群体尽可能好地提供消费品,以满足不同群体扩张消费的需求。消费者主权原则的确立,为交换领域内部积聚了巨大的能量,此种能量在没有遭遇来自非经济领域的强力高压之前,是不可能停止释放脚步的,直至实现宏观社会领域的商业和市场的兴起。市场是各类物品进行交换的场所或者领域。物品到了市场中,具有交换属性之后,也就变成了商品。市场里的交换活动被称为市场经济。张维迎指出:"市场经济是人类伟大的创造,是人类进步最好的游戏规则。"④ 市场的基本逻辑就是交换的逻辑,充分的市场追求充分的自由交换。市场的交换逻辑带来的是一种社会明确分工下的"我为人人、人人为我"的集体协作逻辑,其目标是共同创造财富,即把蛋糕做大,然后再进行分配。尽管在分配的过程中可能存在不公平不公正的现象,但是总体来说全社会的财富是明显增加的。

市场逻辑的基础便是产权必须明晰。张五常指出,"市场交换的先决条件是界定明确的产权,这一点应该成为我们理解市场经济本质的出发点,当我们走近市场经济的'内核'时,我们应该明确它的'核心'是确定的、可交易的产权结构"⑤。也

---

① 《马克思恩格斯选集》第1卷,人民出版社2012年版,第158—159页。
② 曹沛霖:《政府与市场》,浙江人民出版社1998年版,第24页。
③ [美]斯蒂格利茨:《经济学》(上),梁小民译,中国人民大学出版社2000年版,第143页。
④ 张维迎:《市场的逻辑》(第3版),西北大学出版社2019年版,第1页。
⑤ 张五常:《中国的经济制度》,载赖勤学主编:《思想国》,知识产权出版社2016年版,第268页。

就是说，只有当产品的产权明晰并且为个人所有，才能在市场上形成真正意义上的交换，这种私有制的保护不仅是在交换之前，同时表现在交换之后。因此，市场逻辑的基础是对私有财产的尊重和保障，在此基础上，通过对利益的理性算计，市场处于永不停息的运动之中，这就是市场的内在动力。

推崇市场经济与自由市场的经济学家们往往认为创造更多的财富是人类的基本追求，因此应该稳固私有制并且解放对自由交换的束缚，他们认为自由交换就能够实现社会需求的自动匹配，从而极大效率地促进生产。他们重视的是财富创造，至于财富的分配问题则往往不甚关心，或者认为在创造财富之后分配的问题就不再是主要问题，在众多问题中，财富的创造问题要优先于包括财富分配在内的其他问题。在这类学者看来，以商业活动进行为主要目的的公司形态理所应当成为人类社会的主要形态之一，并且不应该受到其他力量的约束。这种倾向在西方国家的发展历史中一度成为主流，并且得到了长时间的实践。到了当代社会，"以人为本"的理念已经深入人心，越来越多的国家开始意识到国家和人类发展的目标是让尽量多的人过得更好，而不是纯粹为了创造更大的财富（两者有紧密的关系但是却并不相同），财富创造并不完全等同于人的幸福，更不论人类社会的整体幸福。因此，完全自由市场在民族国家境内基本都受到一定的制约和规范。但是，随着经济全球化的发展，公司的触角开始在世界范围内延伸，在世界舞台上找到更广阔的天地，并且在现代国家与国家的竞争中扮演着重要角色，从而在民族国家国境以外一定程度上又获得国家的充分支持。如果说有明显国界区别的主权国家是治理本国地区的主要力量，那么当市场已经不再局限于国内，甚至当全球市场已经形成的时候，以商业交换为基本功能的公司行为成为全球范围内有效的治理模式。这种模式有别于国家内部的公权力权威式治理，而是一种看不见的却更为频繁的治理。也可以说，公司在进行全球产业链分工和商品交换的时候，主观上只是进行了逐利的市场经济行为，但是在客观上却造就了某种相对稳定有序的治理体系。

二、市场理论及其发展

与商业行为和市场经济的发展相呼应，西方经济学关于市场经济的理论的产生和发展，从中世纪末期到现在，已经经历了四个多世纪的漫长岁月。西方市场经济理论的形成和发展，就其主流而言，迄今大体经历了三个阶段。

第一阶段，重商主义和国家干预。从16世纪到18世纪中期，大约经历了两个半世纪。重商主义是西方近代经济理论和市场经济理论的最初形式。在西欧国家，随着自然经济的瓦解和商品经济的发展，逐渐形成了统一的国内市场，并且开始良性运转起来。与此同时，地理大发现又大大开阔了这些国家的市场，资本这时候急剧扩张,一方面在国内大肆掠夺和积累,一方面在海外开疆拓土,形成一个强大的发展循环。而在这个循环的背后,财富日益集中到少数人手中,贫富差距日益扩大,大量原始农民被迫进入工业化制造体系中成为无产者。尽管不得不承认这样的工业大循环高效催生出了现代工业体系及其丰富的产品,但是其以大量剥削和不平等作为代价。市场的发展快过社会的改革,此时的社会制度仍然以封建制度为主,资本早期要求获得国家的保护,后期则开始介入国家的政策制定,引导国家制定各种政策促进贸易。托马斯·孟(Thomas Mun)是重商主义最杰出的代表人物,马克思曾评价他的经典著作《英国得自对外贸易的财富》:"如果说重商主义具有一部划时代的著作……那么,这就是托马斯·孟的著作。"①

第二阶段,古典经济学的经济自由主义。从18世纪下半期到20世纪初期,该理论前后流行一个半世纪之久。随着市场领域工业革命的发展、市场的力量逐步发育,新的社会力量最终被催生。这些社会力量不断寻求社会进步,以适应资本的不断发展。掌握资本的人开始重新审视个人与传统君主的关系,关于人的认识逐渐提高,一种新的思潮开始形成。在这种思潮里,个人是社会的主体,众人构成了社会,国家是为个人和社会服务的。在这个结构中,自由市场的商品交换不断成熟和完善,"看不见的手"逐渐形成,国家力量被视为影响市场自由发展的因素,国家和政府是必要的,但是应当是服务而不是干预市场的。亚当·斯密(Adam Smith)的《国民财富的性质与原因的研究》(简称"《国富论》")奠定了古典经济学的基础,他被称为古典经济学之父,大卫·李嘉图(David Ricardo)及其《政治经济学及赋税原理》等著作则形成了一个庞大的经济学理论体系,正式建立起古典经济学的大厦,影响深远。

第三阶段,现代经济学的国家干预主义。市场经济的自由发展蓬勃向上,并且不断创造一个又一个经济奇迹,其产出的财富大大超过人类过去几千年的总和。正当不少人认为这样的趋势将永续下去的时候,1929—1933年的资本主义世界经济危机从根本上动摇了这种发展趋势。这个危机表明,自由市场并不是完美的,"看不见的手"并不能调控一切。自由市场发展中埋下的隐患一旦爆发,将对全世界资本主义产生巨大破坏,甚至引发严重的社会危机,由资本主义危机导致的第二次世界大战的爆发就是一个典型案例。为了应对这种危机,新的经济学理论应运而生,其中的代表是约翰·梅纳德·凯恩斯(John Maynard Keynes)的《就业、利息和货币通论》,凯恩斯通过系统的研究表明,市场不是万能的,政府的介入和调控是必要的。此后,他的理论成为二战后西方各国政府积极介入宏观调控的主要理论基础,也是现代大政府兴起和积极政府治理理论的基础。

---

① 《马克思恩格斯选集》第3卷,人民出版社2012年版,第614页。

三、跨国公司理论及其发展

对于跨国公司的研究,经历了从国际贸易论到跨国投资论进而到当代跨国资本论的发展历程,所有这些理论研究都蕴含着跨国公司参与国际治理的基本元素,通过对这些理论的梳理,有助于把握跨国公司参与治理的利益逻辑。

(一)国际贸易论

早期的跨国公司理论,主要基于对贸易优势的研究。从亚当·斯密的绝对优势论,到大卫·李嘉图的比较优势论,一直到赫克歇尔-俄林的要素禀赋论,争论的核心始终是怎样缔造跨国公司的市场优势,解释贸易类跨国公司的发展现象,也为理解跨国公司为什么参与国际治理提供了理论指引。

绝对优势理论亦称"绝对成本理论"或"绝对利益说",由英国古典经济学家亚当·斯密于1776年在其《国富论》一书中提出,其核心思想是认为国际贸易的原因是国与国之间的绝对成本的差异,即如果一国在某一商品的生产上所耗费的成本绝对低于他国,该国就具备该产品的绝对优势,从而可以出口;反之则进口。因此,各个国家由于基本情况不同,所拥有的绝对优势也不同,而各国都应该充分发挥自身的优势进行生产,从而客观上形成国际分工格局,并通过商品交换实现跨国贸易。该理论有一定的合理性,但是却无法解释现实中的一些现象,比如,一些各方面都有绝对优势的国家会和各方面都不具有绝对优势的国家发生贸易关系。

比较优势理论(也被称为比较成本理论)由英国另一名古典经济学派的代表学者大卫·李嘉图创立。比较优势学说认为:国际贸易产生的基础并不限于生产技术的绝对差别,而主要体现在各国生产技术中的相对差别;只要这种相对差别存在,就会导致生产成本和产品价格的相对差别,因而客观上就会形成不同国家的比较优势;比较优势的各自发挥逐渐就会形成国际分工、国际交换和国际贸易,其结果是各自获得比较利益。该学说揭示了人类分工协作的原因,成为国际贸易分工理论继续发展的基础。

要素禀赋论也称"H-O模型"(Heckscher-Ohlin model),由瑞典经济学家波尔特尔·俄林(Bertil Ohlin)在瑞典经济学家埃里·赫克歇尔(Eli Heckscher)的研究基础上形成,是关于要素差异的国际贸易理论。该理论认为商品生产需要不同的生产要素,包括资本、土地、人力等,生产要素的结构相对差异以及匹配效率区别构成了不同产品生产分工的基础。但是随着国际贸易的充分发展,各国生产要素价格将会趋于均等。该理论用生产要素的丰缺来解释国际贸易产生的原因,奠定了现代国际贸易理论的基石。

(二) 对外投资论

20世纪以来,经济全球化的深入发展促进了国际分工的深化,推动资金、产品、技术和人员在国家间的快速、大量的流动,引发了学界的热烈讨论,形成了垄断优势理论、市场内部化理论、产品生命周期投资理论、国际生产折衷理论、国际直接投资发展阶段理论、投资诱发要素组合理论、补充性的对外直接投资理论等,阐述了跨国公司对外直接投资行为的内在逻辑,更进一步解释了跨国公司在对外投资中参与全球治理的必要性。

垄断优势理论由美国经济学家斯蒂芬·海默(Stephen Hymer)提出。他认为跨国公司倾向于以对外直接投资的方式来利用其独特的垄断优势,企业在不完全竞争条件下可以获得的各种垄断优势,如技术优势、规模经济优势、资金和货币优势、组织管理能力的优势,这也是企业对外直接投资的主要动力。

市场内部化理论是英国的皮特·巴克利(Peter Buckley)和马克·卡森(Mark Casson)教授提出的,该理论认为内部化是指由于市场不完全,跨国公司为了其自身利益,以克服外部市场的某些失效,以及由于某些产品的特殊性质或垄断势力的存在,导致企业市场交易成本的增加,而通过国际直接投资,将本来应在外部市场交易的业务转变为在公司所属企业之间进行,并形成一个内部市场。也就是说,跨国公司国际直接投资是为了避免因交易不确定性而导致的高交易成本。

产品生命周期投资理论由美国的雷蒙德·弗农(Raymond Vernon)教授提出。这一理论解释了跨国公司的产品或商品在市场运动中的经济寿命现象。即在市场流通过程中,由于消费者的需求变化以及影响市场的其他因素所造成的商品由盛转衰的周期。该理论中,产品生命周期分为三个阶段,即新产品阶段,成熟产品阶段和标准化产品阶段,越到后期,跨国企业就越倾向于从最发达国家到一般发达国家,再到发展中国家进行直接投资。

国际生产折中理论由英国经济学家约翰·邓宁(John Dunning)提出,他认为企业从事国际直接投资由该企业本身所拥有的所有权优势、内部化优势和区位优势三大基本因素共同决定。企业若仅拥有所有权优势,则选择技术授权;企业若具有所有权优势和内部化优势,则选择出口;企业若同时具备三种优势,才会选择国际直接投资。

国际直接投资发展阶段理论也由邓宁提出,该理论研究了以人均GNP为标志的经济发展阶段与一个国家的外国直接投资(外资流入)和一个国家对外直接投资(资本流出)之间的关系。该理论对对外直接投资阶段进行了划分,并对各阶段国际直接投资的特征和国际直接投资发展阶段顺序推移的内在机制,进行了较为全面的解释。

投资诱发要素组合理论是在针对以往理论片面性和局限性的基础上提出的系统性理论。该理论的核心观点是：任何形式的对外直接投资都是在投资直接诱发要素和间接诱发要素的组合作用下而发生的。所谓直接诱发要素，主要是指各类生产要素，包括劳动力、资本、资源、技术、管理及信息知识等，间接诱发要素是指除直接诱发要素以外的其他诱发对外直接投资的因素，如国家安危、政策法规、市场利率等。

此外，还有一些补充性的对外直接投资理论。比如，克里斯托弗·巴特利特（Christopher Bartlett）和舒曼特拉·高沙尔（Sumantra Ghoshal）对产品生命周期投资理论的扩展；刘贤方（Scott Liu）对市场内部化理论的验证和补充；迈克尔·波特（Michael Porter）的竞争优势理论。所有这些理论都致力于解释跨国公司的国际运动，在不同程度上触及跨国公司与其他社会行为体的治理过程问题，尽管它们受制于学科的限制而没有明确提出投资治理理论，但其对对外投资的研究却为国际治理提供了重要的理论基础。

（三）当代跨国资本论

资本作为一个重要的商业要素，一直以来都是商品制造和贸易中的重要角色。随着人类大量财富的积累和聚集，在当代，资本的力量与影响力较其他商业要素更为显著。在这方面的研究中，较早的成果体现在马克思的"过剩资本"理论中，在当代，美国学者威廉·罗宾逊（William Robinson）较具有代表性。

罗宾逊区分了"世界经济"与"全球经济"的概念：所谓"世界经济"，指的是"在资本主义以往各阶段，每个国家都各自发展国民经济，各国的国民经济体通过一体化的国际市场上的贸易和金融体系而相互联系"；所谓"全球经济"，意味着生产过程被打破，且分散到各个不同的国家。① 以世界汽车工业为例，过去美国的汽车公司生产每一辆汽车时，从零部件生产到组装均在本土完成，然后出口到国外。欧洲和日本的汽车公司也是这样。但是到了20世纪晚期，生产一辆汽车的过程变得分散和碎片化，许多不同的生产工序被分散到世界各地进行。汽车不同部位零部件的生产经常在许多不同的国家进行，组装也可能在好几个国家分别进行，而管理则可能通过一台不与现场生产点相连的计算机终端加以协调。因此，他认为在资本主义体系进入跨国家的新阶段后，正从世界经济走向全球经济。

自20世纪70年代起出现的跨国资本的全球流动，既使得世界上巨大的生产链和分配链变得分散化，又使其功能一体化，而生产过程史无前例的碎片化和分散

---

① 王金宝：《全球资本主义批判及其替代方案的探寻——威廉·罗宾逊全球化理论述评》，《学习与探索》2015年第7期，第23—27页。

化导致的是"跨国资本及其代理人在全世界的经济管理、控制及决策权力方面史无前例的集中化和集权化"①。跨国资本在当今世界中表现出非同一般的力量,甚至被学者称为跨国资本的全球统治,其在民族国家的发展、联合国的变革以及跨国资本家组织的形成方面起着一定的作用。② 此外,国家参与的资本力量——主权财富基金也蓬勃发展起来。这些现象表明,跨国公司与跨国资本、私募资本与国家资本已经融为一体,成为当今世界公共事务治理的显赫力量。

第二节 跨国公司

公司是以营利为目的的、依照一定组织架构和程序安排而组建的、在国家法律体系上能够独立享有法律权利和承担法律义务的企业组织,有别于政府等公共事务组织和NGO等非营利性社会组织。公司是人类社会的伟大发明,其无所不在的影响令人震惊。在当今社会,最重要的社会经济组织便是公司,跨国公司的影响力已经足以直接左右全球经济运行。公司创造财富、提供就业、带动经济增长;公司推动创造发明、产生新的社会文化;公司改变社会秩序、影响制度建设;公司无所不在地参与人类社会的治理。进入21世纪时,全球有6.4万家跨国公司,在海外拥有87万个分支机构,250家规模最大的公司的出口额占全球总产值的1/3,控制着80%的世界金融资本和2/3的世界贸易。③ 跨国公司和跨国资本成为左右全球治理的重要力量。

一、跨国公司

跨国公司(transnational corporation)又称多国公司(multi-national enterprise)、国际公司(international firm)、超国家公司(supernational enterprise)和宇宙公司(cosmo-corporation)等。20世纪70年代初,联合国经济及社会理事会组成了由知名人士参加的小组,较为全面地考察了跨国公司的各种准则和定义后,于1974年做出决议,决定统一采用"跨国公司"这一名称,指那些以一国为基地,通过在他国投资、技术转让和合作研发等活动,在他国设立分支机构或与当地资本合股拥有

---

① [美]威廉·罗宾逊:《全球资本主义论》,高明秀译,社会科学文献出版社2009年版,第13—14页。
② 马拥军:《跨国资本统治下的世界竞争新格局》,《天津社会科学》2016年第2期,第4—10页。
③ 参见 United Nation Conference on Trade and Development, *World Investment Report 2002*, New York and Geneva, 2002, pp. 5-10。

企业,从事跨国经营的公司。①

联合国虽然确定了跨国公司的名称定义,学术界也基本接受了跨国公司这一名称,但是界定跨国公司的标准却没有统一,海外分支机构数量、海外业务的营业额、股权结构、高管人员国籍、国际化战略等都是观察跨国公司的指标,按照不同的标准对跨国公司的工作定义也不一样。② 总体而言,跨国公司应当具备三大要素:(1) 母公司控制下的多国经营实体;(2) 具有统一的决策体系,有共同的战略目标及统一的政策;(3) 各个实体分享权利与责任。

跨国公司种类复杂。按照经营项目分类,主要包括三类:一是资源开发型跨国公司,这类跨国公司的经营目标是获取各种原材料资源,如石油公司、天然气公司;二是加工制造型跨国公司,主要从事机器设备制造和零配件中间产品的加工业务,以巩固和扩大市场份额为主要目的,如波音飞机在其他国家的分公司;三是服务型跨国公司,主要是向国际市场提供技术、管理、信息、咨询、法律服务以及营销技能等无形产品,包括跨国银行、咨询公司、律师事务所等。

跨国公司强调的是生产要素的综合,而不仅仅是市场的组合。一般来说,跨国公司往往依赖专业化生产,充分利用全球的要素资源禀赋优势,使用不同东道国的廉价劳动力、充裕的自然资源以及市场和资本要素资源,以全球市场为基准,以各国为车间,依赖于专业化生产,使用一个地方的廉价劳动力、另一个地方的廉价材料,将跨国公司的生产和经营活动建立在全球基础上,利用国际分工和资源进行全球性配置。作为先进管理技术、组织创新、研究开发、国际直接投资及国际贸易的主要载体,跨国公司的地位和作用不断提升,世界最重要的支柱产业如汽车、电子、航空、金融、信息技术都被纳入跨国公司的国际生产和服务体系。跨国公司既是经济全球化的构建者,也是经济全球化的受益者,对世界经济与政治的影响也更加广泛和深刻。

随着世界经济的发展,跨国公司在人类社会中扮演着越来越重要的角色。根据联合国贸易与发展会议[(United Nations Conference on Trade and Development,UNCTAD),以下简称"联合国贸发会议"]发布的《2018年世界投资报告》的统计,在2017年,全球对外直接投资额高达1.43万亿美元,其中大部分都依靠跨国公司进行。全球级的大型跨国公司占据的资源和地位甚高,呈现出一定的集中度,世界前100强跨国公司的海外业务占据着世界上9%的海外资产,17%的世界海外销售和13%的海外就业。此外,跨国公司还占据世界前100强经济体的50%。③ 据统计,全球跨国

---

① 参见 United Nations, *Code of Conduct on Transnational Corporations*, N. Y. : United Nations, 1987。
② 联合国经济发展理事会、美国《商业周刊》、弗农教授、邓宁教授等对跨国公司都有不同的定义。
③ 参见 UNCTAD, *World Investment Report 2018: Investment and New Industrial Policies*, New York and Geneva: United Nations, 2018。

公司总数已超过8万家,当今许多跨国公司的资产和年销售额已经远远超过世界上绝大多数国家的国民生产总值。世界500强公司大部分几乎都是跨国公司,其所掌握的人力、物力、财力已经超过世界上大多数国家。根据《财富》杂志评选的2020年世界500强企业,沃尔玛连续第七年成为全球最大公司,截至2020年10月,其收入达54 874 300万美元,利润达1 974 200万美元,在全世界拥有雇员220万人,以组织资产计,其能够进入世界GDP排行前50名,超过世界上大多数国家。①

(一) 跨国公司早期发展历程

跨国公司随着国内生产的不断扩大而出现,其早期形态是17世纪开始出现的荷兰、英国等国家的海外殖民公司。英国是最早广泛通过跨国性公司组织来开展海外贸易甚至海外殖民的国家,伦敦自18世纪末取代荷兰的阿姆斯特丹成为世界金融中心以来,就一直强有力地保持了这一地位,培育了一大批金融跨国公司,为英国跨国公司的金融扩张提供了强大动力。

1600年成立的英国东印度公司是一家股份制公司,拥有218名股东,以及英国皇家授予的具有排外性和强制性的15年的特许权,包括掠地铸币、筑城养兵、缔结盟约、宣战及审理刑事民事案件五项特权,这为公司的殖民扩张提供了机会。一开始,东印度公司主要进行商品交换形式的贸易合作,随着公司力量的不断壮大,其利益的触角不断延伸。1698年,英国东印度公司向印度政府买下了加尔各答的包税权并在此设立贸易总部,开始将各种廉价的工业原材料输送回英国进行生产,而后来更是逐步扩大包税权地区,并且建设公司的武装军队。东印度公司从一个股份制公司蜕变成英国殖民印度的工具。

随着资本主义在世界范围内的兴起和发展,美、德等国的现代跨国企业逐步崛起。美国的胜家缝纫机公司(Singer)于1867年首先在英国的格拉斯哥建立了一家缝纫机装配厂,其产品供应欧洲和其他地区,1880年公司又在伦敦和汉堡设立负责欧、亚、非业务的分支机构。大约在同一时间,德国的拜耳化学公司(Baver)在美国纽约州开设了一家苯胺制造厂;瑞典的诺贝尔公司(Nobel)在德国汉堡设立了生产炸药的分厂。上述三家公司在海外设立生产性分支机构,从事跨国经营活动,已初具跨国公司的雏形,它们通常被看作早期跨国公司的代表。此后,这种模式得到了广泛的认可与复制,欧美不少大企业通过对外直接投资开始进行跨国经营。据估计,到第一次世界大战之前,美国在海外拥有的制造业子公司已达122家,欧

---

① "Walmart Rankl" (February 1, 2021), Fortune, https://fortune.com/company/walmart/global500/, retrieved March 20, 2021.

洲大陆国家为 167 家,其中英国有 60 家。1914 年世界对外直接投资存量为 143.02 亿美元,其中英国为 65 亿美元,占 45.60%,英国仍然是当时世界上最大的对外直接投资者,美国居第二位,总额为 26.52 亿美元,占 18.50%。① 从此,跨国公司经历了原始发展,逐渐走向现代化,并且在国际事务中发挥越来越重要的影响力。

(二) 跨国公司的全球化发展

跨国公司与全球化的关系是天然存在的。跨国公司从一家本土公司成为跨国性公司,本身就代表了一种全球化进行和发展趋势。跨国公司诞生在近现代世界经济的演进过程中,其就属于世界经济发展的客观结果之一。与此同时,跨国公司发展反过来又大大加快了世界经济的增长和演进步伐。因此,世界经济发展孕育了跨国公司,而跨国公司的发展又推动了世界经济的增长,其对未来世界经济发展也将发挥举足轻重的作用。

两次世界大战期间,跨国公司对外直接投资发展缓慢,战后虽有所增加,但主要集中在资源开发性行业,且具有明显的地域局限性。大型企业向欧洲和世界其他地区积极扩张,建立起遍布世界各地的生产与销售网络,跨国公司在海外的分支机构数量也从第一次世界大战前的 100 多家增加到二战爆发前的 700 多家。1913—1938 年,主要资本主义国家的对外投资总额从 40 亿美元增至 530 亿美元。1938 年,英国投资存量为 105 亿美元,但比重已下降到 39.8%,美国为 73 亿美元,比重上升到 27.7%。② 美国企业对外直接投资增加快于世界整体水平,在世界直接投资总额中仅次于英国居第二位。在此期间,跨国投资出现萌芽,资本输出更为便捷地使跨国生产经营的速度大大提高,当今世界的主要跨国公司的基础格局开始形成。伴随着全球性跨国公司网络的形成,全球化也快速发展。

二战给全人类造成巨大破坏,但是却并没有从根本上影响跨国公司发展的步伐,甚至在原有的格局内为跨国公司创造了新的发展契机。战后尤其是 20 世纪 50 年代以来,全球范围内对外直接投资迅猛增长,跨国公司得到空前发展。二战使欧洲经济遭到重创,各国资本纷纷流入美国并且继续开展投资经营。战争期间美国本土未受到战争破坏,并通过军事等贸易积累了大量财富,二战结束时美国已经成为世界最大的对外直接投资国。随着国家主导的针对欧洲经济振兴的"马歇尔计划",美国公司和资本迅速跨越大西洋,既促进了欧洲经济恢复,同时也形成了美国资本在欧洲等地区的主导优势。

二战结束以来,在跨国公司的发展上,西欧和日本也不甘示弱,紧跟美国其后。

---

① 程立茹、周煊编:《国际企业管理》,对外经济贸易大学出版社 2014 年版,第 8 页。
② 同上书,第 9 页。

到20世纪70年代,两个地区的经济恢复之后,在全世界范围内与美国形成了贸易竞争。西欧跨国公司同美国公司相比,不仅数量增加,而且规模扩大,经济实力和竞争能力迅速增强,在资本、技术、管理和研发方面的差距日趋缩小,日本跨国公司的力量也在不断加强,在全世界范围内进行资产配置。全球资本主义阵营跨国公司与资本力量最终形成了三足鼎立局势。值得一提的是,同一时期的社会主义国家主要采用计划经济模式,公司企业大多经历了国有化改造,成为国家计划经济的一部分,跨国性较弱。尽管苏联等国家在社会主义阵营里也组建了政治经济合作组织——经互会,但其规模和效果不能和资本主义阵营相比。此外,从20世纪70年代开始,随着石油大幅度涨价和某些原材料价格上涨,发展中国家经济实力大大加强,在经济发展的同时,一些发展中国家开始对外直接投资,并从事跨国经营。20世纪80年代后,在"亚洲四小龙"以及巴西、墨西哥等新兴工业化国家和地区涌现了一批有相当规模与实力的跨国公司;中国改革开放之后,跨国公司和跨国资本随之进入,同时中国国有公司资本和民间企业资本也开始了在全世界参与合作与角逐,国际投资呈现出多元化、多极化的新格局。

(三) 从跨国公司到全球公司

跨国公司在自由发展的过程中显现出一些新的形态,其中最典型的当属全球公司的出现。随着跨国公司不断发展,一些公司在海外的投资与市场都空前扩大,其产值与影响力甚至远超母国公司,母国以外的业务比重不断提高,公司主要收入、主要资产均来自母国外,公司的经营重心也转移到母国外,母国与东道国的关系发生着微妙变化,甚至相互之间的区别越来越模糊,进一步可以发展为没有明显母国属性的全球性公司,这是许多跨国公司发展的普遍趋势。

1995年开始,联合国贸易与发展会议(UNCTAD)每年公布全球前100家非金融类跨国公司的跨国化指数(transnationality index,TNI)①,当跨国指数超过50%时,意味着母国的生产经营活动重要性显著降低,公司由跨国公司开始成长为全球公司。当指数超过70%时,意味着母国业务的重要性进一步下降,公司的全球性特征更加明显,成为典型的全球公司。1995年,全球前100名跨国公司中跨国指数超过50%的跨国公司就有51家,超过总数的一半;跨国指数超过70%的有18家。2012年全球前100家跨国公司的全球化特征更加明显,有88家跨国公司跨国指数超过50%,其中跨国指数超过70%的有42家。② 可以说,跨国公司的发

---

① 跨国指数(transnationality index,TNI)是国外资产与总资产的比率、国外销售额与总销售额的比率、国外雇员数与总雇员数的比率三个指标的平均值。
② 庞明川、凌冰:《TNI能准确衡量发展中国家企业的国际化程度吗?》,《产业组织评论》2012年第3期,第81页;王志乐:《全球公司:跨国公司发展新阶段》,《全球化》2015年第11期,第44—65页。

展已经进入全球公司的新阶段。全球公司一般是跨国公司在业务向海外不断转移的过程中逐渐形成的,也有的公司建立之初就是全球公司,业务开展没有母国及东道国之分。比如创立于1985年的国际救援中心(International SOS),它是法国医生帕斯卡尔·瑞-贺默(Pascal Rey-Herme)在印尼创立的,在伦敦和新加坡设有两个总部,在60多个国家设有分支机构,员工说70余种语言。① 这样的公司很难定义其属于哪个国家,因此被称为"天生的跨国公司"。近些年,一些国家的保守主义思潮回归,政府开始干预公司包括跨国公司的发展,直接表现为打击他国跨国企业的正常投资与业务、要求本国跨国公司优先服务于本国的就业等,这为新一轮的政府与公司的关系发展、政府与跨国公司的关系发展提供了新的课题。

二、跨国资本

跨国公司拥有巨额的资本、庞大的生产规模、先进的科学技术、全球的经营战略、现代化的管理手段以及世界性的销售网络,其触角遍及全球各个市场,成为世界经济增长的引擎,对"无国界经济"的发展起着重大的推动作用。随着跨国公司资本力量的不断积累,跨国资本越来越成为显著影响全球发展的重要力量。

跨国资本经营成为跨国公司发展的高级阶段,表现为跨国公司在国际化范围内进行的并购、战略联盟和资产重组等资本经营活动。与跨国公司相比,跨国资本更加自由,其可以敏锐地嗅到世界范围内的机会并及时开展行动,它以跨国证券投资、股权交易、私募股权投资、主权财富基金等形式进行资本运作。

21世纪的跨国公司最典型的代表是跨国资本。跨国资本的大量涌现,使得经济的非国家化成为一个显性问题。许多学者认为,这是当今全球化的最主要特征。所谓"非国家化"主要指减少国家在国际资本、金融、商品、产业流动中的干预,反对贸易保护主义,废除一切对外国资本的歧视措施,降低以至取消关税。经济全球化、非国家化以跨国资本雄厚的经济实力为基础,如果主权国家为了保护自己的民族经济,采取高关税等贸易保护措施,跨国集团会撤销投资,把资本转移到较少贸易障碍、适于其获取更大利润的地区。面对强大的压力,主权国家不得不让步。有些学者认为,这种强大的跨国资本力量正在取代国家,而形成一种全球资本主义的"利维坦",任何公众力量和主权国家在它面前都显得无能为力。② 鉴于跨国公司在不同的国家之间进行产品和服务的生产和销售的特性,资本伴随着产品和服务的跨国贸易进行跨境流动。跨国资本发展的集中代表是资产管理公司和主权财富

---

① 参见"A History of International SOS", International SOS, https://www.internationalsos.com/about-us/history, retrieved March 20, 2021。
② 朱景文:《关于法律与全球化的几个问题》,《法学》1998年第3期。

基金。

(一) 资产管理公司

在跨国资本市值变化的背后,形形色色的金融资产管理公司成为左右资本市场的重要推手。根据麦肯锡的数据显示,2017 年全球投资者向投资行业投入了大约 2 万亿美元的新资金,管理的全球资产增加到创纪录的 88.5 万亿美元。全球最大的私募股权投资基金公司黑石集团由苏世民(Stephen Schwarzman)和彼得·彼得森(Peter Peterson)于 1985 年联合创立,初创资金仅有 40 万美元,公开上市 14 年,在私募股权、房地产投资、对冲基金和信贷基金等全球最赚钱的金融业务领域,占据主导地位。黑石集团新发布的财报显示,2019 年集团管理资产规模达到 5 711 亿美元,突破 5 000 亿美元大关。此外,贝莱德(BlackRock)、摩根大通(J. P. Morgan)、高盛集团(Goldman Sachs International)、巴克莱集团(Barclays)、摩根士丹利(Morgan Stanley)、美银美林集团(Bank of America Merrill Lynch)、德意志银行(Deutsche Bank)、花旗集团(Citi Bank)、瑞士信贷(Credit Suisse)、瑞银集团(UBS)等都是搅动全球金融市场的资本大鳄。

近年来,尽管贸易保护主义和地缘政治给市场带来诸多不确定的因素,但私募股权融资作为长期投资工具对投资者仍具有吸引力。2019 年 3 月,贝恩公司(Bain Capital)发布的《2019 全球私募股权市场报告》显示,2018 年全球私募股权基金市场投资额再度攀升。2018 年全球收购交易数量为 2 936 笔,同比减少 13%。但收购交易总额上升 10%,达到 5 820 亿美元(包括后续交易),5 年收购交易总额更是创下历史新高,达到 2.5 万亿美元。截至 2018 年年底,所有私募基金类型的待投资金总额达 2 万亿美元,突破历史高位,仅并购基金就达到 6 950 亿美元。从区域来看,亚太地区私募股权净资本流入表现颇为亮眼,逐渐成为全球主要的私募融资中心。① 从行业来看,科技成为全球私募基金投资的热门领域。在亚太地区,拥有新型技术的私营企业释放出巨大潜力,远程医疗、3D 生物打印、移动支付、新能源汽车等拥有先进技术的企业,成为热门的投资标的。

(二) 主权财富基金

与金融资产管理公司一样,主权财富基金(sovereign wealth funds,SWFs)也是值得关注的金融推手。主权财富基金是指一国政府通过特定税收与预算分配、可再生自然资源收入和国际收支盈余等方式积累形成的、由政府控制与支配的、通

---

① Bain & Company, "Global Private Equity Report 2019", Bain & Company website, https://www.bain.com/contentassets/875a49e26e9c4775942ec5b86084df0a/bain_report_private_equity_report_2019.pdf, retrieved April 29, 2021.

常以外币形式持有的公共财富。主权财富基金的历史可以追溯到20世纪50年代。1953年,科威特投资委员会设立,旨在投资盈余石油出口收入,减少国家对有限石油资源的依赖性,通常这被视为主权财富基金意识的起源。2005年7月,美国道富银行经济学家安德鲁·洛扎诺夫(Andrew Rozanov)在报告中首次提出了"主权财富基金"概念。他指出,随着一国宏观经济、贸易条件和财政收支状况的改善,以及政府长期预算与财政支出限制政策的实施,国家财政盈余与外汇储备盈余不断积累。针对过多的财政盈余与外汇储备盈余,一些国家成立了专门的投资机构来进行管理运作,这类机构可称为"主权财富基金"。新加坡淡马锡、阿布扎比投资局、挪威银行资产管理公司、伊朗石油稳定基金和外汇储备基金、卡塔尔投资局、迪拜投资公司、中国投资有限责任公司(简称"中投公司")等机构接连成立。主权财富基金资产规模的64%源于石油储备,超过30%源于贸易盈余储备。根据主权财富基金研究所(Sovereign Wealth Fund Institute,SWFI)报告,1980—2000年,主权财富基金稳步上升至1万亿美元左右,1990年,全球主权财富基金的规模只有约5亿美元,但随后其资产规模急剧膨胀。2016年年底,主权财富基金的资产规模合计已达到约7.2万亿美元,远超过私募股权基金和对冲基金的资产规模。21世纪以来的第1个20年里,主权财富基金规模急速蹿升,已达近8万亿美元。[①]不到半个世纪的时间,主权财富基金从无到有,2010—2016年,全球新设立主权财富基金23个。此外,还有28个国家正准备设立主权财富基金,主要是东部非洲、南部非洲和拉丁美洲国家。2019年基金数量超过70个,主权财富基金成为全球经济、政治学家热议的话题。中国的中投公司成立于2007年,已经发展为世界第二大主权财富基金。

以资产管理公司和主权财富基金为代表的跨国资本已经成为全球公共事务治理的重要影响力量。这些机构往往隐身幕后,通过股权交易、投资合作、跨国并购等更加灵活的手段在不同国家、不同公司之间相互持股,左右着金融市场的局势,也影响着全球治理的进程。跨国资本对于全球治理的影响将是深刻且持久的。

第三节 治 理 形 态

跨国公司参与治理是一个既古老又年轻的现象。说它古老,是因为公司治理从公司成立的时候就已经存在。说它年轻,是因为公司治理的概念与内涵直到今

[①] "What Is a Sovereign Wealth Fund?", SWFI, https://www.swfinstitute.org/research/sovereign-wealth-fund, retrieved March 20, 2021.

天仍在不断完善。公司,尤其是跨国公司作为人类社会的重要组织形态,融合了对资源、资本、人力、科技等要素的整合与发展,其所参与的治理内容也非常丰富,按照跨国公司涉入事务的边界范围,其治理形态主要体现为以下几个方面。

一、公司治理

公司治理的核心是对公司这一组织的正常发展相关内外事务的治理。这种治理自公司成立之初就自然产生,公司参与治理是其内在职能的合理延伸。跨国公司具有产品买卖交换之外的外部性问题,有积极的外部性问题,比如促进经济增长、技术转移、提高劳动力素质等,也有消极的外部性问题,比如技术依赖、寡头垄断、就业转移等。公司自身治理的变化,同样会产生外部性的治理效应。不同公司的治理质量和结果直接影响公司的不同发展轨迹,甚至决定公司的不同命运。

跨国公司的公司治理是指特定跨国企业对经营管理活动进行激励和约束的整套具体的制度。[①] 跨国公司治理与公司管理问题有相当的重合,如其中包括:(1)公司的战略与策略治理(跨国公司的全球治理战略制定、国际生产治理、产品策略等)、市场营销治理(营销策略、价格策略、促销策略、市场营销调研等)、资金财务治理(财务治理、融资治理、外汇风险治理、营运资金治理、税收治理等);(2)公司的机制与规范治理,包括公司基本章程与规定,各种股东会、董事会、监事会、经理管理层的权利义务问题,以及包括决策机制、激励机制和监督机制在内的各种机制;(3)公司经营相关的外部性问题治理,如与政府的关系治理与及时跟进交流各种政策法规、与社会的关系治理如承担必要的环保与公益责任、与 NGO 如世界劳工组织的关系治理等。

公司治理演变已经有数百年,在实践中不断进步完善,跨国公司相对于其他一般公司而言,有其特殊的治理难题,主要表现在跨国公司内部结构的两个方面:一是母公司内部横向的权力分配;二是母公司与海外子公司之间纵向的权力配置。[②]

(一) 完善母公司治理结构,加强母公司监督等职能

要提高跨国公司对自身的治理水平,首先需要完善母公司的治理结构,提升母公司的治理水平;其次,母公司需要加强自己在研发、资本运作等方面的能力,形成技术上、资源上对下属企业的影响,消除行政上的控制,建立母子公司之间资源共享的联系,以整合内外部资源,且对子公司各项经营建立良好的监控;再次,母公司

[①] 参见周新军:《跨国企业的公司治理研究——中外跨国公司治理模式的比较与选择》,高等教育出版社 2005 年版。
[②] 参见王文钦:《公司治理结构之研究》,中国人民大学出版社 2005 年版。

应该规范对子公司管理人员的选派体系和职能分工,既要充分发挥母公司对子公司的监督职能,也能完善子公司的治理结构。

(二) 理顺母子产权关系,建立子公司治理结构

对于跨国公司而言,母子公司并非总是从事同样的业务、执行同样的职能。因此两者之间要存在分工,并且多是根据"大权独,小权分散"的原则安排权力结构。比如,整个公司的研发、财务、法律等职能往往集中在母公司,日常的经营活动权分散在各个子公司。主要权力集中于母公司,主要着眼于全球的融资、用资政策和利益分配,不仅有利于管理,而且也使各个子公司能根据当地的情况就地取材,因地制宜地把握当地机会,创造良好的适合本土国情的经营机会。能让组织更好地利用各个子公司的技能和经验是跨国公司治理的重要目的之一。

跨国公司规模越大,子公司纵向层级越多,整合协调不同子公司之间和母子公司之间的工作的难度就越大,所以,跨国公司治理结构需要设计合理,内部治理与外部治理要巧结合,发挥科学作用,使遍布全球的分支机构,使母子公司之间、子公司与子公司之间尽管有着截然不同的分工和角色安排,但却是一个统一协调的整体。

当今世界跨国公司多不胜数,不同的公司有不同的治理形态,其与国家政治制度、与文化传统、与历史基础、与市场发展等诸多因素紧密联系。适合自身的治理模式、治理结果、治理形态与治理方式才是最好的。当然,这将是跨国公司发展过程中首要面临的、也是永远面临的问题。

二、国家治理

随着跨国公司的发展和力量壮大,其已经成为国家治理的重要力量,发挥不可替代的关键作用,参与国家治理既是跨国公司发展的不可完全回避的使命,也是国家发展过程中的必然要求。

跨国公司一经出现就与国家治理密切相关。14 至 18 世纪,最初的跨国公司在贸易、经济职能之外,逐渐获得了外交、军事职能,深刻融入母国及东道国的政治、外交过程。公司俨然成为另一个功能齐备的政治经济实体,承担商业、政治、军事、外交等多方位职能。东印度公司在英国外事中担任举足轻重的角色,甚至在很长一段时间里主宰了英国对印度乃至整个远东地区的外交与军事。近代以来,随着国家职能的回收以及公司职能回归常规形态,跨国公司参与国家治理转为更精细、更专业的方式。二战结束以来,随着殖民地国家的独立,近代以来的殖民体系土崩瓦解,取而代之的是以跨国公司为主要形式的国际贸易、投资和金融合作,跨

国公司参与各国国家治理的意愿越来越活跃,参与方式也越来越多样。具体来说,现代跨国公司参与国家治理的方式主要有以下两种。

(一) 直接参与国家政策制定

跨国公司直接参与决策过程和符合制度规范的一系列组织设计和制度安排,是跨国公司参与政策制定过程的正式渠道。这种正式渠道首先源于现代产业组织法人治理结构的不断完善和社会化分工形成的部门专业化,以及民主政治的发展提供的组织和制度便利。跨国公司对社会资源的支配和控制以及它们在社会生活中所处的地位也决定了正式参与渠道的多寡。西方资本主义国家的政治现实表明,跨国公司在选举过程中通过各种形式的政治资助进行利益表达已成为非常普遍的现象,甚至成为维系西方政党政治正常运转必不可少的条件。

作为经济组织,跨国公司参与公共政策决策的活动也必然会依据"成本-收益"的最基本逻辑做出判断。尽管民主政治的发展为跨国公司参与决策过程提供了众多的正式渠道,但当正式渠道成本过高,或者正式渠道并不能带来符合跨国公司利益需求的政策结果时,跨国公司一般会转向非正式渠道继续参与公共政策的决策过程,这种方式可能会比正式渠道获得更为有效的影响和作用。参与决策过程的非正式渠道,既有符合制度规范的媒介,如大众传媒,也有不符合制度规范的活动,如贿赂和收买。在一些发展中国家,跨国资本力量如此之大,以至于其可以时常影响政局稳定甚至政权更迭。

(二) 间接影响国家政策制定

跨国公司能够间接影响政策制定的原因在于资本已经成为当今社会的重要力量,因此整个社会与国家的发展逐渐与其形成一种常规互动,甚至有时候形成一种依赖,这使得跨国资本的力量在众多力量中成为一种广泛的公认的无国界力量。

许多国家和地区为了实现自身的经济建设与社会发展,迫切希望获得资本的介入。跨国公司进入后的积极效应是明显的,其将直接带来对产品科技的提升、对税收的增加、对就业的保障、对贸易的驱动等。因此一些后发国家或者欠发达国家,为了尽快赶上发达国家的发展步伐,往往倾向于借助资本包括跨国资本的力量。尤其对于开放程度较高的国家,跨国资本是帮助国家快速发展和持续繁荣不可或缺的力量,为了吸引跨国公司,各国纷纷加强外资投资法的制定。各种类型的投资促进政策有不同的名称,如在中国叫作招商引资政策,在日本叫作海外促进政策。

当然,物极必反,跨国公司达到一定规模时就会在某些层面与国家竞争,侵蚀国家的权力,带来主权困境。为此,各国纷纷制定出口控制政策,包括征收出口关税,发放出口配额许可证、制定反托拉斯法等。跨国公司与国家治理的关系本质上是公司与政府之间的关系,相互之间明确分工、彼此协作、才能实现政治与经济的共同发展。

三、地区治理

尽管跨国公司从很早就开始地区性的治理实践,但是跨国公司参与地区治理的真正发展和壮大与地区一体化进程密切相关。20世纪中后期以来,地区一体化如火如荼,在这股强劲的潮流背后,跨国公司是一个重要的推手。尤其是20世纪70年代以后,全球私有化浪潮和自由合作趋势的发展,为跨国公司的全球化资源配置提供了强大的动力。形形色色的自由贸易协定安排、关税同盟、经济同盟和合作框架,都为资本流动提供了更多的便利。

地区一体化可以从如下两个方面来考察。从宏观层次上来看,各国政府是一体化的主导力量,政府通过相互之间的政策协调,甚至建立超国家的协调机构,人为地消除成员国之间的各种阻碍贸易、资本、人员流动等活动的因素,以加强各成员国之间经济联系,推动该地区达到经济一体化的状态;从微观层次上来看,跨国公司通过自身在某一国际地区内的跨越国界的投资、生产、贸易等各种行为,大大加深该区域内各个国家之间的经济联系和相互依赖程度,从而促使该地区经济一体化程度的加深。在一些关系比较复杂的地区治理中,政治治理往往难以快速形成,而经济治理却是相对可行的方式,跨国公司在地区经济治理中则扮演着不可替代的角色。

跨国公司在欧盟一体化运动中的角色不容忽视。跨国公司通过在整个欧洲甚至全球范围内的直接投资,将欧洲各国的生产活动紧密地联系在一起,使得欧盟各国的经济相互依赖程度大大提高,客观上促进了欧盟地区经济一体化向深度发展。福特公司在欧洲布局大量与汽车生产相关的技术与设备,通过生产、组装与销售等环节的串联,既实现了福特公司效益,又给欧洲相关国家留下了较为完整的生产体系,甚至直接推动了欧盟一体化国际生产体系的建立和发展。此外,跨国公司,特别是大型跨国公司和跨国公司集团,作为一种特殊的利益集团,具有其他利益集团不可匹敌的优势和影响力,对欧盟一体化的形成产生了重要影响,其中20世纪70年代成立的欧洲工业家圆桌会议(European Round Table for Industry,ERT)组织就是最好的证明。

跨国公司在亚洲区域合作中也发挥了重要的角色。在早期亚洲地区的贸易中就一直活跃着一个海外华人商业群体。二战后,日本领导的跨国公司迅速扩大,地区产业复合体在诸如电子产业中发展起来,编织了一张地区资本流动与合作之网。

近年来,中国企业走出去的步伐加快,尤其是在"一带一路"建设的框架内,中国跨国公司在区域治理中的影响力也在不断上升。尤其是支付宝和微信等轻资产项目的地区扩展,将地区治理置于一个更便捷的平台上。共享经济和平台经济的蓬勃发展将进一步释放全球资本的创造性和灵活性。

四、全球治理

在当前的全球治理框架中,无论是理论构建,还是实际需要,国家仍然是全球政治体系中的主要行为体,但是非国家行为体获得了更大的自由度和活动范围,并且各种非国家行为体与国家形成了多元互动关系,以跨国公司为代表的新的全球力量成为国际社会中的显性力量。跨国公司的业务遍及全球,上天入地,几乎没有明显边界。因此,跨国公司参与全球治理是一种客观存在的现实。随着各种全球性问题的凸显,跨国公司的全球治理功能越发受到重视,甚至有些学者把跨国公司所能提供的公共产品描绘成为"最大限度地促进世界福利的关键性工具"[1]。总的来说,跨国公司通过以下几种方式参与全球治理。

(一) 催生全球生产链与价值链

联合国贸易与发展会议(UNCTAD)认为,生产工序中生产任务和生产活动的国际分工催生了无国界的生产系统。这些生产系统由有顺序的链条和复杂的网络组成,它们的范围可能覆盖全球,通常被称为"全球价值链"(global value chains,GVC)。[2] 近年来,在跨国公司的主导下,全球生产链和价值链系统把世界各国紧密地联系在一起,跨国公司通过全球生产链和价值链实现资源配置优化,推动全球化进程,并使得各国从中共同获益。到如今,全球生产链与价值链基本形成,国家与国家之间的关系密切互联互嵌,任何国家都不可能独立生产出自身所需要的所有产品。

20世纪60年代制造的波音727飞机设计、开发、制造均依靠波音公司自主投资,独立完成,按价值计算进口零部件只占2%。20世纪70年代为了顺利出口飞机,飞机制造企业开始将一些零部件生产转移到国外,进口零部件比重逐步提高。波音飞机的对外采购从747机型的简单结构部件发展到777机型的复杂中心机翼。波音787梦想飞机的零部件和子系统依靠全球采购,主要部件供应企业来自澳大利亚、加拿大、中国、意大利和日本等国。按价值计算,波音787飞机的进口比

---

[1] 卜东新:《跨国公司理论和实践的演变》,《南方经济》1995年第6期,第38—41页。
[2] UNCTAD:《2013年世界投资报告》,冼国明、葛顺奇等译,经济管理出版社2013年版,第19页。

重已经达到70%。中国对波音飞机供货的不断增加从一个侧面说明飞机制造业生产分割和外购不断加深。①

(二) 制定规范标准,促进贸易成效

跨国企业对全球治理的结构与进程的影响越来越大,并且主动权不断扩大,具体表现在全球治理的规范形成、议程设置等实践活动中,在经贸领域尤为突出。随着全球经济一体化程度的不断提高,各国经济之间的竞争已逐渐从生产资源、市场的竞争升级为规则、标准的竞争。标准的制定有助于全世界统一规范与行动,是高效交流中需要不断解决的问题,从整体上有助于全世界商品制造与贸易交换。但直到现在世界经贸规则的制定权并不是平等的,一些重要国家和企业集团已经积累了历史优势,并且优势不断稳固,中国政府和企业参与世界经贸规则制定的结构性权力仍然较弱。例如,截至2015年,由中国提交的298项国际标准提案中,虽然有141项正式发布为国际标准化组织及国际电工委员会的国际标准,但与发达国家相比,中国现有标准与国际标准的差距还较大。②

5G技术领域的标准由第三代合作伙伴计划(the 3rd Generation Partnership Project,3GPP)组织开发,该组织有超过550家公司作为会员公司参与。它由16个工作组组成,负责制定终端、基站和系统端到端技术的标准规范。1998年,多个电信标准组织伙伴签署了《第三代伙伴计划协议》,并制定了3G时代全球适用技术规范和技术报告。此后,3GPP一直延续到4G时代,再到5G时代。中国有几十家企业或机构成为3GPP的伙伴,包括设备商华为、中兴、大唐等。在5G技术标准制定方面,中国企业走在前列,中国5G技术世界领先,专利申请数优势明显,华为排名第一,中兴通讯第三,从2020年开始,全球5G网络将有三分之一来自中国技术。③ 中国对国际规则制定的参与将越来越多。

(三) 提供公共产品,助力全球问题解决

主权国家和以联合国为代表的政府间组织仍然是全球问题的主要治理力量,但是随着全球事务的层出不穷,这些行为体已经难以完全应对,跨国公司发挥的作用越来越受到人们的重视,在环境、公共健康和公共卫生、教育和人才培养类、扶贫类和人道援助、创新、基础设施等诸多方面提供丰富多元的公共产品。

---

① 刘戒骄:《生产分割与制造业国际分工——以苹果、波音和英特尔为案例的分析》,《中国工业经济》2011年第4期,第148—157页。
② 王辉耀、孙玉红、苗绿:《1990—2015年中国企业全球化发展现状与趋势》,载《中国企业全球化报告》(2015),社会科学文献出版社2015年版,第33页。
③ 参见中国网络空间研究院:《中国互联网发展报告2020》,社会科学文献出版社2020年版。

比尔·盖茨(Bill Gates)的基金组织(the Gates foundation)已经向全球疫苗和免疫联盟捐款7.5亿美元,向国际艾滋病疫苗行动捐款2 500万美元,另外它还出资7 500万美元发起建立疟疾疫苗行动组织。美客公司向非洲的河盲症控制计划捐赠了伊维菌素药物。诺华基金会在全球消除麻风病联盟中起着重要作用。壳牌石油公司也主要在有效碳定价机制和物种多样性保育方面提供公共产品;杜邦集团有"杜邦民生改善科考计划""杜邦杯"环境主题系列活动;日本三菱商事有"珊瑚礁保护项目"、植被的保护与恢复项目;可口可乐公司的"净水计划"、博世集团的"博世爱心食堂"等关注贫困地区的食品和饮用水健康问题。此外,宝洁公司的"儿童安全饮用水"项目、巴斯夫公司与联合国合作的"关注气候"系列行动、三星集团的创新项目"三星梦想课堂""三星智能教室""三星分享村庄"等也为全球治理作出过一定贡献。新冠疫情暴发后,跨国公司在为新疫苗创造市场方面与国家政府一样扮演着重要角色。

(四) 共建平台,促进全球共同发展

全球范围内的经济论坛是全球各国政商学界人士交流对话、促进全球共同发展的重要舞台。世界经济论坛(World Economic Forum,WEF),也称"达沃斯论坛",是以研究和探讨世界经济领域存在的问题、促进国际经济合作与交流为宗旨的非官方国际性机构,素有"经济联合国"和"世界经济风向标"之称。

世界经济论坛的经济支持来自1 000家基金会会员。会员企业需是年收入额在50亿美元以上的国际企业(收入额可因行业和区域而异)。这些企业均是所在行业或国家中的佼佼者,并对于该行业或区域的未来发展起重要作用。论坛的基金会会员可以选择成为"行业合作伙伴"和"战略合作伙伴",更深入地参加论坛的活动,并发挥影响力。

世界经济论坛的影响力在于其成员组的实力。世界经济论坛基金会的成员是引领世界经济潮流的跨国公司,各个成员组的人是代表着各自领域内最有影响力的决策者和潮流领导者。成员组内的人员互相交流,不同成员组之间也进行密切讨论,这使得世界经济论坛基金会举办的每一项活动都有积极的参与度。大量具有国际影响力的跨国公司齐聚世界经济论坛,与世界主要国家代表甚至主要领袖共同沟通和商讨人类面临的共同问题,这里已经成为跨国公司开展全球治理的重要平台。

除了以上几种主要方式外,不能忽视的是,国家、地区和全球性国家间政府组织对跨国公司的治理客观上也是全球治理的重要内容。1976年经济合作与发展组织制定了《跨国公司行为准则》(Guidelines for Multinational Enterprises),以要求规范跨国公司的行为,共有34个国家政府签署了这一行为准则使其逐渐在全球推广。2000年,经济合作与发展组织对这一准则进行了修订,将其重点放在了可

持续发展上,并包含了国际劳工组织所有的核心劳工协议,准则的内容具有综合性特点,涵盖一般政策、信息公布、劳资关系、环境、打击行贿、消费者利益、科学技术、竞争、税收等方面。跨国公司的行为是由政府约束的,《跨国公司行为准则》也要求签订主体是主权国家政府,跨国公司并不是直接契约方,但是经过四十余年的推广应用,经济合作与发展组织及其《跨国公司行为准则》作出的努力和改变不容忽视。此外,OECD 还先后出版了《OECD 公司治理原则》《公司治理:对 OECD 各国的调查》《OECD 国有企业公司治理指引》等重要文献,丰富了和发展了《准则》,对于促进跨国公司在全球范围内的规范和治理具有重要意义。

当然,跨国公司在参与全球治理的过程中,会引发全球治理的"私有化"问题。一个典型的例子是全球的"麦当劳化"现象,它构成了美国经济和文化全球霸权的一个支柱。除了非洲之外,麦当劳从 20 世纪 90 年代起在全球各大地区大量建立分店,取得了不俗的业务成绩。尤其是它对苏联集团市场的影响最具有戏剧性,麦当劳的全球拓展恰好伴随着苏东地区的所谓"民主化",体现在莫斯科、华沙和东柏林等城市,实际上,麦当劳在全球的分布也反映着美国对外影响的程度。麦当劳成功的秘密就是将美国标准和单一食谱与不同地方的食谱混在一起的能力,从而将美国标准引入当地餐馆和日常饮食习惯之中。但是,麦当劳化也引起了一些关于非人性化服务、人际关系的极端理性化等批评。在很多地方,麦当劳被当作垃圾食品的象征物,推动着社会向传统饮食回归,对麦当劳的恶意攻击也成为反全球化运动的象征。另一个例子是耐克,耐克公司的生产指挥机构主要设在发达国家和正在崛起的国家,而生产加工机构则分布在发展中国家,90%的生产放在亚洲,在这些生产加工的国家,公司成本更低,社会保障体系不健全,甚至一些国家根本不存在社会保障体系,耐克的全球布局也被看作北方国家的跨国公司剥削南方国家的一个重要标志。

第四节 治 理 途 径

毫无疑问,尽管跨国公司天生具有追求利润的贪婪本性,对参与治理等公共事务缺乏内在动力,但跨国公司参与全球治理具有明显的优势,比如,跨国公司金融资本雄厚,人才济济,有强大的技术和知识优势,通过明确的协调一致的全球战略开展庞大的业务,通过垂直一体化和公司决策集中化在世界范围内如入无人之境。冷战结束以来,跨国公司在发达经济体几乎垄断了制造业投资,在欠发达经济体主导了采掘业尤其是能源部门的投资,并且迅速在金融、信息等服务业领域后来居上。所有这些优势都推动跨国公司不可避免地卷入全球公共政策网络,卷入各民族国家的内部治理网络,卷入社区事务,甚至卷入复杂的国家间外交关系,成为无所不在的治理力量。根据斯蒂芬·克莱斯勒(Stephen Krasner)的研究,尽管联合国、OECD 和其他地区组织以及很多民族国家试图制定促使跨国公司遵守国际行为准则,但均没有成功。然而,跨国公司既没有取代民族国家,也没有走上东印度公司的道路,而是在全球治理的如下领域发挥着重要作用。

一、国际公共政策

公众事务的任务是制定和执行企业对各种公众的策略,创造一个有利于企业生存和发展的政治、社会、经济环境,促使企业的经营策略做适当调整,以与国内外环境相协调。一方面,公众事务影响企业面临的社会、政治和法律(并间接影响经济)环境,使外部环境有利于实现企业的目标;另一方面,公众事务更着眼于政治方面的战略,使企业在形成国家和国际公共政策方面起重要作用,并使公司的战略、国家的政治决策和社会的变化趋于一致。

在国内公共政策过程中,公司就是一个十分重要的角色,公司确立了 BGS(Business,Government & Society)公共政策治理的基本模型:政府、企业和非政府组织三者的互动。公众事务是公共关系的一种职能。20 世纪 80 年代以来,许多跨国公司设立了企业公众事务职能部门。在过去的数十年里,许多公司普遍认识到他们在制定有关国家与国际公共政策中承担的重要角色。

作为世界资源分配的主要力量,公司有责任向政界说明政治决策与连续不断的经济及社会心理过程交织在一起对于推动国家及全球分配系统所产生的影响。公司的代表性只是现在才像劳工和其他公共利益组织那样被视为一种合法的公司职能。这种发展过程在美国可能比在欧洲和日本要慢些。人们对公司这种代表性的认识是随着一些大规模公司里出现的诸如公共事务、对外事务、政府关系或公共政策等新的参谋部门而不断加深的。美国联合碳化物公司(Union Carbide Corporation)可谓一个具体的实例。1976 年,它成为全美首批在公司内设置专门职能部以预测和解答有关重要的社会及政治问题的巨型跨国公司中的一员。1980 年,该公司指定被称为"问题经理"的人员专门注意四个方面的问题:能源;卫生、安全和环境;国际贸易和投资;资本构成和改革。这些"问题经理"和公司最高层决策人一起工作,并监督外部环境的各种不同情况。在全球范围内,随着跨国公司社会责任计划(Corporate Social Responsibility,CSR)的启动,要求建立一个全球公共政策网络,以包容跨国公司在全球治理中的参与。全球公共政策联盟网络(Global Public Policy Networks,GPPN)模型构建了一个国家机构、跨国公司、全球公民社会互动的网络,以解决全球范围内的环境问题、劳工权利问题等全球性问题,为全球治理提供了一个框架,将对全球治理产生深远影响。菲尔莱狄更斯大学教授,企业传播研究院创始人、主任迈克尔·古德曼(Michael Goodman)也强调,当今企业已成为推动全球变革的有效力量,跨国公司从商业需要出发,也必须承担一些政府的职责,参与问题的解决。美国企业由于商业丑闻、海湾战争而面对信任危机,商业的角色变得越来越重要,无论是大企业还是小企业。① 路易斯·戴蒙德(Louise Diamond)等也强调商业管理除了创造利润之外,在和平与解决冲突过程中可以通过建立关系并开创交流和联合行动的途径,增进各国及其人民的经济健康,从而减轻贫困和物质匮乏带来的经济压力,商务合作能建立起各种互信互利的纽带,从而加强整个全球大家庭的团结,成为多轨外交的重要机制。②

近年来,越来越多的跨国公司专门设立与政府打交道的"企业外交部"或"政治公关部",甚至聘请一些职业外交官参与商务管理,将他们外交上的经验运用到企业与外交政府官员的关系处理上,建立专门的政府游说队伍,开展企业游说外交。比如,中国三一重工集团为了加强海外商务管理,聘请了20多名前驻外大使,帮助疏通海外关系,拓展商务空间,有的产生了重大的外交影响。跨国游说外交的机制多种多样,可能是面对面的直接游说,也可能是通过政治助手、宣传工具或者向舆论界呼吁的间接游说,如代理游说。

所谓直接游说,就是公司直接游说政府官员,表达自己的政策主张,改变政府的立法和决策。比如,在美国存在着一个所谓的"中国游说团",主要是由波音公司、通用汽车、美孚石油、埃克森、联合科技、菲利普·莫里斯、IBM、摩托罗拉、卡特彼勒公司(Caterpillar),美国电话电报公司(AT&T)以及美国国际集团(AIG)主导的财富500强的公司,以及包括美国商会、美国制造商协会、商业圆桌会议、中美关系全国委员会、美中贸易全国委员会等利益集团。在2000年美国国会审议永久正常贸易关系(Permanent Normal Trade Relations,PNTR)期间,美国商会在华盛顿举行了100多次约见,有的采取宴会的形式。除了国会之外,"中国游说团"还会见了联邦总审计署(这个部门负责评估中国加入WTO的过程和影响)、国务院、国防部、国家安全委员会、商务部等,美国的"中国游说团"对美国国会批准PNTR发挥了巨大的作用,以至于有学者惊呼,财富500强的企业已经成为中国的公共关系机器。③

代理游说的主力是律师事务所、政治性公关公司与政策性策略公司。他们接

---

① Michael Goodman,"The Role of Business in Public Diplomacy",*The Journal of Business Strategy*,2006,Vol. 27,No. 3,pp. 5-7.
② 参见[美]路易斯·戴蒙德、约翰·麦克唐纳:《多轨外交:通向和平的多体系途径》,李永辉等译,北京大学出版社2006年版。
③ Robert Dreyfuss,"The New China Lobby",*The American Prospect*,1997,Vol. 8,No. 30,pp. 30-37.

受企业的委托,收取费用,用一套专业方式与社会关系网络来完成代理任务,而且他们往往有专门的注册游说人员,比如在业内颇有名气的卡西迪公关公司(Cassidy & Association)、伟达公关公司(Hill & Knowlton Strategies)、万博宣伟公司(Weber Shandwick Worldwide)等。其中,卡西迪公司是美国政治公关公司的大腕儿,自称是美国最大的公关公司,拥有庞大而广泛的社会、政府关系网络,其客户主要以美国本土公司为主,已委托其公关和正委托其公关的客户约有 200 家;其国际性的客户只有 7 家。① 近年来,中国企业也开始强调聘请公关公司开展代理游说。2005 年夏,中国海洋石油股份有限公司(以下简称"中海油")出价 185 亿美元竞购美国优尼科石油公司(Unocal)一役,称得上近年来中国公司在美游说与公关活动之顶峰。中海油公司聘请了阿肯·盖姆公关公司(Arkon Gam PR Company)和公共战略公司(Public Strategies Inc.)开展对美国国会的游说活动,积极争取竞购成功。短短三个月里,四家律师事务所、两家公关公司累计上百名工作人员,从白宫、国会到州级立法机构,宣传、解释此次竞购的商业动机并争取支持,全程耗资逾 300 万美元。② 然而,由于美国对中国崛起因素持根深蒂固的怀疑态度,耗资最巨、动员范围最广的一次中国公司在美游说行动以未达目标告终。虽然此次游说没有成功,但的确让有关各方看到了游说美国的重要性,也更令中国政府领导人看到游说外交对于中国的极端重要性。

二、社会责任

美国佐治亚大学教授阿奇·卡罗尔(Archie Carroll)对社会责任有过详细论述:"企业社会责任是社会在一定时期对企业提出的经济、法律、道德和慈善期望,由企业经济责任、法律责任、伦理责任和慈善责任构成,并成金字塔形状。"③他所指的金字塔结构从下到上分别是经济责任、法律责任、伦理责任和慈善责任,这个定义分别从四个维度概括了企业在社会中应当发挥的角色和承担的责任。与一般性质的国内企业相比,跨国公司所承担的社会角色往往是复杂且多元的,既要在公司母国承担社会职责,同时也要在东道国承担相应职责。这些职责不尽相同,往往

---

① Marriah Star, "The Taiwan Lobby, Formosan Nationalism, and The K-Street Strategy: Success or Failure in Influencing U. S. Foreign Policy?", Paper presented at the annual meeting of the American Political Science Association, Hyatt Regency Chicago and the Sheraton Chicago Hotel and Towers, Chicago, I. L., August 30, 2007.
② Gary Gentile, "CNOOC: Unocal Bid Not About Politics", *Associated Press*, June 27, 2005; Jonathan Weisman, "Chinese Firm Gives U. S. Details of Bid to Buy Unocal", *The Washington Post*, July 2, 2005.
③ Archie Carroll, "The Pyramid of Corporate Social Responsibility: Toward the Moral Management of Organizational Stakeholder", *Business Horizon*, 1991, No. 34, Vol. 4, p. 42.

综合交织在一起。

跨国公司社会责任的主要内容有人权、劳工标准、环境和反腐败四个方面。尽管国际社会对跨国公司人权责任的性质和范围还存在争议,但至少在劳工保护、环境保护、结社自由、种族歧视、少数群体权利方面,跨国公司的人权责任问题已得到越来越多的承认。①

关于企业的各种要求和约束主要由主权国家政府来执行,但是,主权国家对于企业不完全是监管,两者存在相辅相成关系。因此,跨国公司在履行社会责任的时候,要有一种必要的自我约束和要求。具有社会责任心、有着长远眼光的公司一般具有这种意识,并且会积极主动开展相关规范的制定与落实。如卡特彼勒公司1974年发布的《世界商务行为守则和经营准则》,成为跨国公司处理社会责任的典范。皇家荷兰壳牌集团公司在1990年6月发布的《一般经营原则论》中,把公司的责任划分为对股东、雇员、客户、社会四个方面,并且制定了明确的要求和落实方案。② 世界最大的玩具生产厂商Matl公司甚至成立了一个独立的监督理事会,该理事会可以检查和核实公司遵守自己制定的《全球生产守则》的情况,并将结果在不受公司任何限制的情况下公之于众。

履行社会责任是跨国公司参与全球治理的重要方式。企业社会责任自20世纪50年代以后在欧美发达国家兴起,并逐渐形成潮流。跨国公司承担社会责任主要通过如下两大途径。

1. 跨国企业的内部治理责任

主要体现为公司内部生产守则的制定和落实,"内部生产守则"主要是跨国公司在生产经营过程中制定的关于劳工标准、环境标准、反商业贿赂、合规经营等方面的一系列内部规定。20世纪初,西方发达国家的媒体和消费者掀起了"扒粪运动",抨击跨国公司生产过程中的"血汗工厂"问题。为了应对社会压力,跨国公司制定了内部生产守则,大多以国际劳工组织制定的劳工标准被蓝本,覆盖了工资和福利待遇、工时、安全和劳工保护、环境和健康、女性员工权利等内容,这些标准在公司治理中比国际劳工组织制定的标准还要严格。

2. 通过外部的合作主动承担治理责任

主要是指跨国公司接受来自政府间国际组织和非政府组织制定的外部生产守则的约束。最初,企业坚持一元责任论,认为企业创造利润就是承担社会责任。③

---

① 何易:《论跨国公司的国际人权责任》,《武汉大学学报》(哲学社会科学版)2004年第3期,第403—407页。
② 吴先明:《跨国公司治理:一个扩展了的公司治理边界》,《经济管理》2002年第24期,第31—36页。
③ Milton Friedman, "The Social Responsibility of Business is to Increase its Profits", *The New York Times*, September 13, 1970.

随着大量产品质量、环境污染、不正当竞争等外部性问题的出现,20世纪以来的企业开始逐步强调法律责任,政府也大量出台相关法,引导企业将"基于公共政策,为所有利益相关者服务,对社会承担相应的义务和责任"确立为企业社会责任,成为普遍遵守的社会价值和规范。[①] 特别是在社会良心运动、消费者权益保护、环境保护运动等社会运动压力下,企业的社会责任意识不断增强。20世纪70年代后,随着越来越多的跨国企业在世界范围内投资和经营,不少国际组织也开始陆续出台相关规制。1977年,社会责任国际组织与欧美企业界联合推出了SA8000社会责任国际标准,同ISO9000质量管理体系及ISO14000环境管理体系一样,成为可被第三方认证机构审核的国际标准,涵盖童工、强迫性劳动、健康与安全、工会谈判权、薪酬和管理系统等诸多方面。ISO制定的企业环境标准(ISO14000系列)、社会责任国际制定的SA8000社会责任标准、环境负责经济联合会制定的旨在加强环保组织和企业界合作的GERES原则和环境标准等都是这方面的成果。所有这些社会责任标准都已经成为上市公司计划披露的重要内容。比如,在1995年召开的世界社会发展首脑会议上,联合国秘书长科菲·安南(Kofi Annan)曾提出"社会规则""全球契约"的设想,号召跨国公司遵守在人权、劳工标准、环境和反腐败等方面的十项基本原则。这些基本原则来自《世界人权宣言》、国际劳工组织的《关于工作中的基本原则和权利宣言》以及关于环境和发展的《里约原则》,涉及四个方面。(1) 人权。企业应该尊重和维护国际公认的各项人权,绝不参与任何漠视与践踏人权的行为。(2) 劳工标准。企业应该维护结社自由,承认劳资集体谈判的权利;彻底消除各种形式的强制性劳动;消除童工;杜绝任何在用工与行业方面的歧视行为。(3) 环境。企业应对环境挑战未雨绸缪;主动增加对环保所承担的责任;鼓励无害环境技术的发展与推广。(4) 反腐败。企业应反对各种形式的贪污,包括敲诈、勒索和行贿受贿。

20世纪90年代以来,一系列跨国公司纷纷将各国政府、工会、消费者权益保护组织、环境保护组织、人权组织等作为重要的沟通对象,日益重视企业的社会责任。比如,著名的石油巨头英国石油公司(Britain Petro,BP)、壳牌、美孚都开始关注社区、环保、人权问题,积极加强与社会各界的沟通,改善能源跨国企业的国际形象。BP还在董事会设立社会责任专门委员会,发布涵盖健康、安全、环保、劳工和社会沟通等内容的《BP行为准则》,并建立了有效的运行管理体系,在墨西哥漏

[①] Archie Carroll, "A Three-Dimensional Conceptual Model of Corporate Social Performance", *Academy of Management Review*, 1979, Vol. 4, No. 4, pp. 497-505; Archie Carroll, "The Pyramid of Corporate Social Responsibility: Toward the Moral Management of Organizational Stakeholders", *Business Horizons*, 1991, Vol. 34, No. 4, pp. 39-48.

油事件中发挥了积极作用。① 微软在进军中国的过程中,十分重视加强与中国社会各界的沟通,并将其概括为"关系战略"。② 1992 年,微软进军中国,但其粗鲁、舍我其谁的霸道文化使其在中国陷入危机,在市场上遭到中国软件企业、媒体和政府的批评。③ 但随着微软加强与中国企业合作,加强与政府沟通,积极承担捐助教育和西部地区等社会责任,逐渐取得了中国社会各界的信任,微软甚至把研发孵化器迁至中国,从而在中国市场上发挥着举足轻重的作用。

三、公司外交

公司外交是公司参与全球治理的一个重要方式。在西方,尽管具有外交职能的公司很早就出现了,但"公司外交"一词是在 20 世纪 90 年代才被明确提出来。1991 年,英国伦敦商业学校国际商业学教授约翰·斯托普福德(John Stopford)与英国瓦维克大学国际政治经济学教授苏珊·斯特兰奇(Susan Strange)合著出版了《竞争的国家,竞争的公司:为世界市场份额竞争》一书,在书中最早提出"公司外交",并提出跨国公司应该建立"外交部"类型的机构、培养自己的公司外交家。④ 从外交的内涵和公司的特点来看,公司外交是公司(特别是跨国公司)为了维护国家利益和国家形象、增强公司的合法性,在遵守各国法律、制度和文化的基础上,同各国政府、公司、非政府组织、非营利组织、公众和个人之间开展的制度性的跨国沟通和交流活动。⑤

按照公司外交所处理的对外关系的性质,可以将公司外交的形式划分为三种类型。一是游说外交,指跨国公司在遵守法律和制度的前提下,为了实现自己特定的目标,通过与政府机构及官员之间的交流和沟通,改变国家政策进而影响国家之间外交关系的一系列活动。二是商务外交,指跨国公司间为了共同经济利益和实现利益共享,在生产领域和流通领域所进行的以生产要素的优化组合与合理配置为主要内容的活动,且此种活动影响到了国家间的政策协调和协作。三是社会外交,是指跨国公司为了改善经营环境,与众多社会行为体进行积极沟通,承担社会责任且开展具有重大外交影响的活动。

对于发达国家跨国公司来说,开展公共外交是维系企业生存的必修课之一,对于促进跨国公司的发展与壮大至关重要。在数十年乃至上百年的跨国经营过程

---

① 张安平、李文:《跨国石油公司企业社会责任概况及启示》,《化工管理》2010 年第 4 期,第 78—80 页。
② 参见 Robert Buderi, *Guanxi* (*The Art of Relationships*), New York: Simon & Schuster, 2006。
③ 参见方兴东、王俊秀:《起来——挑战微软霸权》,中华工商联合出版社 1999 年版。
④ 参见 John Stopford and Susan Strange, *Rival States, Rival Firms: Competition for World Market Shares*, Cambridge: Cambridge University Press, 1991。
⑤ 赵可金:《公司外交:对跨国公司外交职能的一项研究》,《国际政治研究》2014 年第 5 期,第 21—38 页。

中，发达国家的跨国公司发展出了许多公共外交实践方式和手段，并取得了良好的效果。尤其是在美国，稍具规模的跨国公司都会在公共外交方面做功课，而那些实力雄厚的美国跨国公司更是在公共外交上不遗余力，无论是资金投入还是方案设计都可谓是引领国际。

美国跨国公司外交最惯用的方式是与东道国政府构建长期的战略合作关系，特别是大型跨国公司，它们既有与政府打交道的财力和物力，也有与政府打交道的意愿和动力。美国跨国公司通常会以项目合作的方式与东道国政府进行合作，就东道国的某一个具体的社会需求或问题展开公共外交活动，这种社会需求可以是与政府需求密切相关的，也可以是社会发展需要的公益项目，这就是跨国公司所拥有的灵活性优势。以可口可乐公司为例，可口可乐公司在全球有一个明确的长期承诺，就是所谓让每个可口可乐公司的业务单位都成为当地模范"企业公民"，让可口可乐公司业务所及的每一个人都能受益，为了塑造"企业公民"的积极形象，可口可乐公司对公益活动的投入可谓不遗余力。

近年来，随着日本产业结构的转型升级，以推广日本文化为核心的面向普通民众的外交成为日本企业的新策略。日本政府以经济实力为依托，以国家政策为保障，大力支持文化产业发展，创造出大量具有市场竞争力的文化产品与文化服务，文化公司成为新时期的跨国公司，在塑造日本国家形象、构建日本软实力，以及日本国家外交中发挥重要作用，日本的流行文化已经遍布世界主要国家和地区，包括音乐、动漫、美食、绘画、娱乐、时装、工业设计等领域的"软产业"的生产规模甚至超过了日本工业中最重要的汽车工业总值，其出口量在 21 世纪头十年增长了 3 倍，达到 125 亿美元。[①] 从二战前的军事强国到战后的经济强国，从经济停滞到文化强国，国土狭小的日本培育了形形色色的大型跨国企业，它们成为国家发展的巨大推动力量。

课后习题

一、名词解释

跨国公司　　　　跨国资本　　　产品生命周期投资理论
主权财富基金　　全球价值链　　公司外交

二、论述题

1. 请简述跨国公司发展史。
2. 请简述跨国公司如何参与全球治理。
3. 试论述跨国公司如何参与全球治理，尤其是为什么跨国公司越来越对外交事务产生兴趣，积极参与一些原本由国家主导的全球公共事务？

---

① 参见林良旗主编：《日本韩国国家形象的塑造与形成》，外文出版社 2007 年版，第 59—61 页。

第六章
社会网络与治理

在全球治理的逻辑中,除了权力逻辑、利益逻辑之外,社会网络的身份认同逻辑也是一支强大的力量,主要包括国际非政府组织、跨国社会运动或倡议网络、跨境族群在内的各种社会行动网络,也称"全球公民社会"。全球公民社会的用语是在20世纪90年代以来民主化要求在全球范围内的兴起,以及相互关联的全球性民主化历史浪潮中出现的。

尽管全球公民社会的历史可以追溯到19世纪甚至更早的历史时期,但直到20世纪80年代,特别是21世纪后,全球公民社会才获得迅速发展,其数量、活动和影响都有了空前的增加。莱斯特·萨拉蒙(Lester Salamon)对此给予了高度评价:"它对20世纪后期的意义,如同民族国家的兴起对于19世纪后期的意义一样重大。"①"关于公民社会未来作用的关键问题是,从基层的公民组织到公民社会的全球联盟如何作为合法的参与者,参与到管理新千年世界事务的制度和过程中。"②一些学者特别强调培育全球公民社会或"建构公民世界"对公民素质和行为的吁求,即需要公民们不仅在地方层面思考和行动,还要在全球的层面思考和行动。他们"不仅是投票者,也不只是消费者,而是公民"。③ 公民社会网络的全球化越来越成为全球治理不可或缺的重要力量。

第一节 认 同 逻 辑

社会网络的核心是身份与认同,是一种伦理自觉和道德实践。认同的概念复杂而模糊,因为其含义多重且依靠主观界定。身份认同(identity)是对主体自身的

---

① Lester Salamon, "The Rise of the Non-Profit Sector", *Foreign Affairs*, 1994, Vol. 73, No. 4, pp. 109-122.
② Kumi Naidoo and Rajesh Tandon, *Civil Society at the Millennium*, West Hartford, C. T.: Kumarian Press, 1999, p. 193.
③ Ibid., pp. 204-205.

一种认知和描述,是一个人或一个群体的自我认知,包括文化认同、国家认同等很多方面。认同最初是一个哲学和心理学概念,存在两个维度:一是基于自身的某种特性,向外寻求相同点;二是基于外界的反馈,对主体的某种特性做出反应。这一概念后来为社会学和政治学所接受,强调社会关系中认同的形成及其对社会的影响,认同的主要意义在于它能够指导和影响行为。根据卡赞斯坦的定义,认同指涉的是行为体所持有和表现的,通过和重要"它者"的关系而形成的(随着时间推移而改变的)个性和独特性(自我身份)的形象。事实上,认同是自我意识逐步建构的过程,个人或群体自身相对于他人的认同,同时为他人所认定。同时,认同是多样的、混合式和变动的。一个人可以属于一个语群(全世界有5 000种以上的语言,很多人有多语言能力),一种宗教信仰,属于不同的传统,属于某个社会团体,属于一个年龄层或一种性别,属于一个国家、一个地区和一个地方。尽管多样化趋势日益突出,但国家仍然承担着保持社会联系的主要责任。

人的身份认同的来源可能是多方面的,也可能是重叠的。归结起来,主要有六种来源。一是归属性的认同,比如年龄、性别、祖先、血缘家族、族群和人种等。二是文化性的认同,主要是指由生活方式界定的认同,比如民族、宗教、国籍、语言、文明等。三是疆域性的认同,比如街区、村庄、城镇、省份、国别、地理区域、洲等。四是政治性的认同,如集团、派别、政党、运动、意识形态、国家等。五是经济性的认同,比如职务、职业、雇主、产业、经济部门和行业、工会和阶级等。六是社会性的认同,比如友人、俱乐部、同事等。所有这些认同均可以重叠认知,到底形成何种认同,往往视情境而定,不同场景下会浮现出不同的认同。

在不同的历史时期,认同的基本形态有很大的差异。在古典时代,认同主要沿着等级展开,君主、贵族、平民之间按照门第和等级划分,各个等级讲究门当户对,各守其位,各安本分。从奴隶社会到封建社会,门第、等级、种姓等成为划分社会群体的最主要尺度。近代以来,随着工业化的推进和资产阶级革命的胜利,民众逐渐从封建等级体系中解放出来,实现了政治领域中的形式民主和政治解放,区分认同的主要分界线开始沿着意识形态划分而展开。人们在理解意识形态和政治思潮时,习惯按照政治立场划分为左、右的不同派别。著名的"政治指南"网站(http://www.politicalcompass.org)通过设置政治观念(左-右)、政治主张(威权-自由)两个变量对当前世界意识形态的光谱进行分析。冷战结束之后,意识形态对抗烈度下降,"意识形态终结论"改头换面,重新大行其道。从布热津斯基的《大失败》[①]到福山的《历史的终结》,纷纷断言西方资本主义和自由民主制度成为"人类意识形态

---

① 参见[美]兹·布热津斯基:《大失败》,军事科学院外国军事研究部译,军事科学出版社1989年版。

发展的终点"和"人类最后一种统治形式",是全球理论与实践的共同标准。①

步入21世纪后,自由资本主义意识形态一统天下的格局似乎随着全球化负面矛盾的释放而面临瓦解的威胁。首先是2001年的"9·11"事件打开了国际恐怖主义等新意识形态的"潘多拉魔盒",呈现出西方人眼中新的"文明-野蛮"对抗,②不仅让罗伯特·卡根(Robert Kagan)惊呼"历史又回来了"③,而且也让亨廷顿进一步思索"我们是谁"④。随后以"金砖国家"为代表的新兴市场国家群体性崛起,让不少学者忧虑所谓的"后美国世界"⑤以及"西方模式的未来"⑥,美国面临着大国崛起背后的"修昔底德陷阱"⑦和"意识形态对抗"甚至"文明的对抗"⑧。最后是全球金融危机引发了自身意识形态的复杂变化,民粹主义浪潮如火如荼,反建制主义日益高涨,尤其是英国脱欧和特朗普当选美国总统引发的西方社会动荡,进一步让西方产生了"西方怎么了"的忧虑。⑨冷战后各种民族分离主义运动、宗教极端主义运动、各国国内的"文化战争"⑩以及所谓的"新认同政治"⑪,都是全球化时代认同政治兴起的重要标志,而且这种分野不是基于物质主义的分野,而是后物质主义的分野,全球意识形态的分界线不再像以往那样拘泥于利益之争,而是更集中于身份认同之争。⑫冷战时期曾经把认同问题压制在两极对抗的世界秩序中,只剩下对国家的排斥性效忠。冷战结束后,被压制的属性逻辑被重新激发出来,文化、文明、族群、宗教再次被混乱地用来界定其他人。

一、从文明冲突到我们是谁

冷战后,美国哈佛大学塞缪尔·亨廷顿提出了"文明冲突论",认为冷战期间的

---

① Francis Fukuyama, "The End of History?", *The National Interest*, 1989, No. 16, pp. 3-18.
② 徐龙第:《文明/野蛮话语的国际关系含义——〈国际关系中的野蛮与文明〉述评》,《欧洲研究》2005年第5期,第148—158页。
③ 参见[美]罗伯特·卡根:《历史的回归和梦想的终结》,陈小鼎译,社会科学文献出版社2013年版。
④ 参见[美]塞缪尔·P.亨廷顿:《我们是谁:美国国家特性面临的挑战》,程克雄译,新华出版社2005年版。
⑤ 参见[美]法里德·扎卡利亚:《后美国世界》,赵广成、林民旺译,中信出版社2009年版。
⑥ 参见 John Ikenberry, "The Rise of China and the Future of the West-Can the Liberal System Survive", *Foreign Affairs*, 2008, Vol. 87, No. 1, pp. 23-37.
⑦ 参见 Graham Allison, "Thucydides's Trap Has Been Sprung in the Pacific" (August 21, 2012), Financial Times, https://www.ft.com/content/5d695b5a-ead3-11e1-984b-00144feab49a, retrieved August 29, 2019.
⑧ 参见齐前进:《美国正把"文明冲突论"变为现实》,《环球时报》,2019年5月16日,第15版。
⑨ 梁雪村:《发达国家的反建制运动——自由秩序与现代性危机》,《国际政治科学》2017年第2期,第33—36页。
⑩ 参见张业亮:《另类右翼的崛起及其对特朗普主义的影响》,《美国研究》2017年第4期,第9—31页。
⑪ 参见张生祥:《论新认同政治与欧洲认同的逐步形成》,《德国研究》2006年第1期,第26—31页。
⑫ 李强在乾元国学"思想·张力"论坛上的演讲,北京香山颐和宾馆,2017年6月11日。

意识形态对抗已经让位于文明之间的冲突,文明间的断层正在成为全球政治冲突的中心界线。① 事实上,不仅右翼保守派持有此种看法,温和自由派也乐观地认为自由民主将创造一种所谓的"普世价值"和"全球文化"。② 哈佛大学的约瑟夫·奈重弹"软实力"论的老调,致力于打造价值观同盟。③ 尽管赫伯特·席勒(Herbert Schiller)、约翰·汤林森(John Tomlinson)、爱德华·萨义德(Edward Said)等一批左翼学者仍然保持着意识形态批判精神,但批判的重心也在转向文化、话语权和媒体等层面,"批判的武器"代替了"武器的批判",越来越强调文化全球化和意识形态趋同的问题,④更关注后殖民主义知识分子的反权力话语,⑤关注世界的"麦当劳化"或"可口可乐化"⑥。文明冲突论主张西方文明团结一致来应对其他文明,这种文明身份决定论实质上是把人类社会置身于排斥、恐惧、对抗和暴力的逻辑中。

亨廷顿对文明的冲突的担忧,实际上来自美国自身的问题,即美国的西班牙语化。在《我们是谁》中,亨廷顿将"文明冲突"的视角由国际转向美国国内,论述了"美国国家特性"受到的种种"挑战",剖析了美国在21世纪初所处的国际形势以及美国在世界上应起的作用,认为美国族群结构变化及其认同的困惑,成为美国政治的最大难题。在《我们是谁》中,亨廷顿担心,未同化的移民的涌入、次国家认同的强化以及多元文化主义的盛行导致盎格鲁-新教文化在美国文化中核心地位的动摇。为应对来自其他文化的挑战,他积极倡导强化对盎格鲁-新教文化的认同。在他看来,美国能否重振国家特性、捍卫和保护盎格鲁-新教文化的核心地位,攸关它的国际地位能否得以维持和延续。

二、多元主义与多文化主义

在美国陷入认同困惑时,欧洲的情况也不容乐观。欧洲文化已经越来越具备多元的基础。事实上,欧洲近代以来一直充斥着民族主义狂热、极端排外主义和种族主义。19世纪末、20世纪初,弗雷德里克·梅特兰(Frederic Maitland)、哈洛

---

① 参见[美]塞缪尔·亨廷顿:《文明的冲突与世界秩序的重建》,周琪等译,新华出版社2002年版。
② James Rosenau, *Turbulance in World Politics — A Theory of Change and Continuity*, Princeton: Princeton University Press, 1990, pp. 419-420.
③ 参见 Joseph Nye, Jr., *The Powers to Lead*, New York: Oxford University Press, 2008; Joseph Nye, Jr., *Soft Power: The Means to Success in World Politics*, Colorado: Perseus Books Group, 2004; John Ikenberry and Anne-Marie Slaughter, "Forging a World of Liberty Under Law: U.S. National Security in the 21st Century", *The Princeton Project Papers*, The Woodrow Wilson School of Public and International Affairs Princeton University, 2006。
④ 参见[英]约翰·汤林森:《文化帝国主义》,冯建三译,上海人民出版社1999年版。
⑤ 参见[美]爱德华·W.萨义德:《文化与帝国主义》,李玉昆译,生活·读书·新知三联书店2003年版。
⑥ 参见 Jonsuk Chay, ed., *Culture and International Relation*, New York: Praeger Publishers, 1990, pp. 1-17。

德·拉斯基(Harold Laski)等人提出了"团体真实人格理论",认为人都是平等权力主体,国家主权是错误的概念,社会是多权力中心的社会,因而国家是多元国家,国家权力是多元化的。① 二战以后,这一理论进一步演化,特别经美国学者罗伯特·达尔(Robert Dahl)的发展,形成了较有影响的多元民主理论。② 多元民主理论认为,现代社会是多元的社会,民主政治应该是多元主体通过"多元竞争"(讨价还价),达成"价值趋中"(妥协)的政治。达尔认为,传统政治民主化理论关注宪法上的分权制衡与政府内部的权力制衡,而忽视了社会上的多元制衡机制的作用,而后者才是实现民主的关键环节。只有两种(政府与社会)权力制衡机制共同发挥作用,民主才能真正得到保障。多元主义民主的核心是决策权力的分散化以及决策过程的多元竞争和妥协性。

二战后的地区一体化似乎突然改变了多元主义的轨道,多元文化主义越来越成为制约欧洲发展的重要思想基础。多元文化主义的思想理论基础,主要包括哈贝马斯的宪政民主思想、查尔斯·泰勒(Charles Taylor)的"政治承认"(politics of recognition)以及解构主义理论。③ 哈贝马斯的宪政民主思想主张考虑社会文化基础,"权力系统既注意不平等的社会条件,又考虑文化差异"。只有当社会(弱势)群体介入公共讨论并充分阐述自己的要求时,他们才可以说自己享受到了宪政民主赋予他们的公民平等权。④ 泰勒的"政治承认"源于他对自由民主政体的解释,泰勒认为政府应该给予妇女和少数民族政治上的承认,否则将致使他/她们无法享受平等权利,陷于困境。至于解构主义对多元文化主义的影响,主要在于它否认建立共同思想文化标准的必要性。在解构主义看来,任何共同一致的标准,都是为社会强势群体服务的,进而伤害社会边缘群体,应当解构之,确立多文化群体的平等,批判话语霸权和正统理论。不难看出,哈贝马斯强调关注社会条件和文化差异的宪政民主思想、泰勒要求民主政体承认社会群体文化特性的观点以及解构主义有关社会强势群体拥有政治和文化话语霸权的理论为多元文化主义奠定了思想理论基础。冷战后,国际移民和难民的到来,导致欧洲的多元主义和多文化主义越来越严重,欧洲一体化越来越遭遇多元文化主义的困境。法国式的公民资格是把语言和宗教信仰划分到私人领域,盎格鲁-撒克逊式的多元文化是根据不同社团代表性原则和宽容原则在一个公共空间中实行多元共处。然而,在这个以尊重基本价值(包括人权)为基础的政治空间内,经济不振、就业艰难、关闭移民国境线、社会不平

---

① 金太军:《当代西方多元民主论评析》,《中国青年政治学院学报》1996年第3期,第69—73页。
② 参见[美]罗伯特·A.达尔:《多元主义民主的困境》,周军华译,吉林人民出版社2006年版。
③ 参见 Charles Taylor, *Multiculturalism: Examining the Politics of Recognition*, revised edition, Princeton: Princeton University Press, 1994。
④ Jürgen Habermas, "Multiculturalism and the Liberal State", *Stanford Law Review*, 1995, Vol. 47, No. 5, pp. 849-853.

等的长期存在,以及对身份认同事务的操纵仍然使得这种相异性和不公正的混合局面变得更加困难,更不稳定,有时甚至引发骚乱。

从20世纪中后期开始,随着全球化和信息革命日新月异的发展,出现了一大批非主流的新兴群体,包括新移民群体、新身份群体以及基于互联网和社交媒体而形成的复杂社会群体。美国学者罗纳德·英格尔哈特主持的世界价值观调查项目,提供了目前唯一涵盖97个国家和地区,覆盖约世界上90%人口的民众价值观数据库。在《静悄悄的革命:西方民众变动中的价值与政治方式》(1977年)、《发达工业社会的文化转型》(1990年)、《现代化与后现代化:43个国家的文化经济与政治变迁》(1997年)等一系列著作中,英格尔哈特发现发达工业国家的社会在20世纪60年代和70年代之间发生了一场"静悄悄的革命":从物质价值到诸如归属感和自我实现需求的后物质主义价值的文化迁移,人们越来越关心生活质量,关心人生价值,在超越物质丰裕的层面思考政策的超物质的价值意义。[①] 后物质主义的崛起,推动人们积极参与新身份集团,比如支持堕胎自由的群体、同性恋群体、女性主义群体等边缘群体的崛起,社会裂痕更多地表现为基于身份政治而产生的道德冲突。[②] 近年来的堕胎问题、同性婚姻问题、宗教权利问题、环境保护问题、胚胎干细胞问题、艾滋病防治问题、枪支控制问题等,核心都是新身份群体不认同既有意识形态的结果。总之,多元文化主义主张文化宽容,对各国的同化政策提出了挑战。多元文化主义强调不同族群文化之间地位平等,应当相互交流,和谐相处。尽管多元文化主义在20世纪20年代就出现了,但真正赋予其治理内涵的是法国等国家,他们是多元文化主义的旗手,其文化政策克服了"二元"局限。联合国教科文组织连续发布《世界文化报告》以及保护非物质文化遗产的努力,均表达了一种对文化多元主义的期待。

三、抗争的政治与承认的政治

自由主义是近代启蒙时代以来西方意识形态的共识,构成了承认政治的基本发展轮廓。近代以来,除了早期与保守主义争论和晚期与社会主义角力以外,在某种程度上,欧美政治的变革不过是自由主义不同派别的内部争论,这是由其中产阶级居于主导地位的形势所决定的。二战期间建立的"反法西斯战线"的"二战共识"

---

① 参见 Ronald Inglehart, *Culture Shift in Advanced Industrial Society*, Princeton, N. J.: Princeton University Press, 1990。
② 参见 Raymond Tatalovich and Byron Daynes, *The Politics of Abortion*, New York: Praeger, 1981; Raymond Tatalovich and Byron W. Daynes, *Social Regulatory Policy: Moral Controversies in American Politics*, Boulder, C. O.: Westview, 1988。

及其后"保卫自由世界"的"冷战共识"均建立在自由主义共识的基础上,自由主义似乎成为资本主义世界坚不可摧的意识形态屏障。冷战后,自由主义共识出现了退却的趋势。尽管早期一直有对自由主义的批评,如《自由主义的终结》《西方自由主义的兴衰》《普遍主义的贫困:自由主义政治哲学批判》等著作都对自由主义进行了非难和抨击。① 但冷战后对自由主义批评主要来自以迈克尔·桑德尔(Michael Sandel)、阿拉斯泰尔·麦金泰尔(Alasdair MacIntyre)等为代表的社群主义者,批评自由主义理论前提,即理性的个人所具有的自由选择权、极端个人主义的问题。② 以沃勒斯坦为代表的新左派也对自由主义进行了尖锐的批评,将其置于所谓"世界体系"的宏观视野中,鞭挞自由主义的虚伪。③ 然而,自由主义真正走衰出现在2008年全球金融危机以后,尤其表现为对"华盛顿共识"的批判和反思。越来越多的学者发现"华盛顿共识"的问题,对于"华盛顿共识"的批判直接冲击了自由主义意识形态的话语权,动摇了自由主义的霸权地位。环顾世界,面对全球化带来的众多问题,自由主义的确陷入了困惑之中,无法提出化解危机的有效之策。尽管有一批思想家在苦心孤诣地寻找自由主义的突围之策,迄今为止仍然缺乏妙手回春的"回天之术"。在世界舞台上流行的政策主张更多是右翼保守主义和形形色色的反建制主义的声音,很少有人像冷战结束之初那样大谈特谈自由主义的济世方案。即便自由主义没有走向衰落,但对自由主义的崇拜和迷信的确已经急剧下降了。

与自由主义共识的走衰相比,保守主义在20世纪表现一直比较稳健,在21世纪朝着右翼保守主义方向迈进。冷战结束以来,尽管西方曾一度沉浸在"冷战胜利"的喜悦之中,新自由主义和全球化思潮不胫而走,甚至有人盲目乐观地宣布"历史已经终结"。但是,保守主义并没有随着冷战结束而刀枪入库,而是在新保守主义的推动下越来越滑入右翼保守的轨道,催生了以反建制主义为代表的另类右翼的崛起。尤其是2001年爆发的"9·11"事件和2008年全球金融危机后的"奥巴马新政",导致族群冲突、宗教摩擦和阶级分化交相叠加和相互激荡,直接刺激了右翼保守主义意识形态的敏感神经,导致右翼保守主义鱼贯而出,对西方自由民主体制构成了尖锐的挑战。以英国公投脱欧、特朗普意外当选美国总统为标志,右翼保守派中,不仅英美两党制国家正在通过抛弃其基本价值观掌权,而且形形色色的右翼反建制主义在欧洲、中东和世界各地的政治影响力也在上升,涵盖了宗教右翼保守

---

① 参见[美]伊曼纽尔·沃勒斯坦等:《自由主义的终结》,郝名玮、张凡译,社会科学文献出版社2002年版;[英]安东尼·阿巴拉斯特:《西方自由主义的兴衰》,曹海军等译,吉林人民出版社2004年版;马德普:《普遍主义的贫困:自由主义政治哲学批判》,人民出版社2005年版。
② 参见[美]迈克尔·桑德尔:《自由主义与正义的局限》,万俊人等译,译林出版社2011年版;[美]阿拉斯泰尔·麦金泰尔:《追寻美德:道德理论研究》,宋继杰译,译林出版社2011年版。
③ 参见[美]伊曼纽尔·沃勒斯坦:《现代世界体系》,郭方等译,社会科学文献出版社2013年版。

主义、右翼民粹主义和右翼民族主义等众多政治思潮。进入 21 世纪后,日新月异的全球化浪潮和不断升级的第四次工业革命在一定程度上撕裂了国际国内社会,形形色色的"失利者"日益汇聚在宗教激进主义、民族主义和民粹主义的旗帜下,不断侵蚀着民主主义和国际秩序的基础。这些所谓"另类右翼"[①]的崛起不是保守主义的进化,而是对保守主义的批判,以"人民的名义"强调拉开与"既得利益集团"的政治分界线,不断掀起着反精英、反建制的社会文化思潮。[②]毋庸置疑,右翼保守主义在 21 世纪世界的崛起已经成为一个客观趋势,成为全球意识形态大变局最强劲的组成部分。

第二节 社 会 网 络

随着数字化和智能化时代的到来,社会呈现出越来越网络化的趋势,出现"社会网络革命"(social network revolution)。社会网络革命与移动革命(mobile revolution)、互联网革命(internet revolution)并列为新时期影响人类社会的三大革命。[③] 在三大革命浪潮的推动下,社会网络正在成为全球治理的一个重要行为体。

一、社会网络概述

理解社会网络,需要一种全新的网络思维。社会网络是一种基于"网络"(节点之间的相互连接)而非"群体"(明确的边界和秩序)的社会组织形式。社会网络概念的提出是对传统社会理论的挑战。作为一种社会学视角,社会网络学说发端于德国社会学家齐美尔。1978 年,国际网络分析网组织宣告成立,标志着网络分析范式的正式诞生。在网络分析概念得到深化的同时,包括 UCINet、Pajek 和 NodeXL 在内的网络分析软件应运而生,为社会网络分析提供了强大的方法论工具。

与传统社会理论强调社会结构和社会阶层维度不同,社会网络代表着一种社会互动的过程维度,它在一定意义上重构了社会关系的概念,更关注人们之间的互

---

① 张业亮:《另类右翼的崛起及其对特朗普主义的影响》,《美国研究》2017 年第 4 期,第 9—31 页。
② 对民粹主义的概念分析参见周穗明:《21 世纪民粹主义的崛起与威胁》,《国外理论动态》2016 年第 10 期,第 1—11 页。
③ 参见 Lee Rainie and Barry Wellman, *Networked: The New Social Operating System*, Cambridge, M. A.: MIT Press, 2012。

动和联系,并认为众多个体社会成员互动形成了相对稳定的关系体系。因此,社会网络是指,一定规模的社会人群基于现实的或虚拟的网络进行频繁互动形成的相对稳定的网络共同体,它是节点(node)、线(tie)和集群(cluster)的有机统一。节点通常是指个人或组织,节点在网络中扮演着枢纽和核心的角色,往往是维系社会网络的支点。线代表各种社会关系链条,包括亲属关系、朋友关系、同学关系、族群关系、种族信仰关系等,这些关系既有客观的利益关系,也有主观的认同关系。集群是指经由这些社会关系把从偶然相识的泛泛之交到紧密结合的家庭关系的各种人或组织串连起来的社会集群。分析社会网络,必须将点、线和集群结合起来,才能判定社会网络的形态。作为全球治理的行为体,社会网络具有三个基本特征。

一是关系性。关系是社会网络的维系纽带,关系强弱是测量社会网络凝聚力的重要尺度。美国斯坦福大学教授马克·格兰诺维特(Mark Granovetter)在研究社会网络时提出了关系强度的概念,将关系分为强关系和弱关系,强关系维系着群体、组织内部的关系,弱关系在群体、组织之间建立了纽带联系。[1] 强关系维系着内部金字塔的等级结构,而弱关系则维系着更广泛的工作关系和经济行为,弱关系尽管不如强关系坚固,但是弱关系有着较高的传播效率和较低的传播成本。因此,以弱关系维系的经济行为会嵌入强关系维系的社会结构中,并通过累积社会信任驱动社会关系网络。

二是竞争性。社会网络始终处于变动不居的状态,非常不稳定。由于强关系和弱关系的存在,不同社会网络始终处于相互竞争之中。美籍华裔社会学家林南在格兰诺维特"弱关系强度假设"基础上提出了社会资源理论,那些嵌入个人社会网络中的社会资源——权力、财富和声望,并不为个人直接占有,而是通过个人直接或间接的社会关系来获取的。[2] 美国社会学家罗纳德·伯特(Ronald Burt)在格兰诺维特等研究的基础上提出结构洞理论(structural holes theory),认为结构洞能够为中间人获取"信息利益"和"控制利益"提供机会,从而比网络中其他位置上的成员更具有竞争优势。[3] 结构洞理论进一步解释了社会网络之间的竞争现象,每个社会网络通过打造和占有结构洞,使自己的人际关系网络规模和质量发挥到极致。

三是权力性。一旦某些人被吸纳进入某一特定社会网络,就会形成某种社会资本,进而与成员形成权力关系。罗伯特·帕特南在《使民主运转起来》一书中认为,由于一个地区具有共同的历史渊源和独特的文化环境,人们容易相互熟知并成为一个关系密切的社区,组成紧密的公民参与网络。这一网络通过各种方式对破坏人们信任关系的人或行为进行惩罚,从而得到加强。这种公民精神及公民参与

---

[1] 参见[美]马克·格兰诺维特:《镶嵌:社会网与经济行动》,罗家德译,社会科学文献出版社2007年版。
[2] Nan Lin, "Building a Network Theory of Social Capital", *Connections*, 1999, Vol. 22, No. 1, pp. 28-51.
[3] 参见[美]罗纳德·伯特:《结构洞:竞争的社会结构》,任敏等译,格致出版社2017年版。

所体现的就是社会资本。① 可见,社会网络尽管十分松散,但仍然对成员具有约束力甚至强制力,社会网络的认同逻辑通过社会资本的加持而获得强大的物质力量,使之成为全球治理过程中不可忽视的角色。

二、社会网络的基本形态

在现实社会生活中,社会网络的形态多种多样。根据社会网络的认同属性,本书将社会网络归结为以下三类。

(一) 跨国非营利组织

在社会网络中,非营利组织是比较强劲的一支重要力量。从协会、基金会到民办的非营利性的学校、医院、社会服务机构等,通过独立自治与志愿参与的机制,实现着多样的公共需求,共同致力于改善人类的生活,逐渐形成了一场"全球结社革命"。② 全球性的非营利组织如绿色和平组织、世界自然基金会等发展迅猛,活跃在国际社会的各个领域,从低级政治到高级政治,其存在和影响几乎无所不在。

以研究非营利部门著称的美国社会学家、约翰·霍普金斯大学教授莱斯特·萨拉蒙直接将全球公民社会看作一种"全球性第三部门",即数量众多的自我管理的私人组织,"它们不是致力于分配利润给股东或董事,而是在正式的国家机关之外追求公共目标"③。目前,对非营利组织界定得最权威的是约翰·霍普金斯大学NPO比较研究中心的"结构-运作定义",即认为凡符合组织性、民间性、非营利性、自治性和志愿性五个特性的组织都可被视为非营利组织。④ 界定国际非营利组织必须同时考虑国际层面、非营利向度和社会范畴三个要素,因此,国际非营利组织是指,在国际范围内具有影响力、以谋求全球公共利益为根本目标、在国际法和国家政治制度框架内发挥作用、独立于国家之外的合法性志愿结社组织。这一概念界定将国际非营利组织以谋求全球公共利益与谋求局部集团利益的跨国利益集团区别开来,以志愿结社的组织特征与松散的无组织的全球公共舆论区别开来,以合法性和正当性特征与非法的国际恐怖主义和跨国犯罪区别开来,也与不谋求政权和跨国政党组织区别开来。

谋求全球公共利益而不以某一国家或者特殊集团利益为皈依,是国际非营利

---

① 参见[美]罗伯特·帕特南:《使民主运转起来:现代意大利的公民传统》,王列、赖海榕译,江西人民出版社 2001 年版。
② Lester Salamon, "The Rise of Nonprofit Sector", *Foreign Affairs*, 1994, Vol. 73, No. 4, pp. 109-122.
③ 参见[美]莱斯特·M. 萨拉蒙等:《全球公民社会——非营利部门的视角》,贾西津、魏玉等译,社会科学文献出版社 2002 年版。
④ Lester Salamon, "The Rise of Nonprofit Sector", *Foreign Affairs*, 1994, Vol. 73, No. 4, pp. 109-122.

组织的最重要特征。一般来说,非营利组织谋求全球公共利益的目标通过组织的宗旨和原则确立下来,大多数非营利组织都以社会公益为主要价值指导方针,致力于解决跨国企业—市场体制和政府—国家体制所忽略或者所顾之不及甚至无力解决的社会问题。比如,国际环境保护、人道主义援助、促进世界和平与发展、保护人权等涉及全人类共同利益的基本价值,都是全球非营利组织为之殚精竭虑的对象。同时,为了切实贯彻组织宗旨,国际非营利组织往往提出了自己必须遵守的原则,作为保障宗旨实现和保护组织权益的重要武器。比如,国际红十字和红新月运动提出了著名的七项原则:人道、公正、中立、独立、志愿、统一、普遍,运动的使命是减轻人类苦难,保护人的生命和健康,并尊重人的尊严,尤其是在武装冲突和其他紧急局势中。国际红十字和红新月运动在全球每个国家都积极开展工作并得到了数百万名志愿者的支持。①

(二) 跨国倡议网络

与跨国非营利组织相比,跨国倡议网络缺乏正式的组织形式,表现为在世界范围内提供信息、知识和思想观念,发起社会运动,产生了重要的国际影响力。美国学者玛格丽特·凯克(Margaret Keck)和凯瑟琳·辛金克(Kathryn Sikkink)在《超越国界的活动家》中提出了跨国倡议网络的概念,她们将那些来自五湖四海的活动家组成的、以道德理念或价值观为核心、活跃在国际舞台上的网络称为"跨国倡议网络"。② 跨国倡议网络中的行为体包括国际和国内的非政府研究机构和倡议组织、智库、地方社会运动、基金会、媒体、教会、商会、消费者组织和知识分子等,他们平等地、自愿地结合在一起,通过民主和非强制的方式展开组织活动,主要目标是通过提倡某种事业、道德观念和规范来促进各国政策的变革。

凯克和辛金克发现,跨国倡议网络的政治策略主要包括:通过信息政治、象征政治、杠杆政治、责任政治四种渠道提出问题和设置议程,影响国家和国际组织的话语立场,对制度程序施加影响,以及对国家行为体的政策进行"纠偏"和施压。她们提出了"回飞镖效应"理论:如果国家与其国内行为体之间的交流渠道被堵塞,国内的非政府组织绕过他们的政府,直接寻求国际盟友的帮助,力求从外部对其国家施加压力。这种效应在人权运动中最为明显。③

---

① 《国际红十字与红新月运动》,红十字国际委员会网站,https://www.icrc.org/zh/movement,最后浏览日期:2021年12月25日。
② [美]玛格丽特·凯克、凯瑟琳·辛金克:《超越国界的活动家:国际政治中的倡议网络》,韩昭颖、孙英丽译,北京大学出版社2005年版,第9—11页。
③ 跨国倡议网络通过信息政治、象征政治、杠杆政治以及责任政治等策略形成对政府对外事务的压力。参见[美]玛格丽特·凯克、凯瑟琳·辛金克:《超越国界的活动家:国际政治中的倡议网络》,韩昭颖、孙英丽译,北京大学出版社2005年版,第15页。

(三) 族群/宗教网络

族群/宗教是当今世界的重要社会网络,它们要么是通过血缘联系建立起来的认同网络,要么是完全基于信仰形成的认同网络。无论是帝国时期,还是冷战时期,族群/宗教多样性都被政治和安全的高压所抑制,当帝国解体和冷战结束后,长期受到压抑的族群/宗教多样性开始得以释放,国际冲突呈现出族群/宗教冲突的特征,跨境族群/宗教与族群/宗教网络都是全球治理无法回避的因素,区别只不过在于是强调原生性因素,还是强调社会建构因素而已。

与强调地域性的国族(nation)和强调自然基因的种族(race)不同,族群(ethnic group)是现代社会中有着共同背景和认同(出身、文化或故乡等)的人口集团。在当今世界,族群网络首先表现为主权国家内部的族群多元性和差异性,除了韩国、日本等少数单一族群国家外,世界上绝大多数国家都是多族群国家,存在着一个主体民族,比如美利坚合众国的盎格鲁-撒克逊白人新教后裔(WASP)、俄罗斯的俄罗斯人等,也存在着众多少数族群和次群体。迄今为止,在中东地区、中亚地区、非洲地区、东南亚地区、拉美地区等仍然存在着严重的族群暴力和排斥性的族群政策,甚至在一些地方出现了迈克尔·赫克特在《内部殖民主义》中提出的中心-边缘互动的内部殖民主义发展不平衡问题。[1] 如何协调族际关系、缓和族群冲突成为冷战后全球治理普遍关注的问题。尤其是世界各地仍大量存在着因移民问题产生的跨境族群的问题,这些跨国境线而居的族群既受他国同族人在族源、语言、文化等方面对他们的吸引,也有对母国的政治认同。比如,散布在中亚的"东干人"、在美国社会内部的数量庞大的拉美人以及在欧洲的穆斯林,这些跨境族群如何与主体族群相处,直接影响着全球治理和国家治理。

宗教是信仰网络的构建基础,当今世界的宗教包括基督教、伊斯兰教、佛教、印度教等各种宗教,相应地形成了各种宗教社会网络。基督教包括天主教、新教和东正教三大分支,同样也受到以混合方式和宗教仪式为特征的文化宗教网络全球化的冲击,各级教会都需要适应因为人口变迁和地理分布变化而带来的深刻变化。同时,各种宗教自主团体和新型教会随着移民和侨民而兴起外传,只有东正教,特别是俄罗斯的东正教会,更多地固守着既有传统,在后苏联时代传承着俄罗斯的身份认同。此外,伊斯兰教在世界范围内的兴起,正在形成一个超过16亿人口的超大规模社会网络,在全球治理中的影响无论怎么强调都不为过。

---

[1] 参见 Michael Hechter, *Internal Colonialism: The Celtic Fringe in British National Development*, 1536-1966, New Brunswick: Transaction Publishers, 1999。

第三节 治理形态

社会网络的兴起,在治理参与上形成了种种复杂的形态,人们在识别其治理角色时,往往关注社会网络的现实形态,而忽略其背后的内在逻辑和本质特征。具体来说,社会网络的治理形态主要表现为以下三类。

一、监督国家治理

非政府组织的行动或在国内范围,或在国际范围,但都属于跨国层次上,既可以完善国家治理的行动,也可以绕开甚至取代国家的行动,甚至也可能反对国家政权,比如在一个专制国家内为人权事业而抗争。全球公民社会的兴起,改变了国家公共事务治理的过程,逐步削弱了一些国家的能力,推动着治理的公共平台在全球范围内迅速扩大,各个行为主体的相互联结和互动性大大增强。当然,非政府组织也会面对外部种种不良企图的压力,导致政治化甚至在一些动荡地区助纣为虐。

凯克和辛金克在《跨越国界的活动家》中发现,跨国倡议网络在参与国家治理过程中,往往主要采用四种策略进行说服、交往和施压活动。(1)信息政治。非政府行为体充当提供信息的主要渠道,并根据它们的共同原则和目标,充分利用媒体对信息进行加工、包装和架构,从而在跨国倡议网络中达到影响政府改变立场和政策的目的。(2)象征政治。非政府组织的活动家们非常善于抓住象征性的重大事件,他们通过对这些重大事件的解释,架构所关注的问题,以便赢得民众对问题的注意和支持,促进有关问题跨国运动的形成和发展。(3)杠杆政治。非政府组织的活动能否取得成功,取决于它们所倡导的主张是否能够得到实现,非政府组织在跨国倡议网络中需要对目标行为体施加压力,它们施压的主要方式是依靠外国政府和国际组织这样的强大行为体,因为这些强大的行为体掌握着提供援助以及在国际组织中决策权这样的物质杠杆。非政府组织还利用目标行为体对政府信誉的重视作为道德杠杆,将其置于国际社会的监督之下。(4)责任政治。非政府组织的活动家们在迫使目标行为体改变立场和政策后,目标行为体未必始终如一地执行这样的政策,为了保证政策的实施,跨国倡议网络中的活动家们会利用政府所发表的公开声明和自己所掌握的信息,揭露政府言论与实际做法之间存在的差距,从而迫使政府履行自己做出的承诺。

在上述四种途径下,跨国倡议网络往往采取了"回飞镖"的模式,如果国家与其国内行为体之间的交流渠道被堵塞,国内的非政府组织绕过他们的政府,直接寻求国际盟友的帮助,力求从外部对其国家施加压力。这种情况在人权运动中最为明显。[①] 在相当多的情形下,公民社会部门的这种活动开辟了一个广阔的治理空间,这一空间是任何国家行为体都无法完全控制的(如图6.1所示)。

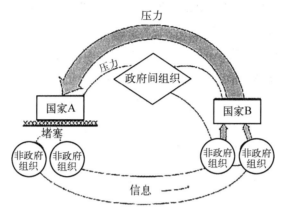

图 6.1 跨国倡议网络中的"回飞镖"模式

二、参与地区治理

在地区治理层次上,由于全球化进程同时伴随着地方化,一体化同时伴随着碎片化,由此带动了地区合作、地区一体化和地区主义的振兴。诸如欧盟、东盟、美加墨贸易协定(USMCA)、亚太经合组织以及类似的地区性组织要求通过区域机制改变国际治理格局,地区主义的治理形式层出不穷。在地区治理的格局中,全球公民社会部门既作为外部力量,也作为内部力量,对地区事务产生了深刻影响。从世界各地的情况来看:在欧美等地,由于公民社会部门比较发达,地区主义成长比较迅猛,公民社会部门更多地从体制内部在治理体系中施加影响,通过制度化过程左右公共政策的走向;而在发展中落后国家,公民社会部门发育不成熟,公民社会更多从外部施加压力,迫使各国政府采取与之相适合的措施。比如,源自技术、经济和社会领域的民间合作在推动欧洲地区一体化进程中发挥了非常重要的作用,这种自下而上的治理成为欧盟发展的突出特征。

---

① 它们通过信息政治、象征政治、杠杆政治以及责任政治等策略形成对政府对外事务的压力。参见[美]玛格丽特·凯克、凯瑟琳·辛金克:《超越国界的活动家:国际政治中的倡议网络》,韩昭颖、孙英丽译,北京大学出版社 2005 年版,第 15 页。

三、参与全球治理

最为重要的是全球公民社会的崛起,推动着全球治理结构的复杂转型,全球治理日益成为一个由不同层次的众多行为体、力量和政治行动构成的复杂结构。《联合国宪章》第71条规定,联合国经社理事会得采取适当办法,俾与各种非政府组织会商有关本理事会职权范围内之事件。此项办法得与国际组织商定之,关于适当情形下,经与关系联合国会员国会商后,得与该国内组织商定之。

在全球层次的治理上,由于全球公民社会部门的兴起,国际法、国际组织、国际制度和国际规范等共同构成了全球治理的综合体系,其在全球公共事务中的影响力日益上升,制约了国家的能力。当然,不同的议题领域,由于全球公民社会部门的影响力存在差异,在治理结构上存在不同的景观。比如在军事和安全等高级政治领域,由主权国家共同参与的政府间国际组织扮演着尤为重要的角色,并且受到某些大国的强有力的影响,决定了治理的基本范式是政府间主义或者国家中心治理结构。在经济和社会领域,随着市场经济一体化的发展和国际相互依赖的深入,包括主权国家和非国家行为体共同参与的国际制度在全球公共事务中扮演着关键角色,诸如IMF、WTO、世界银行等国际经济组织和其他一系列社会制度越来越受到非国家行为体,特别是全球公民社会部门的有力制约。在环保、人口、资源、能源、粮食等领域,非国家行为体构成的国际规制以及由它们操纵的政治行动逐渐从舞台的边缘走入中心,成为全球治理的一道重要的风景线,全球治理的特征日益明显。比如,1974年的世界人口大会、1977年的世界沙漠化会议、1992年的国际环境和发展大会、1995年的世界妇女大会等都显示了非国家行为体的强大能量。

第四节 治理途径

毫无疑问,社会网络的治理意义已经受到各方重视,但也有了一些批评声音,比如,关于问责性、代表性、合法性和政治化的问题。很多人质疑社会网络是否对其使命负责,是否代表其选民,是否会扩大贫富差距造成的鸿沟。总体来看,尽管对社会网络的治理存在着不少批评,但其治理意义仍然是不容否认的,尤其是在推动国际议程的设置、影响全球公共政策、发起国际社会运动和促进公共外交的发展等方面有着特殊的优势。

一、推动国际议程设置

作为一种非国家的组织和网络,社会网络最主要的治理意义在于提供了一种以全球意识为价值取向的新观念、新知识、新议程。与国家的暴力垄断、市场的私利导向不同,社会网络崇尚的是以人为中心的伦理自觉和道义倡导,它在和平与安全、经济与发展、能源与环境、人权与妇女运动以及健康等领域均开展了大量的活动,产生了治理效应。

社会网络在全球范围内倡导新理念,启蒙民众,创设了新的公众议程。正是在各种社会网络的长期呼吁和积极努力之下,"可持续发展"终于成为国际社会普遍认可的发展原则。NPO 是社会新伦理的实验场,在环境、妇女、人权、民族种族和宗教等新政治领域,社会网络在倡导新的全球观念、确立国际议事日程、推动签署国际公约和监督国家行为等方面都扮演了极为重要的角色。如在 1992 年召开的里约环发会议,有 1 400 多个非政府组织注册参加,在 1993 年的维也纳人权大会之前,联合国曾在哥斯达黎加首都圣约瑟举行了政府与非政府组织对话的预备论坛。全球公民社会的这些参与活动对国际会议的决策产生了重要影响,在 1992 年里约热内卢环境发展大会上非政府组织的许多意见和政策建议都被吸收进会议的最终文件中,1995 年在北京召开的世界妇女大会还接受了女权运动组织的要求,公开发表宣言谴责科威特对妇女选举权的限制。[①] 全球公民社会就是一个以伦理为中轴的新社会领域,整个领域的游戏规则是价值争论和伦理供给。

除了设置议程外,社会网络还会全球治理提供各种信息咨询,推动公众议程转变为政策议程。20 世纪 90 年代以来,在国际公共场合,社会网络开始将向国际权威组织提供特定的专业知识作为影响国际权威组织决策的重要手段,特别是在艾滋病、禁毒、环保、妇女等领域。一些非营利组织还借助自己广泛的国际网络,搜集信息,整理后向国际权威机构提供材料,或者参加国家以及国际组织召开的听证会,对这些组织的决策施加信息影响。世界资源研究所、国际可持续发展研究所等都以提供专业信息作为提升自身影响力的重要方式。

二、影响全球公共政策

作为社会网络兴起的治理结果,全球公共事务的治理日益依赖于以国际组织

[①] Kathryn Hochstetler, Ann Marie Clark, and Elisabeth Jay Friedman, "Sovereignty in the Balance: Claims and Bargains at the UN Conference on the Environment, Human Rights and Woman", *International Studies Quarterly*, 2000, Vol. 44, No. 4, pp. 591-614.

和国际制度为中心的一系列国际规则体系,毋宁说全球治理本质上是一种全球公共政策过程。如何协调不同行为体之间的公共政策行动,是一个非常重要的问题。无论是在全球层面的治理,还是在区域层面的治理,在公共事务治理结构上都呈现出了不同程度的多边主义趋势。多边主义象征着"不限于几个或者多个国家组成的集团在国家政策方面的合作,而是其他组织形式也要增加在国家间关系原则及其基础之上进行的合作"①。

由于社会网络的卷入,在全球公共政策的治理中出现了以国家为中心的治理和非国家治理及其互动的双重复合结构,各类知识网络均积极参与国家治理和国际治理,影响全球公共政策。在涉及全球的公共问题上,有的学者列举了五大全球治理领域,即全球和平、全球经济平等、全球人权保障、全球相互理解(国家、民族、地方、性别、个人和全人类的认同)、全球环境保护等,②有的领域奉行着自上而下的治理,有的领域奉行着自下而上的治理,这两种治理逻辑的光谱互动,构成了全球化进程中全球治理结构的变迁。大赦国际、绿色和平组织、欧洲核裁军组织等为了实现自己的政治意图,纷纷采取游说、抗议、影响选举、公共参与等方式向政府和国家施加压力,促使国家采取某种特别行动。例如,大赦国际和人权观察组织就在一直游说各国执行严格的人权标准,他们为人权设置的定义具有更广泛的专指性,通过公布侵犯人权的具体案例和掀起国际声讨行动,敦促各国鉴别和惩罚那些侵犯人权的国家,这些努力对于规范一些国家的行为以及建立国际人权机制,产生了重大影响。③ 在全球公民日益增长的政治努力下,全球公共事务的治理逐渐形成了一个由国家中心治理与非国家中心治理复合交织的网络,形形色色的社会运动和公民运动在国际事务治理中获得了常规化的力量。由此,国家中心治理将不再充当凌驾于公共事务之上的有限治理,而将成为全球治理的一部分,扮演着依然最为重要但影响力日益有限的角色。

同时,社会网络不仅参与全球公共政策的制定过程,而且也积极参与全球公共政策的监督履行。监督协议得到切实履行与达成协议同等重要,甚至在某种程度上更加重要一些。于是,许多全球公民社会部门自觉把监督协议履行作为释放自身政治能量的重要途径。比如人权方面的国际公约经常会被一些人权组织用来对

---

① 参见[美]约翰·鲁杰主编:《多边主义》,苏长和等译,浙江人民出版社 2003 年版,序言;还可参见 Robert Keohane, "Mutilateralism, An Agenda for Research", *International Journal*, 1990, 45(4), pp. 731-764; Robert Cox, *Progamme on Multilateralism and the United Nations System*, 1949-1991, Tokyo: The Unitet Nations University Press, 1991.
② 参见[日]星野昭吉:《全球政治学——全球化过程中的变动、冲突、治理与和平》,刘小林、张胜军译,新华出版社 2000 年版。
③ 参见 Kathryn Sikkink, "Human Rights, Principled Issue-networks, and Sovereignty", *Latin America International Organization*, 1993, Vol. 47, No. 3, pp. 411-441; David Forsythe, *Human Rights and Development*, London: The Macmillan Press, 1989.

主权国家施加影响,迫使违反国际条约的国家履行国际承诺。

三、发起国际社会运动

国际社会运动(international social movement)是社会网络影响治理的重要途径。社会运动是指一群人有组织、有计划、有目标地采取大范围的社会行动以影响决策者,实现社会变革活动,实际上是在一部分人的激发下扩展开来的社会政治、经济、文化等方面的社会变革行为。尽管很多社会运动是由一些不同形式的社会组织所发动的,但却不能仅仅被认定为国际非政府组织的活动,包括个人行动、文化活动、意见领袖的行动和其他追求社会公共目标的行动,都可以被纳入国际社会运动的范畴。20世纪以来的很多社会变革和治理创新,均是社会运动推动的,比如,20世纪50年代的美国民权运动、遍及世界的环境保护运动、消费者权益运动、妇女运动、民主化运动等。这些社会运动长期致力于不同于政府目标的社会目标的追求,通过组织游行、鼓噪舆论、游说官员、号召民众等方式,对国家的政策选择产生了强有力的影响。

与政党组织全力赢得政权不同,社会运动并非致力于选举政治,也并不寻求掌握政府权力。与小规模的利益集团不同,社会运动往往是诉诸大规模的群众运动,它们虽然大规模参与政策过程,却不寻求制度化参与的途径,往往采取游行示威、罢工、新闻事件、游说以及印发传单等形式,发起潮水般的社会运动来对决策者施压,间接影响治理过程。在20世纪50年代以前,社会运动还被视为冲击政治稳定的负面因素,典型的例子是古斯塔夫·勒庞(Gustave Le Bon)对"乌合之众"的研究,他认为,个人在参与群众集体的活动后将失去理性,造成社会骚乱。① 此种看法集中体现了当时上流贵族社会对民众开展社会运动的鄙视和偏见,然而自20世纪60年代起,随着民权运动和西方反主流文化运动的升温,社会运动日益被视为民主政治的重要实现形式,被一些学者称为新社会运动或抗争政治。比如,威廉·考恩浩泽(William Kornhauser)的《大众社会的政治学》和查尔斯·蒂利(Charles Tilly)的《抗争政治》,这些研究不同程度地指出了抗争政治背后对制度化政治的促进和社会变迁的巨大推动力。② 约翰·麦卡锡(John McCarthy)和梅耶·左尔德(Mayer Zald)在1977年出版的《资源动员理论》一书中认为,社会运动来自社会团体能够掌握足够的社会资源以发动社会运动,组织结构、沟通手段和既存的招募网络是社会运动的动力,从而超越了对集体行动的相对

---

① 参见[法]古斯塔夫·勒庞:《乌合之众:大众心理学》,冯克利译,中央编译出版社2000年版。
② 参见 William Kornhauser, *The Politics of Mass Society*, London: Routledge, 1960;[美]查尔斯·蒂利:《抗争政治》,李义中译,译林出版社2010年版。

剥夺感的研究。① 20 世纪 60 年代兴起新社会运动理论认为,在现代化的紧张压力下,人们基于改善生活品质而建立的特定认同驱动了社会运动,与 19 世纪的阶级社会运动是不同的。

　　冷战结束以来,社会运动开始更多具有了跨国的特征。1999 年,西雅图爆发的反对世界贸易组织的抗议被视为跨国社会运动的起点。自此之后,跨国社会运动集中体现在国际贸易协定、可持续发展、温室气体排放、和平和人权等各个领域。一个非常重要的特征是这些跨国社会运动致力于将反歧视、人权、环境恶化等置于一个复合的社会正义框架之中,越来越渗透到国际组织的公共政策讨论过程中。近年来,越来越多的学者强调应该吸纳国际社会运动进入全球治理体系。与此同时,也有人批评跨国社会运动可能加剧了发达国家与发展中国家的不平等,因为发展中国家的影响力不大。

 课后习题

一、概念解释

国际非营利组织　　跨国倡议网络　　回飞镖效应
全球公民社会　　　外部行动者　　　社会网络

二、论述题

1. 请简述身份认同的六种来源并举例。
2. 请总结社会网络的治理意义。

---

① John McCarthy and Mayer Zald, "Resource Mobilization and Social Movements: A Partial Theory", *The American Journal of Sociology*, 1977, Vol. 82, No. 6, pp. 1212-1241.

第七章
国际制度与治理

国际组织、国际制度和国际机制是国际关系发展到一定阶段的产物,最早可以追溯到17世纪威斯特伐利亚和会开创的通过国际会议解决国际问题的先例,欧洲协调、万国联盟和海牙体系是国际组织形成的主要标志,并经历了从功能性的国际行政联盟逐渐发展成为经济、社会、政治和安全方面的正式国际组织的历程。据《国际组织年鉴》统计,到2017年,各种类型的国际组织总数已经达到67 139个,遍布世界200多个国家和地区,并且还以每年1 200个的速度增加。这些国际组织包括有主权国家参加的政府间国际组织、民间团体成立的非政府国际组织,它们既有全球性的,也有地区性、国家集团性的。①

国际制度是全球治理的制度依托和合作平台,在国际和平与安全、经济社会发展、国际法律制定和监督、多边外交和全球治理等领域发挥着主权国家无法替代的作用。迄今为止,中国已经加入了130多个政府间国际组织,国际组织也成为中国参与和引领全球治理变革的重要平台。对于国际组织及其治理角色的研究,也日益引起了学界的重视。早期对国际组织的研究主要关注其法理原则或正式的组织机构,后来受行为主义和理性选择理论的影响,开始越来越关注社会科学的研究、理论发展和经验观察的研究,解释国际组织的创立、角色、效果、效用和其他制度性特征,开始关注众多国际组织的普遍性议题。与主权国家、跨国公司、全球公民社会相比,在全球治理中关注国际制度的原因在于,国际制度为全球治理注入了法的逻辑,成为全球治理的合作之基。

第一节 法 的 逻 辑

在全球治理中,国际组织就是国际法逻辑的重要支撑,是主权国家、跨国公司

---

① 参见 The Union of International Associations, *Yearbook of International Organizations 2017-2018*, Vol. 6, Leiden, The Netherlands Brill, 2017。

和全球公民社会三大治理行为体汇合的产物。国际法是治理国家与国家之间以及国家与其他国际行为体之间的法律规则、管制规制、标准和原则的总体，涉及主权、协议和争端、武力与自卫、各类空间的管制、国际贸易和人权等议题，对国际事务的大多数问题都具有很大影响力。一般来说，国际法更多指国际公法，与国际私法关注商业纠纷和公司法不同，国际公法主要处理主权国家间的关系，水平性和去中心化是其最大特征。

事实上，国际法与国际关系、全球治理关注类似的问题，但长期不被视为同一个学科。近年来，国际法学界和国际关系学界开始越来越形成共识，致力于学科之间的协作和对话［比如安妮-玛丽·斯劳特（Anne-Marie Slaughter）］。一般来说，现实主义理论家不大看好国际法，认为只有国家的权力和实力而不是国际共同利益是塑造国际关系的主导力量，所谓的合作仅仅是国家认为符合其利益时的偶然情况而已。自由主义理论家则认为国际法和国际制度的发展是国家之间经济和社会相互依赖的必然产物，诸如和平、人格尊严、自由民主等共享价值是促成国家间合作的重要因素，国际组织、非政府组织和个人在其中发挥了很大作用，通常作为国际共同价值的代理人。建构主义理论家则把国际体系本身看作国际共享规范、理念和认知的产物，法律规范在很大程度上塑造了行为体的身份和利益，这些观念和认识反过来也左右了国际结构、制度和过程。归结起来，关于国际法作用的学理研究只不过在争论国际法和国家法的关系而已。对于这一问题，有的国家坚持一元论（monism），比如荷兰，认为国际法和国内法属于同一法律体系，且国际法胜过国内法，认为国际法无须转化即可自动应用于国内事务。有的国家则恪守二元论（dualism），比如美国，认为国际法和国内法是不同的法律系统，所有的国际规范需要立法机构审议转化成为国内法，认为国内法要高于国际法，除了总统签署的行政协定外，其他条约均需要国会参议院三分之二多数的批准。

传统上，国际法的渊源主要是条约和习惯。《国际法院规约》第38条规定，国际法的渊源主要来自"国际协约"和"国际习惯"，还有"一般法律原则"，以及两个"补充材料"（一是"司法判例"，二是"各国最高之公法家学说"，两者"作为确定法律原则之补充材料"）。按照"条约必须被遵守"的国际法原则，条约对于国家有拘束力，国家必须遵守条约。因此，国际法的渊源包括条约、国际习惯法、一般法律原则、司法判例及学说等方面。尽管国家之间的关系可以追溯到古代，也产生了关于战争、同盟、协约、外交等国际规范，但国际法严格意义上来说是近代以来的产物。古希腊对国际法作出的一个重大贡献是确立了自然法的原则，即认为各种法是基于自然确立，且适用于普遍事务的意志，关于对错的观念是不会随着时间和政治文化传统的改变而有所改变。罗马法则确立了调整罗马人与外国人的万民法（Law of Nations）的传统，进入中世纪后，自然法受到宗教信条的加持成为国际法的学理基础。直到 17 世纪,随着主权国家的诞生,欧洲的学者开始界定国际法的内容和存在。① 第一个讨论国际法的是西班牙人弗朗西斯科·维多利亚(Francisco de Vitoria)和弗朗西斯科·苏亚雷斯(Francisco Suárez),他们基于天主教的神学架构了国际法思想。然而,被称为国际法之父的荷兰人雨果·格劳秀斯在 1625 年出版了《战争与和平法》,第一次完整地提出国家主权"对内最高,对外独立"的原则,认为主权国家是国际法的主体,建立了基于自然法的国际法体系。自然法学派否认有任何实在的国际法,认为一切国际法规则都只是自然法的一部分。国际法效力的根据就是自然法,他们提出所谓人类良知、人类理性、人类法律意识等一些抽象的自然法概念,作为国际法效力的根据。

与格劳秀斯相比,意大利人阿尔伯里克·根蒂利(Alberico Gentili)推动了国际法从理论解释向世俗哲学的转变,被称为国际法思想的世俗学派之父。根蒂利坚持认为国际法是一种国家间达成的实在法,实在法强调完全抛弃自然法,认为国际法取决于国家认可的道德和伦理法则,其效力的根据是由于国家的承认,国际法的规则是用归纳的方法从国际交往史上去推求,"公认"是国际法的唯一基础。国际法的实在法学派在两次世界大战期间被压制,而之后 1919 年建立的国际联盟,1945 年建立的联合国和人权法的兴起,推动了国际法的复兴和步入新的高潮期,传统的、以欧洲为中心的国际法逐渐转型为现代的、以普遍性为特色的国际法。尤其是随着联合国成立以后,基于《联合国宪章》的宗旨和原则,国际法成为真正覆盖全球的法律体系。20 世纪 50 年代以后,亚非拉一系列殖民地国家的兴起,伴随着冷战对抗和文化交流,国际法开始受到越来越多文明和文化的影响,1954 年和平共处五项原则、1955 年万隆会议十项原则、《关于各国依〈联合国宪章〉建立友好合作关系和合作的国际法原则宣言》七项原则、《各国经济权利和义务宪章》十五项原则等丰富和发展了国际法的基本原则。王铁崖先生将国际法的基本原则概括为:互相尊重主权、互相尊重领土完整、互不干涉内政、互不侵犯、不适用武力或以武力为威胁、民族自决、公平互利、和平共处、国际合作、尊重人权和基本自由、诚实履行国际义务、和平解决争端。② 所有这些原则都给予国际法以强大的支持。不难看出,国际组织、非政府组织、跨国公司乃至个人成为国际法主体的现象日益增多。纽伦堡和东京战争法庭、1948 年的《世界人权宣言》、1966 年的《公民权利和政治权利国际公约》和《经济、社会、文化权利国际公约》以及 1950 年的《欧洲人权公约》等,不仅意味着国际法主体的不断增多和调节范围的持续扩大,而且逐步打破了"国家主义"的国际法范畴,表现为个人的国际法地位提高以及政府间国际组织和

---

① 参见 Sean Murphy, *Principles of International Law*, St. Paul: Thomson/West, 2006。
② 参见王铁崖:《国际法》,法律出版社 2005 年版。

非政府组织作用的增强。虽然国际法作为调整国家间关系的法的本质仍然没有发生根本性改变，但19世纪的实在法学说普遍认为国际法"仅仅是国家间的法律"的看法显然已过时了，国际组织及其治理的法的逻辑发生了深刻变化，具体来说，主要体现为以下三个方面。

一是国际法的逻辑在保持"软法"本质的基础上，日益呈现出"硬法"的倾向。长期以来，关于国际法究竟是"软法"还是"硬法"的问题，一直是国际法争论的焦点之一。最初，作为规范主权国家的法律，国际法长期保持"软法"的性质。第二次世界大战结束后，关于保护平民、限制战争、优待战俘，禁止生物武器、化学武器、核武器及常规武器的各类条约次第出台，联合国也相继出台了"保护的责任""人道主义援助""战争法"等一系列国际规范，国际法对主权国家的限制也在呈现出"硬法"的倾向。尤其是冷战结束后，很多人认为国际法步入了一个新的发展时期，国际法的内容开始从原来的战争与和平法（包括国家领土法、海洋法、航空法、外空法、外交和领事关系法、条约法等）越来越拓展到全球发展与治理法（包括人权国际保护法、国际环境保护法、国际经济法、国际组织法等），尤其是在人权保护、环境保护和武力使用限制等方面，国际法的内容越来越丰富，处于快速发展之中。尤其是在全球治理中，层出不穷地出现新问题，如核武器（见禁止非法使用武力）、国际海底（见国际海底制度）、外层空间、环境保护等，所有这些国际法规范开始具有极强的治理效能，对主权国家的限制越来越具有本质性意义。2002年，国际刑事法庭成立，迈出了国际执法的重要一步。这些对国内自然人和法人具有直接管辖权的限制类国际法、国际规范在对战争产生巨大抑制效应的同时，也为国际关系逐步确立合作共赢的新规范奠定了基础。

二是国际法的逻辑在关注规范研究的基础上，日益呈现出重视效果研究的倾向。国际法究竟属于"软法"，还是属于"硬法"，并不是最重要的问题，国际法真正的意义在于为国际合作创造条件、提供动力。长期以来，经验的法学研究重点关注法的法理规范问题，很少关注行为体为什么、怎样以及从何种程度上才会顺从法律规则的问题？事实上，国际法的规范并非问题的关键，最重要的问题是国际法对于主权国家之间关系的合法性功能。从合法性功能来看，国际法的确解决了国家间的一些问题，比如通过减少成本、交换信息以及积累社会资本，以促进跨国合作，甚至也会产生规范意义的效果。就国际组织来说，国际法是国际组织存在和发展的基础，它通过确定国际组织的资格、权利、义务等问题为国际组织确立了国际法律人格，明确了国际组织的合法责任，增强了国际组织在国际事务中的能力和作用。因此，真正值得关注的问题是国际法在什么条件下成为"硬法"，以及在什么条件下作为"软法"存在。冷战结束以来，国际法研究越来越关注国际规则的顺从（compliance）问题，关注在多大程度上国际法的原则和规则得到实施，对国际法怎样影响国际事务和全球治理成为各方关注的重点话题。

三是国际法的逻辑在关注公法研究的基础上,日益呈现出重视私法研究的倾向。长期以来,国际法是指国家之间的法律(law of nations),它是国家之间的法律而非国际之上的法律。在18世纪末,英国哲学家和法学家杰里米·边沁(Jeremy Bentham)提出国际法概念的时候,就认为存在着国际公法和国际私法的区别,从这个意义上来说,国际法严格起来应该属于公法,是国家之间的法律。相比之下,国际私法主要是解决不同国家对于私人关系的不同法律所发生的冲突,包括管辖权的冲突。最初,国际法学者更多关注国际公法,对不同国家之间的"法律冲突"不认为是国际法的内容,国内问题主要依靠国家法予以解决。然而,随着经济全球化的发展和国际相互依赖程度的深入,包括国际经济法、国际环境法以及越来越多的国际组织、国际制度和国际机制,不断扩大着国际事务的内涵,并日益聚集在全球治理或跨国治理的旗帜之下。这一新的国际社会事实推动国际法研究在关注公法研究的基础上,越来越重视私法研究。尤其是跨国公司往往倾向于诉诸严格的协议,以此来巩固跨国公司的利益。为什么私人机构倾向于采取"硬法"安排以及如何处置公法与私法之间冲突?为什么一些国际组织越来越渗透到国内事务之中,直接干涉和制裁成员国的国内事务?所有这些问题越来越吸引着国际法学家和全球治理研究者们的兴趣。不过,两者不是非此即彼的关系,不能将两者对立起来,国际法以"软法"的形式存在客观上也是维护私人机构"硬法"偏好的偿付,因为"软法"可以协调不同的利益需求,为国际社会提供弹性安排。因此,国际法与国际关系绝非相互排斥,而是相互渗透和相互补充的关系,公法和私法的冲突,也不应该被夸大,在很多情况下,此种法律意义上的冲突在客观上却是现实利益冲突释放的需要,这是国际法的智慧所在。

第二节 多 边 主 义

多边主义是国际制度的本质。在国际法的规范下,全球治理在组织形式上表现为多边主义的行动框架。何谓多边主义?从不同的角度界定,多边主义具有不同的内涵。根据罗伯特·基欧汉的研究,多边主义是指三个或多个国家之间政策协调的实践活动,被称为"实践论"。而美国著名学者约翰·鲁杰(John Ruggie)则认为多边主义是在广义的行动原则基础上协调三个或者更多国家之间关系的行动,被称为"观念论",包括三个特征:不可分割性、普遍的行为准则、扩散的互惠性。① 不

---

① [美]约翰·鲁杰主编:《多边主义》,苏长和等译,浙江人民出版社2003年版,第13页。

难看出,基欧汉眼中的多边主义是工具性的多边主义,是站在国家的角度将多边主义理解为一个国家的多边主义外交实践,多边主义的核心是国际会议和国际政策协调。而鲁杰所指的多边主义是一种制度性的多边主义,认为"多边主义是一种要求极高的制度形式","国际制度本质上都是多边的制度",并且是"在非歧视的普遍化原则基础上形成的",①多边主义的核心就是国际机制、国际制度和国际组织,不管这一制度是由多个国家构成的,还是由多个非国家行为体组成的,只要遵循某一普遍规则和制度的多边(包括多国、多个非国家行为体)共同行动,都可称之为多边主义。事实上,无论是工具性的多边主义,还是制度性的多边主义,都是遵循普遍原则的制度化行为,区别仅仅在于是制度决定行为体,还是行为体操控制度。

全球治理的多边主义组织基础,在实践中往往体现为国际制度、国际机制和国际组织等一系列范畴,三个概念通常可以相互替换使用。关于国际制度的概念,在学术界众说纷纭。"国际制度"概念是由厄恩斯特·哈斯和约翰·鲁杰于1975年提出,但在使用中却引起了较大的混乱,甚至被一些学者批评为赶时髦。② 从西方一些学者对国际制度定义的讨论来看,国际制度的定义分为狭义和广义两种。狭义定义主要指的是规范国际某一领域的行为规则,而广义定义则是指有关国家在某一问题上进行合作或协调的原则、惯例和运行机制。从国际制度的内涵来看,国际制度的灵魂是多边主义,是众多行为体共同接受并规范行动的原则、准则和决策程序。没有多边主义,便没有国际制度,参与国际制度的任何一方背离多边主义精神,必然损伤国际制度的权威。在国际制度框架下,某一方要推行自己的单方面政策,必须能够说服其他有关各方(工具性多边主义)或者通过共同接受的规则程序(制度性多边主义)予以支持,才能具有合法性。因此,多边主义常常表现为某一行为体支持国际组织和遵守国际行为规则。国际社会生活中的多边主义兴起在实践中体现为20世纪以来国际制度力量的崛起,对于这一趋势,在学术界有不少学者将此种变化称为"走向制度化运动"。著名法学家戴维·肯尼迪(David Kennedy)认为,"走向制度的运动"指的是向正式的国际组织方向发展。③ 正如奥兰·扬所言:"我们同时也是生活在一个国际规制的世界之中。"④

其实,人类社会的发展史,从根本上就是一个不断组织化和制度化的过程,人类社会一直处于制度化的前进之中。即使在1648年的威斯特伐利亚和会上,在明确主权的最高权威地位之后,也确立了召开大规模国际会议处理国家间事务的制

---

① 转引自苏长和:《中国与国际制度——一项研究议程》,《世界经济与政治》2002年第10期,第7页。
② Susan Strange, "Cave! Hic Dragons: A Critique of Regime Analysis", in Stephen Krasner, ed., *International Regimes*, Ithaca: Cornell University Press, 1983, pp. 338-339.
③ 参见 David Kennedy, "The Move to Institutions", *Gardozo Law Review*, 1987, Vol. 8, pp. 841-979。
④ Oran Young, "International Regimes: Problems of Concept Formation", in Paul Diehl, ed., *The Politics of International Organizations: Patterns and Insights*, Chicago: Dorsey Press, 1989, p. 28.

度。随后 1815 年的维也纳和会正式确立了国际会议解决国际问题的制度。第二次世界大战之后,以联合国为核心的各种国际组织、国际条约、非政府组织大量产生。1909 年,全世界只有 37 个政府间国际组织和 176 个非政府国际组织,到 2019 年年底,全球有 72 500 个国际组织,覆盖了 300 多个国家和地区,其中有 40 300 个国际组织比较活跃,每年增加 1 200 多个,当然这其中也涵盖了非政府组织,真正的政府间国际组织只有 300 个左右。① 如果算上没有正式组织机构的国际制度,这一数量还会更多,而且目前一直处于增长之中。在某种意义上,国际制度改变了国际社会的发展方向和进程,使得国际社会逐渐处于一种制度化的有序状态之中。

从国际制度的产生来看,最初的国际制度是在双边主义的框架中产生的,有的甚至在单边主义的主导下形成。比如维也纳和会产生了遵守 1815 年领土安排和维护现状的最后决议。最后决议是一个建立带有制度色彩的多边主义案例,但是这一决议的达成更多地依靠不同国家之间的秘密外交。一战之后诞生的国际联盟,是第一次具有实质意义的多边主义制度框架,尽管在一定程度上还是在美国主导下形成的。西方学者普遍认为,一战后国联的成立是西方外交的一个重要转折点,最重要的标志就是强调国际法和国际规则的重要性,建立权威性的国际组织国联,施行高透明度的多边外交,"必须根据明确的条约建立一个普遍性的国家联盟以保证无论是大国还是小国的政治独立和领土完整"②。二战结束以来的联合国、国际货币基金组织、世界银行、关税及贸易总协定等国际制度的核心就是多边主义,非但如此,一些地区性的国际组织和国际制度,比如欧洲共同体、东盟、美洲国家组织、非洲统一组织等都是典型的多边主义制度。

不过,不管是双边主义的产物,还是单边主义和多边主义的产物,已有的大多数国际制度都是政府间合作的产物,主要体现和实现主权国家的利益和要求,是主权国家利益的延伸。这是 20 世纪以来所产生的国际制度的根本特征。学术界将此种国际制度框架内的多边主义称为"老多边主义"(the old mutilateralism),是一种"自上而下"的多边主义。从老多边主义所涵盖的内容来看,有两点是需要特别引起注意的。一是老多边主义的功能主要是解决国家之间的冲突和战争问题。诚如约翰·鲁杰提出的"深层组织化"(deep organizing)原则所指出的那样,老多边主义的功能是双重的:一方面它可以对某些强权国家存在一定的平衡作用,是国家主权和不干涉内政等规范的防御机制;另一方面它还可以强化组织平等的观念、

---

① 参见 The Union of International Associations, *Yearbook of International Organizations 2017-2018*, Vol. 6, Leiden, The Netherlands Brill, 2017。
② Charles Kegley, *Controversies in International Relations Theory: Realism and the Neo-liberal Challenge*, New York: St. Martin Press, 1995, pp. 13-14.

制度文化的权威以及某些行为的规则等,这些都是值得充分肯定的。① 二是老多边主义在设计上十分突出国家中心的特征,老多边主义主导下的国际制度都是由国家和政府出面达成的,其赖以存在的基础是主权独立和平等原则,它对于维护国家间的平等以及确立国际政治民主化的坚实基础具有十分重要的意义。正因为老多边主义以服务国家为目的,以维护主权和依赖政府为基础,故而它构成了主权国家体系的重要补充。另外,从价值原则上来看,老多边主义主要是美国人提出的一种对世界秩序安排的理念,又被称为"自由国际主义"(liberal internationalism),主要体现在威尔逊主义指导下建立的国际联盟、罗斯福首创的联合国以及国际货币基金和世界银行等制度,体现了美国关于国际范围内的"新政管制模式",从而呈现出相当浓厚的美国政治色彩。

从全球化时代国际制度的合法性基础来看,一个极其重要的方面就是如何将多样的社会性组织的利益要求通过制度化建设纳入国际制度框架之中,而此种改革将会有助于为一种所谓的"新多边主义"(the new multilateralism)奠定基础,它在1992年里约热内卢地球峰会和1995年哥本哈根世界社会峰会中得到部分反映。② 新多边主义一个共同的学术旨趣在于以批判理论为指导,质疑现有的多边主义,认为这是一种自上而下的多边主义制度性安排,是以国家为中心的多边主义环境,目的是解决国家在当今世界上面临的无法独自解决的问题。新多边主义提倡"去中心"和"解中心"的做法,认为国家已经无力作为社会、政治、经济生活的管理者。一种在全球层次上起始于基层公民社会的自下而上的多边主义才是真正民主的多边主义。新多边主义重视非政府组织的作用,考察了多元文化的实际,指出了现行多边制度性安排的所谓"普世性"本质和世界多元文化现实之间的张力,强调社会力量是决定未来多边主义的根本因素。新多边主义的代表人物主要以加拿大学者罗伯特·考克斯和加拿大总理保罗·马丁(Paul Martin)为主要代表。考克斯认为,在美国霸权衰落的情况下,由于全球公民社会的发展,全球治理的途径将会以非政府组织为主体的新多边主义取代以传统政府为主体的多边主义,换言之,以政府为核心的统治转变为以多元行动者为核心的治理,未来国际秩序将走向一种新多边主义。这种国际秩序是一种社会更平等、国家与社会群体间权力高度分散、重视生态层面、相互承认不同文明并且以协调和和平的方式解决彼此争端的后霸权秩序。③ 不难看出,新多边主义从比较激进的批判角度研究多边主义的主

---

① 参见 John Ruggie, "Multilateralism: The Anatomy of an Institution", in John Ruggie, ed., *Multilateralism Matters: The Theory and Praxis of an Institutional Form*, New York: Columbia University Press, 1993, pp. 3-50。
② 参见 Stephen Gill, *Power and Resistance in the New World Order*, London: Palgrave, 2003。
③ 参见 Robert Cox, *The New Realism: Perspectives on Multilateralism and World Order*, New York: United Nations University Press, 1997。

要观点,是一种从以国家为中心的研究议程向多中心甚至反中心的方向发展的现代西方学术思潮。[①]

通过与老多边主义的比较,新多边主义具有四个特征。一是老多边主义的唯一行为主体是政府,而新多边主义的主体是多样化的行为体,既有传统的政府,也吸纳跨国公司、全球公民社会等部门参与。其中,按照地域原则投票产生的代议民主政府,依然是新多边主义制度的主要行为体,大多数的国际决策要通过政府机构的运作形成。在此基础上,各种类型的功能性组织行为体比如跨国公司、公民社会部门也以正当的身份参与辩论,发表意见,对多边国际制度的决策施加压力,左右公共议程,矫正由政府机构做出的决策。二是老多边主义制度是单一中心主导下运行的等级同心圆结构,国际制度的运行往往依靠核心层机构的决策;而新多边主义结构是一种多中心互动的网络结构,包括政府机构组成的中心、市场部门组成的中心和由公民社会部门组成的中心,整个国际制度的运作有赖于众多中心达成一致和共识。二是老多边主义的运行往往依靠小团体的秘密会议,而新多边主义运行必须是透明的开放交流。正因为新多边主义制度是多中心互动的网络结构,因而在处理公共事务时采取秘密会议的方式很难达成一致的意见,只能通过开放的、透明的交流,才能达成一定程度的社会共识。四是老多边主义制度虽然实现了法制化,但并没有真正实现法治化,更没有实现公正化,新多边主义制度则严格按照达成的契约和制度,因为如果没有法治,新多边主义的主体根本无法达成一致。同时,新多边主义还强调对弱势群体和边缘群体采取开放包容的公正态度。

总之,新多边主义是对老多边主义的补充而非替代,新多边主义是在老多边主义的基础上,更强调行为体的包容性、结构的多元性、运行的开放性以及价值取向的法治性和公正性,是一种用法治化和公正化的普遍规则协调多样化行为体、多元化利益以及协调复杂关系的制度安排,它顺应了全球化和全球公民社会发展需要,具有极其强大的生命力。从老多边主义向新多边主义的转变,从价值原则层面为国际制度的重构指明了前进方向,要求强调改革现有的不公正和不合理的国际制度、建立顾及社会多样性的国际制度、扩大社会参与和民主以及增强国际制度的有效性等方面。

[①] 参见 Robert Cox, "Social Forces, States and World Orders: Beyond International Relations Theory", *Millennium: Journal of International Studies*, 1981, Vol. 10, No. 2, pp. 126-155; Robert Cox, "An Alternative Approach to Multilateralism for the Twenty-first Century", *Global Governance*, 1997, Vol. 3, No. 1, pp. 103-116.

第三节　多中心治理

在国际法基础和多边主义制度框架之中,国际组织的治理呈现出多中心治理的特征。一般来说,全球公共事务的治理行为体包括国家的"利维坦之道"、市场的私有化之道以及社会的自治之道。根据"利维坦"方案,对于全球公共问题应当建立世界政府,实行中央政府控制。根据所谓的"私有化"方案,意味着创设全球私有产权制度,来终止公共产权制度。根据自治方案,国际社会将陷入"公用地困境"。如何协调国家、市场、社会的多行为体开展的多中心治理,是国际组织治理需要解决的核心问题。

一、治理困境

在治理全球公共事务过程中,让国家、市场和全球公民社会三方形成预期的集体行动不是一件容易的事情。迄今为止,根据埃莉诺·奥斯特罗姆的研究,关于三方合作之道的研究,主要存在三种困境。

一是"公用地困境"导致的制度供给难题。"公用地困境"是著名经济学家加勒特·哈丁(Garrett Hardin)提出的经典问题。1968 年,哈丁在《科学》杂志上发表的《公用地悲剧》(The Tragedy of the Commons)一文中提出,公共资源的自由使用会毁灭所有的公共资源。[①] 哈丁设想,一群牧民面对向他们开放的草地,每一个牧民都想多养一头牛,因为多养一头牛增加的收益大于其购养成本,是合算的,尽管因平均草量下降,可能使整个牧区的牛的单位收益下降。每个牧民都可能多增加一头牛,草地将可能被过度放牧,从而不能满足牛的食量,致使所有牧民的牛均饿死,这时便发生了"公用地悲剧"。在任何情况下,只要很多个人共同使用一种稀缺资源,一定会发生环境的退化,正如俗语说的"三个和尚没水吃"那样。因为占用者都希望能有一个新制度协调他们的行动,最后达到一个均衡的解决,但对于选择什么样的制度却始终存在分歧。像公共草地、人口过度增长、武器竞赛、环境恶化这样的困境"没有技术的解决途径",即"仅在自然科学中的技术的变化,而很少要求或不要求人类价值或道德观念的转变"。哈丁认为,对公共资源悲剧的防止有两种办法:第一种是制度上的,即建立中心化的权力机构,无论这种权力机构是公共的还是私人的;第二种便是道德约束,道德约束与非中心化的奖惩联系在一起。然

---

① Garrett Hardin, "The Tragedy of the Commons", *Science*, 1968, Vol. 162, No. 3859, pp. 1243-1248.

而，在全球事务治理上，国际组织并非世界政府，不仅制度上建立中心化的权力机构无法实现，而且依赖道德约束更是无能为力。

二是囚徒困境博弈导致的相互监督难题。囚徒困境最早由美国普林斯顿大学数学家阿尔伯特·塔克（Albert Tucker）于1950年提出。① 警方逮捕甲、乙两名犯罪嫌疑人，但没有足够证据指控两人入罪。于是警方分开囚禁犯罪嫌疑人，分别和两人见面，并向双方提供以下相同的选择：若一人认罪并作证检举对方（相关术语称"背叛"对方），而对方保持沉默，此人将即时获释，沉默者将判监10年；若两人都保持沉默（相关术语称互相"合作"），则两人同样判监半年；若两人都互相检举（互相"背叛"），则两人同样判8年。由于两个囚徒均为理性的个人，且只追求自己个人利益。均衡状况会是两个囚徒都选择背叛，结果两人判决年限均比合作高，总体利益较合作低，这就是"囚徒困境"。哈丁的公用地困境，通常被形式化为"囚徒困境"博弈，在这一场景下，使用同一块公共放牧草地的牧人是博弈棋局中的对局人，由于草场可供牧养的牲畜数量是有限的，每一方都希望获得更多的牧养份额，也面临着自己的份额被另一方获取的可能，这一博弈棋局令他们面临着对"合作""背叛"策略的选择，由于缺乏相互监督，结果双方最终陷入了合作的困境。②

三是集体行动的逻辑导致的可信承诺问题。集体行动的逻辑（the logic of collective action）由美国著名经济学家曼瑟尔·奥尔森在1965年出版的《集体行动的逻辑》一书中提出。③ 奥尔森批驳了传统的集体行动观，即由具有相同利益的个人所形成的集体是要为他们的共同利益而行动的，认为个人理性不是实现集体理性的充分条件，其原因是理性的个人在实现集体目标时往往具有搭便车倾向。"除非一个集团中人数很少，或者除非存在强制或其他特殊手段以使个人按照他们的共同利益行事，有理性的、寻求自我利益的个人不会采取行动以实现他们共同的或集团的利益。"④在奥尔森看来，任何公共物品都具有供应的相联性与排他的不可能性两个特性。公共物品的两个特点决定集团成员在公共物品的消费和供给上存在搭便车的动机，除非存在强制或者其他某种特别手段（选择性激励），每个人的可信承诺得到兑现，促使个人为他们的共同利益行动，否则理性的、追求自身利益

---

① Albert Tucker, "A two-person Dilemma" (unpublished notes); Eric Rasmusem, ed., *Readings in Games and Information*, Oxford: Blackwell Publishers, 1989, pp. 7-8.
② 参见 Robyn Dawes, "The Commons Dilemma Game: An N-person Mixed Motive Game with a Dominating Strategy for Defection", *ORI Research Bulletin*, 1973, Vol. 13, pp. 1-12; Robyn Dawes, "Formal Models of Dilemmas in Social Decision Making", in Martin Kaplan & Steven Schwartz, eds., *Human Judgment and Decision Processes: Formal and Mathematical Approaches*, New York: Academic Press, 1975, pp. 87-108。
③ 参见［美］曼瑟·奥尔森：《集体行动的逻辑》，陈郁、郭宇峰、李崇新译，格致出版社、上海人民出版社2018年版。
④ 同上书，第3页。

的个人将不会为了实现他们共同或者群体的利益而采取行动。因此,在没有外部强制的情况下,如何解决可信承诺的供给问题,也是治理的困境之一。

二、多层治理

"公用地困境""囚徒困境"和"集体行动困境"的三个模型均表明,使用公共资源的人不会为争取集体的利益而合作,并认为人们在传统的冲突循环中无法改变影响他们动机的规则。迄今为止,关于解决全球公共事务治理困境的方案,人们在"利维坦"方案和"私有化"方案之间长期徘徊。"利维坦"方案要求对大多数公共事务实现中央政府控制的政策方案,要求建立"铁的政府"、公共机构和国际权威,对公共资源予以控制。然而,遵循集中控制的方案所实现的最优均衡,是建立在信息准确、监督能力强、裁决可靠有效以及行政费用为零等假定基础之上的,无论是建立世界政府,还是壮大国际组织,都无法解决完全信息、可靠监督和行政费用为零等问题,最终仍然难以避免把博弈各方推入(背叛,背叛)的囚徒困境。"私有化"方案则强调要对公共事务实行彻底的私有产权制度,认为解决公用地困境的唯一办法是通过创建私有产权制度来终结公共产权制度。然而,这一方案同样存在着困难,因为要对全部全球公共事务进行私有化在客观上是做不到的,有些公共资源如空气、水、阳光、海洋等无法实现个人私有。奥斯特罗姆认为,"利维坦"方案和"私有化"方案过于极端,对公共事务的治理之道不能采取非此即彼的简单做法,应该探索"有私有特征"的制度和"有共有特征"的制度的混合体,将各方组织起来形成一种自主的治理,致力于解决搭便车、承诺兑现、新制度的供给以及对个人遵守规则的监督问题。因此,奥斯特罗姆提出了公共事务"多层治理之道":(1)制定宪法性规则,以增加自主组织的初始可能性;(2)确立集体选择的规则,以增强人们不断进行自主组织的能力;(3)确立操作性的规则,以增强在没有某种外部协助的情况下通过自主组织解决公共事务问题的能力(如图7.1所示)。

从奥斯特罗姆的逻辑出发,国际制度应该从广义的含义界定,即存在于国际社会中约束各种行为者的"游戏规则"。在现有国家理论和企业理论的基础上,以国际组织为依托如何供给新制度,如何获得可信承诺,以及如何有效监督代理人和其他主体的行动,是全球治理需要回答的重要问题。

(一) 作为宪法选择的国际组织

制度供给是全球治理首先要解决的问题。宪法选择规则通过决定谁具有资格决定用于制定影响机体选择规则的特殊规则影响操作活动和结果,是全球治理合法性的基础,宪法决策的规划设计、治理、评判和修改均发生于宪法设计层面。因

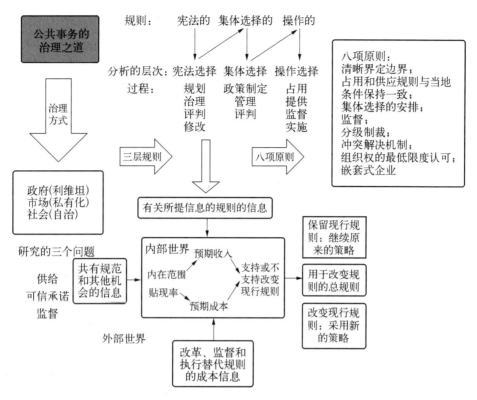

图 7.1 公共事务"多层治理之道"

资料来源 ［美］埃莉诺·奥斯特罗姆：《公共事物的治理之道：集体行动制度的演进》，余逊达、陈旭东译，上海三联书店 2000 年版，第 85 页。引用时有修订、扩充。

此，有着明确宪章宗旨和国际法原则为基础、且有着常设机构的国际组织，就是全球治理的宪法性规则，对全球治理发挥着制度供给的作用。

国际组织是国际制度和国际机制的正式实体，有着明确的办公场所、人员、预算和官僚机器，通常是基于某一条约和章程成立。通常情况下，国际组织在狭义上仅仅指政府间国际组织。王铁崖教授在《国际法》中给国际组织下了一个定义："国际组织是一种跨越国界的以促进国际合作与理解为目标的多国机构。"[①]一般来说，凡是两个以上的国家，其政府、民间团体、个人，基于某种目的，以一定协议形式而创设的各种机构，均可成为国际组织。广义的国际组织包括政府间国际组织和非政府间国际组织，两类在法律地位和运作上存在重大差异。狭义的国际组织则是具有自主行动能力的经常性组织机构，开展经常性的活动。国际组织是指若干国家之间为了实现特定的目的和任务，根据共同同意的国际条约而组成的国际团体，也有称之为国际行政。

国际组织具有四个基本特征。一是国际组织的参与主体是有关国家的政府，

---

① 王铁崖：《国际法》，法律出版社 2005 年版，第 291 页。

尽管一些组织允许非政府性的实体参加,但必须经过条约缔约国同意,国际组织的主要参加者仍然是国家。二是国际组织的形成基础是条约和正式的国际协议。国际组织的成立和活动,都是以主权国家之间彼此同意并签订国际协议为前提,这些条约和协议规定了国际组织的宗旨、结构、职权和活动方式等内容。因此,国际组织不是所谓的"世界政府",不能超越成员国政府对该成员国的人民直接行使职权。三是建立在成员国主权平等的原则基础上,各成员国不论国家大小、强弱和贫富,不论其社会经济政治制度、自然条件和历史传统如何,在该国际组织中权利和义务一律平等。四是国际组织具有常设性,常设机构承担一系列持续的职能,是国际组织的物质表现,也是国际组织区别于国际会议的主要标志。

国际组织经历了一个逐渐结构分化和专化的过程。19世纪60年代至20世纪初建立的国际组织,机构比较简单,除设有负责处理日常事务和居中协调各成员国的秘书处外,每隔几年举行一次全体成员国大会,始能行使权力职能。此种组织体系由于秘书处授权有限而往往在多边外交实践中很难发挥有效的作用。在实践中,国际组织逐渐创立了理事会,解决了国际组织在大会休会期间顺利运筹其权力职能的问题。现代国际组织大多由大会、理事会、秘书处以及一些负责特别议题的专门委员会等机构组成。可见,国际组织内部机构完整、体系健全,在功能上类似于一个国家,是国家联合体,具有一定的自主行动能力。国际组织在条约和宗旨规定范围内,享有参与国际事务活动的独立地位,而不受国家权力的管辖。这是政府间国际组织的基本特性。当然,国际组织的权力是派生性权力,源于各国签订的条约和该组织的组织法,即使联合国组织本身,也并不是国家那样的政权机构。与国家宪法在国内事务中所起的作用不同,国际组织在全球公共事务中的制度供给功能是有限的,仍然保持着"软法"性质。

(二) 作为集体选择的规则的国际制度

集体选择规则间接影响操作选择,通常是通过制定全球公共政策或者依托国际规范和惯例而形成的基本准则,体现着对全球公共政策的制定、管理、监督和评估。相比国际组织宪法性规则的静态稳固性,国际制度及其政策过程则是动态变化的,受到众多内部和外部行为体的复杂影响,体现着各方利益和价值的偏好。因此,国际制度传递着各方对国际事务的预期,尽管各方可以通过是否加入或退出来表达此种承诺的相互监督,但只要做出了行为预期,在一定条件下还是能够判断是否言出必行。特别是具有隐含规则的非正式制度和国际惯例,它们尽管没有明确的制度形式,但能够塑造行为体的预期,使行为体能够彼此理解,并协调它们的行为。

国际制度具有复杂的内涵,在不同学者那里也有不同的理解。比如美国学者罗伯特·基欧汉将国际制度界定为规定行为角色、限定活动和塑造预期的持续性和相互连接的规则集合,这些规则可能是明示的,也可能是默示的。在基欧汉看来,国际制度涵盖三部分内容:一是正式的政府间或跨国的非政府间组织,这些组织有着明确的协议和常设的管理机构,是问责性比较强的制度规则;二是建立在有关特定问题并为国家所认可的规则基础上的国际机制,这些机制有着明确的规则,但却没有常设的机构,相比正式的国际组织在问责性上要弱一些;三是在长期国际实践中约定俗成的一些国际惯例,其问责性完全依靠各方的自觉。[①] 约翰·鲁杰将国际制度的一般形式分为多边主义、双边主义和帝国主义。[②] 澳大利亚学者克里斯琴·勒·斯密特将国际制度分为宪法结构、基本制度和特定问题领域的专门机制三种形式。[③] 还有学者将国际制度划分为正式制度与非正式制度以及专门制度和弥散制度。所有这一切划分,尽管依据的标准不同,但都强调规制行为和相互监督,强调国际制度对行为预期的引导、塑造和监督作用,这恰恰是克服"囚徒困境"的关键。

按照基欧汉的定义,主权国家之间签订的条约,包括协定、公约、议定书等均可以被视为正式的国际制度,因为它们往往是由多个国家签署或者批准,引导国家的行为,塑造其关于未来行动的预期。一个典型的例子就是《世界人权宣言》,规定了人的基本权利哪些能做,哪些禁止做。一些国家的同盟条约也界定了在冲突情境下国家的责任和行动选择。随着国际经济关系的活跃,形形色色的自由贸易协定对签约各方的贸易行动也具有拘束力。除了正式的国际制度之外,国家之间也存在一些非正式的国际制度。最典型的非正式制度就是国家主权的原则,国际法规定了主权国家可以享有对内最高和对外独立的主权,其他行为体则没有此种权力,在特定的领土范围内,国内(境内)事务是不能被其他权威所干涉的最高权威。相应地,国家之间无论大小、贫富和强弱,在法律上一律平等,是主权平等原则的体现。此外,不干涉内政的原则、和平解决国际争端的原则、"保护的责任"原则都可以被看作非正式的国际制度,这些制度、规则和规范的存在,可以让参与各方相互监督是采取合作还是背叛的行为。

(三)作为操作选择的国际机制

除了宪法性规则和集体选择行为过程之外,各方在全球公共事务治理过程中

[①] Robert Keohane, *International Institutions and State Power: Essays in International Relations Theory*, Boulder: Westview Press, 1989, p.3.
[②] [美]约翰·鲁杰:《对作为制度的多边主义的剖析》,载[美]约翰·鲁杰:《多边主义》,苏长和等译,浙江人民出版社2003年版,第12页。
[③] Christian Reus-Smit, "The Constitutional Structure of International Society and the Nature of Fundamental Institutions", *International Organization*, 1997, Vol.51, pp.555-589.

操作性规则的承诺可信度是一个十分重要的因素。一般来说,操作性规则主要解决某一具体问题的日常运作问题,包括何时、何地以及如何提取资源,谁来监督并如何监督其他人的行动,何种信息必须交换和何种信息不能发布,如何对行为和结果的不同组合进行奖励或制裁等。在这一问题上,作为操作性规则的国际机制发挥着举足轻重的作用,也引起了学者们的高度重视。

相比国际组织的条文性和国际制度的规范性,国际机制最大的特征是议题性和操作性。1982年,部分西方学者曾就国际机制的定义专门开过一次讨论会,会后由美国学者斯蒂芬·克拉斯纳(Stephen Krasner)负责起草了有关该术语的定义,他认为国际机制是"在一定的国际议题领域中汇聚了行为体期望的一组明确或含蓄的原则、规范、规则和决策程序"[1]。从该术语同其他相关术语的关系来看,国际机制是为保证国际组织和国际制度在具体议题领域得以贯彻执行的运行机制,主要是不同政府间达成的确保国际法原则和国际管理得以实施的明确规则,这些规则经过政府同意,构成了适用于国际关系特定领域的制度。[2] 国际机制在通常情况下用来指在特定议题领域的规则和规范,比如在人权、气候、不扩散、金融、海洋等领域存在的国际机制。

一个典型的案例是国际核不扩散机制用来管理和限制核武器在纵横两个维度的扩散现象。从20世纪60年代开始,美苏等五国签署了部分禁止核试验条约,此后一系列管制核扩散的机制得以确立,包括核材料的检查和保护机制、核试验禁止机制等,核扩散机制禁止从横向上由拥核国家向非核国家的扩散,在纵向上防止从核国家向非国家行为体的扩散,组成了治理核不扩散的一系列机制,具有很高的操作性,甚至加上制裁方案,在一定程度上使得国际原子能组织有了干涉国家的权力。正因为国际机制具有很强的议题性,联合国、欧盟等普遍国际组织不被视为国际机制,[3]联合国和欧盟可以参与国际机制,成为某一特定国际议题机制的成员,比如联合国就时常参与国际发展、不扩散、维和、全球健康、人权和环境保护等具体的议题机制之中,所有这些机制构成全球治理的实践指导。

基于对公共事务治理的理论和经验研究,奥斯特罗姆明确了公共事务治理之道的八项规则:清晰界定边界;占用和供应规则与当地条件一致;集体选择的安排;监督;分级制裁;冲突解决机制;对组织权的最低限度认可;嵌套式企业(详见图7.2)。所有这些规则不仅适用于地方性的公共事务治理,也适用于全球性的公共事务治理,是多中心治理的基本遵循。

---

[1] Stephen Krasner, ed., *International Regimes*, Ithaca: Cornell University Press, 1983, p.2.
[2] Robert Keohane, *International Institutions and State Power*, Boulder: Westview Press, 1989, pp.3-4.
[3] 参见 Lisa Martin and Beth Simmons, *International Institutions: An International Organization Reader*, Cambridge, M.A.: MIT Press, 2001。

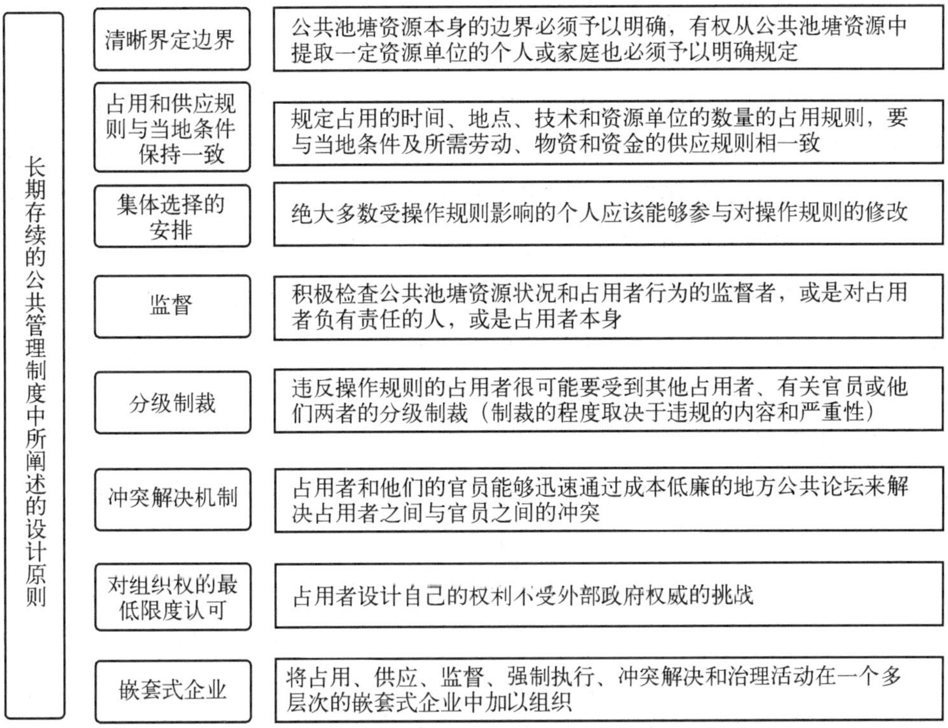

长期存续的公共管理制度中所阐述的设计原则	清晰界定边界	公共池塘资源本身的边界必须予以明确,有权从公共池塘资源中提取一定资源单位的个人或家庭也必须予以明确规定
	占用和供应规则与当地条件保持一致	规定占用的时间、地点、技术和资源单位的数量的占用规则,要与当地条件及所需劳动、物资和资金的供应规则相一致
	集体选择的安排	绝大多数受操作规则影响的个人应该能够参与对操作规则的修改
	监督	积极检查公共池塘资源状况和占用者行为的监督者,或是对占用者负有责任的人,或是占用者本身
	分级制裁	违反操作规则的占用者很可能要受到其他占用者、有关官员或他们两者的分级制裁(制裁的程度取决于违规的内容和严重性)
	冲突解决机制	占用者和他们的官员能够迅速通过成本低廉的地方公共论坛来解决占用者之间与官员之间的冲突
	对组织权的最低限度认可	占用者设计自己的权利不受外部政府权威的挑战
	嵌套式企业	将占用、供应、监督、强制执行、冲突解决和治理活动在一个多层次的嵌套式企业中加以组织

图 7.2 公共事务治理之道的八项规则

资料来源 [美]埃莉诺·奥斯特罗姆:《公共事物的治理之道:集体行动制度的演进》,余逊达、陈旭东译,上海译文出版社 2000 年版,第 144 页。引用时把原表调整为图。

三、多中心治理的若干问题

国际制度、国际机制和国际组织的理论研究和经验研究一直是国际关系研究的核心部分。这些研究主要集中于制度起源、制度功能和作用、制度对国家行为及其后果产生的影响以及制度设计和原动力等问题进行辩论。早期的研究主要集中于正式国际组织,考察其在正式国际组织的法理和规范维度尤其是新建国际制度能否有效解决国际问题,基本上是源于国内政治见解的产物。在行为主义革命冲击下,学界的辩论开始集中于国际制度内谁掌握权力以及怎样运用权力上,聚焦联合国大会的规则、决策和"投票联盟"、官僚政治的信息模型和分配模型、一体化等现象的研究。20 世纪 80 年代以来,关于国际制度的研究经历了由国际机制研究向特定的国际组织研究的转移,越来越关注国家组织参与治理的多样性特征,不仅关注国际制度的行为后果,而且更关注国际制度怎样被创建和改变以及如何产生效果等。归结起来,多中心治理涉及的理论问题主要包括以下三个方面。

(一) 制度设计问题

早期的研究关注国际组织和国际制度的法理和规范层面,力图描绘和解释"当代国际社会怎样实行自治",也就是国际组织是如何组织起来的问题。从已有的文献来看,当时主要讨论的议题包括正式的制度的管辖权及其实际运作能力、国际组织的实际决策过程、国际组织的原则与准则、国际机制的原理等。总体来看,二战后,正式的国际制度、国际一体化、国际组织的角色研究经历了持续下降的过程,而一般的国际关系和国际机制呈现出上升势头。在制度设计研究中,基于合法性基础上的等级化权威尽管确定了多边制度的使命范围和领域,但该权威如何适当还取决于怎么处理任务的专门知识和技巧等。2001年,《国际组织》杂志出版了一期专刊,巴巴拉·克里门诺斯(Barbara Koremenos)等学者重点关注了制度设计问题,关注其成员国、议题范围、去中心化、决策程序和灵活度等,如何在制度设计中得到体现。① 一些学者从现代组织设计理论中关于内部化与市场化的讨论出发,关注为什么需要建立科层化的正式国际组织的问题,发现之所以要建立科层化的国际组织和等级化权威,更主要的取决于技术的必要,如管制辩论的技术,时间表、共识程序、委员会制、限制性代表团制等,受制于透明度、合法性和认识论方面的诸多问题。② 一些研究国际组织和国际制度的学者已经从组织设计流派中掌握了一些诀窍,意识到例行条款和预见性政策框架与正式的等级化权威建构并不是完全相同,在很多情况下,对于治理效果来说,制度设计中的一些专业化的知识要比制度是否具有合法性更重要。③

(二) 国际制度中的自主性与委托-代理关系问题

迄今为止,关于国际组织的研究主要存在两大理论流派。一是经济学流派,主要关注国际制度的合理性和效率问题,对国际组织看成是对缔约问题、信息不全以及市场不完善的有效办法。比如基欧汉对国际制度的研究就是从经济学角度来分析的,关注制度对降低交易成本、提高透明度和减少制度摩擦等效率最大化的问题。二是社会学流派,主要关注国际制度的合法性和权力问题,聚焦国际组织及其环境、国际组织自治和国家与国际组织之间形成的委托-代理关系问题。

建构主义者对国际组织理论最大的贡献是把国际组织理解为官僚机构,解释了国际组织的自主性来源及其用途问题。美国学者迈克尔·巴内特(Michael

---

① Barbara Koremenos, Charles Lipson, and Duncan Snidal, "The Rational Design of International Institutions", *International Organization*, 2001, Vol. 55, No. 4, pp. 761-800.
② Ibid.
③ 参见[美]莉萨·马丁、贝思·西蒙斯:《国际制度》,黄仁伟、蔡鹏洪等译,上海人民出版社2018年版,第105—186页。

Barnett)和玛莎·费丽莫认为,国际组织的自主性在于它们并非以国家规定的方式行动。这种自主性来自国际组织作为官僚结构的权威,此种权威具有两个来源:(1)国际组织的正当性,即国际组织追求的使命是国际社会普遍认可的价值目标,比如保护人权、维护和平和提供发展援助等,可以是国家授予的权威,也可以是道义性权威;(2)国际组织通过理性的、技术的、公正的和非暴力的方式解决问题的相关专业知识,此种专业知识构成了专家权威。[①] 由于国际组织具有此种权威,国际组织的许多活动经常超出了成员国的预期,形成自己独特的组织文化,甚至反过来限制国家行为,尤其是通过占用的物质和信息资源来确定新的行动和社会事实,甚至导致国际组织的病态行为和功能紊乱。

功能主义及新功能主义则倾向于认为在技术和经济领域中的合作会自动外溢或者扩展为"持续性的超国家行为",以管理日益复杂和相互依赖的国际事务。然而,此种国际组织的管理路径也会导致一些系统性失灵的问题,一旦行政执行不力,或者虽然执行得力但造成了原有国际问题的恶化或引发了新的问题,就会出现"国际组织失灵",比如在管理复杂的、紧密耦合的国际事务时、出现不良的替代效应时、争端激化时、出现道德风险时,都会出现国际组织的失灵现象。为此,一些学者建议不能高估国际组织的自主性能力,应当由国际问题的性质或策略结构,连同可能的管理方法所产生积极和消极后果来共同规定。

与自主性问题相联系,国际组织与国家之间的委托-代理关系也是国际组织和国际制度研究中的一个根深蒂固的问题。在委托-代理关系理论看来,国家是委托方,国际组织是代理方,因为国际组织有着在特定领域中的专业知识优势,国家通过契约型安排将某些特定的政策功能、权力和权威让渡给作为代理方的国际组织。作为代理方,国际组织的权力来自其所拥有合理-合法权威的合法性,也来自专门技术和信息构成的控制力。国际组织的权力可以依据分类并组织信息和知识、命名或标注社会关系的含义和推广准则来体现,甚至可以在更广大的范围拓展权力。但是,一旦这种委托-代理关系确立,随之而来的问题就是如何处理委托方的操控和代理方的独立意见问题,防止出现反向控制和道德风险问题。而一旦受制于国家的控制,国际组织会变得无所作为。迄今为止,社会学家已经将国际组织和国际制度视为一个具有明确价值观、清晰议程和行为安排的独特的现代文化形态,关注文化、合法性、主导行为和利益的准则,以及他们与更大范围的文化环境之间的关系。《国际组织中的代理与行政者》一书汇编了相关的讨论。[②] 比如联合国的维和

---

① Michael Barnett and Martha Finnemore, *Rules for the World: International Organizations in Global Politics*, Ithaca: Cornell University Press, p.168.
② 参见 Darren Hawkins, David Lake, Daniel Nielson, and Michael Tierney, *Delegation and Agency in International Organizations*, Cambridge: Cambridge University Press, 2006。

机制,就是因为受到大国否决权的控制,国际货币基金之所以存在偏见,就是因为更多反映了"富国俱乐部"的利益。相反,一旦国际组织仅仅追求自身利益,不管是意识形态的利益还是官僚主义的毛病,就会出现民主赤字,缺乏问责机制。

最初,绝大多数理论认为,国际组织的建立是对信息不全、交易成本以及对帕累托效率和成员国福利提高造成阻碍这些问题做出的反应。然而,后来很多理论研究也发现,国际组织在建立后的运转过程中存在着功能不良甚至病态行为的习性,即背离或者削弱了国际组织既定目标的行为。对于导致功能不良现象的原因研究,一些学者从物质领域来寻找根源,一些学者则聚焦文化因素,还有学者关注组织外部和内部的根源,所有这些研究构成了国际组织功能不良的类型学,即官僚政治、权力政治、官僚文化和世界政治模型。尤其是令学者感兴趣的是,普遍认为官僚文化是造成国际组织功能不良的主要原因,包括理性化中的非理性、普遍主义、违规的正常化、组织的隔离状态以及文化竞争五个方面。如何改善国际组织的功能不良和病态行为,是近年来国际组织研究的一个热点。

(三) 国内-国际联系与国际制度

国内-国际联系是解释国际制度水平的重要因素。历史经验表明:国际制度的形成,既与国际体系有关,也与国内政治有关。为什么当年美国与欧洲形成了普遍的多边主义共识,进而塑造了战后多边秩序的基础?许多研究表明,二战后的多边主义制度与美国的霸权密切相关。当然,两者不是因果关系。霸权可能产生双边主义的国际制度,比如,纳粹德国创立的贸易与货币联盟;霸权也可能会创造多边主义制度,但国际制度不一定是霸权的工具。同时,国际制度的设计在很大程度上也会参照国内政治的做法,尤其是选举制度不但对于国际组织的决策制度,而且对于达成国际共识也具有十分重要的影响。

透明度与合法性问题是多边国际制度的关键因素,国际制度的设计在很大程度上受到国内制度的类比影响。一些国际制度之所以比其他制度巩固,是因为不同国家内部共享一些民主协商的制度,国内的民主协商与国际组织框架内的民主协商在制度文化上没有本质性的差异,所以无论是联合国、北约和欧盟,还是欧美各国其他形形色色的国际合作机制,在运行规则上都与国内政治文化在逻辑上是一致的。在关于国际制度的研究中,"民主赤字"是被诟病的焦点话题。"民主赤字"最初在欧洲使用,雪莉·威廉斯(Shirley Williams)在20世纪90年代初谈到欧盟的建设时指出,欧盟存在严重的"民主赤字"。[①] 后来,这一概念在全球广泛使

---

① Shirley Williams, "Sovereignty and accountability in the European Community", *The Political Quarterly*, 1990, Vol. 61, No. 3, pp. 299-317.

用,指全球化所引发的民主种种问题,既包括国内民主的萎缩问题,也指国际民主的欠缺。全球化中越来越多的经济和社会决策在国际层面做出,但这些国际机制普遍缺乏民主的合法性。经济全球化的重要机构如世界贸易组织、世界银行、国际货币基金组织等,它们本身却既不是民主产生的,也不是依照民主规则运作的,而是受到西方国家尤其是美国的支配。① 在非国家行为体日益卷入世界事务的情况下,大部分决策依然由民族国家特别是少数大国及其代理者——政府垄断,虽然民主国家的数量越来越多,但国际战争、种族冲突和民族矛盾却日益尖锐。同时,民主国家的增多,并没有必然伴随着国家间民主程度的增长,像联合国安理会、WTO、IMF 和八国集团等机构的民主程度却没有得到改善。虽然不少理论家比如戴维·赫尔德在积极努力地力图建立世界性的民主制度和民主社会空间,达成所谓的"世界主义的民主"(cosmopolitan democracy)。② 但是,这些努力至今仍然停留在思想层面,而且还存在激烈的争论。③ 国际组织由于缺乏权力制约和有效的监督机制,始终无法解决对谁负责和代表谁的问题,而且由于国际组织和国际制度的决策一般是在政治和官僚精英之间讨价还价中进行,整个决策过程就像一个"暗箱"。更严重的是,这些国际组织大多数是西方国家主导下的机构,常常为了某些西方国家的利益而不顾发展中国家的实际情况,强行推行某些政策主张,结果是政治上得到合法性认证的民族国家却要执行政治上未曾得到合法性确证的跨国行动者的计划和意图。④ 总之,如何矫正国际组织和国际制度中存在的"民主赤字"问题,成为构建全球正义秩序的主要问题。

此外,关于多中心治理的问题,还有不少学者谈及国际组织和制度的履约和执行问题,关于遵约的理论和经验研究成为国际制度研究文献中十分突出的内容,吸引着法学家和政治学家的目光。关于为什么一个国家会顺从国际组织决定的问题,本书专辟一章探讨遵约履行(第 11 章),在此不再赘述。总之,多中心治理之道要解决的问题是全球公共事务的治理,核心是提供全球公共产品,要义是集体行动制度,多中心治理的本质是自治与共治。多中心治理的重要功能是积累社会资本,减少交易费用。当然,多中心治理也不是万能的,也存在一些批评。比如,对于成

---

① 参见 Joseph Nye, Jr., "Globalization's Democratic Deficit: How to Make International Institutions More Accountable", *Foreign Affairs*, 2001, Vol. 80, No. 4;[德] 乌尔里希·贝克、哈贝马斯等:《全球化与政治》,柴方国等译,中央编译出版社 2000 年版,第 71—73 页。
② 参见[英] 戴维·赫尔德:《民主与全球秩序:从现代国家到世界主义治理》,胡伟等译,上海人民出版社 2003 年版。
③ 比如,卡尔·施密特就认为民主只是民族国家内部的事情,超越民族国家谈论民主是不现实的。参见 [德] 乌·贝克、哈贝马斯等:《全球化与政治》,王学东、柴方国等译,中共中央编译出版社 2000 年版,第 32—33 页。
④ [德] 乌·贝克:《全球化时代民主才是可行的?——导言》,载[德] 乌·贝克、哈贝马斯等:《全球化与政治》,王学东、柴方国等译,中央编译出版社 2000 年版,导言。

本较高而受益较低的领域,多中心治理也无能为力。同时,在透明性、民主化和负责任等问题上,多中心治理依然是模糊不清的。

第四节 治理途径

国际制度是全球治理的重要基础设施,其治理意义是不言而喻的。主权国家、跨国公司和全球公民社会要参与全球治理,都离不开国际制度的平台支撑。如前所述,治理是一个众多行为体通过机制化或非机制化的平台开展的持续互动的关系、活动和过程。如果缺少国际制度这个平台,各种行为体之间的互动就成为杂乱无章的"布朗运动",不可能产生秩序性,也不可能有意向性,全球治理也就无从谈起。同时,主权国家、跨国公司和全球公民社会各自有其"轴心原则",无论是其"轴心原则"驱动的各类活动的客观影响,还是各自主观的谋求,这些主体在全球治理中的影响离不开国际制度的政治吸纳,舍此,别无他途。按照各方参与国际制度的方式不同,可以将国际制度的治理途径区分为四种类型。

一、通道途径

通道(access)模式是国际制度主导全球治理的经典模式。在这一模式下,全球治理被视为等同于在国际制度框架内治理全球公共事务的活动、关系和过程,包括主权国家、跨国公司、非政府组织在内的众多社会行为都严格遵循国际制度的规则参与相关治理活动,国际制度作为各方互动的制度化通道,比如联合国对和平与安全、经济与发展、人道主义援助和气候变化等问题的治理,都是遵循通道模式。通道模式的特点是作为主权国家的成员国共同主导治理过程,但没有任何一个国家能够主导国际制度,国际制度保持着高度的自主性。

传统上,只有主权国家有资格参与国际制度的通道治理,其他如跨国公司、非政府部门等很难参与联合国及其相关分支机构的活动。1974年,联合国成立了跨国公司中心(The UN Centre on Transnational Corporations,UNCTC),为跨国公司尤其是第三世界的跨国公司提供了永久的政府间论坛,但在1993年这一机构被废除并将相关活动转移到联合国贸发会议(UNCTAD)。随着联合国全球契约通过,标志着跨国公司不再被视为威胁,反而成为联合国的伙伴。这一趋势始自1992年联合国里约热内卢环境与发展大会及其后续峰会。从1997年开始,在联合国秘书长科菲·安南(Kofi Annan)的推动下,联合国日益重视与跨国公司建立起合作伙伴关系。不过,在通道治理途径下,跨国公司和非政府组织只能是国际制度通道的"过客",无法独立发挥作用。

国际制度为非国家行为体打开方便之门的原因是多方面的。首先,跨国公司对国际组织的捐赠缓和与国际制度的关系。1997年,美国CNN的创办人泰德·特纳(Ted Turner)建立联合国基金,为联合国捐款10亿美元,进一步改善了两者之间的关系,尤其是在联合国面临预算危机的情况下,对各类自愿捐赠有了更高的依赖度,与跨国公司建立起合作伙伴关系成为联合国的一个不得已的举措。其次,在行政改革中的新公共管理模型也是一个观念性因素,这一思想模糊了公有部门和私有部门之间的界限,克服了长期阻碍联合国接受跨国公司思想和资源的障碍,市场价值和规范开始进入全球治理之中。此外,跨国公司也纷纷制订了所谓的企业社会责任计划,越来越积极地参与环境保护、人权、健康和和平等公共事业。冷战结束以来,跨国公司积极参与国际组织决策过程是一个突出的现象,根据瑞典隆德大学(Lund University)与斯德哥尔摩大学(Stockholm University)的一项联合研究计划,从1950年到2010年,50个主要国际组织的298个组织实体的数据显示,其开放性程度越来越高,其开放度从1950年的20%上升到1990年的40%,到2010年已经达到了70%以上。① 近年来,全球治理已经覆盖了几乎所有国际组织的实体机构,覆盖了所有的政策领域和地区,尤其是在气候变化议题上,跨国公司和非政府组织参与国际组织进程的程度已经非常高了。非但联合国出现了如此变化,世界银行、世界贸易组织、国际货币基金组织等国际组织的开放度也达到了70%以上,大量的功能性事务驱动了非政府组织和跨国公司日益扩大了参与国际组织的门路,不断地贡献着大量的专业知识,并监督成员国的顺从行为和相关项目的实施。

当然,在通道模式下,各方参与治理的权重是不同的,跨国公司和非政府组织参与国际组织门路的程度因不同的议题而呈现出差异化的特征。相比之下,人权、发展、贸易、气候变化等领域为非国家行为体提供了更多的机会,而在金融事务、安全事务和防务问题上的介入程度要低得多。同时,不同的行为体也会因自身属性不同而在参与程度上存在差异,经济实力强大的跨国公司要比其他社会行为体有更多的参与点和资源影响力。此外,非政府组织在获取参与国际组织途径上往往打着"民主化"的旗号,将其参与美化为国际组织民主化的重要标志,当然,这些非政府组织的影响力也是不平衡的。

---

① 参见 Jonas Tallberg, Thomas Sommerer, Theresa Squatrito, and Christer Jönsson, *The Opening Up of International Organizations Transnational Access in Global Governance*, Cambridge: Cambridge University Press, 2013。

二、网络治理途径

与通道治理途径的正式性相比,网络(network)治理途径具有非正式性,强调在既有制度体系之外建立的社会关系网络,依托社会关系网络推动国际公共事务的治理。网络治理途径代表着以非正式、非等级化和非领土化为主要特征的治理途径,它往往出现在正式制度结构阴影之中,并成为正式制度结构实施过程的一个重要组成部分。因此,网络治理途径的最大特征是网络性,它既强调国际政府间组织的网络,也重视基于非政府组织甚至完全人际化的社会关系网络,并认为前者会受到非国家行为体的人际网络的激励,是一种以人的点、线和集群联动形成的网络为驱动的治理途径。

网络治理途径的典型案例是国际刑事法庭、国际禁雷运动(渥太华条约)和世界艾滋病运动。这些运动成功动员起世界银行、联合国发展项目、世界卫生组织以及其他组织,致力于推动国际公共事务的治理。有效的非正式网络经常通过富有弹性和有效的问题解决方式携手并进,但也有学者批评网络模式缺乏透明度,很多机构隐身幕后,无法真正识别相关的责任,类似于美国学者玛格丽特·凯克和凯瑟琳·辛金克提出的"跨越国界的活动家网络"及其所谓的"回飞镖效应":如果国家与其国内行为体之间的交流渠道被堵塞,国内的非政府组织绕过他们的政府,直接寻求国际盟友的帮助,力求从外部对其国家施加压力,这种情况在国际刑事法院在国际人权运动中最为明显。① 国际刑事法院是根据 2002 年 7 月 1 日开始生效的《罗马国际刑事法院规约》成立的,对犯有种族屠杀罪、危害人类罪(反人道罪)、战争罪、侵略罪的个人进行起诉和审判的法院。截至 2020 年 10 月,全球已经有 137 个国家签署了《规约》,并有 123 个国家批准了《规约》,在公约所有缔约国中,有 40 个国家已经具备实施《规约》的国内法律,有 31 个国家已经完成了立法草案。事实上,国际刑事法院的真正力量并非在于其条文规范,而是在世界范围内形成了一个社会网络,这一网络能够影响各国的政策和治理过程。

三、公私伙伴关系治理途径

近年来,公私伙伴关系(public-private partnership,PPP)治理途径开始在人权、公共健康、环境保护、国际发展领域兴起,成为全球治理的一种新兴的模式,公

---

① 它们通过信息政治、象征政治、杠杆政治以及责任政治等策略形成对政府对外事务的压力。参见[美]玛格丽特·凯克、凯瑟琳·辛金克:《超越国界的活动家:国际政治中的倡议网络》,韩昭颖、孙英丽译,北京大学出版社 2005 年版,第 15 页。

共部门、私有部门和非政府之间的伙伴合作关系往往被描绘为双赢的局面。相比网络模式的松散化运作，公私伙伴模式在制度化水平方面也高得多，尽管不同的 PPP 项目在制度化水平上也不完全一致，但在制度化水平上又没有达到通道治理途径的水准。

PPP 模式即政府和社会资本合作，是公共基础设施中的一种项目运作模式。该模式鼓励私营企业、民营资本与政府进行合作，参与公共基础设施的建设。一般来说，PPP 是以市场竞争的方式提供服务，主要集中在纯公共领域、准公共领域。它不仅是一种融资手段，还是一次体制机制变革，涉及行政体制改革、财政体制改革、投融资体制改革等多个方面。在全球治理领域，PPP 模式是一种新型的合作治理形态，其最大特征是强调公共部门与私营部门之间基于契约的合作伙伴关系。冷战结束后，国际组织开始大规模介入 PPP 项目。比如在全球健康领域，在 2000 年前后几年时间内，就建立了 70 多个全球公私伙伴项目，公私伙伴项目开始成为克服政治失败和市场失败最有效的工具：对国际组织来说，PPP 项目解决资源稀缺和合法性不足的问题；对跨国公司来说，PPP 项目让跨国公司的投资更具正当性且使其不用花费精力向社会证明自己的资质。

在国际发展和全球治理领域，全球公私伙伴关系持续了十多年后，已经越来越成为国际学界关注的学术问题。一些学者批评伙伴关系的提法过于笼统和不准确，将权力和影响混在合作的话语之中。也有学者批评这一提法可能隐含着新自由主义秩序的霸权，加大了南北发展的不平衡，因为绝大多数非政府组织和跨国公司来自北方国家，其好坏与否完全取决于观察者的意识形态定位。此外，大量的 PPP 项目的资助更多来自政府，而不是私营部门，这一模式到底对谁负责的问题还是非常不清楚的。迄今为止，以全球免疫疫苗联盟（The Global Alliance for Vaccines and Immunisation，GAVI），抗击艾滋病、结核病和疟疾全球基金（The Global Fund to Fight AIDS, Tuberculosis and Malaria，简称"The Global Fund"）和国际药品采购机制（UNITAID）为代表的全球健康领域中的三个主要 PPP 项目运行良好，成为全球发展金融机制创新的典范，并没有受到上述批评的阻碍。

四、私人治理途径

基于 GAVI，The Global Fund 和 UNITAID 的成功实践，人们必须正视一种全新的私人治理（private regulation）途径，此种模式已经完全超越了国际组织和国际制度，成为一种自发的自愿治理途径。事实上，私人部门在日益卷入全球治理的管制活动，跨国界的非国家行为体致力于构建行为规则和标准，并在自己的商业循环中被接受为合法的标准。非政府行为体不仅仅在致力于设计规范，并且也在积极实施和监督规范落实。在一些学者看来,此种私人治理途径被称为跨国私人治理、管理标准设定、私人与私人伙伴关系等。一些跨国公司在自己主动实施一些标准和行为准则,而且这些标准和行为准则对社会的影响比政府出台的准则还要严格。

近年来,一些私人债券评级机构成为私人治理途径的典型代表。冷战结束以来,一些私有债券评级机构开始崛起,日益获得国际市场和社会的关注,不仅对私人公司进行评级,而且对主权国家政府也进行评级。在国际债券发行中,由于投资者难以透彻了解发行人的资信程度,通常需要借助某些著名的资信评级机构的意见,以作为购买该债券的参考。债券评级机构就是对债券进行评级的专门机构,各国的名称不同,美国叫作"全国认定的统计评级机构",承担债券的评级和有关的统计工作,定期公布评级结果和统计数字。在西方国家,债券评级机构一般都是私营企业,其经营不受政府的干预,但要得到政府认可的债券评级资格。目前,国际上公认的最具权威性的信用评级机构主要有美国标准普尔公司、美国穆迪投资服务公司、加拿大债券级别服务公司、日本公司债券研究所和上海远东资信评估公司等。其中,美国标准普尔公司和穆迪投资服务公司负责评级的债券很广泛,包括地方政府债券、公司债券、外国债券等,标准普尔公司信用等级标准从高到低可划分为 AAA 级、AA 级、A 级、BBB 级、BB 级、B 级、CCC 级、CC 级、C 级和 D 级;穆迪投资服务公司信用等级标准从高到低可划分为:Aaa 级、Aa 级、A 级、Baa 级、Ba 级、B 级、Caa 级、Ca 级和 C 级。两家机构信用等级划分大同小异。此外,国际标准组织此前被视为联合国的标准组织,现在越来越将自己界定为非政府组织,不仅对物理对象进行标准设定,而且也对商业实践、环境标准乃至社会问题进行标准评估,成为令各方不容小觑的治理力量。

另一个重要的私营治理案例是 2002 年成立的国际社会与环境认可和标签(the International Social and Environmental Accreditation and Labelling,ISEAL)联盟。该联盟是一家致力于发展重视社会公众和农业、渔业和其他部门环境可持续性实践标准的全球协会,很多国际知名的私有标准设定组织比如森林管理委员会(Forest Stewardship Council,FSC)、国际公平贸易组织(Fairtrade International)、海洋管理委员会(the Marine Stewardship Council,MSC)和雨林联盟(the Rainforest Alliance)是该协会的会员,超过 60% 的美国渔业、75% 的挪威渔业、1/3 的新西兰渔业接受该协会审查和评估,足见其影响力之大。然而,在发展中国家,只有不到 9% 的发展中国家渔业通过该协会评估,尽管有 2/3 的海产品在亚洲消费,但几乎没有消费者意识到应该对不同产品进行识别,出现了新的治理落差。近年来,私营标准设定与发展越来越多地出自跨国公司和非国家行为体,而国家和国际组织的参与则相对较少。总之,私有部门在全球治理中的成长必须引起各方面的重视,因为这对联合国和其他国际制度来说,不仅意味着机会,也意味着危险。尽管积极推动国际组织对私营部门开放有助于提升联合国的合法性,但也可能会落入私有部门的罗网,而不是寻求实现成员国的议程。同时,这一趋势也可能会带来公私界限的日益模糊,继而导致全球治理安排的碎片化。

从历史上来看,全球治理是在世界政府尚未建立的前提下,围绕全球公共事务进行的"无政府的治理",其基本模式是实现全球善治(good governance)。在治理过程中,国际组织、国际制度和国际机制承担了全球治理的重要平台角色,全球善治的前进方向是建立全球善制(good system),包括通道治理途径、网络治理途径、PPP治理途径和私营治理途径在内的诸多模式只是程度不同的全球善治和全球善制,而全球治理的最终目标是寻求建立全球善政(good government)或者世界政府(world government)。尽管这一目标现在看起来遥遥无期,但它的确代表着国际制度和全球治理的未来方向。

习近平指出,世界上的问题错综复杂,解决问题的出路是维护和践行多边主义,推动构建人类命运共同体;多边主义的要义是国际上的事由大家共同商量着办,世界前途和命运由全球共同掌握。① 因此,要践行真正的多边主义必须毫不动摇地维护以联合国为核心的国际体系、以国际法为基础的国际秩序,坚定支持加强联合国作用,守正出新,开创未来,在广泛协商和凝聚共识的基础上推动全球治理体系向公正合理的方向发展。

课后习题

一、名词解释

公私伙伴关系治理途径(PPP)　　公用地悲剧　　操作性规则
公共事务的"三层治理"　　委托-代理关系　　民主赤字

二、论述题

1. 请解释国际法"软法"与"硬法"的不同,并各举一个例子说明。

2. 国际组织领域对"委托-代理"理论的研究主要有哪些方面,请结合案例进行总结。

3. 请简述国际社会的四种治理途径的主要特征,并举一个书中未提及的例子进行简要说明。

---

① 习近平:《让多边主义的火炬照亮人类前行之路》,《人民日报》,2021年1月26日,第2版。

第三部分
治理能力

相比治理体系,治理能力在全球治理研究中长期被忽视。治理体系是客观因素,治理能力是主观因素。能力最初是一个心理学概念,指顺利实现某种活动,并直接影响活动效率的心理条件,是一种比较稳定的个性心理特征,是有效完成活动任务和掌握知识、技能的主观条件,比如智商、个性等。在心理学看来,能力包括一般能力和特殊能力,也可以分为认知能力、操作能力和社交能力。因此,治理能力就是运用治理体系解决全球公共事务的能力。中共十八大以来,习近平在2015年和2016年两次主持政治局集体学习时,对加强自身全球治理能力建设做出重要论述,在强化自身能力建设上强调要提高我国参与全球治理的能力,着力增强"规则制定能力、议程设置能力、舆论宣传能力、统筹协调能力"。同时,习近平强调,参与全球治理需要一大批熟悉党和国家方针政策、了解我国国情、具有全球视野、熟练运用外语、通晓国际规则、精通国际谈判的专业人才。要加强全球治理人才队伍建设,突破"人才瓶颈",做好人才储备,为中国参与全球治理提供有力"人才支撑"。所有这一切均表明,新时代中央对全球治理能力建设提出了更高的要求,能力建设已经成为新时代对外工作的外交方略之一。

从全球治理体系出发,全球治理能力主要表现为运用国际组织、国际制度和国际机制处理公共事务的能力,涵盖了协调国际体系、世界市场、社会网络以解决公共问题的能力。小智治事,大智治人,睿智治法,在推进全球治理过程中,治理能力体现在治事、治人、治法的诸多领域,涵盖议程治理、规范治理和标准治理、强制执行和能力建设等方面,根据全球议题的治理流程,可以区分为框架政治、规范创建与扩散、标准设定、强制外交和能力建设五个环节。总之,全球治理能力是全球治理的执行系统,通过治事、治人和治法的综合治理,全面提升参与全球治理的能力,为全球治理提供强有力的能力支持系统。本部分从全球治理的议题管理开始,按照议题管理、规则制定、标准设定、遵约履行、能力建设的治理过程要素进行细致分析,帮助人们把握治理过程,提升参与和引领治理的能力。

第八章
议题管理

议题管理是全球治理的起点。一个议题从不被关注到成为各方共识,不是自动实现的,需要进行议程设置、框架政治等一系列复杂环节的反复,尤其是框架政治是议题管理的关键。"框架理论"出现于 20 世纪 70 年代,最早为新闻传播学者所使用。随后,社会学者开始用框架理论来研究新闻媒介和用来"框架"社会现实。到 20 世纪 90 年代,传播学者开始将框架理论应用于研究新闻内容的制作过程。近年来,框架理论开始进入政治学领域,主要用来解释民意、媒体、公共政策三者之间的互动关系。比如斯蒂芬·里斯(Stephen Reese)等学者认为,框架化是通过设置框架形成影响人们理解政治世界认知模式的权力。① 凯文·卡拉基(Kevin Carragee)和维姆·罗伊弗斯(Wim Roefs)则进一步认为框架不仅仅是一种媒体解读模式,更是一种政治操作和权力关系的框架,对于政治世界的理解,不同的框架左右着政治力量对比的态势。② 事实上,框架理论是一个跨学科现象,包括心理学、话语分析、谈判、组织决策和政治传播等诸多领域,有学者将其运用在解释政治、外交和全球治理现象,③ 有关各方通过使用框架政治策略,针对特定议题发展出特定主题以引起公众注意和讨论,进而推动进行议程设置,成为全球治理关注的热点问题。

第一节 议 程 设 置

如何将某一全球议题列入全球治理的议程,是全球治理能力的首要环节。国

---

① 参见 Stephen Reese, Oscar Gandy, and August Grant, eds., *Framing Public Life: Perspectives on Media and Our Understanding of the Social World*, Mahwah, N. J.: Lawrence Erlbaum Associates, 2003。
② Kevin Carragee and Wim Roefs, "The Neglect of Power in Recent Framing Research", *Journal of Communication*, 2010, Vol. 54, No. 2, pp. 214-233.
③ 参见 Robert Entman, *Projections of Power: Framing News, Public Opinion, and U. S. Foreign Policy*, Chicago, I. L.: University of Chicago Press, 2004。

际社会是一个各个国家纵横捭阖的无政府状态,也是一个众多行为者争雄斗胜的意识形态和舆论场。各方面的社会精英和意见领袖竞相争夺主流意见,形成了一种审议民主。在这一制度下,全球公共舆论往往被某些政治人物通过符号化操纵,影响公共舆论的走向,进而设置全球政策议程。从这个意义上来说,威廉·甘森(William Gamson)把框架政治理论看作参与公共政策论坛的战略行为,目的在于运用符号资源和框架政治参与全球政策及其治理的形成。[1] 因此,框架政治被视为全球治理环境的建构工具,其结果一方面要看政治精英对全球日程的操纵能力,另一方面也需要观察做出哪些政治行动与发言的诠释,建构了什么样的政治世界。因此,议程设置可以界定为通过影响媒体议程(media agenda),塑造或改变公众议程(public agenda),进而决定全球政策议程(policy agenda)的动态过程。

一、议程设置的内涵

议程设置(agenda setting)经历了长期的发展过程。它的基本思想最初来自美国新闻工作者和社会评论家沃尔特·李普曼(Walter Lippmann)。1922年,李普曼在其经典著作《舆论学》(*Public Opinion*)中提出,"新闻媒介影响'我们头脑中的图像'"。他以"拟态环境"的视角研究媒体、真实世界、人们脑海中构建的事件环境三者之间的关系,首次指出媒体对议题的过滤效应,这成为议程设置理论的雏形。1963年,伯纳德·柯恩(Bernard Cohen)提出,媒体在决定人们"如何想"方面作用不大,但在告诉人们"该想什么问题"方面的作用则非常大,因为在实证研究中"想什么"的问题比"如何想"的问题要容易得到证实。马尔科姆·麦克姆斯(Maxwell McCombs)和唐纳德·肖(Donald Shaw)对于议程设置的实证研究正好与柯恩的研究相互补充和印证,更清楚地指出了媒介的议程设置功能。[2] 1968年,麦克姆斯和肖对1968年美国总统选举期间传播媒介的选举报道对选民的影响进行了调查分析,并于1972年在《舆论季刊》上发表了论文——《大众传媒的议程设置功能》,其主要内容是:大众媒介注意某些问题而忽略另一些问题的做法本身就可以影响公众舆论,而人们一般倾向于了解大众媒介注意的那些问题,并采用大众媒介为这些问题所确定的优先次序来确定自己对这些问题的关注程度。这一研究标志着议程设置理论的正式诞生。[3] 媒介的议程设置就是媒介为公众设置"议事

---

[1] 参见 William Gamson and David Meyer, "The Framing of Political Opportunity", in Doug McAdam, John McCarthy, and Mayer Zald, eds., *Comparative Perspectives on Social Movements*, Cambridge: Cambridge University Press, 1996. pp. 275-290。

[2] 陈力丹、易正林:《传播学关键词》,北京师范大学出版2009年版,第212—213页。

[3] Maxwell Mccombs and Donald Shaw, "The Agenda-Setting Function of Mass Media", *Public Opinion Quarterly*, 1972, Vol. 32, No. 2, pp. 176-187.

日程"的功能,通过反复报道某新闻事件,强化该话题在公众心目中的重要性。① 这个理论分为两个方面:一个方面是议题从媒介议程向公众议程的传播过程;另一个方面是公众在头脑中形成这些议题和对象时,新闻媒介所起的作用。该理论认为大众传播往往不能决定人们对某一事件或意见的具体看法,但可以通过提供信息和安排相关的议题来有效地左右人们关注哪些事实和意见及他们谈论的先后顺序。大众传播可能无法决定人们怎么想,却可以影响人们想什么。

议程设置理论最初来自传播学界,后来逐渐为公共政策、社会学和政治学所吸纳,因为任何社会在任何时候都面临着各式各样的挑战,但政府应付挑战的资源是有限的。议程设置理论提出后,相关的研究也在向纵向和横向拓展。议程设置的研究层级主要集中在第一层级议程设置和第二层级议程设置。第一层级议程设置也被称为"议题设置"(issue agenda-setting),主要关注大众媒介对某个议题的关注是否会影响到社会公众对该议题的关注,提升该议题在公众心目中的重要性,从而将其置于公众议程当中。第二层议程设置也被称为"属性议题设置"(attribute agenda-setting),进一步研究议题属性的设置是否会影响到社会公众对该议题关注的侧面和思考角度的问题。简单地说,第二层议程设置研究深入议题的某一属性,涉及议程设置在影响公众"如何想"层面的作用。议程设置的横向研究领域主要涉及媒介议程设置、公共议程设置和政策议程设置。媒介议程设置研究主要关注大众媒介的新闻议程;公共议程设置研究主要关注议题的重要性与社会公众认知之间的关系;政策议程设置研究则主要关注政府的议程设置过程。政策议程理论的主要研究对象是大众媒介对社会公众的影响,所以几乎所有议程设置的议题都具有一定的公共性。② 议程设置理论的贡献在于揭示了长期被回避的问题,即信息传播背后的社会控制问题,指出在传播背后存在着复杂的政治、经济、意识形态的力学关系。传播效果分为认知、态度和行动三个层面,议程设置理论考察的是这个过程的最初阶段,即认知层面的阶段。从考察传播在人们的环境认知中的作用入手,考察整体的大众传播在长时间跨度中所产生的中长期的、综合的、宏观的社会效果。但议程设置理论也存在着缺陷,它强调了传播媒介设置或形成议题的一面,而没有突出这些社会议题其实也需要被这些媒介所反映。为了便于分析全球公共政策的议程设置,议程通常被分为三大类:媒体议程、公众议程和政策议程。

1. 媒体议程

媒体议程指大众传媒频频报道和讨论的问题,政治行动者通过提供新闻来源,

---

① [美]沃纳·塞弗兰、小詹姆斯·坦卡德:《传播理论:起源、方法与应用》,郭镇之、刘继南译,华夏出版社2000年版,第247页。
② 邹欣:《议程设置的博弈:主流新闻媒体与大学生舆论引导研究》,中国传媒大学出版社2016版,第27—29页。

设法降低媒体搜集咨询的成本,提出相关的新闻内容尽可能与媒体记者的新闻价值有着共通的文化共鸣,进而将特定的议题设定为媒体重点报道的传媒议程。一般来说,决定媒体议程的影响因素主要有三个:(1) 能见度(visibility),媒体所赋予任何人、事、物的报道量与曝光度,在媒体上出现次数较多者,通常更容易成为公众关注的焦点,成为传媒议程;(2) 公众显著性(salience),媒体新闻所讨论或者设计的内容与公众需求之间的相关性,媒体在选择报道内容时往往会考虑受众的诉求,试图建立新闻内容与民众关注点之间的联结关系;(3) 价值性(valence),媒体在报道新闻时,可能会采取正面、负面、中立的立场,不同的报道立场可能会呈现不同的舆论影响。

2. 公众议程

公众议程指引起社会大众广泛关注的问题,在大众传媒和社会行动者的共同努力下,使用足以牵动公众意识形态和情感的标语、标签或例子,将某一议题设置为公众热议的公众议程。议题之所以能够成为公众议程,也受到三个因素的影响:(1) 熟悉程度(familiarity),公众对某议题的知晓或注意程度,受众越熟悉或认为越重要的话题,越可能成为公众议程;(2) 个人显著性(salience),公众个人需求和自身利益相关度越紧密的议题,越可能成为公众议程;(3) 喜好性(favorability),公众对某项议题的偏爱或情感上的整体判断,喜好性往往也是民意的一部分。[①]

3. 政策议程

政策议程指决策者认为至关重要的问题,在媒体、公众、政治精英的共同努力下,通过提供决策者便捷的资讯,节省决策者搜集研判的成本,并在管理公共议题中设置为政策议程。经过媒体议程和公众议程形成的过程,某一议题能否成为政策议程,主要取决于三个因素:(1) 行动的可能性(likelihood of action),指议题落实为实际政策的可能性,越容易实施者,越能够转变成为政策议程,反之亦然;(2) 民众支持程度(degree of support),民众支持度的议题代表民意强度越高,决策者越可能被列为政策议程;(3) 行动的自由度(freedom of action),决策者在该议题上所能展现的自由程度越高,代表决策者影响力与成就可能越高,越值得去推动。在实践中,各方往往采取各种方法推动政策议程的设置,比如,推动利益集团的游说施加压力,通过智库和政策讨论介入全球政策规划过程,通过民意塑造过程的权力过程等。

通过上述三个议程之间的互动,某一不为人知的全球性议题变成为广受关注

---

① 参见 Jarol Manheim, "Strategic Public Diplomacy: Managing Kuwait's image during the Gulf Conflict", in Lance Bennett & David Paletz, eds., *Taken by Storm: The Media, Public Opinion, and U. S. Foreign Policy in the Gulf War*, Chicago, I. L.: University of Chicago Press, 1994. pp. 131-148。

且与各方利益相关的全球治理议程,为国际组织、国际机制和国际会议所密集讨论,并逐步形成全球公共政策和治理过程。整个政策话语社群乃是由权力精英、媒体和公众三个层次的网络所组成的开放社会系统,三者除了受到彼此想法的影响外,也受到内部种种因素的影响,共同形成全球治理政策网络(如图8.1所示)。

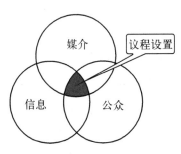

图8.1 全球治理政策网络

二、话语社群

当某一公共议题被设定为政策议程后,公众讨论中的相关人士便会根据既有的认知框架将相通的利益、价值、观点、规范和习俗融为一体,逐渐形成一个话语社群(discursive community),这一话语社群可能沿着不同议题涵盖了政治人物、企业团体、大众传媒、贸易组织、智库和草根组织等,所有这些成员共同面对问题,交流信息、观点和意见,寻求解决之道,并作出适当的政策回应。伊恩·约翰斯通(Ian Johnstone)认为,话语社群构成了围绕某一公共议题的政策网络,是一组关系稳定、独立且无阶层区别的组合,其目的是通过人际沟通、组织网络、研究网络、虚拟网络等渠道展开公共讨论,分享社会资源,达成集体行动,共享政策利益。[①] 在现实性上,话语社群依托的载体主要有全球智库网络、国际咨询公司、跨国基金会和世界大学。这些机构通过储备研究人员,分析形势和政策,开展专业研究,成为政策讨论的"议题设定者"、专业知识的"咨询者"、信息和观念的"诠释者"、政策建议的"倡议者"、政策方案的"评估者"、政策争论的"澄清者"以及政策执行的"监督者"等角色。在话语社群网络中,存在三个至为关键的角色,那就是大众传媒、智库和权力精英。

(一) 大众传媒

当公众舆论围绕某一议题展开争论时,大众传媒便成为各方争夺的平台,谁能掌握较多的媒体资源比如曝光率、引用次数、与记者的关系等,谁就能占据更有利的话语位置。尤其是在全球性议题上,普通公众很难获得第一手资料,对大众传媒的依赖度更高。通常情况下,媒体在报道国际新闻时,受到各国政府的官方新闻依赖度较高。苏珊·穆勒(Susan Moeller)在研究中发现,美国媒体报道国际新闻通

---

① 参见 Ian Johnstone, *The Power of Deliberation: International Law, Politics and Organizations*, Oxford: Oxford University Press, 2011.

常存在公式化报道(formulaic coverage)、耸动性用语(sensationalized language)、使用类比、比喻和印象(analogies, metaphors and image)等方式。[①] 近年来,随着电视直播和网络传播的发展,全球电视新闻网的即时传播对全球治理的影响越来越多,被称为"CNN 效应"或者"即时外交"(real time diplomacy)。尽管学界对于媒体影响力存在着精英论、大众论和多元论等不同观点,但影响媒体报道的因素无外乎外部环境因素和内部管理因素两大类。从外部环境来说,媒体的角色行为受到国家体制和传媒制度、传播政策和新闻管理、媒体的政治经济条件、媒体平台和组织、媒体功能和新闻价值等因素影响。从内部运作因素来说,媒体的角色主要受到职责分工、人力资源配置、编辑会议、内部决策过程等因素的影响,尤其是决定权在总编辑。此外,媒体角色还受到记者个人的影响,情况非常复杂。与媒体打交道也是一项十分细致且复杂的事务,需要制定媒体传播策略,包括统一口径、控制消息、编辑故事、危机公关、第一时间黄金法则、专业规范等众多操作性技巧。

(二) 智库

作为话语社群的重要组成部分,智库主要通过将学术理论与科学典范的观念与政治活动相关的公共政策结合起来,进行政策研究和规划,为话语社群提供政策建议方案。之所以在话语社群中占据一席之地,并受到政策精英的重视,主要由于智库专家拥有专业权威、科学观点以及合法性的地位,在公共政策过程中发挥着观念工厂(idea factory)、专业支持(providing talent)、输送人才(revolving door)、启蒙大众(engaging public)以及调解纷争(bridging differences)等功能。

关于智库在政策网络中的角色,学界存在政策精英(policy elites)、多元主义(pluralist)、制度主义(institutionalism)等理论解释。影响智库作用发挥的因素主要有政治与制度环境、资金环境、智慧和意识形态及其义化坏境、人力资源及其需求环境、智库之间的竞争环境以及整体国内外的科技环境等。在实践中,决定智库影响力大小的主要取决于公众能见度(public visibility)和政策关联性(policy relevance),前者主要指智库的社会声誉、知名度、对媒体的影响力等问题,后者则重在智库相关研究与国际公共政策的相关程度。为此,很多智库通过多种方法,不断扩展自己的影响力,比如,举行各种公开会议和国际活动、私下接触国际组织和各界贤达、扩大媒体和公众影响力、积极参与公共外交和国际交流等,在世界范围内融入更大的政策话语社群。

[①] 参见 Susan Moeller, *Compassion Fatigue: How the Media Sells Disease, Famine, War and Death*, London: Routledge, 1999。

(三) 权力精英

政治精英是西方政治学术语,"精英"一词最早出现在17世纪的法国,意指"精选出来的少数"或"优秀人物"。精英研究的主要代表人物有政治学家哈罗德·拉斯韦尔(Harold Lasswell),社会学家查尔斯·赖特·米尔斯(Charles Wright Mills),经济学家约瑟夫·熊彼特(Joseph Schumpeter)等。西方的精英理论认为,社会的统治者是社会的少数,但他们在智力、性格、能力、财产等方面强于大多数被统治者,对社会的发展有重要影响和作用,是社会的精英。权力精英往往通过人事掌控、建立人脉关系、塑造民意等方式,建构一个完整的政策规划网络。与媒体和智库不同,权力精英追求更高的特定政治利益,影响权力精英角色的因素包括国际力量对比结构、各国政治制度、意识形态和价值观以及个人因素等。

三、管理策略

在议程设置中,管理全球性政策话语社群是一项艰难的工作任务,因为全球性议题涉及的利益过于复杂,行为体过于多样,要想围绕某一议题达成共识,其难度超出想象。因此,在管理全球政策话语社群时,需要发展出一整套完整的管理策略,具体有如下路径。

(一) 搭建议题网络平台

要推动某一全球性议题列入全球公共政策网络的议程并非一日之功,要作长期努力,这就需要搭建一个为各方所容易识别且有利于各方互动的议题网络平台,以此作为"根据地"来持续对国际社会发出声音,构建更具影响力的话语社群。一般来说,大众传媒、国际非政府组织、网站和App、社交媒体是各方青睐的公共平台,它们或者是散布在世界各地的社会团体或个人平台,或者是第三方平台,或者是民众自愿组成的倡议网络,它们通过举办学术研讨会、新闻事件、造势活动等渠道,不断向国际社会发声,塑造政策影响力。

(二) 构建议题社会联盟

在全球范围内,各个议题之间一般会自行形成各种议题网络,这是一种自然规律,比如沿着利益关系进行议题网络的分化组合(资本网络和劳工网络)、沿着意识形态分化的议题网络(自由主义、保守主义与社会主义)、沿着政策倾向分化的(激进派网络和保守派网络)等。一般来说,各种议题网络就其结构形态来说主要包括两类:(1) 树形人际关系网络,这一形态下的组织或个人在多数情况下隶属于不同政策议题所形成的社群,彼此之间没有密切的议题互动,但却有着频繁的人际互动,比如各种同学会、同乡会、俱乐部等;(2)网状议题网络,这一形态的个人或组织往往聚集在同一议题之下,比如人权、环保、健康等。在现实社会中某一议题的话语社群往往是两种网络类型的融合,这就需要在两种类型的网络之间搭建桥梁,设置枢纽型组织或联络人,将两种类型的网络连接为涵盖人权、民主、社会运动、全球化、文化和生态等诸多议题的议题社会联盟,推动这一联盟在某项特定议题上形成攻守同盟,共同推进某一全球性议题在全球公共政策网络中得以设置。

(三) 塑造和改变议题共识

一般来说,当国际社会对某一议题有着稳定的共识时,将这一议题纳入政策议程相对比较容易。当各方对特定议题尚未达成共识,决策者群体之间势必进行政策辩论,形成决策情势混沌不明和充满不确定性的时候,政治行动者要善于利用各种偶然事件或者精心安排,积极塑造共识。这一塑造和改变议题共识的过程可以由某一方直接在特定议题上主动发起,也可以通过分布在世界各地的话语社群网络遥相呼应,不断挑战已有的政策基础,推动议题进入政策调整议程。

(四) 集中资源办大事

在推动议题设置的过程中,可供利用的资源非常多。比如国家领导人的能力、地位、知识、信任、魅力、话语技巧以及国际传播网络等,均可以成为说服目标群体的资源。[①] 要善于集中这些社会资源,并进行有效的管理,聚焦某一公众关注的热点问题集中推广。其中,要尤为关注媒体话语、公众经验和常识三种对话资源的配合,确保关注的焦点聚焦事实,并培育为各方所接受的代言人,不断提出耳熟能详、朗朗上口的标语,确保议题在政策议程中保持高温度。

(五) 引入第三方的加持

一个议题能否列入全球治理的日程,除了行动者的推动之外,第三方的背书(endorsement)和见证(verification)同样十分重要。因为第三方有着长期经营的社会网络和威望,其对某一议题的"加持",该话语社群的正当性和影响力都会急剧上升。此类第三方可以是个人比如知名科学家、专家学者、国际影星和在某一领域

---

① 参见 Leon Mayhew, *The New Public: Professional Communication and the Means of Social Influence*, Cambridge: Cambridge University Press, 1997。

有着突出贡献的人,也可以是一个机构比如智库、基金会、研究机构和大学等,还可以是一个组织的正式调查报告、一项国际公认的重要奖励(比如诺贝尔奖)以及独立机构的各种排行榜和热点话题等。因此,政治行动者要善于寻找伙伴进行赋能,在充分了解各类加持机构的基础上,巧妙地将"第三方加持"和话语社群的努力结合起来,形成议程设置的强大力量。

此外,随着互联网的普及,网络传播以全球海量信息为背景、以海量参与者为对象,参与者同时又是信息的接受与发布者并随时可以对信息做出反馈,它的文本形成与阅读是在各种文本之间随意链接、并以文化程度不同而形成各种意义的超文本中完成的。网络传播已经由单一的用户获取信息、用户检索信息发展为web2.0时代后的传受双方进行双向信息传递。互联网主要带来了议程设置过程的如下三方面变化。(1)议程设置的议题的多元化。传播主体具有广泛性,同时网络传播快而广,议题也就呈现出多样化的特点。(2)使传统的议程设置得到进一步的发展。网络传播中,议程设置多元化,议题大都反映受众的意见和事实性的信息,这些通常会成为传统媒介后续报道的焦点。(3)网络议程设置增强了公众的自主权,公民有更多自主的权利可以参与到公共事件的讨论中去,提出自己独有的观点。在全球治理的议程设置过程中,网络传播的跨国性、不受地理空间限制、多主体、多议题的特点发挥了重要的影响。

第二节 框架政治

与议程设置理论不同,框架理论认为媒介不仅告诉人们该想些什么,还通过框架告诉人们该怎样想。受众对某个问题的理解是建立在该问题如何被建构(框架)的基础之上的。受众被认为采纳了传播者提供的框架,并以框架确定的方式看待世界。① 框架政治是议程设置的延伸和发展,当某一议题被媒体集中报道和公众热烈讨论的时候,某些建构政治环境的意义框架便逐渐浮现出来,成为人们理解公共事务的思维框架。我们在国际事务中经常会遇到各种各样的理解世界意义的框架,比如冷战、"印太"战略、人类命运共同体、"一带一路"倡议等。人们在理解世界的时候,一般对细节性的东西不怎么敏感,而对一些简明扼要的框架耳熟能详,这些框架在一定程度上塑造着人们理解的意义世界。对全球公共议题的治理而言,框架政治给人们提供了一个理解的路径。

---

① Karen Callaghan and Frauke Schnell, "Assessing the Democratic Debate: How the News Media Frame Elite Policy Discourse", *Political Communication*, 2010, Vol. 18, No. 2, pp. 183-213.

一、框架的概念和要素

(一) 框架的概念

何谓框架?框架可以指一种行动过程,也可以指一种结果,它不仅产生信息资讯,而且也可以被视为一种信息过滤装置。① 框架,也可以称为"建构",是指传播媒介能够以各种不同的方法构造议题,即采取一种集中的组织思路,通过选择、强调、排除等方式为内容提供背景,并提出中心议题。框架意味着选择一种感知现实的角度,并将其表现得更为显著,并由此提出某个具体的议题,以及对这一议题的解释、评价、建议或对策。② 不同的学者赋予框架不同的含义。托德·吉特林(Todd Gitlin)认为,框架是认知、解释、呈现、选择、强调及其排除的持续状态,符号矗立着借此进行常态性论述的组织工作。③詹姆斯·坦卡德(James Tankard)认为,框架是新闻内容的核心组织概念,通过选择、强调、排除以及详细叙述等方式,说明议题是什么。④ 臧国仁认为,框架是人们解释外在真实世界的心理基模(schema),用来作为了解、指认以及界定行事经验的基础;人们以主观认知中的框架来组织经验、调整行动。⑤

"框架"作为考察人的认知与传播行为的学术概念,最早见于人类学家格雷戈里·贝特森(Gregory Bateson)于 1955 年提出的"元传播"概念。所谓"元传播",是指人们为了传播而进行的传播行为,包括对传递符号的定义及其诠释规定的约定。1974 年,美国社会学家高夫曼出版的《框架分析》一书为"框架"做出了明确定义。高夫曼认为,框架是指人们用来认识和阐释外在客观世界的认知结构,人们对于现实生活经验的归纳、结构与阐释都依赖一定的框架,框架使得人们能够定位、感知、理解、归纳众多具体信息。本书基本上接受欧文·高夫曼(Erving Goffman)对框架的界定,认为框架是人们认识和理解现实社会现象的认知结构和诠释体系,它并非巨细靡遗地复制社会现实的所有信息,而是通过选择强调某些信息在沟通和交流中更容易被理解和认知,从而形成一种稳定的理解世界的框架和结构。因此,

---

① 参见 Robert Entman, *Projections of Power: Framing News, Public Opinion, and U.S. Foreign Policy*, Chicago, I. L.: University of Chicago Press, 2004. pp. 7–11。
② Robert Entman, "Framing: Toward Clarification of a Fractured Paradigm", *Journal of Communication*, 1993, Vol. 43, No. 4, pp. 51–58.
③ 参见 Todd Gitlin, *The Whole World Is Watching: Mass Media in the Making & Unmaking of the New Left*, Berkeley: University of California Press, 1980。
④ James Tankard, et al., "Media Frames: Approaches to Conceptualization and Measurement", Paper presented at the meeting of the Association for Education in Journalism and Mass Communication, 1991, Boston, M. A.
⑤ 参见臧国仁:《新闻媒体与消息来源:媒介框架与真实建构之论述》,三民书局 1999 年版。

有许多学者强调其选择性过滤机制。如托德·吉特林认为,框架是选择、强调和排除。罗伯特·恩特曼(Robert Entman)提出框架是选择与凸显,中国学者钟蔚文与臧国仁认为是选择与重组等。① 具体来说,恩特曼认为,框架是指选定所认知的某些真实面向,在传播的文本中凸显出来,借此传递问题定义、因果解释、道德评价以及处理建议等。比如冷战就是一种理解世界的框架。②

(二) 框架的要素组成

议题的最上层框架由显性属性与事物属性两种属性构成。前者是指通过大众媒体或者小众媒体所表现出来的外显形态,比如照片、影片、背景和灯光、报纸版面和故事题材等。后者是新闻所传递的信息内容,由于信息直接且立即影响人们思考事物的方式,事物属性是框架政治策略设计的重点,比如议题的立场、人格特征、对领导人及其能力的认知、个人形象等。事物属性又可以划分为认知属性和情感属性两个框架,前者所传递的信息一般是事实,比如时间、地点、人物、事件以及立场描述等;后者则带有明显的价值判断,强调某一方案的优缺点,往往使用肯定或者否定的判断。学界普遍认为,一个完整的框架结构应该包括九个要素:一是框架核心(core frame),主要是涉及问题的本质;二是根源(roots),对问题因果关系的分析;三是核心立场(core position),主要表达对某一议题追求的整体目标;四是诉求原则(appeal),主要以文化主题作为标识以激发人们的关注点;五是结果(outcomes),对议题治理的可能效果;六是比喻(metaphor),为了便于民众理解而进行的人格化处理;七是实例(example),为了便于民众理解进行的举例;八是标语(catchphrase),为便于广而告之进行的简明扼要的界定;九是描述(depiction),对框架进行详细的解释说明,引导民众更深入了解具体内容。

一般来说,越是简明扼要、清晰易辨的框架,越容易传播,影响力也越大,这是框架政治的第一定律。

二、框架的功能

(一) 界定问题

框架的首要功能是对某一特定议题背后的社会关系进行界定,以明确社会关系的矛盾所在,决定某一行为体做什么,有什么收益和代价,并赋予一定的文化价

---

① 张洪忠:《大众传播学的议程设置理论与框架理论关系探讨》,《西南民族大学学报》(人文社科版)2001年第10期,第88—91页。
② Robert Entman, "Framing: Toward Clarification of a Fractured Paradigm", *Journal of Communication*, 1993, Vol. 43, No. 4, pp. 51-58.

值评价,定义问题影响所在及其当时的形势。在现实社会中,意识到某一议题非常容易,但洞悉议题背后的问题所在就不容易了,需要专业诊断和科学判断,把握问题的本质所在。

(二) 诊断原因

在明确了问题之后,框架要求识别产生问题的原因以及问题的制造者。通常情况下,某一问题是多方面互动的产物,存在着多种归因指向。诊断原因要求对归因体系做出明确判断,尤其是找到产生问题的主要原因和根本原因,以清晰明确的答案作为框架化的客观载体。

(三) 道义评价

为了能够让目标群体对特定议题背后的问题及其归因有着更为明确的框架,有必要对其进行道义评价,站在受议题影响的人群角度进行价值判断,进而将某一全球议题和一些人群有机结合起来,强化框架的政治影响力。

(四) 解决方案

框架的意义并不仅仅在于发现问题,更重要的在于解决问题,明确的框架需要提供解决问题的方案以及预测其可能的效果。唯有如此,框架才更具有说服力,更具可信度。

三、框架化过程

在国际事务中,框架不仅是一种认知体系,更是一个框架化的过程。一些大国经常运用框架化过程,塑造有利于自己的框架。比如,里根总统就在20世纪80年代把苏联框架为邪恶帝国,巴勒斯坦和以色列也经常把对方妖魔化。框架化的类型多种多样,有建构性框架、主题性框架、评估性框架、事实或反事实框架等。一个议题可以采取不同的方式进行框架化,最终采取什么样的框架化路径,往往取决于框架设定者的意图。

一般来说,全球议题存在着缘起、发展、扩大和解决等发展阶段,在不同阶段上进行的框架政治也必然带有其独特特点。具体来讲,学界普遍认为,框架化过程包括四个阶段(如图8.2所示)。

(1) 建立框架(frame building)。建立框架是媒体框架化的第一步。一般来说,设定框架会受到媒体本身的意识形态、态度、专业素质、基本立场和外部力量等多重因素的影响。当媒体内容经由上述因素的激烈震荡后,新闻便呈现出对某一

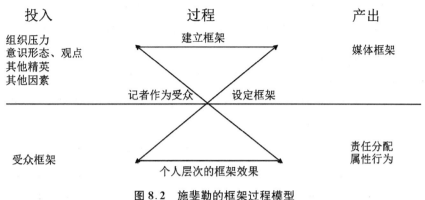

图 8.2 施斐勒的框架过程模型

资料来源 Dietram Scheufele, "Framing as a Theory of Media Effects", *Journal of Communication*, 1999, Vol.49, No.1, pp.103-122。

议题"新闻框架"的雏形。事实上,在实践中建立一个框架主要是由内外两种力量交织的产物。从外部来说,建立框架意味着把握议题背后的主要矛盾,对某一议题现象及其原因的主要矛盾把握得越清晰,所建立的框架就越稳定。从内部来说,建立框架意味着对议题矛盾进行立场鲜明的道义和价值判断,并做出清晰的解决方案,立场倾向越明确,框架就越清晰。清晰、稳定是建立框架的两个基本要求。

(2) 设定框架(frame setting)。在框架建立后,就需要持续不断地投射到目标社会群体身上。从目标社会群体来说,每天都面临着无数框架的泛滥,如何才能确保某一议题框架为其所接受,主要取决于两个因素:一是属性的显著性,议题的显著性随着事件的发展而有所不同,当某一问题越紧迫时,该议题的显著性越明显,越容易为目标群体所设定;二是可接近性,当目标群体在思考某一议题时,最符合记忆所及、最方便使用的框架往往是可接近性最强的框架,也最容易被目标群体所设定的框架。显著、易触是设定框架的两个基本要求。

(3) 个人层次的框架效果(individual-level effects of framing)。当目标群体受到各类框架的左右,对特定议题的认知、态度甚至回应行为都会因此而发生改变,这就产生了框架效果。事实上,人们对于某一全球性议题往往具有一种首因效应或者启动效应,指由于之前受某一刺激的影响而使得之后对同一刺激的知觉和加工变得容易的心理现象。框架效果首先取决于对各种既存的刻板印象的首因效应的克服,并对议题的框架进行心理学意义上的重新定义。一旦目标群体累积成话语社群的框架效果,其对公共事务的影响力就不容小觑了。改变和重释是个人层次框架效果的基本要求。

(4) 框架效果的回馈(feedback of framing effect)。为了更准确地了解框架效果,框架管理者需要通过各种方式比如民调和焦点小组等方法,搜集并分析目标群体的相关反馈,不断验证框架效果,并调整框架化的思路和策略。精准、对比是框架效果回馈的基本要求。影响框架效果的主要因素有道德因素、实务因素、民意因素、声誉因素、利益因素等众多方面,尤其是媒体、政府和民意三者复杂互动,是一个循环往复的复杂过程。

框架化是一个由投入到产出的连续性过程。在议题框架、媒体框架和公众框架之间始终存在着某种正相关或者负相关的互动机制,在这一机制中,许多框架者竭尽全力去框架自己的利益。

恩特曼以21世纪以来美国重大外交政策和事件为例,分析了政府、意见领袖、媒体和公众四者之间如何经由框架化塑造新闻,影响民意,进而影响政府外交政策的,确立了"运动网络模式"(cascading network activation model,如图8.3所示)。

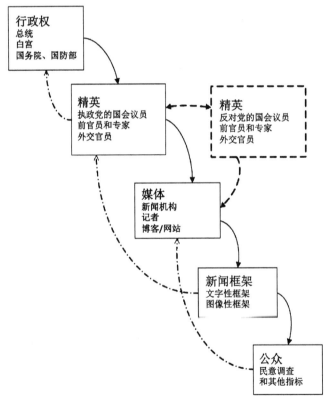

图8.3 恩特曼的运动网络模型

资料来源 Robert Entman,"Theorizing Mediated Public Diplomacy: The U.S. Case", *The International Journal of Press/Politics*, 2008, Vol.13, No.2, p.91。

根据恩特曼的研究,框架政治可以从议题或事件的实质内容或程序介入,在人们脑海中形成一种据以评估外界各种信息的知识网络,便可以此框架来影响更多的民众意见。在这一运动网络下,政府部门通常是操纵事件框架的始作俑者,经过框架化后的信息会直接或者间接通过大众传媒的报道处理,传播给公众。在这一传播过程中,其他精英和社会意见领袖也争取对事件框架的诠释施加影响,媒体虽然历来主张客观中立,但也会基于本身利益或历史形态而表达立场,最终这一框架在更大的范围得以确立解释力,被纳入政策议程。

在实践中,影响框架效果的因素很多。恩特曼认为,影响框架化成功的主要因素有四个:一是所有相关人士或机构的动机,一般而言,框架化的信息越符合目标对象的动机,则越容易被接受;二是信息与文化认知,框架化后的信息是否与公众原先的文化认知相符,越相符者,公众越能够接收信息;三是相关人士或机构的权力地位,权力地位越高者,框架化的运作越容易成功;四是框架化的推动策略,策略越高明,越容易成功。[①] 总体来看,前两者属于"拉"的力量,主动权在目标对象;后两者是"推"的力量,主动权在框架者这方。

第三节 方法技术

国际环境变化莫测,国际社会的诸多行为体也往往各有立场,想法不一,加之各方之间的权力较量、利益角逐和价值观争论,更加增加了框架政治和议程设置的难度。因此,框架政治需要若干指导框架设定的一系列方法和策略。

一、框架政治的方法

在全球治理的框架政治过程中,往往会按照不同的政治关系和政治力量对比,确定不同形式的框架。具体来说,主要包括四类。

(一) 目的性框架

目标性框架是行为体以决策者为目标进行的政治操作,行为体以此试图影响决策者的态度和行为。这种框架是领导者或者其他有影响力的行为体试图加入政策辩论(或讨论)当中的,通过组织议题的主题以影响政策目标以及公众和其他参与者(如媒体)如何看待议题。这种框架还涉及在政策咨询过程中呈现信息的方式,包括强调哪些信息项而非其他信息项,也包括给定决策任务中的备选方案的不同排列顺序等。

---

① Robert Entman, "Framing: Toward Clarification of a Fractured Paradigm", *Journal of Communication*, 1993, Vol. 43, No. 4, pp. 51-58.

(二) 主题性框架

主题性框架主要涉及基于内容的传播或推广,通常由国家领导人面向公众,在政策辩论中引入经过组织的主题。这种框架充当了一个镜头焦点的作用,使公众对决策环境的具体要素或领域(例如国家安全、经济、气候变化、全球健康等)感到敏感。框架还包括领导人在鼓励和支持优先政策制定和推行方面的呼吁。这类框架的主题特征能够通过突出政策辩论中的优先考虑内容来影响大众的态度。

(三) 评估性框架

当框架的操作中出现与外部环境进行比较的参考点时,就是评估性框架。该框架在对外部环境的评估中起着评估锚的作用,可以改变政策辩论的意义。前景理论认为,人们不以净收益为出发点而是从一个参考点出发对各种可能的结果进行评估。因此,从偏离这个参考点的程度来进行自身的损益计算,并选择行动方案,就是评估性框架。具体地说,个人在收益领域倾向于规避风险,而在损失领域倾向于接受风险。评估性框架使得各种描述具有了相对性。

(四) 有效性框架

有效性框架包括实现最初预期结果的框架尝试。例如,如果一位领导人决定以一种负面的视角描绘一个潜在的对手,而该框架的预期受众是国内公众,那么如果该公众事实上对潜在的对手持负面看法,那么可以说该框架是有成效的。如果框架在目标受众中产生的结果不是预期的结果,那么它可以说是适得其反或失败的。有效性框架与成功的框架非常相似。然而,失败的框架并不完全类似于反作用框架。失败的框架是没有达到预期效果的框架,而反作用框架则是起到了与预期相反的效果。对前述这些框架(有效、反作用、成功、失败)的衡量都不是绝对的,而是要在程度上衡量,比如"相对有效的框架"。①

二、信息策略

信息是全球治理的重要通货,柯克·霍拉汉(Kirk Hallahan)认为,框架化的中心概念就是情景化,通过框架化被相关信息转化为各方共享的情境,然后建立参考框架以帮助人们评估信息、洞悉意义以及采取行动。其中,最重要的一点就是抓

---

① Alex Mintz and Steven Redd, "Framing Effects in International Relations", *Synthese*, 2003, Vol. 135, No. 4, pp. 193-213.

住诉求点,在信息发出者和接收者之间建立起稳定的关系结构。一般来说,所谓诉求,就是根据目标人群的动机而制作的加强刺激的主题性信息,通过诉求点的信息刺激,使受众感到兴奋而做出某种行为调整。任何一个框架都必须确定一个诉求点,一个没有诉求点的框架就沦落为死板的情况介绍,只剩下僵硬的告知功能,失去了全球治理最核心的规定——说服目标群体做出预期的集体行为。①

从政治传播角度而言,框架政治诉求点的秘密不能从框架者自身去寻找,而应该到目标群体的心理世界中去寻找。在确定政治诉求点问题上,广告学研究者拉里·珀西(Larry Percy)和约翰·罗西特(John Rossiter)提出的 VisCAP 模式颇具启发价值。所谓 VisCAP 就是指政治诉求点必须同时满足可视性、可信赖性、吸引力和权威性等,能够使目标群体产生认知、情感、理解、内化、评估、认同以及做出顺从行为等效果。当某一框架设计完毕之后,应再以下列五条标准评估:(1)独特性,必须能显示出诉求的独特性,不必深究就明了其意;(2)相关性,与政治产品相关并传达其特性;(3)冲击性,令目标感到好奇和震撼;(4)原创性,完全出于自己的创意而非抄袭;(5)持续性,与其他营销活动环环相扣,形成持续战斗力。②上述标准是一般广告公司评估作品的准则,用于评选政治框架也非常恰当。

课后习题

一、名词解释

议程设置　　话语社群　　框架　　框架效应　　媒介框架　　受众框架

二、论述题

1. 请简述框架政治的理论前提。
2. 请简述某一治理领域中的议程设置过程。

---

① Kirk Hallahan, "Seven Models of Framing: Implications for Public Relations", *Journal of Public Relations Research*, 1999, Vol. 11, No. 4, pp. 205-242.
② 参见 John Rossiter and Larry Percy, *Advertising and Promotion Management*, New York: McGraw-Hill Book Company, 1987。

第九章
治理规范

框架政治是全球治理的起点,它决定了某一议题是否被列入全球治理的议程,以及这一议程所反映的社会关系本质。一旦某一议题被确认列入全球治理议程,随之而来的就是各方围绕这一议题进行相互协调并形成相关的国际规范。国际规范是全球治理能力建设的重要部分,是国际社会针对解决某一全球性问题确立的共享规定与游戏规则,是各方参与全球治理的规则与尺度,界定各方对彼此的预期与判断。国际规范以官方政策、法律、条约和协议的形式在各国和全球参与者之间引起共鸣,是全球治理中的重要工具。创建、扩散和变革国际规范的能力是全球治理能力的核心内容之一。

第一节 国际规范

一、国际规范的内涵

规范的英文为"norm",该词语最初来源于拉丁文"norma",本义指木匠使用的规和尺,后被作为人的行为标准,用于研究社会行为。卢梭曾强调法律、习惯、风俗、政府、宪法及其存在方式对国家的影响,其观点后来促使规范成为社会科学研究的关注对象,规范研究逐渐吸引了包括人类学、经济学、政治学、社会学、心理学等整个社会科学领域的目光。例如,在人类学中,规范具有不可撼动的地位,是理解人类行为的重要概念。社会学制度主义强调"世界文化"具有构成性作用。[1] 另外在经济学中,理性、效用等因素而非规范更可以解释人类行为,行为被当作主要战略和效用最大化的产物。即便如此,经济学中也存在重视规范的研究,如新制度主义。道格拉斯·诺斯(Douglass North)就提出了包括产权理论、国家理论和意

---

[1] John Meyer, "World Society and the Nation-State", *The American Journal of Sociology*, 1997, Vol. 103, No. 1, pp. 144-181; Martha Finnemore, "Norms, Culture, and World Politics: Insights from Sociology's Institutionalism", *International Organization*, 1996, Vol. 50, No. 2, pp. 325-347.

识形态理论在内的"制度变迁理论"。

在国际关系学中,不同的学者从不同角度对规范进行了定义。费丽莫提出规范是一个行动者的共同体对适当行为的共享期望,是一系列行为者共享的行为准则。① 安·弗罗瑞尼(Ann Florini)强调规范的两个要点:一是规范是关于行为的标准,用以界定权利与义务关系的行为标准体系,而不是关于思想的标准体系;二是规范的独特本质是其具有道义责任,含有应该为之的合法行为要求。她认为,普遍接受的规范定义是将其视为具有既定身份认同的行为体所确立的适当行为标准。② 奥尔森认为,在界定制度时应含有一系列相对稳定的实践和规则的组合,用以为特定情境下的特定集团的适当行为。卡赞斯坦将规范界定为对某个给定认同所应该采取的适当行为的集体期望,认为国际规范和国家认同将会影响到国家的利益和行为;国际规范建构国家认同,而国家认同也建构国际规范。③

国际关系学科中不同的细分领域都涉及规范的研究。在机制理论和国际政治经济学看来,规范对于塑造行为体偏好、预期和行为重要意义,金德尔伯格就提出,19世纪欧洲自由贸易的兴起并非由于物质利益的变化,而是自由放任意识形态传播的结果。另外,在如核禁忌等国际冲突研究以及联盟理论的相关研究当中,国际规范也都是一个不容回避的社会现象。④

从国际关系学视角出发,当前国际社会存在的规范可划分为三个层次:第一个层次是得到普遍承认的正式国际组织和国际制度,其中,国际组织如联合国、北约、欧安组织,国际制度如《核不扩散条约》《禁止化学武器条约》和《限制战略武器条约》等;第二个层次是世界政治文化,包括主权原则和国际法、主权身份的正当获得规范,包括由专业和咨询网络所制成的标准化社会和政治技术、大赦国际和绿色和平组织等国际社会运动所制成的跨国政治性质的宣传布道等;第三个层次则包括了敌对和友好的国际关系模式,以及一些非正式的国际文化规范等。

---

① Martha Finnemore, *National Interests in International Society*, New York: Cornell University Press, 1996, p. 22.
② Ann Florin, "The Evolution of International Norms", *International Studies Quarterly*, 1996, Vol. 40, No. 3, pp. 363-389; Ethan Nadelmann, "Global Prohibition Regimes: The Evolution of Norms in International Society", *International Organization*, 1990, Vol. 44, No. 4, pp. 479-526.
③ [美]彼得·卡赞斯坦主编:《国家安全的文化:世界政治中的规范与认同》,宋伟、刘铁娃译,北京大学出版社2009年版,第56页。
④ Christopher Hemmer and Peter Katzenstein, "Why Is There No NATO in Asia?: Collective Identity, Regionalism, and the Origins of Multilateralism", *International Organization*, 2002, Vol. 56, No. 3, pp. 575-607.

二、国际关系理论中的国际规范

虽然不同的国际关系学者对规范进行了丰富的讨论与界定,但直到冷战结束前,关于国际规范的相关研究长期处于被忽视的状态。① 二战后的国际关系学者特别是研究安全事务的学者倾向于贬低规范的作用。在现实主义者看来,物质能力而非规范具有重要作用,规范仅仅是对潜在实力关系的认可。现实主义者采取微观经济学研究路径进行解释,提出制约行为体选择的主要因素在于国际实力分配结构的"市场力量体系"带来了国家间权力的"价格变化",当势力平衡即"供求均衡"时,国家行为(价格)就会稳定,国家行为主要取决于其面对力量对比格局时采取的战略选择和理性判断。

相比现实主义者,新自由主义者赋予了规范更加独立的地位,坚持理性选择制度主义的学者提出制度规范具有降低不确定性、获取信息和降低交易成本等作用。约瑟夫·奈曾站在国家推行对外政策的角度,研究推进规范对国家利益的重要作用。他在1990年出版的《注定领导世界》一书中指出,如果一个国家可以通过建立和主导国际规范及国际制度左右世界政治的议事日程,那么它就可以影响他人的偏好和对该国国家利益的认识,从而具有软权力,或称具有"制度权力"。② 后来,他在《软权力》一书中进一步使用"塑造国际规则"的提法,认为"如果一个国家可以塑造国际规则,使之与自己的利益和价值观相吻合,其行为就更可能在他人看来具有合法性。""如果它可以使用和遵循那些能够引导和限制他国自愿行为的制度和规则,那么就没有必要使用代价高昂的胡萝卜与大棒策略。"③然而,即便如此,新自由主义者仍将行为体认同和利益本身视为先验存在和固定不变,将规范仅仅看作是理性利己主义的选择,其关注焦点在于用来解决集体行动问题的明确的契约安排,而对非正式的规范与认同等并不看重。由此,新自由主义者也没有看到行为体行为背后的国际文化背景以及作为社会特征的主导性观念的作用,无法摆脱国际规范的功能主义解释窠臼。

综合来看,现实主义者将规范看作实力分配结构的附属物,认为其不具有独立性,更看重权力分配、联盟和军备控制等因素在解释国际冲突等现象中的作用。新自由主义尽管重视制度和机制,但仅仅看重正式的制度和规则,并不重视非正式规

---

① Ethan Nadelmann, "Global Prohibition Regimes: The Evolution of Norms in International Society", *International Organization*, 1990, Vol. 44, No. 4, p. 479.
② 参见[美] 约瑟夫·S. 奈:《美国注定领导世界:美国权力性质的变迁》,刘华译,中国人民大学出版社2012年版。
③ 参见 Joseph Nye, Jr., *Soft Power: The Means to Success in World Politics*, New York: Perseus, 2005.

范。直到20世纪90年代,国际关系理论研究发生"社会学转向",建构主义在理性主义与后现代反思主义间成功开辟"中间道路",规范逐渐成为建构主义的重要研究内容。[①]卡赞斯坦、费丽莫、辛金克、温特等社会建构主义者纷纷重视规范的作用。他们对主流国际关系思想的经济理性主义、物质结构主义等假设提出疑问,并试图揭示规范发挥作用的许多方式(如图9.1所示),这些方式归结起来主要包括以下五点:(1)国际规范影响国家认同,进而塑造国家的行为;(2)国际规范直接塑造或者管制国家行为;(3)不由国际规范塑造的认同影响国家的行为;(4)国家认同建构国际规范;(5)国家政策再生重构文化制度结构。

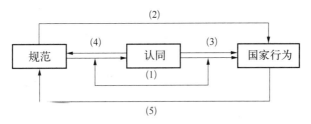

图9.1 规范发挥作用的五种方式

具体而言,社会建构主义认为国际规范一般同时具有管制性效应和建构性效应。其中,前者会影响国家的收益和成本计算,使得理性的国家必须遵循某些行为方式行事;后者则建构国家认同,从而使得国家某些时候不遵循理性主义的方式行事,而是采取一些和自己的战略利益无关甚至损害自己利益的行动。因此,他们将国际规范大致划分为两类:第一类是管制性规范,发挥命令和限制国家行为的作用;第二类是建构性规范,创建新的行为体、新的利益以及新的行动。总之,国际规范是国际事务与全球治理的重要游戏规则。尽管国际规范的约束力并不刚性,但国际规范对于国际合作的诱导功能和内化功能的确不容忽视。

第二节 规 范 创 制

国际规范是如何产生的?一个典型的例子是禁止使用核武器的规范。既然不是所有高度毁灭性的武器都被禁止,为什么会产生关于核武器的特定规范?事实上,国际规范生成的问题在国际规范理论研究中长期居于边缘地位,即使在国际规范研究专家费丽莫和辛金克最初提出的国际规范"生命周期模型"中也对这一问题进行了模糊处理。这一状况的出现是由于规范很少被凭空创造,其形成依赖于既

---

① Fiona Adamson, "Global Liberalism Versus Political Islam: Competing Ideological Frameworks in International Politics", *International Studies Review*, 2005, Vol. 7, No. 4, p. 547.

有的文化、共有知识和制度,其与规范演化的区别很难被厘清。然而,如果无视规范生成之初的各种论争,则难以理解其生成后的扩散、竞争、侵蚀、替代甚至死亡。① 因此,本部分尝试在既有研究基础上进行总结归纳,对规范的生成机制、来源及其实践产生过程进行梳理与介绍。

一、国际规范的创建

国际规范不是从来就有的,也不是永远存在的,国际规范的创建有一个发生发展的过程,是自然历史的产物。从一般意义上来说,国际规范是人与自然、人与社会、人与人互动过程的结果。其中,人与自然的互动所构成的生态-生长关系是基础,人与社会互动构成的社会过程是关键,人与人互动构成的心理认同过程是结果。因此,国际规范的创建是生态过程、社会进程和内在进程的统一。

(一) 生态过程

生态过程是国际规范产生的深厚土壤,国际规范产生于行为体和它们所处环境之间的模式化互动。对国际或者国内政治的激烈冲击为体系内支持变革的人们提供了政治资本,快速变化(有时表现为剧烈变化)的环境促使了规范的产生。例如,二战后德国和日本军国主义政治规范的衰落和民权规范的兴起。另外,费丽莫通过研究人道主义规范发现,一种规范在越长时间内没有经历挑战就会越"稳固"。② 无论如何解释国际规范,都不能忽视外在环境的影响。

(二) 社会进程

社会进程是国际规范产生的社会支点。国际规范产生于区别群体内外和定位社会角色的过程中,共有社会知识对国际规范具有创制效应,国际规范通过简单的社会扩散进行传播。比如,托马斯·里斯(Thomas Risse)研究发现"跨政府网络"在北约内部极大地促进了共有认同、双方互惠和协商规范的发展。③ 再比如,费丽莫的研究发现人道主义规范的传播也经历了类似过程。④ 社会过程意味着共同游戏规则的约定俗成,使不同文明背景、不同历史传统、不同国家利益的国家存在于

---

① 潘亚玲:《国际规范生成:理论反思与模型建构》,《欧洲研究》2019年第5期,第45—67页。
② 参见[美]玛莎·芬尼莫尔:《干涉的目的:武力使用信念的变化》,袁正清、李欣译,人民出版社2018年版。
③ 参见 Thomas Risse, *Collective Identity in a Democratic Community: The Case of NATO*, New York: Columbia University Press, 1996。
④ 参见[美]玛莎·芬尼莫尔:《干涉的目的:武力使用信念的变化》,袁正清、李欣译,人民出版社2018年版。

一个共同认可的规则体系之中。

(三) 内在进程

内在进程是国际规范得以确立的根本落脚点,国际规范是政治行为体内部的心理进程和理性选择的产物。虽然朱迪斯·戈尔茨坦(Judith Goldstein)和基欧汉在《观念与对外政策》中极力将其区别于心理学的方法,但观念和个体认知或者形成动机的过程的确对规范具有塑造作用。[1] 约翰·特纳(John Turner)的自我归因理论就强调,为了认知的有效性,人们经常通过自己的精神探索有选择地关注那些所认可群体类型的信息。语言的应用与诠释也是内在论支持者的重要论据,他们提出话语行为进程可以激发关于规范的期望,"语言学的话语"模式对塑造社会意义和制度具有很大的规范和建构效应。

二、国际规范的来源

在理解国际规范如何产生后,需要继续追问的是,国际规范究竟从哪里产生,即国际规范的来源问题。概括来讲,国际规范具有四种来源。

(一) 传统习俗

历史上国家之间的交往形成了许多规范,当代的许多规范通过历史传承而来。比如,关于交战的规则——交战双方不伤害传达信息的人员,这一条规范就是国家在历史进程中逐渐形成的互动习惯,中国在春秋战国时期就提倡"两国交兵,不斩来使"。这一礼节性的国家间交往习惯后来进入《国际法》,成为处理当代国际关系的重要规范。另外,作为约束战争和冲突状态下敌对双方行为规则的权威法律文件,《日内瓦公约》中也明确规定不能杀害双方谈判人员。[2] 除此之外,国际习惯法作为国际规范的一种,也是对既往人们实践习惯的一种确认。

(二) 权力创造

权力是创造国际规范的强大力量。相关规范往往共享一些基本特征,制裁的权力掌握在力量最为强大的霸权国手中,同时其实践需要适度的道德义务论辅助支持。从过往的历史看,这些规范的主要供给者是霸权国家。当代国际社会中的

---

[1] 参见[美]朱迪斯·戈尔茨坦、罗伯特·基欧汉编:《观念与外交政策:信念、制度与政治变迁》,刘东国、于军译,北京大学出版社 2005 年版。
[2] 《日内瓦公约及其附加议定书》,红十字国际委员会网站,https://www.icrc.org/zh/document/geneva-conventions-1949-additional-protocols,最后浏览日期:2020 年 12 月 7 日。

许多规则、制度等都由霸权创造,比如一战后美国通过凡尔赛-华盛顿会议确定的以"促进国际合作,保证国际和平与安全"为宗旨的国际联盟。再比如,二战后美国积极推动建立的联合国安理会与以美元为基础的世界货币秩序,以及在此基础上建立的以关税及贸易总协定(General Agreement on Tariffs and Trade,GATT)为核心的世界贸易秩序和以国际货币基金组织、世界银行为调控的世界金融秩序等。许多学者对霸权如何创造规范进行了解释。约翰·伊肯伯里(John Ikenberry)与查尔斯·库普乾(Charles Kupchan)认为霸权国通过常规说服、外部经济与军事诱惑、内部重建三条机制,通过说服他国精英、利用经济与军事刺激的手段胁迫或诱导、直接干预与强制较弱国家改变内部政治制度等推动规范在国际社会实现社会化。① 阎学通教授则强调主导国自身的行为而非说服的话语是促使规范得以在国际社会实现社会化的重要因素,主导国通过示范-效仿路径、支持-强化路径与惩罚-维护路径促使规范在国际社会实现社会化。② 如果在特定场景下不遵守国际规范,霸权国可能会对违反国际规范的行为体施加制裁。需要注意的是,尽管霸权国拥有对违规行为的制裁能力,但其推行规范依然需要获得广泛的支持。

(三)协商实践

协商实践解释了合作性规范的来源,合作性规范往往由于回应行为体自利需求而产生,在没有制裁的情况下自我执行,道德义务论对其影响微小。基欧汉从利益理论的角度对此类规范的产生做出了很好的功能主义解释,他提出规范具有降低交易成本,减少不确定性,提高透明度,扩大合作机会空间的作用。对于这类规范,一方面,国家缺乏违反这些规范的动机,制裁的重要性相对较低;另一方面,不遵守国际规范会立即造成国家声誉等方面的损失,因此一些正式国际组织在促进国际合作时往往不需要足够的强制力去敦促履行。国际法中最基本的原则——主权原则便是通过协商实践产生的。三十年战争结束后,欧洲各国《威斯特伐利亚和约》中明确规定,疆域扩大了的帝国选侯、邦君和各邦则享有一定的主权。后来,1945 年 6 月 25 日通过的《联合国宪章》经一系列修订后,明确规定组织及其会员国应遵行主权平等等一系列原则。③

(四)社会道义

道义理论解释了去中心化规范的产生。所谓去中心化规范,是指在规范和私

---

① John Ikenberry and Charles Kupchan, "Socialization and Hegemonic Power", *International Organization*, 1990, Vol. 44, No. 3, p. 290.
② 阎学通:《国际领导与国际规范的演化》,《国际政治科学》2011 年第 1 期,第 1—28 页。
③ 《联合国宪章》,联合国官方网站,https://www.un.org/zh/sections/un-charter/chapter-i/index.html,最后浏览日期:2021 年 3 月 24 日。

利之间存在冲突,但缺乏制裁性权力支持,完全依靠个人自觉和道德义务感去遵守的规范。尽管缺乏中央政府或者霸权,国际合作依然可以在此类规范指导下进行。此种规范几乎完全依靠道义和价值维持,是一种自下而上的过程,它主要分析人们内心深处观念与认同的因素。比如费丽莫就曾提出,人道主义规范很大程度上是社会道义的产物。①

三、规范创建的实践路径

在实践中,规范创建是一个十分复杂且技术性很强的过程。以联合国框架内的国际规范为例,国际规范的创建可以被视为存在如下制度化的过程。

(一) 国际规范的制定存在特定程序

相关议事日程和会议程序根据国际组织章程和会员国协商形成,大国在确定国际会议具体议程的过程中拥有较大影响力。一方面,大国可以将自己偏好的议程置入会议议程,如美国的反恐议程、欧盟的防止全球变暖议程等;另一方面,大国也可以根据程序阻止不利于自身的议程被列入会议。虽然如此,各成员国在发言顺序和规则上一律平等,每一个成员国都可以根据程序提出提案或动议,申诉自己的立场和政策,甚至公开谴责一方的行为或为一方行为进行辩护。尽管有些会员国并不喜欢既定的会议议程,但也只能基于会员身份参与会议,除非他们认为会议议题侵犯其核心利益,有必要退出会议甚至退出该国际组织。

(二) 国际规范的制定受制于特定规则

在国际公共事务治理过程中,决策规则历来就是一个关键影响变量,归结起来,实践中主要存在三种决策规则。一是全体一致原则,即决策方案的通过需要全体决策者一致投赞成票,若有一人反对则该决策方案就不能通过,联合国安理会的投票规则就采取了全体一致原则。该规则的优点是可以实现"帕累托最优",即达成每个投票者均获得满意或至少无人受损的结果,保证了主权和平等原则。其缺点在于由于一人反对则方案便无法通过的设置,其决策成本过高。二是多数原则,即投票者支持较多即可获得通过的一种方案,包括绝对多数和相对多数两种,其优点是大大降低了决策成本,但缺点在于可能形成不够科学或民主的决策。在实践中,票数分配主要包括一国一票和加权计票两种方法。其中,一国一票由于反映了主权平等的联合国基本原则而得到广泛应用。然而,这种计票方式使得小国和大

---

① 参见[美]玛莎·芬尼莫尔:《干涉的目的:武力使用信念的变化》,袁正清、李欣译,人民出版社2018年版。

国拥有相等的投票权,有可能造成人口较少的中小国反而在多边外交中形成多数,进而左右多边决策的结果,而可能会令大国陷入不利境地。因此,大国一般希望采用加权计票制度,即根据各国的人口、各国对国际组织的资金贡献率等指标分配投票权重以达成各国规模、贡献与决策权之间的平衡。① 国际货币基金组织即采取的是此种加权计票方式。然而,加权计票的方式也被批评存在政治上敏感、疏远弱小多数派、计算标准难确定等问题。② 三是共识决策原则(无异议原则),即在存在多数表决的正式规则下,有关国家通过协商形成最大限度的一致意见,且不存在来自任何一国的正式异议。该决策原则是为克服多数决策原则没有尊重少数意见的缺陷而采取的改进方法,其特点是在存在正式多数决策规则的基础上,尽量通过协商来形成普遍一致,或至少达成没有一个国家公开表示正式反对的结果。

(三) 国际规范的制定依赖集团政治相互呼应

集团政治也是国际规范运行的重要维度。有关各方针对某一议题的态度无外乎赞成、反对、弃权三种,根据数学上的"鸽笼定理"必然存在政策立场上的"合并同类项"过程,其结果即会带来集团的分化。一般而言,有基于地理范围产生的地区性集团,比如在联合国会议主席的选举问题上产生的法定地区性集团;还有由在政治、外交和安全问题上试图形成共同立场的国家组成的政治类集团,如北约、不结盟运动、美洲国家组织、英联邦、欧盟、阿拉伯国家联盟和非洲联盟等。另外,在各种为专门议题举行的国际会议中,由于有关国家在该议题上存在相同利益,各种临时性集团也常常出现,如在 1973 年至 1982 年举行的第三届海洋法大会上,内陆国家和沿岸国家便形成了两个主要集团;再如,在《京都议定书》谈判期间,受全球变暖、海平面升高影响最大的小岛国家组成了小岛国家联盟,该联盟在《京都议定书》谈判过程中发挥了重要的推动作用。③ 然而,集团现象也带来了"谈判嵌套谈判"的相关问题,这些问题对多边集体行动的形成与国际规范的创建形成了挑战。④ 一国尤其是大国最经常要做的,就是寻求足够多的支持国家。能否动员起足够数量的影响最终协议产生的国家支持提案,能否组建起一个获胜联盟,成为判断该国家政治影响力的重要指标。关于具体的动员策略,迈克尔·沃特金斯(Michael Watkins)和苏珊·罗斯格兰特(Susan Rosegrant)归纳了五类:一是广泛结交朋友,尽可能多地争取外国同僚的支持;二是研判结盟对象,针对支持国、动摇国和反对国采取不同的争取策略;三是说理循循善诱,努力把动摇国转化为支持国;四是

---

① 陈志敏、肖佳灵、赵可金:《当代外交学》,北京大学出版社 2008 年版,第 252 页。
② 参见[英]杰夫·贝里奇:《外交理论与实践》,庞中英译,北京大学出版社 2005 年版,第 158—171 页。
③ 陈志敏、肖佳灵、赵可金:《当代外交学》,北京大学出版社 2008 年版,第 255—256 页。
④ [美]布里吉特·斯塔奇等:《外交谈判导论》,陈志敏等译,北京大学出版社 2005 年版,第 40 页。

尝试利益交换,通过给予对方某些利益来换取对方对本国核心目标的支持;五是实现重点突破,首先争取与本国利益相同的国家或国家集团。① 此外,一些国家还会运用威胁和欺骗等负面手段进行动员。但这些策略可能存在损害信任、增加敌意等负面效应,需谨慎使用。

总的来说,从议题设置、议程规划、程序规则等程序性问题,到立场分化、谈判策略、冲突控制、危机管理等实质性问题,国际规范的创建在任何一个环节都必须经过妥善安排,需要大量人力、物力和财力的投入,通过合理分工统筹协调配备一支强有力的专业化领导和执行队伍,是一项技术性要求很强的外交活动。

第三节 规 范 扩 散

规范在创建形成后,其扩散成为研究者关注的重要观察对象。一般而言,规范扩散指的是规范被不断接受的过程,指国际体系中外在于国家的体系规范被嵌入国内的过程,体系规范在这一过程中对国内政策、制度构成产生影响。关于规范扩散,华尔兹等新现实主义者强调结构的作用,认为结构的选择器作用与结构下的"竞争导致模仿"机制导致了规范扩散。② 新自由主义理论则侧重通过理性的选择分析路径理解规范扩散的方式,提出国家遵守国际规范是理性行为体进行成本-收益分析后选择的结果,遵守规范可以帮助国家实现利益的最大化。建构主义则强调塑造身份认同等对规范扩散的作用,认为国际规范通过建构行为体身份界定行为体利益,并在此基础上建构出行为,使得其与未来行为体所接受规范间形成不断的互构。③

一、规范扩散的不同层次

一般来说,可以通过体系、国家与区域三个层次来考察国际规范扩散。

(一) 体系层次的国际规范扩散

体系层次的国际规范扩散主要表现为国际组织通过社会化过程将国际规范传

---

① 参见 Michael Watkins and Susan Rosegran, *Breakthrough International Negotiation: How Great Negotiators Transformed the World's Toughest Post-Cold War Conflicts*, California: Jossey-Bass, 2001, pp. 213-226。
② [美]肯尼思·沃尔兹:《国际政治理论》,胡少华、王红缨译,中国人民公安大学出版社 1992 年版,第 126 页。
③ Jeffrey Checkel, "International Norms and Domestic Politics: Bridging the Rationalist-Constructivist Divide", *European Journal of International Relations*, 1997, Vol. 3, No. 4, pp. 473-495.

授给各个国家,从而实现国际规范的扩散,大量国家在短时间内接受国际规范的现象。学者丹妮拉·唐诺(Daniela Donno)曾以美洲国家组织和欧洲委员会为例进行分析,提出有些国际组织通过谴责、羞辱、外交施压、经济制裁等多种惩罚性手段迫使成员国遵守规范。① 里斯等学者对人权规范的扩散和内化进行了详细的案例分析和实证研究,也提出了国际规范发展表现为规范产生、规范普及/扩散和规范内化三个阶段。在不同阶段,主导行为体不同,主导机制和动力也不同。具体来看,在规范产生阶段,在原则信念或自我利益的推动下,个人、非国家行为体或国家等规范倡导者,利用有效的组织平台推动规范的产生,这一阶段的主要动力机制是规范倡导者的说服和国内压力;在规范扩散阶段,因处于国际伙伴压力下,出于增强合法性和领导人自尊等原因,国家开始模仿、学习规范的倡导国,从而实现规范的扩散,在这一阶段,国际伙伴压力和社会化是这一阶段的主要机制;最后在规范内化阶段,规范已经被视为理所当然的事物,习俗化和制度化是其主导机制。② 费丽莫和辛金克提出的"规范生命周期理论"则堪称这方面的经典研究,其提出了国际规范存在从出现、扩散到内化的生命周期:第一阶段涉及规范兴起,个人、非国家行为体与国家等在这个阶段说服关键国家接受新的规范;第二阶段涉及规范扩散,规范通过国际组织的传授、说服等社会化机制扩散到其他国家;第三阶段涉及规范内化,国家、大众在这一阶段将规范视为理所当然。③ 然而需要说明的是,由于学界依然缺乏对国际规范迅速普及的动力、国际伙伴压力以及目标等的科学实证研究,规范的生命周期理论目前仍受到广泛质疑。另外,还有研究提出国际规范的扩散首先由若干核心组织发起,然后带动其他非政府组织参与,最后扩散至各国政府,遵循从中心到边缘的路径。④

(二)国家层次的国际规范扩散

国家层次的国际规范扩散强调国内结构、国家原有观念等变量对国际规范扩散的制约或过滤作用,关注国际规范扩散的微观过程和具体机制。杰弗里·切克尔(Jeffrey Checkel)认为,国内规范和国内结构等因素是国际规范扩散过程中的干预变量。文化匹配是国际规范与国内实践一致性的反映,它是决定扩散形式和

---

① Daniela Donno, "Who Is Punished? Regional Intergovernmental Organizations and the Enforcement of Democratic Norms", *International Organization*, 2010, Vol. 64, No. 4, pp. 593-625.
② 参见 Thomas Risse, *Domestic Politics and Norm Diffusion in International Relations: Ideas Do not Float Freely*, London: Routledge, 2018。
③ Martha Finnemore and Kathryn Sikkink, "International Norm Dynamic and Political Change", *International Organization*, 1998, Vol. 52, No. 4, pp. 887-917.
④ R. Charli Carpenter, "Vetting the Advocacy Agenda: Network Centrality and the Paradox of Weapons Norms", *International Organization*, 2011, Vol. 65, No. 1, pp. 69-102.

程度的一个关键因素。同时,国内结构决定国际规范扩散到国内领域的具体机制。他将国内结构分为自由主义、法团主义、国家主义和国家主导四种类型,认为存在自下而上、自上而下两个过程和社会压力、精英学习两种机制。①

(三) 国际体系和国家间区域层次的国际规范扩散

除了从体系和国家层次进行规范扩散研究,一些学者也从地区视角探讨国际规范的扩散。阿米塔·阿查亚(Amitav Acharya)首先提出本土化机制,强调地区机构对国际规范的重构作用。② 在阿查亚的基础上,加利特·萨尔法蒂(Galit Sarfaty)进一步探讨国际规范扩散至地区并与地区规范、国家规范互动的冲突关系,强调地区机构对三者的协调作用。

二、规范扩散的动力机制

关于国际规范扩散的动力机制,学界也形成了不少研究,归结起来主要包括四个:大国推进机制、地理机制和跨国活动机制、社会化机制以及内化或涵化机制。

(一) 大国推进机制

大国推进机制强调大国的作用,认为大国的强迫和一定意义上的制裁在规范扩散中起主要作用。国际规范推进者和目标行为体之间存在权力不对称的状况,处于推进者地位的大国可能会通过推动双边协议形成或作为小国的联盟或代理者的集体身份等方式将自己偏好的规范强加于小国,这是一种外力强迫机制,一般表现为军事干涉、武力威胁和经济制裁等。在这一过程中,大国影响小国动机的能力和意愿是关键因素。然而,我们虽然不应该忽视或低估大国推进机制,但同时也应该看到这一机制的缺陷。这种外力强迫机制虽然可以使国际规范扩散至国家内部,但改变的是国家行为,而不是国家身份。国家虽然接受规范,但其制度和政策必然只发生某种程度、某些方面的改变,仍然会存在与规范要求相对立的制度、法律和程序。因此,外力强迫机制只能推动国际规范的低度扩散。同时,单纯的强迫机制虽然可能会导致快速的规范扩散,但也可能带来目标行为体对国际规范的强烈反抗。

---

① Jeffrey Checkel, "The Constructivist Turn in International Relations Theory", *World Politics*, 1998, Vol. 50, No. 2, pp. 324 - 348; Jeffrey Checkel, "Norms, Institutions and National Identity in Contemporary Europe", *International Studies Quarterly*, 1999, Vol. 43, pp. 83-114.
② Amitav Acharya, "How Ideas Spread: Whose Norms Matter? Norm Localization and Institutional Change in Asia Regionalism", *International Organization*, 2004, Vol. 58, No. 2, pp. 239-275.

(二) 地理机制和跨国活动机制

地理机制强调地理相似性的重要性,提出具有相同历史、相似文化的国家之间,由于存在人员的频繁交流和广泛的经济联系而更容易实现规范的扩散。跨国活动机制则强调,跨国倡议网络与国内力量联合在一起对国内政治精英施加压力,从而实现规范的扩散。规范推进者的说服、教育以及目标行为体的学习、模仿等都是社会化机制的主要内容。其中,说服指的是通过争论来改变他人的信念、态度和行为;模仿指对英雄和"成功国家"进行模仿以避免和减少不确定性;学习则包括"简单学习"和"复杂学习"两种,主要动力在行为体内部,在简单学习中,行为体在简单的战略层次即如何更好地实现具体目标的问题上进行学习,行为体的手段发生变化,在复杂学习中,行为体在行为体追求的目标方向上进行深层次学习,行为体的手段和目的均发生变化。以上这些扩散机制都不约而同涉及了强制,认为大国或明显或隐蔽地影响了小国的偏好。

(三) 社会化机制

从社会学角度来看,社会化是一个行为体接受一系列思考、感觉和行为的方式的过程。国际政治领域的社会化界定由上述定义引申而来,国际关系理论学者将国际环境中的社会化定义为在国际社会中,通过国际交往、国家接触理解并内化某些国际规范和原则的过程,其结果是将这些规范和原则看作自身"理所当然"应当遵守的本质特征,从而影响到国家追逐利益的方式以及国家本身的结构和身份。社会化由国家之间以及国家和国际制度之间的说服、交往、信息交换和回应的整个互动过程构成,其发展程度同国家间的交往频率成正比。社会化机制强调模仿和学习等过程的作用。"社会化"是指将行为体引入一个给定共同体的规范和规则的过程。比如,在探讨人权规范的扩散问题上,里斯等学者提出了战略谈判、规范性说服和制度化三种社会化机制。社会化、适应规范就是一种战略的、最大化利益的行为。另外,切克尔提出了奖惩机制、角色扮演和规范性说服三种社会化机制。其中,战略计算机制体现了理性主义逻辑,行为体通过成本-收益计算寻求利益最大化,认为只有当可获得的回报大于服从规范的成本时,行为体才会接受规范。例如,欧盟规范在向东欧国家扩散时提供了经济援助或成员国资格等促进东欧国家产生接受规范的积极动机,在这一政治条件下,东欧国家更可能接受并服从规范。角色扮演是行为体适应不确定环境的一种有效机制。当该机制运行时,行为体的行为动机由工具性逻辑向适当性逻辑转变。规范性说服则是指试图说服或使目标国相信按规范行动是适当的,而行为体过去可能并不这样认为。规范性说服则是促使行为体动机由工具性逻辑向适当性逻辑转变的机制,它主要与规范的性质、说服者的特征以及目标国的特征相联系,这种机制能够导致最持久的社会化。① 江忆恩(Alastair Iain Johnson)后来从宏观与微观两个层面进一步提出了模仿、说服和社会影响三种社会化过程。②

(四) 内化或涵化机制

关于内化的实现原因,温特归纳出强迫、利己与合法性三个因素,分别对应现实主义、自由制度主义和建构主义。肯特·安(Kent Ann)等学者以中国参与国际组织为例,提出参与国际组织的过程会促使国家内化国际规范。他提出,中国由于希望维护更多国家利益积极参与国际组织,而在参与国际组织的过程中,中国通过重新界定国家利益推进了国际规则、规范和条约的内化。③ 阿查亚曾就规范本土化条件进行分析,提出了四个相关条件:(1) 规范接受者(国家代理人,通常是政府)认为新的国际规范可以加强其在国际事务中的合法性和权威性;(2) 既有规范受文化信念或行为模式影响深远,从而降低了一国完全接受国际规范的可能性——现有的本土规范越强势,接受国越有可能有选择性地接受外来规范,而非整体移植外来规范;(3) 地区内是否存在外来规范的强力支持者,对规范的扩散至关重要;(4) 当一国人民追求独特性和特殊性的身份认同和自我认知的需求明显时,就会要求规范的本土化。④ 在阿查亚研究的基础上,利斯贝思·齐默尔曼(Lisbeth Zimmermann)等学者进一步补充,提出规范转化决定规范传播过程和传播结果的方式,认为国家或地区对国际规范的转化可以分为三个阶段:在第一阶段,规范的内容转化到国内情况的语境中;在第二阶段,规范的程序转化到一国法律制定和修订中;在第三阶段,规范的结果转化成对其合法性和稳定性的影响。⑤ 最后需要强调的是,有的研究区分了社会化与内化两个概念,提出两者的过程并非天然一致,如爱塞·扎拉戈尔(Ayse Zarakol)等学者曾提出主流建构主义关于国际规范传播的研究中存在错误,认为其混淆了内化、社会化和服从等概念,而规范的内化并不必然导致规范的社会化,行为体对规范可能是既内化又公开反对的。⑥

---

① Jeffrey Checkel,"International Institutions and Socialization in Europe: Introduction and Framework", *International Organization*, 2005, Vol. 159, No. 14, pp. 801-822.
② 参见 Alastair Iain Johnson, *Social States: China in International Institutions: 1980-2000*, Princeton: Princeton University Press, 2008。
③ Kent Ann, "China's International Socialization: The Role of International Organizations", *Global Governance*, 2002, No. 8.
④ Amitav Acharya, "How Ideas Spread: Whose Norms Matter? Norm Localization and Institutional Change in Asia Regionalism", *International Organization*, 2004, Vol. 58, No. 2, pp. 239-275.
⑤ Lisbeth Zimmermann, "Same or Different? Norm Diffusion between Resistance, Compliance and Localization in Post-conflict States", *International Studies Perspectives*, 2016, Vol. 17, pp. 98-115.
⑥ Ayse Zarakol, "What Made the Modern World Hang Together: Socialisation or Stigmatisation?", *International Theory*, 2014, Vol. 6, No. 2, pp. 311-332.

三、规范扩散的影响因素

(一) 国际规范本身的性质

从规范形式上看,简单清晰的规范更容易扩散。通过观察禁止使用地雷规范与限制使用小武器规范可以发现,规范的内在性质十分重要。限制小武器规范不像禁止地雷规范那样简单地寻求禁止和销毁地雷,它要求区分合法的和非法的小武器交易,有一系列复杂规定。因此,限制小武器规范迄今也没有达到禁止地雷规范扩散的程度。从规范内容上看,为整个人类谋福利的普适性规范更容易扩散。凯克和辛金克曾提出,两类规范相对于其他规范更容易扩散:第一种是涉及人身安全的规范,尤其包括对弱势人群、"无辜"人群进行保护的规范,如禁止化学武器规范和禁止使用地雷的规范;第二种涉及法律上机会平等的规范,如妇女选举权规范。①

(二) 国际规范与国内观念的一致性

学者对国际规范扩散到一个具体国家,主要假设了国际规范与国内原有观念之间存在的两种情形:一致或冲突。这两种情形交织成复杂的规范信念和偏好体系。国内原有的规范或观念构成了国际规范扩散的给定情势,塑造了行为体相关的特殊偏好。如果国际规范与国内原有观念一致,那么国际规范更容易扩散。例如,平田惠子(Keiko Hirata)曾就日本拒绝国际反捕鲸规范进行分析,提出日本高度集权的官僚政治结构及食鲸的传统文化是导致日本不顾国际声誉损失而继续捕鲸的重要原因,以此说明了国内因素在国际规范扩散中不可忽视的作用。② 再如,阿查亚通过对比共同安全规范和人道主义干预规范在东盟的传播,发现东盟作为主权意识很强的区域,共同安全规范比人道主义干预规范的扩散更普遍,因此提出越是符合区域规范结构的全球性规范,则越容易被接受,反之则越不容易被接受。③

---

① 参见[美]玛格丽特·E. 凯克、凯瑟琳·辛金克:《超越国界的活动家:国际政治中的倡议网络》,韩召颖、孙英丽译,北京大学出版社 2005 年版。
② 参见 Hirata Keiko, "Beached Whales: Examining Japan's Rejection of an International Norm", *Social Science Japan Journal*, 2004, Vol. 7, No. 3, pp. 177 - 197; Hirata Keiko, "Why Japan Supports Whaling", *Journal of International Wildlife Law & Policy*, 2005, Vol. 8, No. 1, pp. 1-21。
③ 参见 Amitav Acharya, "How Ideas Spread: Whose Norms Matter? Norm Localization and Institutional Change in Asia Regionalism", *International Organization*, 2004, Vol. 58, No. 2, pp. 239-275; Amitav Acharya, *Whose Ideas Matter?: Agency and Power in Asian Regionalism*, New York: Cornell University Press, 2009。

(三) 行为体间关系

在规范扩散过程中,行为体之间密切或冷漠(朋友/敌人)的关系可能促进或拖延规范的扩散。这种关系主要涉及规范推进者和目标行为体之间在经济、地缘、社会交流以及其他方面跨国界的联系。对此,普遍的观点是行为体之间强大的联系是规范成功扩散的一个积极因素。当然,行为体之间不平等的权力关系也会深刻地影响规范扩散的过程,强迫、惩罚等措施在一定环境下发生作用。

除以上外,时间、环境等其他一些变量也会影响规范的扩散,具体可参考冷战结束以来,随着经济全球化和交通、运输技术的飞速发展,国际规范的大量形成及迅速扩散。

第四节 规范变革

国际规范是一个发展着的活的有机体,一旦产生就始终处于运动变化之中。从威斯特法利亚体系开始,国际规范一直处于变革之中。从主权、平等、不干涉、势力平衡、正统性和补偿原则等规范到二战后建立起的一系列管制主义国际规范,再到冷战后,欧美国家推动建立尊重人权规范,联合国等推动建立保护的责任(responsibility to protect,R2P)、可持续发展目标等规范。不同时代存在的规范不尽相同,理解国际行为体在不同时代背景下的行为逻辑需对其所处时代进行探析。

事实上,关于国际规范如何变迁是社会学和人类学的研究领域,并非属于国际关系理论研究的范畴。因此,国际关系研究者多把国际规范看作自变量以解释国家偏好和行为变化,并没有将其作为研究的因变量,对其变迁提供一个令人信服的答案。虽然如此,也有少部分国际关系学者尝试对规范的变革提供解释,多强调国家的"社会实践"在维持和影响规范意义方面的重要作用。例如,斯考特·菲茨西蒙斯(Scott Fitzsimmons)等规范演化说支持者提出,规范的意义和规则内在的不稳定与张力导致了国际规范形态的必然演化。[1] 蒲晓宇认为,行为体可能将自身

---

[1] Scott Fitzsimmons, "A Rational-constructivist Explanation for the Evolution and Decline of the Norm against Mercenarism", *Journal of Military and Strategic Studies*, 2009, Vol. 11, No. 4, pp. 1-35; Carmen Wunderlich, "Theoretical Approaches in Norm Dynamics", in Harald Muller and Carmen Wunderlich, eds., *Norm Dynamics in Multilateral Arms Control: Interests, Conflicts and Justice*, Athens and London: University of Georgia Press, 2013, p. 20.

的理念、规则上传到国际层面,从而推动规范变革。① 乔岑·普兰特尔(Jochen Prantl)和中野良子(Ryoko Nakano)提出,区域和国家可以通过"反馈循环"的过程修正国际规范,从而起到调节预期的和影响规范实施结果的作用。② 齐默尔曼等学者提出,行为体对国际规范的本地化理解及其竞争可以反过来改变国际规范本身,从而实现修正体系层面规范内涵的结果。③ 朱立群等学者分析了中国在改革开放与和平发展过程中,通过积极参与世界贸易组织、国际金融组织、联合国维和行动以及不扩散核武器机制等的实践过程对国际秩序产生影响的过程。④

规范退化与规范竞争是规范演化研究者关注的重要话题。其中,规范退化的研究代表是加拿大学者莱德·麦基翁(Ryder Mckeown),他以美国反酷刑规范的退化为例对规范退化进行分析,提出规范作为一种人为构建,存在被挑战以致消亡的可能。修正者可以通过话语框定等策略挑战既有规范,进而与捍卫者展开辩论,在此过程中即便捍卫者最终赢得胜利,只要挑战已经公开,该规范本身的存在基础就会受到侵蚀。除了对某一特定规范的退化研究外,丹尼尔·庞克(Diana Panke)和乌里希·彼得罗(Ulrich Petersoh)通过分析不同社会情境、规范特征对规范退化的影响,以及规范退化是部分发生还是完全发生,对不同规范退化的过程与结果差异进行了比较分析。⑤ 除规范退化研究外,规范竞争也是规范演化的重要研究话题。规范竞争的研究者强调,不同规范理念间的竞争与碰撞可能导致国际规范的演变。例如,温特曾提出,文化中不同逻辑间的内在矛盾可能会成为结构变化的动力源泉。⑥ 另外,莫娜·克鲁克(Mona Krook)和杰奎·特鲁(Jacqui True)提出,国际规范间的竞争会沿着价值观与规范效用两个绩效维度展开。⑦

综合而言,规范进化论对规范演化提供了较为系统的解释。伊森·纳德曼

---

① Xiaoyu Pu, "Socialisation as a Two-way Process: Emerging Powers and the Diffusion of International Norms", *The Chinese Journal of International Politics*, 2012, Vol. 5, No. 4, pp. 341-367.
② Jochen Prantl and Ryoko Nakano, "Global Norm Diffusion in East Asia: How China and Japan Implement the Responsibility to Protect", *International Relations*, 2011, Vol. 25, No. 2, pp. 204-223.
③ Lisbeth Zimmermann, "Beyond Diffusion: Cyclical Translation of International Rule-of-law Commission Models in Guatemala", *Journal of International Relations and Development*, 2019, Vol. 22, No. 2, pp. 29, 41; Catherine Jones, *China's Challenge to Liberal Norms: The Durability of International Order*, London: Palgrave Macmillan, 2018, p. 253; Lisbeth Zimmermann, "More for Less: The Interactive Translation of Global Norms in Post-conflict Guatemala", International Studies Quarterly, 2017, Vol. 61, No. 4, p. 776.
④ 参见朱立群:《中国与国际体系:进程与实践》,世界知识出版社 2012 年版。
⑤ Diana Panke and Ulrich Petersoh, "Why International Norms Disappear Sometimes", *European Journal of International Relations*, 2012, Vol. 18, No. 4, pp. 719-742.
⑥ [美]亚历山大·温特:《国际政治的社会理论》,秦亚青译,北京大学出版社 2005 年版,第 234 页。
⑦ Mona Krook and Jacqui True, "Rethinking the Life Cycles of International Norms: The United Nations and the Global Promotion of Gender Equality", *European Journal of International Relations*, 2012, Vol. 18, No. 1, pp. 109-110.

(Ethan Nadelmann)与弗罗瑞尼等学者认为,国际规范和生物基因相似,时刻处于进化过程之中。国际规范携带一些文化指令,自然选择是国际规范进化的基本动力。随着自然选择的发生,国际规范的一些内容在实践中逐渐风化,另外一些内容则逐渐成长,始终处于新陈代谢过程之中。进化论认为,文化进化是国际规范变革的深层力量,突变、选择和隔离是规范进化和新规范形成过程中的三个基本环节。随着各种文化之间对话和交流的开展,原有文化必然发生变化进而产生新的文化,而新的文化则有助于新的国际规范的产生。① 然而,不少学者认为进化论的解释过于宿命化,没有完全揭示出国际规范的变化方向。在未来,研究规范变革的一个重要方向在于结合外在的生物进化和内在的心理的变化,提出一个超越进化论观点的真正生态的理论,构建系统的国际规范变化的解释体系。

课后习题

一、名词解释

国际规范　　规范进化论　　规范变革

二、论述题

1. 请比较现实主义、自由主义与建构主义对规范的不同认识。

2. 国际规范的创建是一项技术性要求很强的外交,请论述规范创建的实践路径包括哪些内容。

3. 请按照教材中分析联合国教科文组织案例的方法,分析红十字会作为国际非政府组织促进善待战俘规范扩散的案例,阐述相关过程中的规范创建、扩散与演化过程。

---

① Ethan Nadelmann, "Global Prohibition Regimes: The Evolution of Norms in International Society", *International Organization*, 1990, Vol. 44, No. 4, pp. 479-526; Ann Florin, "The Evolution of International Norms", *International Studies Quarterly*, 1996, Vol. 40, No. 3, pp. 363-389.

第十章
标准设定

标准设定是国际规范的强化版,当国际规范具有约定俗成的社会约束力和强制力时,就转变为国际标准了。从严格意义上来说,国际标准研究是一种制度化理论。制度化理论包括规范化和条文化两个部分,前者是国际规范的确立过程,上一章已经解决了这一问题。本章所说的制度化,实际上是狭义上的机构化和法律化,主要分析正式的国际组织之创建和法律条文之确立的过程。制度化和法律化是现代全球治理的基础与制高点。世界需要标准协同发展,标准促进世界互联互通。当前国际经济和贸易发展表明:国家间的经济竞争、企业间的竞争在很大程度上表现为国际标准和法理的竞争。这使得很多国家尤其是发达国家想方设法在国际标准制定中争取更多的话语权、领导权,力争将本国标准化为国际标准。

习近平主席强调,"中国将积极实施标准化战略,以标准助力创新发展、协调发展、绿色发展、开放发展、共享发展。我们愿同世界各国一道,深化标准合作,加强交流互鉴,共同完善国际标准体系"[①]。在全球治理中,ISO 发布了《ISO 2016—2020 年战略规划》,提出"ISO 标准无处不在"等六大战略方向,并优化了治理机构,完善了治理体系,与 ISO 成员和其他国际组织的关系更加紧密。随着制度化的重要性日益突出,标准的竞争已然成为国际经济竞争的重要组成部分,面对日益激烈的标准竞争,中国应积极实施标准化战略,在国际标准竞争中争取得战略主动。

第一节 制度化与制度巩固

制度化最初是一个组织社会学的问题,指超过了组织的具体任务或技术需要的价值判断渗透进组织内部的过程,是组织与其所处的法律制度、文化期待、社会规范和观念等广为接受的社会事实之间互动的过程,是一个组织不断地接受和采纳外界公认赞许的形式、做法和"社会事实"的过程。后来,这一概念逐渐被应用到

---

① 《第三十九届国际标准化组织大会召开 习近平致贺信》,《人民日报》,2016 年 9 月 13 日,第 1 版。

政治学中,用来指"组织和程序获得价值和稳定的过程",比如美国政治学家亨廷顿就在《变革社会的政治秩序》中提出了政治制度化的四个指标:适应性、复杂性、自主性和凝聚性。[①] 20世纪70年代末、80年代初,制度化也受到国际研究学者的关注,最初是针对"无政府状态和国际组织之间的裂痕扩大"问题提出的国际机制理论,集中关注国际关系中的"走向制度化运动"现象。克莱斯勒、基欧汉、莉萨·马丁(Lisa Martin)、彼得·霍尔(Peter Hall)等一大批制度主义者关于国际关系中的制度选择问题,归结起来,在国际制度化研究中,主要存在三种研究路径。

一、理性主义的制度化

理性主义路径认为,制度化是国家作为理性行为体做出成本-收益分析的产物,强调个体主义、理性计算和后果性逻辑,认为国际制度的形成过程是国家之间理性谈判和讨价还价的产物,尤其是涉及物质主义利益和强制性的国际制度的情况之下,此种理性计算的后果性逻辑更为明显,即国家在一般情况下会根据个体利益或者国家目标,对事关全球公共事务治理的各种可能性备择方案及其后果进行理性评估和精确计算,在此基础上进行是否制度化的决策。基欧汉在《霸权之后:世界政治经济中的合作与纷争》中对国际制度的研究更多是基于理性计算的产物,集中关注制度安排的正式化、集中化和授权化三个基本维度。[②] 中国人民大学的田野教授从交易成本的角度,阐述了制度化的后果性逻辑,并按照制度化水平将国际制度安排的基本形式划分为非正式协议、自我实施的正式协议、一般的正式国际组织和超国家组织等四类。[③] 在理性主义的后果性逻辑推动下,制度化的动力主要来自国家遵从来自强制、工具性计算以及社会或者物质性的刺激,认为国家接受并遵守国际制度的主要目的在于后者能够减少国家交往的成本,在国际事务治理中获取更多的"纯利润"。这一理性主义的路径对制度化的研究往往比较关注国际制度的管制性效应,而忽视国际制度的建构性效应,对于非工具性的社会互动因素重视不足。

二、建构主义的制度化

冷战结束后,对于国际制度的研究开始受到社会建构主义的挑战,在这一点上

[①] 参见[美]塞缪尔·亨廷顿:《变化社会中的政治秩序》,王冠华、刘为译,上海人民出版社2008年版。
[②] 参见[美]罗伯特·基欧汉:《霸权之后:世界政治经济中的合作与纷争》,苏长和等译,上海人民出版社2006年版。
[③] 田野:《国际关系中的制度选择:一种交易成本的视角》,上海人民出版社2006年版,第178页。

与国际规范研究类似,建构主义不再遵循理性主义的后果性逻辑,而是强调社会学因素的作用,国家往往在制度的建构效应下遵循"适当性逻辑"行动,对一些国际制度和国际组织采取"理所当然"的态度。尤其是在社会制度主义学者看来,国家在全球治理中的行为以国际制度为基础,其行动往往更重视国家的身份认同和角色变化,比如民主国家的身份定位在北约的安全合作机制中发挥了重要作用,很多国家将北约看作是民主国家相互安全的保证,而非对抗华约的意识形态冷战工具。同样,广大发展中国家在不结盟运动、77国集团(G77)中的集体行动也并非全然遵循利益计算的逻辑,而是认为自己应该站在发展中国家一边。在这些案例中,行为体的出发点并不是追求国家利益最大化,而是国家认同正当化,决定制度化前景的主要因素并非对国家是否有利,而是对国家的身份认同来说是否正当。当然,也有一些建构主义学者吸收了理性主义的合理性,强调成本-收益分析的重要性,比如重视"社会性制裁"(social sanctioning)对国家理性计算的影响。

三、分析折中主义的制度化

在接受理性主义的"后果性逻辑"和建构主义的"适当性逻辑"的基础上,分析折中主义提出了着重分析行为体之间针对制度辩论和证实的"论证逻辑"(logic of arguing),并认为行为体具有挑战权威、追求真理的愿望,导致行为体与其他行为体展开论证,从而构成了国家参与制度化社会交往的基础逻辑。2003年,美国宾夕法尼亚大学教授鲁德拉·希尔(Rudra Sil)和康奈尔大学教授卡赞斯坦共同提出了"分析折中主义"(analytic eclecticism)概念,并于2010年出版《超越范式:世界政治研究中的分析折中主义》一书,从理论上试图重组并融合现实主义、自由主义和建构主义,从而对复杂的国际政治现实提供真实全面的解释。① 所谓分析折中主义,指的是试图辨析、转化并有选择地使用不同理论和叙事中的概念、逻辑、机制、解释等要素的研究方式。通过挖掘不同理论要素间的实质性联系和实践相关性,试图弥合现有主流理论范式间的对立与鸿沟,解决这些范式本身在本体论和认识论上的不可通约性。总体来看,分析折中主义是一种中层理论,试图将权力因素、制度因素和观念因素进行调和折中,找到一条解释国际现象的新路。一个典型的观点是"战略性社会建构"理论,该理论认为将国家理性战略、社会因素、国家间互动等融合起来,认为在国际制度的建立过程中,行为体采取理性战略,确定它们

---

① 参见[美]鲁德拉·希尔、彼得·卡赞斯坦:《超越范式:世界政治研究中的分析折中主义》,秦亚青、季玲译,上海人民出版社2013年版。

的偏好、身份或社会环境，进而将制度化和社会化融为一体。① 例如，全球治理的西方化过程就是制度化与社会化融为一体的重要案例，在由发达国家主导的国际社会中，广大发展中国家通过学习、模仿和吸收西方政治、经济和安全体制和规范，从而融入国际社会，而这也是发展中国家实现西方制度社会化的过程。

迄今为止，关于制度化的三种理论路径仍处于争论之中，但也有一些关于制度化的趋于一致的判断标准。比如，罗伯特·阿克西罗德（Robert Axelrod）就提出了若干衡量标准，主要包括：（1）认同化，主要指行为体同集体认同的程度；（2）权威程度，即原则和其支持者被看作合法的程度；（3）社会证明，其重点是行为体对集体行为的模仿表现出来的形象；（4）自愿的成员身份，即强调行为体对集体规范的背叛的潜在成本。② 无论采取何种标准，贯穿制度化过程的核心问题是如何设立能够有效回应国际公共需求、解决国际公共问题和提供国际公共产品的组织机构体系，是一个制度化与社会化复杂交织的国际公共政策过程问题。

在关于制度化与社会化的争论中，还揭示出了另外一个十分重要的问题，即制度巩固的问题——制度在无政府状态的国际社会中确立起来之后，如何组织有关各方自觉自愿地实施制度化行动。决定制度巩固的核心因素是制度的合法性。制度巩固缘起于20世纪80年代关于民主转型和民主巩固的研究，主要代表人物有亨廷顿、胡安·林茨（Juan Linz）、吉列尔莫·奥唐奈（Guillermo O'Donnell）、拉里·戴尔蒙德（Larry Diamond）、亚当·普沃斯基（Adam Przeworski）等，重视制度设计、文化观念以及社会基础，尤其是关注民主巩固的条件。相比一国国内的民主巩固，国际制度一旦建立起来，也面临着制度巩固的问题。所有这些问题归结起来，核心是制度的合理性、合法性和有效性问题。所谓制度的合理性，是指国际制度自身设计是否科学合理，是否符合制度设计的科学规律。所谓制度的合法性问题，是指国际制度是否符合主流的价值观，是否得到成员方和国际公众的认可和支持。所谓制度的有效性，是指国际制度是否有效解决国际公共问题，是否能够有效提供国际公共产品。总之，只要符合合理性、合法性和有效性这三个指标，国际制度一经确立就会得以巩固。

第二节 标准化与标准设定

国际标准是国际规范的核心载体。从国际规范向国际标准转变，反映着全球

---

① Jeffrey Checkel, "Social Construction and Integration", *Journal of European Public Policy*, 1999, Vol. 6, No. 4, pp. 545-560.
② Robert Axelrod and William Donald Hamilton, "The Evolution of Cooperation", *Science*, New Series, 1981, Vol. 211, No. 4489, pp. 1390-1396.

治理水平的提升,意味着全球治理在制度化基础上步入法律化的水平。国际制度得到确立和巩固后,还存在条文化和法治化的问题,只有国际制度形成明确的国际法条文,并在全球治理中成为被普遍遵循的国际标准,才能更好地提升全球治理水平。

一、国际标准及其意义

国际标准是全球治理的重要尺度。标准是生产生活中须臾不可离的重要工具,它是维系生产生活得以在更大范围内展开的必备条件。所谓标准,就是"通过标准化活动,按照规定的程序经协商一致制定,为各种活动或其结果提供规则、指南或特性,供共同使用和反复使用的文件"[①]。在国际标准化组织看来,标准意味着社会生活中"最佳操作方式的公式",以解决不同领域、区域和国家间的互联互通问题。因此,所谓国际标准,就是国际社会各方在协商一致的基础上,由国际组织或国际协议批准达成的对重复性事物和概念所做的统一规定,是国际事务和全球治理共同遵守的准则和依据。

毫无疑问,国际标准的种类繁多,按照不同的分类依据,可以把国际标准划分为不同的类型。通常情况下,按照其对全球治理的意义,国际标准通常被划分为三类。一是强制性标准,是指由国际法明文规定,各方承担强制实施义务的标准,比如主权平等、不干涉内政、维护人权等。二是推荐性标准,是指在国际生产、交换、分配、消费等方面,通过经济手段调节而自愿使用的某类国际标准,比如ISO9001标准等。三是指导性文件,不具有任何约束力的软标准。

在实践中,国际标准的多样性是一种常见现象,不同的国家在经济、社会、文化、环境等领域长期形成了各自不同的标准,从标准内容到标准管理都存在诸多差异。近年来,美国标准在全球的影响力越来越广,这与美国超强的综合国力、全球化的影响力和先进的信息技术有关。随着国际贸易的发展,不同标准下生产的产品同时在国际市场流通,这需要国际社会制定统一标准,如国际标准化组织(ISO)、国际电工委员会(IEC)和国际电信联盟(ITU)等制定的获得广泛认可的标准,以及国际标准化组织确认并公布的其他国际组织制定的标准。国际标准需要在世界范围内被统一使用,但从严格意义上来说,国际社会对于国际标准并无严格定义。标准化制定活动往往倡导开放、一致、平等的原则,要求成员国在标准制定问题上协商一致、平等开放,然而由于国际组织本身对主权国家没有法定约束力,国际标准

---

① 中华人民共和国国家质量监督检验检疫总局、中国国家标准化管理委员会:《标准化工作指南 第1部分:标准化和相关活动的通用术语》(GB/T 20000.1—2014),第3页。

界定问题在实践中往往难以得到充分解决。

围绕国际标准的斗争是国际关系和全球治理的常态。由于国际标准制定活动涉及主权国家的生产和贸易利益,世界上的大国在标准界定问题上往往存在很大分歧,形形色色的标准霸权主义、霸凌主义和干涉主义现象比比皆是。比如,美国主张按照 WTO 的技术性贸易壁垒(technical barriers to trade,TBT)委员会 2000 年通过的国际标准制定应遵循的六项原则来制定国际标准,[①]而六项原则和美国标准学会(ANSI)的要求基本一致,这一主张符合美国利益。美国在国际社会强行提出一些标准,强迫其他国家接受美国的标准,成为引发国际矛盾和斗争的根源。比如,美国坚持认为美国的一些标准化机构[如电子电气工程师协会(IEEE)]向全世界开放,坚持认为由其制定的标准应被视为国际标准,强迫其他国家接受。然而,在这一问题上,欧盟成员国在提案中与美国针锋相对,认为只有通过多国组成的国际组织(比如 ISO、IEC 等)确立的标准才是国际标准,某个国家的行业协会制定的标准无法作为国际标准。欧盟与美国在国际标准界定问题上互不相让,导致这一问题长期没有得到解决。

国际标准对全球治理意义重大。环顾世界,从国际产业发展来看,国际标准有助于约束国际贸易参与者的行为,从而保护外来从业者的参与权益,保障国际市场自由竞争,防止行业寡头垄断。对于国际消费者来说,国际标准让国际贸易中流通的商品具有质量保障,维护了消费者权益,也让世界各地的消费者足不出户就能够享受到来自他国的产品和服务,丰富了消费结构。对于产业从业者来说,统一的国际标准意味着生产的产品能够在更大范围内流通,在出口市场上无须经过烦琐的检验程序,降低交易成本。在工业生产领域,遵循相同的国际标准使跨国公司合作完成大型综合项目有了可能。对于主权国家来说,主导国际标准制定意味着在国际市场中占据领导和支配地位,涉及一国在国际贸易中的直接利益,具有国家层面的战略意义。

尽管大国对于国际标准界定问题互不相让,一些问题悬而未决,但是从推动全球治理的视角看,有国际标准要优于没有国际标准。尽管国际标准的确立意味着国家行为将受到很多约束,但这是维护国际市场长期良好发展的必要前提。另外,国际标准也关系到全世界文明水平的提升,有助于缩小南北差距。国际标准是全球各国发展的指挥棒,有助于引导欠发达国家按照统一的标准进行发展。对于发达程度高的国家,顺应国际标准意味着国家更加文明,更愿意受到共同理念的约

---

① 国际标准发展的六项原则分别为透明、开放、公正和共识、有效和实用、一致、发展层面。详见"Principles for the Development of International Standards, Guides and Recommendations", World Trade Organization website, https://www.wto.org/english/tratop_e/tbt_e/principles_standards_tbt_e.htm, retrieved November 16, 2021。

束。但同时,我们也应该认识到标准设定是一个复杂的过程,每一个国家、民族都有自己的历史文化遗产和行业发展智慧,都想要也应该获得平等的机会为世界作贡献。面对世界上复杂多样的标准,把一国之资源转化为能够共同接受的国际标准,需要经过一个复杂的程序。另外,标准并不是多多益善,冗杂、重复的标准会在本质上增加国际贸易的复杂程度,因此需要尽量凝练、细化标准。标准也不是万能的,好的标准具有"黄金期",即只适用于某个特定时期的生产能力和生产要求。

二、标准化及其方法

标准化起初是一个技术名词。所谓标准化(standardization),是指基于公司、消费者、利益集团、标准组织和政府等不同方面的共识而确立执行发展技术标准的过程。[1] 最初的标准化来自原始的语言、符号、工具和记号。后来,随着度量衡、活字印刷术和建筑标准的普及,逐渐形成了标准化的体系。在弗雷德里克·泰勒(Frederick Taylor)发表了《科学管理原则》后,基于时间-动作的工业化管理标准开始普及。在19世纪中后期,关于电力测量的标准被提出来,威廉·汤姆森(William Thomson)是这一过程的旗手,他提出并说明了测量电流的准确方法和设备。另外一个重要人物是鲁克斯·克朗普顿(Rookes Crompton),他关注在20世纪初由电力工程公司和科学家所使用的一系列不同电力标准和系统,1904年,克朗普顿代表英国参加了在圣路易斯举办的国际电力大会(the International Electrical Congress),在会上提出了关于标准化的论文,倡议建立一个委员会来管理电力标准化过程,得到与会代表的支持。1906年,在他的努力下,国际电工委员会(International Electrotechnical Commission,IEC)正式成立。1926年,国家标准委员会国际联盟成立,该机构具有广泛的职权以完善所有技术标准和规定的国际合作。然而,该机构到1942年因为第二次世界大战而中止运行。二战后,一个新近成立的联合国标准协调委员会(United Nations Standards Coordinating Committee,UNSCC)提出一份报告,倡议建立新的全球标准实体——国际标准组织(International Stardard Organization,ISO)。1946年10月,ISA和UNSCC的来自25个国家的代表在伦敦会晤,同意携手创建国际标准组织(International Organization for Standardization,ISO),这一机构在1947年2月开始运作。现代标准已经覆盖了社会生产和生活的各个领域。21世纪以来,ISO

---

[1] Xie Zongjie, Jeremy Hall, Ian McCarthy, Martin Skitmore and Liyin Shen, "Standardization Efforts: The Relationship between Knowledge Dimensions, Search Processes and Innovation Outcomes", *Technovation*, 2016, Vol. 48-49, pp. 69-78.

标准成为国际贸易的基石和通用技术语言。"一个标准,一次检测,全球接受"的理念为便利全球贸易、解决贸易纠纷与摩擦提供了技术支持。ISO标准的适用领域已突破传统的工业标准,拓展至社会责任、可持续发展、气候变化、公共安全和社会治理等领域,广泛运用于应对全球性挑战的议题中,相关标准为全球危机提供解决方案,在减少温室气体排放、消费者权益保护、健康服务、安全、应对全球环境污染、反腐败领域的合作问题方面发挥了积极作用,推动社会治理优化及国际对接。

在社会科学中,标准化主要为协调问题解决方案提供依据,使所有各方通过共同制定持续性的决策进而实现共同利益。一般而言,任何一个国家和经济体均具有国家标准实体(national standards body,NSB),这一机构可能是公众机构,也可能是私人机构,抑或两者的结合。标准化本身也有一个过程,是国际社会众多行为体普遍接受标准体系和法律规范的过程。自秦王嬴政一统六国始,中国古代王朝多以儒家经典《中庸》所谓"车同轨,书同文,行同伦",来解决不同人群之间经济、政治、文化、社会矛盾并借以追求国家的长治久安,实际上这也是强调标准化的过程。具体来说,标准化过程具有四个要素。

一是可兼容性。可兼容性意味着某一标准在某一国家和区域环境到另一国家和区域环境的可适用性,在国际社会中,由于受到社会环境、传统习惯和价值观的影响,各地区之间在标准体系上往往存在多样性,能否相互兼容,是"统一度量衡"的关键。

二是互换性。互换性意味着不同社会体系下互联互通的水平,如同货币一样存在着可衡量的"一般等价物",能够保障在社会交往领域畅通无阻。尤其是随着近代工业社会和后工业社会的发展,国际贸易、国际投资、国际金融以及跨境人口流动迅速扩张,要求在世界范围内确立国际标准体系,弥合世界多样性造成的鸿沟,对国际标准和可互换性提出了更高的要求。比如汇率制度、利率制度、贸易争端解决机制、会计制度、知识产权、透明度等诸多因素,都不同程度地涉及跨国互换性因素。

三是共性。对于任何一种标准化对象(产品或系列产品、过程、服务或管理)来说,直接表达其个性特征的标准被称为个性标准,同时表达存在于若干标准化对象间的共性特征的标准称为共性标准。随着社会分工的深入,对共性标准和个性标准的要求也越来越高,为了提高国际标准的可测量性,加强共性标准体系得到重视,这可为世界各国提供标准化体系架构、参考模型的总体指导。

四是参照物。任何标准需要具有象征性的参照物,以便用来校准测量器具,评价分析方法或给材料赋值的物质或材料,从而用来评价测量方法和测量结果的准确度。在国际标准设定中,普遍以特定的文字、字母或图形、图像为主要内容并附有相关说明。

标准设定是判断全球治理质量和水平的重要标志,全球治理最后的落脚点还是要确定共同的标准,这是确定最终游戏规则的根本依据。标准的确定并非一蹴而就,古今中外都曾有过标准化形成的过程。关于标准化的方法,在实践中也是多种多样。归结起来主要有以下几种。

一是简化。简化是人类社会最古老的标准化形式,也是最基本的标准化形式,是指在一定范围内缩减对象(事物)的类型数目,使之在一定范围内以满足一般需要的标准化。简化的特点是事物的多样性发展到一定规模后,对事物的类型数目加以缩减,在肯定某些个性的同时着眼于精炼,体现了人类对社会产品类型的有意识控制。

二是统一化。统一化是指把同类事物两种以上的表现形态归并为一种或者限制在一个范围内的标准化形式,注重从个性中提炼共性,着眼于一致性,坚持适时、适度、等效、先进性等原则,将可以统一的、应该统一的和必须统一的一致起来,但也不能把不能统一的和不应该统一的强行统一,主要目的在于消除因不必要的多样性而引起的混乱,为正常的工作活动建立共同遵守的秩序。

三是通用化。以互换性为前提,在相互独立的系统中,通过编制通用法典和操作规程,选择和确定具有功能互换性或者尺寸互换性的子系统或者功能单元的标准化形式,最大限度地减少和避免重复劳动,实现尺寸上的互换性、功能上的一致性、结构上的典型性和使用上的重复性。

四是系列化。一般是指对同一类产品中的一组产品基于技术经济的原则同时进行同类归并、参数分档,形成有规则的排列,以指导生产和品种发展的一种标准化形式。通过系列化,对标准化对象的参数进行合理的选择和分档、分级,形成总体功能最佳的参数系列。

五是组合化。组合化是指预先设计,制造可分解、可组合并具有较强通用性的若干单元,按照设计要求组合成不同用途产品的标准化形式。

六是模块化。模块化是指以模块为基础,用以解决复杂系统快速应变的标准化形式。在形形色色的标准化形式中,使用数学和统计学方法来进行质量控制是普遍的做法。尽管以上标准化方法更多用于为产品设定标准,但原理上与国际制度的标准化是相通的。

三、标准设定:法律化

国际事务和全球治理中的标准设定主要体现为法律化和条文化。全球治理中的法律化是指全球事务的治理日益建立在明确的法律条文基础上的趋势,表现为全球治理的每一个阶段都与法律问题相关,是标准设定的完型阶段,也是制度化的最高阶段。20世纪中后期以来,在全球化浪潮推动下,国际组织和国际制度的影响力也日益上升,出现了世界政治的法律化现象,表现为国际多边协定数量不断增加,包括世界贸易组织、联合国海洋法法庭、国际刑事法庭、欧洲法院等具有高度法律化特征的机构纷纷出现,加之各国纷纷调整国内政策,包括放松经济和社会管制、推动私有化浪潮和鼓励自由贸易,国际组织和国际制度对国内事务的管制效应不断释放。① 尤其是国际制度通过义务性、精确性和授权性的不同组合,不仅为国际交往提供了更多游戏规则,减少了交易成本,更为全球治理奠定了坚实的基础。

全球治理中的法律化趋势在20世纪70年代后开始受到学界重视,逐渐突破现实主义强调权力与和平的以斗争为主导的国际事务的主流框架,越来越多的人开始意识到相互依赖、国际机制、国际制度和国际组织乃至国际法的重要性,出现了"迈向法律的运动"(move to law),国际关系研究与国际法研究的交叉学科开始出现。面对此情此景,学界开始强调世界政治法律化的问题,亦即国际关系和国际事务越来越诉诸法律手段予以治理。最早呼吁国际法对全球治理意义的是美国学者肯尼斯·阿伯特(Kenneth Abbott),他在系统回顾和评述制度主义理论的基础上,倡导对国际法和国际关系进行跨学科研究。② 普林斯顿大学教授安妮-玛丽·斯劳特(Anne-Marie Slaughter)在1993年发表的文章中也呼吁推动国际法与国际政治的融合,③引发了一系列学者对世界事务法律化的关注,尤其是随着WTO争端解决机制、国际刑事法庭和欧洲人权法院的建立,国际法与国际政治的对话越来越强劲。尤其是在法学家贺伯特·哈特(Herbert Hart)法律思想的启发下,肯尼斯·阿伯特、罗伯特·基欧汉在实证研究的基础上明确提出世界政治法律化的概念,认为法律化是一种特殊的制度化形式,提出了涵盖义务性、精确性和授权性的基本分析框架。④ 下文重点介绍这一分析框架。

义务性是指国家在法律上受到国际法的一般规则、程序、承诺的约束,有明确的条文规定,任何违背行为都受到一般法规、程序、国际法和国内法的监督。法学家哈特认为,有效的法律是法律化的第一原则,因为它意味着人民感到有义务服从法律,这一特征进而要求人们从事或不从事某种行为,而不管他们愿意与否。然而,义务性还不能构成法律,因为它还具有不确定性、自发性甚至无效性。

---

① 参见[美]熊玠:《无政府状态与世界秩序》,余逊达、张铁军译,浙江人民出版社2001年版,第10页。
② Kenneth Abbot, "Modern International Relations Theory: A Prospectus for International Law", *The Yale Journal of International Law*, 1989, Vol. 14, p. 335.
③ Anne-Marie Slaughter, "International Law And International Relations Theory: A Dual Agenda", *American Journal of International Law*, 1993, Vol. 87, pp. 205-239.
④ 参见 Judith Goldstein, et al., eds., *Legalization and World Politics*, Cambridge, M. A.: MIT Press, 2001。

精确性是指经过一致同意的国际法律条文,毫不含糊地和准确地定义它们所命令、授权或禁止的行为。这些精确的界定为国家行为做出准确的预期,大大缩小合理解释的范围,避免在公共事务治理中发生模糊性的不明确判断,从而增强规则的合法性和可服从性。

授权性是指授予第三方权力执行相关规则,包括规则的解释和适用、争端解决以及可能的规则创新。为了克服法律条文过于强调国家理性的义务感,通过确定承认规则来克服国家理性的义务感所具有的不确定性,确立改变规则来授权个人或集团实行新规则,引入审判规则来授权某一机关做出制裁来避免社会压力分散造成的规则无效行为。由此,法律化便建立了一个由授权规则与义务规则结合而成的相对完善的规则体系,甚至有些法学家和政治学家还提及"司法化"的概念,将法律的解释权和应用权授予第三方法庭或仲裁机构,导致一些私有部门也可能影响政府行为,参与法律化的争端解决机制,增加法律机构的活动空间。

从理论上来说,通过上述三个要素可以基本测量法律化的水平。尽管治理法律化是一个从"软法"到"硬法"的光谱,但治理中的法律化实践往往居于两者之间。法律化可以理解为国家之间的互动从"以利益、共识为导向的讨价还价"向"以规范为导向的法律程序"转变的过程,这对于全球治理来说是一个重要的阶段,意味着能够作为解决全球治理的各种争端的基本框架,确保全球治理保持一种理性的方式互动。① 在全球治理的实践中,这一治理互动的过程包括逐步深化实质性内容的框架公约路径、逐步扩张其成员的多边主义路径和逐步增强其法律约束力的软法路径。无论是从关于欧盟法律化进程和北美自由贸易协定的法律化过程的比较分析,还是对WTO争端解决机制的法律化研究,均可以发现法律化是全球治理过程中的一种战略反应。

除上述因素外,关于全球治理法律化的研究还涉及法律化的成本问题,比如主权成本和政策不确定性的成本等,其也涉及合法性与民主赤字的问题。基欧汉和奈认识到"民主赤字"问题,认为"如果没有非政府组织某种形式的参与,要维护多边治理的合法性是不可能的"②。之所以会存在国际机制中的合法性问题,主要是由"国内政治中民主问责制的规范融入国际领域造成的"。同时,关于合法性的问题,费丽莫与斯蒂芬·都彭(Stephen Toope)也认为应从广泛的法律视角研究"法

---

① 参见 Stephan Leibfried, Universität Bremen, Michael Zürn, and Universität Bremen, eds., *Transformations of the State?* (Vol. 13), Cambridge: Cambridge University Press, 2004。
② Robert Keohane and Joseph Nye, Jr., "The Club Model of Multilateral Cooperation and the World Trade Organization: Problems of Democratic Legitimacy", paper presented to "Efficiency, Equity and Legitimacy: The Multilateral Trading System at the Millennium", June 1-2, 2000, John Kennedy School of Government, Harvard University.

律化",法律化除了具备义务性、精确性和授权性这些技术和形式方面的标准之外,还应包括"合法性"标准,而且标准的确定应当符合法律与社会基础实践之间一致性的需要。① 安德鲁·莫勒维茨克(Andrew Moravcsik)等学者对争端解决方式法律化进行的讨论也在很大程度上涉及"民主赤字"和合法性不足的问题,所有这些都是法律化治理需要直面的问题。②

第三节 治理过程的政治

在全球治理能力体系中,制度化与制度巩固主要解决的是全球治理的组织机构载体问题。如前所述,国际组织和国际制度载体的确立受制于很多因素,如:应对国际公共问题和挑战的功能性因素;国家之间权力政治和利益政治的左右;各种观念的争论;一定的技术发展水平和社会发展阶段。相比制度化与制度巩固,标准设定则主要解决了全球治理的法理基础和文化坐标问题,体现为确立全球治理的宗旨、原则、准则和价值理念等问题。一旦制度和法律到位之后,随之而来的问题是如何在实践中有效运行全球治理的整个过程,以及处理治理过程中面临的复杂政治关系和内外挑战。这个问题被学界称为"治理过程的政治"。③ 这一治理过程包括国际公共政策、国际公共行政和国际公共责任三个部分。

一、回应性:国际公共政策

能否及时有效地回应民众诉求,应对全球公共问题,制定正确的国际公共政策,是判断治理能力高低的首要因素。人们常常提出这样的质疑:国际制度所做的决策究竟应该向谁负责? 由于国际制度内部不存在权力的分割,也就没有相应的权力制衡,所以在这一方面往往缺乏有效的监督机制,而且那些国际组织的官员所负有的责任感与国家公务员相比还是相距甚远。④ 相比市场治理和国家治理对公共问题的直接责任,全球治理承担的是一种间接责任,只有当市场治理和国家治

---

① Martha Finnemore and Stephen Toope, "Alternatives to 'legalization': Richer Views of Law and Politics", *International Organization*, 2001, Vol. 55, No. 3, pp. 743-758.
② Andrew Moravcsik, "Reassessing Legitimacy in the European Union", *Journal of Common Market Studies (JCMS)* 2002, Vol. 40, No. 4, pp. 603-624.
③ 薛澜:《全球公共治理:中国公共管理未来30年研究的重要议题》,《公共行政评论》2012年第1期,第16—19页;薛澜、俞晗之:《迈向公共管理范式的全球治理——基于"问题-主体-机制"框架的分析》,《中国社会科学》2015年第11期,第76—91页。
④ Joseph Nye, Jr. and John Donahue, "Introduction", in Joseph Nye, Jr. and John Donahue, eds., *Governance in a Globalizing World*, Washington, D.C.: Brookings Institution Press, 2000, p. 27.

理失灵的情况下,全球治理才会出场。回应性是责任治理的一种理想模式,表现为能够代表国际社会民众要求,并且能够及时有效地回应各方面的公共问题,做到民主决策,实现全球公共产品供给的目标。

作为一种社会现象,国际公共政策在世界上很早就存在了,比如 19 世纪的国际贩运奴隶问题、国际互联互通问题等,但国际公共政策真正被纳入全球治理日程和学术日程却是 20 世纪 90 年代冷战结束以来的事情。尤其是随着全球治理研究的兴起,一系列围绕全球性问题治理的政策文件、执行机制和监督机制、治理正当性、治理效果和改进建议等议题的研究日益增多。国际公共政策的目的在于回应国际公共需求,解决国际公共问题,提供国际公共产品。国际公共政策是全球治理的重要实现形式。随着世界大战、地区冲突、大规模毁伤性武器扩散、经济危机、能源资源紧张、传染病肆虐、跨国犯罪和气候变化等全球性问题的发展,治理类似全球公共问题的国际公共政策和国际公共行政日益成为各方关注的焦点议题。[1] 迄今为止,既有文献对国际公共政策的研究主要集中于问题导向型的研究,甚至集中于某一特定议题的政策安排研究,尽管也有学者致力于推动关于国际公共政策的普遍知识建构,倾向于从制度建设的角度做总体性的研究,但国际公共政策过程的研究仍然处于零散和不成体系的情况。[2]

国际公共政策是众多国际行为体复杂互动的过程,它们往往围绕某一议题领域就全球范围内的利益、价值、信息进行复杂博弈后确立分配结果。因此,它不仅意味着民主国家在世界范围内大规模增长和民主力量扩大到全球,更重要的是意味着民族国家、全球市场和全球公民社会等各部门的共同努力,并且此种努力在不同治理层次上呈现出不同的结构状态,如同有的学者所指出的那样开始走向一种复杂的"全球多层治理结构",即从地方到全球的多层面中公共权威和私人机构之间逐渐严谨的一种政治合作体系。[3] 特别是国内与国际事务的复杂结合,全球市场的分配性影响,新经济权力与区域权力中心的出现,法人角色的凸显,迪讯革命、全球化中不断扩大的政治参与模式以及民主拓展都向排他性的"多边合作俱乐部"模式提出了挑战。[4] 全球治理民主化尽管不能保证构建起最好的全球正义秩序,但它可以避免最坏的秩序,诚如英国首相丘吉尔(Churchill)所言,民主本身就是一种相对不坏的制度,体现着人类社会政治文明发展的一个方向。

---

[1] 刘伟:《探索国际公共政策的演化路径——基于对全球气候政策的考察》,《世界经济与政治》2013 年第 7 期,第 113—135 页。
[2] 刘莲莲:《国际公共政策研究与范式创新》,《学术月刊》2017 年第 6 期,第 83—98 页。
[3] 托尼·麦克格鲁:《走向真正的全球治理》,祝东力译,载张胜军,俞可平编:《全球化:全球治理》,社会科学文献出版社 2003 年版,第 151 页。
[4] Robert Keohane and Joseph Nye, Jr. "Introduction", in Joseph Nye, Jr. and John Donahue, eds., *Governance in a Globalizing World*, Washington, D. C.: Brookings Institute Press, 2000, pp. 12-14.

二、专业性：国际公共行政

除了通过推进民主决策提升国际公共政策的回应性外，能否实现高效执行和专业操作，也是决定全球治理能力水平的重要因素。全球治理的集体行动需要建立强有力的全球公共行政，提高治理执行力。在全球公共政策过程中，很容易受到众多社会力量的牵制和阻挠，尤其在一些实行分权制衡制度和多党政治制度的国家，分散性的政治结构很容易为国际合作设置"障碍跑道"，即使一项政策制定出来，也可能遭到抵制或者拒斥，比如，英国脱欧、美国退出应对气候变化的《巴黎协定》等。在主权国家林立、大国政治角逐的世界上，比国际公共政策更为缺乏的是国际公共行政。

一般而言，一国内存在强大的等级化公共行政体系，则有如下分工：中央政府负责全国性公共产品的提供，如国防、外交、货币、银行、全国铁路、国道等全国性的公共事务；而地方政府则负责地方性公共产品的提供，如地方铁道公路、地方基础设施、地方医疗与教育等地方性公共事务。这种结构的优势在于：在相应权责范围内能够做到政令统一，能够避免出现"一国三公"式的否决型政体。然而，在国际事务中，由于国际社会是一个无政府状态，缺乏最高的国际公共权威，如何缔造一个强大的国际公共行政体系，是确保治理能力提升的关键。既有文献表明，国际组织的行政模式对治理行为有很大的影响。[1] 截至2020年，大部分国际机制、国际制度和国际组织均十分重视治理执行力建设，普遍设计了包括权力机构、执行机构以及行政与管理机构在内的"三级科层体制"，构建了一套专业化的牢固且有秩序的官僚制度。关于组织之间的功能重叠和互动关系问题，也是一个值得研究的问题。机制复合性是国际组织的一个重要特征，一些新建立的国际机制必然可能会与既有的国际机制之间存在功能上的重合，如何协调不同功能之间的关系，一个典型的案例是：WHO关于公共卫生公平可及性与WHO关于药品专利保护之间就存在深刻的矛盾。[2] 有学者研究发现，国际货币基金组织和世界银行在国际发展问题上也存在"踩脚"的现象，究竟是合二为一还是相互独立，也是一个持久争论的话题。[3] 甚至有学者进一步延伸到两个机构与联合国大会之间的互动关系。[4]

---

[1] 汤蓓：《试析国际组织行政模式对其治理行为的影响》，《世界经济与政治》2012年第7期，第43—63页。
[2] Jennifer Sellin, "Does One Size Fit All? Patents, the Right to Health and Access to Medicines", *Netherlands International Law Review*, 2015, Vol. 62, No. 3, pp. 445-473.
[3] Silvia Marchesi and Emanuela Sirtori, "Is Two Better than One? The Effects of IMF and World Bank Interaction on Growth", *The Review of International Organizations*, 2011, Vol. 6, No. 3-4, pp. 287-306.
[4] Axel Dreher and Jan-Egbert Sturm, "Do the IMF and the World Bank Influence Voting in the UN General Assembly?", *Public Choice*, 2012, Vol. 151, No. 1/2, pp. 363-397.

国际公共行政体系是一个二元权威体系,既有来自纵向的等级制的行政权威,也有来自横向的部门体系的专业权威,如何科学搭配和协调二元权威有机合作,是决定全球治理能力的关键。根据占据主导地位的权威类型,国际组织的行政模式可以被划分为行政权威主导与专业权威主导两种模式。通常情况下,行政权威和专业权威在治理行为风格、规则依赖度、人员偏好甚至在环境适合度上都有着比较大的差异。组织学的研究很早就指出,现代组织行政中的一对基本矛盾就是等级制与专业化之间的冲突。① 在最理想的情况下,行政权威与专业权威在组织运作中实现有机统一和优势互补,既能发挥专业化带来的理性与高效,又能让行政领导在下属意见发生冲突时做出最佳判断。然而,在实践中,国际公共行政中的纵横两条线的权威往往各行其是、相互抗衡,而且更复杂的是,在不同议题上,在不同情形下,两种权威孰优孰劣难以被识别。对科层制的研究表明,对于公共行者而言,纵横两条线各有其优势,缺了谁都不行。截至 2020 年,全球治理框架中有的强调更强调专业权威,比如联合国秘书处、世界卫生组织、联合国教科文组织等,有的则更强调行政权威,比如联合国安理会、国际货币基金、世界贸易组织等。联合国的《关于国际公务员行为标准》规定,在国际组织的秘书处内,作为下属人员,必须接受并执行上级的指令,即便存在不同看法,一旦受到书面指示,也必须执行。官员级别越高,对于国际组织行政机构决策与运作的影响力也越大。② 事实上,关于组织是如何组织起来的问题,本身就是一个十分复杂的组织学问题,国际组织的机构特征会对治理行为产生复杂的影响,比如国际组织的规模问题,究竟是规模更大更好,还是规模小更好,是一个争执不休的问题。③ 还有一系列问题值得深入研究,比如如何保证国际多边协定的效力、灵活性能否促进国际合作、国际制度的理性设计问题以及国际组织的权变问题。所有这些问题,都有待于细致研究。

除了国际权威的纵横两条线之外,国际公共行政还存在常规治理和非常规治理之间的转换问题。所谓常规治理,就是在科层体制下根据既定的法律法规和操作规程按部就班运行的治理,具有常规性、稳定性和常态性的特点。所谓非常规治理是因为面对重大危机和挑战时刻所实行的灵活性的非常规或超常规治理,类似于战时体制或者危机管理。在从合作、和平到冲突,直到进一步演变为国际战争的发展过程中,危机管理是具有关键意义的临界点。因此,在危机边缘时刻,危机治理的干预便尤为重要。从 20 世纪 60 年代开始,研究人员开始为国际危机的治理

---

① Victor Thompson, "Hierarchy, Specialization, and Organizational Conflict", *Administrative Science Quarterly*, 1961, Vol. 5, No. 4, p. 486.
② Ibid.
③ Alison Duxbury, "Bigger or Better? The Role of Human Rights and Democracy in Determining Membership of the European Institutions", *Nordic Journal of International Law*, 2004, Vol. 73, No. 4, pp. 421-460.

提出各种建议,并尝试建立不同的模型。其中以美国学者查尔斯·赫尔曼(Charles Hermann)提出的危机管理模型最为知名。他提出,外交中必须引入"处境变量"因素,进行一种处境分析,通过对处境的关注,构建危机管理的防控机制。[①] 这一研究引起了学界的高度关注,多数学者主张外交事务中一旦出现真实或者潜在的摩擦和冲突,非常规因素/机制应当成为润滑剂,做好危机预警和管理。当然,在应对重大挑战时,需要常规治理和非常规治理相结合,一般是通过宣布应急响应或者宣布进入国家紧急状态、灾难状态,只有把常规治理与非常规治理结合起来,才能在突发事件到来之时保持社会的稳定。根据《国际卫生条例(2005)》规定,国际关注的突发公共卫生事件是指符合如下两个条件的不同寻常的事件:(1)通过疾病的国际传播构成对其他国家的公共卫生危害;(2)可能需要采取协调一致的国际措施。其判断标准包括事件公共卫生影响的严重性、不寻常或意外、有可能在国际上传播和有可能引致限制旅行和贸易的危险。近年来,全球健康体系面临着众多突发公共卫生事件,主要来自新发传染性疾病暴发和流行、生物恐怖威胁、有毒化学废物的大规模倾倒和泄漏、气候异常导致的各种健康威胁、大型活动导致的突发公共卫生事件以及食品安全导致的突发公共卫生事件。此外,要通过立法措施清晰界定常规治理和非常规治理及其相互转化机制,实现相关治理功能的顺利转换。

三、自主性:国际公共问责

除了国际公共政策和国际公共行政以外,决定全球治理能力的因素还有问责制的问题。作为一种特殊类型的国际行为体,全球治理是众多行为体行动的组合,尤其是国际组织与国家行为体之间的互动,必然会产生巨大的国际组织网络,在各个国家、国际组织以及各国的自然人或法人交往的过程中,不可避免地会形成各种法律关系,并产生与国际组织有关的各种责任问题,其行动也必然后产生国际责任后果。

长期以来,国际责任是国际组织法的一个基本问题,但现行国际法一直没有关于一般国际组织责任的明确规定,仅仅在一些技术性问题领域,比如外层空间法、海洋法和国际环境法中有些条约涉及国际组织的责任。根据国际法的研究,国际组织的责任主要包括国际组织自身的法律责任、其他法律主体对国际组织的责任、国际组织成员国对第三方的责任等。从责任来说,国际责任主要来自国际组织的国际不法行为引起的国际组织责任,以及由于国际法不加禁止的活动造成的损害

---

① Charles Hermann, *Crisis in Foreign Policy*, Indianapolis: Bobbs-Merrill, 1969, p.29.

性后果而产生的侵权行为责任。因此,联合国国际法委员会已经开始研究起草了《国际组织的责任(草案)》。如何发展和完善全球治理的责任体系,加强治理问责制,是提升全球治理能力的重要方面。

关于加强问责制的一个重点是切实加强全球监督问责,特别是应当赋予个人、公民社会部门和其他组织以更便利的政治参与渠道,确保全球公共事务的治理更多地在多样化民主力量的监督下得到切实的履行,这是全球治理能力提升的重要保障。当前全球治理中的一个严重问题在于,一些重要的原则和制度在国际政治生活中无法落到实处,各种违反承诺的行为由于缺乏严格监督措施和惩罚能力而无法得以矫正,久而久之导致国际制度和规范的权威流失,成为无所作为的一纸空文。特别是一些大国,一方面积极推动国际社会就军备控制、大规模杀伤性武器扩散、环境保护、对外援助等问题达成国际意见,另一方面在执行的过程中却采取双重标准,甚至肆意单方面违反协议精神,最终破坏了已经达成的成果。全球治理要想真正取得实际进展,必须在监督问责这个环节获得强有力的保证。为此,全球治理要求健全全球问责监督制约,创设平台,调动广大公民社会部门、跨国公司和弱小国家监督和制约的积极性,对那些违反协议的行为予以无情的抨击和揭露,形成强大的道义压力和物质批评力量,使之回归到正常的轨道上来。特别是要逐步改革联合国、IMF、WTO等国际组织机构,使之成为有执法监督能力的行为体,并赋予更多的个人和团体参与监督和治理的权利,确保全球治理提升落到实处。

与监督问责相平衡的是,如何保证国际组织的自主性,避免全球治理受到成员国的压力而失去独立性也是治理能力提升的重要支柱。长期以来,传统主流国际关系理论往往将国际组织和全球治理视为大国借以推行外交政策并为国家利益服务的工具,最多也被视为一种重视国际制度和规则的"制度霸权",很少将国际组织作为一个独立的行为主体来对待。在国际制度的研究中,关于国际组织和国际制度的自主性研究一直是一个热点问题。考克斯和哈罗德·雅各布森(Harold Jacobson)在一项关于国际劳工组织、联合国教科文组织等八个专门性国际组织的比较分析中发现,不同的国际组织表现出不同程度的自主性行为,其自主性差异受到功能类型(论坛型或服务型)的差异和议题显要性程度两大因素的影响。[①] 此外,还有如下研究主题:制度设计和国际官僚制问题;追问官僚监督机制的扩散视角;被纳入委托-代理理论和文化规范理论研究。下文重点介绍有突出影响的委托-代理理论。

委托-代理理论最初是组织社会学的研究,尤其是在分析美国国会的研究中受

---

① 参见 Robert Cox, Harold Jacobson, Gerard Curzon, Victoria Curzon-Price, Joseph Nye, Lawrence Scheinman, James Sewell, and Susan Strange, *The Anatomy of Influence: Decision Making in International Organization*, New Haven, C. T.: Yale University Press, 1973.

到重视。委托-代理理论倾向于认为,国际组织是具有实体地位的执行其成员国授权任务的代理方,其章程或宪章就是规定双方委托-代理关系的契约文本。关于国家为什么愿意授权给国际组织的问题,不同学者给出了不同答案。美国学者肯尼斯·阿伯特和邓肯·斯奈德(Duncan Snidal)的研究发现,主要原因在于国际组织具有的集中化和独立性的制度特征,可以为成员国提供谈判和协调的框架性支持、规模经济效益、联合生产、标准制定和协调、信息提供、中立性的议程设置、去政治化的冲洗、仲裁、信托等各项功能。[1] 马丁的研究则发现,国家授权于国际组织可以提高其政策承诺的可信性。还有学者将其归结为追求规范性价值以提高国内选民的支持力度。[2] 显然,在委托-代理理论看来,国际组织具有不可替代的利益增值自主性,不可能为成员国所操控。但是,也有研究认为国际组织的逐利本性也会发生逆向控制和道德风险的"代理损耗",成员国通常采取形形色色的正式机制或者非正式机制来监督和激励国际组织。类似的措施包括人事控制、预算控制、章程修改等。围绕自主与控制的斗争是国际组织问责制的一体两面。

除委托-代理理论重视物质因素外,社会学制度主义则重视全球治理的观念自主性,认为国际组织基于自身官僚制和文化规范的自主性,可以能动地改变和塑造主权国家的利益和认同,使主权国家接受新的价值和偏好。这被视为国际组织的观念自主性。此种观念认同建构的自主性往往赋予成员更多的新认识。比如,国际组织可以将信息与知识进行分类、确定社会化世界的意义、阐释并传播新的规范。与此同时,作为一种官僚机构,国际组织的自主性也常常受制于内部科层文化的影响。国际组织通过制定客观的规则在世界上行使权力,与此同时,也存在对规则、专业化、部门化过分强调的缺陷,可能导致非理性化、越轨行为的正常化、组织隔离和文化争执等病态行为。例如,联合国高级难民委员会对难民的划分,世界银行对农民、劳动者等的划分,世界银行对发展含义的界定(如乡村发展、基本需求和结构调整等),冷战后联合国对安全含义的重新界定等。

围绕国际公共政策、国际公共行政和国际公共问责为核心的政治关系,全球治理过程充满了复杂的政治矛盾,妥善应对和化解政治关系的能力,是全球治理能力的重要标志。在如何测量全球治理能力水平的问题上,学界存在诸多指标。据统计,截至2020年2月,世界上被广泛使用的测量治理的评估指标体系超过140多种,广为接受的最具影响的指标体系主要有世界银行的"全球治理指标"、联合国人类发展中心的"人文治理指标",以及经济合作与发展组织的"人权与民主治理测

---

[1] Kenneth Abbott and Duncan Snidal, "Why States Act through Formal International Organizations", *The Journal of Conflict Resolution*, 1998, Vol. 42, No. 1, pp. 3-32.

[2] 参见[美]莉萨·马丁、贝思·西蒙斯:《国际制度》,黄仁伟、蔡鹏洪等译,上海人民出版社2018年版,第35—64页。

评"指标体系等。其中,世界银行和布鲁金斯学会共同开发研制的"全球治理指标",是在国际上研发较早且应用非常广泛的测量世界各国治理状况的项目,包括六项指标体系,即话语权与问责、政局稳定与反暴力、政府效能、监管质量、法治和腐败控制。自1996年起,世界银行每年都发布一次有关世界各国治理状况的报告,采用32个全球性调查机构的35个世界性数据源中与治理相关的数百个变量,评价世界上绝大多数国家政府的治理能力,已成为国际上最为全面的公共治理指标体系,并越来越广泛地被各国政府决策者、专家学者、记者、风险评估机构和多边援助机构所使用。然而,这一指标体系过于看重欧美发达国家的治理经验,受"华盛顿共识"相关指标和西方中心主义价值观影响比较大,而且过于依赖不同测验者的主观评估,忽略不同国家历史文化、政治制度和经济发展水平等方面的差异性,导致治理水平的评估存在较大偏差。近年来,华东政法大学政治学研究院也发布了《全球治理指数报告》,确立了由机制、绩效、决策、责任四个部分及各项具体指标构成的指标体系,试图通过对全球数据的采集与测评,客观衡量和反映世界189个国家对全球治理的参与和贡献度。然而,这一指标体系在学理性上还存在不少问题,也存在以中国治理体系为参照系的特殊性。展望未来,有必要建立一个将评估的普遍性和特殊性相结合的评估体系,尤其是将治理的效率指标、公平指标、问责指标、科学指标等有机结合起来,更好地解决治理过程中的回应性、专业性和自主性等问题,更好地评估和反映全球治理的能力和水平,为提升全球治理体系和治理能力提供标准体系和尺度参考。

 课后习题

一、名词解释

国际公共政策　　国际公共行政　　国际公共问责
国际标准体系　　国际标准体系话语权

二、论述题

1. 如何理解标准化的过程与方法?
2. 如何理解中国标准设定面临的主要挑战?
3. 中国应如何提升国际标准体系中的话语权?

第十一章
遵约履行

从理论上来说,关于全球治理的条约一旦批准,就会产生法律效力,缔约国必须遵守条约,不得违反。最初,遵约是一个国际法学概念。"条约必须遵守"是一项古老的习惯法规则,源于古罗马法"对契约的遵守"的概念。著名国际法学家路易斯·亨金(Louls Henkin)指出:"几乎所有的国家在几乎所有时候遵守几乎所有的国际法的原则和它们几乎所有的义务。"① 还有学者指出,政府要认真对待自身义务,并切实地遵约。这种对遵约的信仰形成一种"遵约引力"(the pull of compliance),导致国家遵约的良性互动。② 在全球治理实践中,没有哪一个国家敢轻易挑战"条约必须得到善意遵守"的原则,即使那些实际上在某一特定情况下已经破坏了这一原则的国家,也力图辩称其是按照这一原则行事的。

然而,国际法和国际协议作为一种"软法",由于缺乏强制力导致遵约和执行机制的软弱,经常会成为一纸空文。已有的大多数国际公共政策存在的一个最大问题就在于,缺乏像主权国家那样的强制力作为后盾。通常情况下,人们接受国内政策的约束,原因主要在于国家拥有政府,政府具有绝对的权威和强制力。然而,在当前的国际社会中,全球治理的实施并不存在一个最高的公共权力机构,而是依靠各行为体(个人、组织或者主权国家)的行动来维护。在更多的情况下,各个国家一般并不从全球公共利益的角度来考虑制度的"司法行政"问题,而是从国家自身利益最大化的逻辑出发,如此便使得国际制度的条文名不副实。如果各国面对践踏国际法条文的行动置若罔闻,全球治理便寸步难行。近年来,全球治理研究的一个重要转变从关注"是否重要"转变为关注"是否有效"。③ 如何确保各方遵守约定、履行协议,是全球治理能力的根本落脚点。

---

① 参见 Louis Henkin, *How Nations Behave: Law and Foreign Policy*, New York: Columbia University Press, 1979。
② 参见 Antonia Handler Chayes and Abram Chayes, *The New Sovereignty: Compliance with International Regulatory Agreements*, Massachusetts: Harvard University Press, 1995。
③ 参见薄燕:《全球环境治理的有效性》,《外交评论(外交学院学报)》2006年第6期,第56—62页;卢静:《全球治理:困境与改革》,社会科学文献出版社2016年版。

第一节 遵 约

一、遵约与国际法

在国际法领域,条约必须遵守原则(Pacta Sunt Servsanda)或条约神圣原则,是条约法的一个重要的基本原则。① 条约必须遵守原则具有悠久的历史。公元前1280年,在埃及法老拉美西斯二世与赫梯国王哈吐舒三世缔结的一项刻在石柱上的友好同盟条约中,就含有条约永久有效和双方共同信守的内容。在古希腊、古罗马和古代中国,条约必须遵守也被普遍接受为国家对外关系中的一项基本原则。今天在理论与实务界,条约必须遵守原则已经成为条约法乃至国际法上的一项基本原则。《联合国宪章》第2条在联合国组织及其会员国应遵守的原则中要求:"各会员国应一秉善意,履行其依本宪章所担负之义务,以保证全体会员国由加入本组织而发生之权益。"《维也纳条约法公约》第26条同样强调条约必须遵守原则,指出"凡有效之条约对其各当事国有拘束力,必须由各该国善意履行"。该公约第27条进一步规定,一当事国不得援引其国内法规定为理由而不履行条约。

条约依法缔结生效后,在其有效期内,缔约方有依约善意履行的义务,或称条约必须遵守原则。无论是国际法,还是国际协议,在国际上生效并不等于自动在所有缔约国国内生效,还必须得到各缔约国国内法律的接受,特别是通过国内立法机关以国内立法的形式将其转化为国内法,才能使条约在国内生效,这一过程被学界称为遵约过程(compliance with treaty)。善意是缔约国履行条约的首要因素。善意与恶意相对,恶意履行就是不正当地歪曲地履行,善意履行就是公正地、适当地、诚实地履行。善意履行不以获取单方面的利益为目的,更不以牺牲甚至榨取缔约他方的利益为目的。善意履行还必须以善意解释条约作为前提,恶意的解释必然导致非善意履行的结果。②

遵约是国际法最核心的概念之一,不少学者从不同视角对其进行了解释。如国际法学家阿布拉姆·蔡斯(Abram Chayes)认为,遵约是指行为体的行为遵从一项条约的明确规则。③ 哈罗德·科尔(Harold Kol)则从行为体的动机出发来定义

---

① 李浩培:《条约法概论》,法律出版社1987年版,第329页。
② 万鄂湘等:《国际条约法》,武汉大学出版社1998年版,第169页。
③ Abram Chayes, Antonia Handler Chayes, and Ronald Mitchell, "Managing Compliance: A Comparative Perspective", in Edith Weiss and Harold Jacbson, eds., *Engaging Countries: Strengthening Compliance with International Environmental Accords*, Cambridge, M. A.: MIT Press, 1998, p. 39.

遵约,将遵约定义为行为体出于一种工具性的理由(如避免惩罚)的遵守。① 卡尔·罗斯提亚拉指出,遵约是指行为与立法准则或标准相一致,这是从遵约与有效性关系的视角给出的精炼定义。艾迪·布朗·维丝和哈罗德·雅各布森(Harold Jacobson)指出,遵约是指国家是否事实上坚持了国际条约的条款,以及是否坚持它们制定的履行措施。贝斯·A.西蒙斯(Beth A. Simmons)则认为遵约是国家行为顺从国际协议规定或禁止的程序,亦即在国内采取行政法规来遵守国际协议规定的义务,它与表述国际协议对国家行为的影响程度的有效性概念存在差异,遵约并不代表实际上的履行,因为尽管行政法规存在,也可以并不必然遵守行政法规。② 这一概念是从遵约与履行相区别的角度定义的。奥兰·扬(Oran Young)更明确地意识到遵约有可能会背离执行的结果,故而将遵约与履行做出明确区分,将遵约界定为,当一个特定主体的实际行为符合指定行为的时候,遵约就发生了;而实际行为明显地远离指定行为时,不遵约或违约就发生了。③

事实上,从治理过程角度来说,遵约主要解决国际法与国内法的冲突问题,遵约是指国际条约、协议、决策和规范等在国内法体系中的实现程度,国内法对条约实现程度高,则意味着遵约效果好。至于是否真正落实到具体的行为中,那就是履行的问题。一般来说,遵约意味着产生如下三个方面的法律意义。一是意味着对国家行为具有管制效应。二是意味着国家对国际法具有遵守的程序义务和实质义务。程序上的遵守可能导致事实上对精确条款义务的逃避;相反,国家也有可能已经在加入协议前就遵守了实质义务,故无须通过附加措施遵守其程序义务。三是对国际法价值和精神的认同和恪守。

一旦条约在法律上具有约束力,并在成员国国内立法批准通过,那么条约必须被履行。在实践中,大体上存在三种做法用以解决条约法和国内法的冲突问题。一是转化式,即一国立法机关通过立法行为将国际条约的内容制定为国内法,才能在国内适用。英国是采用转化式的典型。二是并入式,即一些国家在宪法等基础性法律中规定,条约可以被自动纳入国内法,在国内适用,无须通过议会立法程序进行转化,如在法国、日本等。三是混合式,即同时采用转化式和并入式进行条约适用。美国是采用混合式的代表。

---

① Harold Koh, "Why Do Nations Obey International Law?", *The Yale Law Journal*, 1997, Vol. 106, p. 2601.
② Beth Simmons, "Compliance with International Agreements", *Annual Review of Political Science*, 1998, Vol. 1, No. 1, pp. 75-93.
③ 参见 Oran Young, ed., *Compliance & Public Authority: A Theory with International Applications*, London: Routledge, 2013.

二、遵约与全球治理

关于为什么国家会顺从全球治理的相关决策,学界进行过热烈的讨论。1993年,领风气之先的《国际组织》杂志刊登了法学家阿布拉姆·蔡斯与安东尼娅·汉德勒·蔡斯的《论遵约》一文,揭开了全球治理领域遵约研究的序幕。一般而言,国际法学界对遵约的研究可化为两类:一是管理学派(the management approach)和执行学派(the enforcement approach)。艾·本维尼迪(Eyal Benvenidti)等人指出:"两派学者的思想反映了如下问题上的差异:国际体系如何运转,国际法治理的可能性,可用来及需用来管理履行问题的政策工具。"①实际上,管理学派和执行学派是相互补充的,并不是各自为政的。为了达到遵约的目标,将管理和执行结合起来,将会有更好的效果。相比国际法对遵约的研究,全球治理的遵约研究存在着理性主义与建构主义的分野。实际上,理性选择视角与社会学视角并非对立,可以互相借鉴,架起合作的桥梁。

一是理性主义路径。该路径建立在方法论个体主义及后果选择机制上,成本费用预期最为普遍。其缺点是回避遵约操作、经验测量以及边界范围条件等难点。艾·本维尼迪和莫瑟·赫希(Moshe Hirsch)认为:"从理性选择视角看,参与方的反复互动、实施报复手段的能力、其他参与方的相关信息及参与方对未来得失的折扣因子(discount factor)需要考量;从社会学视角看,规范的模糊(vague norms)、规范间冲突(conflict of norms)、社会背离(social detachment)及不充分的社会化进程(inadequate socialization processes)这四类社会因素导致国家没有遵约。"②在理性选择研究视角中,安德鲁·古兹曼(Andrew Guzman)进一步指出声誉、互惠及报复构成了三个影响尺度。③

二是建构主义路径。该路径在遵约方面早先关注遵约的发展阶段,目前更多地关注社会动员、社会学习中的进程和代理。在规范驱使的遵约研究方面,社会动员在早期受到较多的重视,不过,当前的研究开始逐步关注社会学习的重要性。在社会学习中:进程关注国内行为体与跨国组织及网络的合作,从而对国家遵约施加压力;代理则关注规范内化的问题。在社会学视角中,杰弗瑞·切克尔强调社会学习、社会化和社会规范的重要性,通过社会化过程内化国际规范,形成合法性,从

---

① 参见 Eyal Benvenisti and Moshe Hirsch, eds., *The Impact of International Law on International Cooperation: Theoretical Perspectives*, Cambridge: Cambridge University Press, 2004。
② Eyal Benvenisti and Moshe Hirsch, *The Impact of International Law on International Cooperation: Theoretical Perspectives*, Cambridge: Cambridge University Press, 2004, p. 11.
③ 参见 Andrew Guzman, *How International Law Works: A Rational Choice Theory*, New York: Oxford University Press, 2008。

而产生遵约。

三、遵约的影响因素

无论是国际法领域的法学研究,还是全球治理的政治学研究,究竟哪些因素影响一个国家遵约的水平? 与全球治理的遵约研究相比,国际法中关于履约的研究主要存在四种解释。一是奥斯汀的实证现实主义,认为"国家从来不遵守国际法的原因是国际法不是真正的法律"。二是霍布斯的功利理性主义,认为"国家只有在国际法符合其利益的情况下才遵守国际法"。三是康德的自由理论,认为"各国普遍遵守国际法是源于其对自然法与正义的考量而非道德义务感"。四是边沁的建构认知解释过程,认为"诱使国家遵守国际法的原因是各国间彼此鼓励与督促的法律话语过程"。

不少法学者也尝试给出改善遵约的方法。路易斯·亨金(Louis Henkin)从国家在遵守国际法的内部动机(internal motivation)和外部动机(external pressures)两方面定义了"国际法遵守文化"(the international culture of compliance)即内部动机国家是出于道德和自身利益的考量,外部动机指各种国际政治力量通过"水平执行"(horizontal enforcement)促使国家履行其义务,这可以说是国际法内在的一种执行机制。[①]

美国学者安妮-玛丽·斯劳特(Anne-Marie Slaughter)经过研究认为,影响国家遵约水平的因素主要有以下六个方面:

一是问题结构。不同问题领域、同一问题领域中的国家数量、潜在问题的复杂性和管制范围、问题的风险等,都对遵约水平产生重大影响。显然,在国际经济事务、环境方面等领域的问题比起在战争、领土限制、军备协议等领域的问题更容易受国际法影响,其遵约水平也更高。

二是解决方案结构。国际协议本身的内容,比如首要的行为规则的性质和内容、应用惩罚性措施或使用能力建设项目等,会影响一国的遵约水平。具体的规则和一项机制的规范能明显地影响对机制的遵约结果。"一旦这些基本规则得以确立,对其遵约信息体系和不遵约的反应体系进行认真设计,能进一步提高遵约的可能性"。

三是条约规则制定的过程。创造一个集体规则过程的包容性、公平性和合法性将会影响国家或其他行为体接受或内化这些规则的程度。比如当一个

[①] Louis Henkin, "Human Rights and State Sovereignty", *Georgia Journal of International and Comparative Law*, 1996, Vol. 25, No. 1, pp. 31-46.

国家卷入到一个法律产生和诠释的"跨国法律互动过程"之中,导致了国家利益的改变,国家将规范包括进自身的国内法律体系中而逐渐内化了国际法律规范,最终令遵约行为来自所谓的"正确的过程"(right process)。

四是规范。在国家内部采取和反复灌输新的规范可能会导致国家利益、身份和行为的改变,从而导致履约行为。

五是与国内的联系。一些条约越是能接近那些很希望提高强制执行的国内行为体、协议运行能改变国内行为体的偏好或权利以及建立一些将参与国的政治和法律体系联系起来的机制,遵约水平越高。政治的、法律的、经济的、社会的和文化的因素都会影响国家对国际条约的遵约水平。

六是国际结构。高度制度化的体系可能会通过将国家嵌入一个相互加强合作的规则过程来创造积极的履约螺旋曲线。两极结构可能会增加同盟内对条约的遵约,而多极结构则可能由于引发均势变动和创造可信的退出威胁从而减少遵约,霸权体系可能会使得单个的霸权国家能够强制或使用其市场权力来引导遵约。双边协议可能比多边协议的遵约率高。①

安妮-玛丽·斯劳特从政府网络的视角提出两种改进途径:垂直政府网络与水平政府网络。前者是指国家政府官员同其超国家同行之间形成的网络,利用国家政府机构的力量,通过真正的强制性权威进行执法来改善遵守情况。后者是指跨越边界的国家同行之间的联系,通过提供培训和技术援助,更好地履行国际责任。此外,一个国家之所以愿意遵约,还可能与国家与条约的互动关系有着紧密联系。

亚历山大·温特将国家接受或内化国际规范划分为三个等级:第一等级的内化指行为体知道规范是什么,但只是在受到外力胁迫时才服从规范;第二等级的内化是行为体出于利己的考虑而服从规范,认为服从规范符合它们的自我利益;在第三等级的内化下,行为体之所以服从规范是因为它们认为规范具有合法性。因此,他总结了国家遵循文化规范的三个理由:被迫遵守,利益驱使,承认规范的合法性。② 实际上,温特强调了国际协议的资源性质及其影响、暴力水平、利益刺激以及合法性程度,都会对一个国家的遵约水平产生深刻影响。

条约必须遵守原则无论在理论上,还是实践中,都有重要意义。从理论上讲,根据国家主权平等的原则,在国家之上不应该有一个超国家的机构来制定对国家有约束力的国际规范,因此国际社会中的规则只能通过国家之间的协议得以形成。

---

① Kal Raustiala and Anne-Marie Slaughter, "International Law, International Relations and Compliance", in Ublter Carlsnaes, Thomas Risse and Beth Simmons, eds., *Handbook of International Relations*, California: Sage, 2002, p.545.
② 参见[美]亚历山大·温特:《国际政治的社会理论》,秦亚青译,上海人民出版社 2000 年版,第 338—343 页。

而条约作为国家之间的明示协议,是国际规则的重要来源和体现形式,现代国家之间的关系主要是由条约来调整的,因此国家对于其自由同意缔结的条约必须自觉遵守。从实践来看,目前国际社会上也没有形成一个具有强制力的超国家的机构,因此,国际规则和秩序的维持很大程度上依靠各国自觉遵守达成的国际协议,在享受条约规定的权利的同时,也应诚实履行条约中承诺的义务。如果国家在缔约后都不认真遵守,甚至恶意违反条约规定,则正常的国际秩序必然难以维持。过去的历史事实也说明了这一点,在第二次世界大战前,希特勒先后违反德国加入的《凡尔赛和约》《国际联盟盟约》《巴黎非战公约》等一系列国际条约,其后果是给德国和世界人民带来了深重的灾难。

当然,对条约必须遵守原则的理解也不能绝对化,条约并非在任何情况下都必须遵守。在国际法领域,国家必须遵守的条约是合法有效的条约,即条约必须符合其成立的实质要件并经合法程序缔结。不加选择地要求当事国遵守条约,有时会造成不公正的结果,反而不利于国际秩序的维护和发展。例如,19世纪,一些帝国主义国家以武力和武力胁迫方式将奴役性的不平等条约强加给弱小国家,并利用条约必须遵守原则迫使弱小国家履行,而他们自己则不受条约约束,这显然是对条约必须遵守原则的歪曲。

总之,凡是在自由自愿基础上缔结的符合国际法基本原则的条约,就应当得到遵守;凡是违背平等自愿、违背国际法基本原则的奴役性条约,则应坚决反对。① 此外,在条约缔结后,如果条约成立时所依据的基本情况发生了根本性变化,致使一缔约国继续履行条约会对其产生不公平的后果时,则该国也可以援引情势变迁为理由终止条约。② 条约必须遵守原则是重要的国际习惯法原则。根据国际法,一国违反其自愿缔结的国际条约,拒绝履行条约义务,构成国际不法行为时,应承担由此产生的国家责任,其他缔约国和国际社会也应以适当的方式追究其责任,以确保条约必须遵守原则能够得到切实遵守。

第二节 履 行

遵守条约仅仅是当事国履行条约义务的第一步,更重要的步骤是履行条约或实施,使条约条款在国内法中得以贯彻。一般认为,各国缔结或参加的国际条约并不能直接成为其国内的法律,除非另经其国内立法机关以"采纳"或"转化"的方式

---

① 邵津主编:《国际法》,北京大学出版社2000年版,第339页。
② 周忠海主编:《国际法》,中国政法大学出版社2007年版,第246页。

予以确认。履行这一概念与遵约、承诺、履行和强制等概念密切相关,全球治理塑造和影响国家行为在相当程度上建立在这几个概念的基础上。当前出现了从"狭隘"遵约研究向"深度"履行研究的转换。这一情况出现的原因是关注点在于协议达成后国家遵守或背叛国际协议的动机,从而导致对履行的关注不足。因此,遵约与履行之间既紧密关联,又需要严格区分。履行,又称为制度实施,是与遵约紧密相关并且影响遵约成效的重要问题。

一、履行与履行能力

履行的概念源于公共政策领域,较早受到国际法学家和全球治理研究者的青睐。在公共政策领域,履行是指授权权威性的公共政策指导后所发生的监督努力以及持续性影响的事件和行为;在国际法领域,履行是指国家采用措施使协议以国内法形式生效,产生了影响的实施;在全球治理领域,履行或实施属于协议后阶段,即把签约方的国际协定进行转换,包括将国际承诺转变成为国家层面上的项目性措施与行政性行动,最终导致相关目标集团的行为和协定品质目标的改变。美国学者奥兰·扬认为,履行是指给定主体的实际行为与条约所规定的行为相一致。[1] 显然,履行含有某种程度的强制性和物质性后果,对履行的考察更侧重于关注其强制性的资源。

当然,学术界对履行的阶段划分存在一定的分歧。斯科特·巴雷特(Scott Barett)将条约履行分为五个阶段:协商前,协商,批准,履行以及再协商。[2] 其中,履行是由行政部门实施的,是一种比较狭义的理解。詹姆斯·E.安德森(James E. Anderson)等人对履行的理解较为广义,从"输出""结果"与"影响"三个视角指出,国际项目履行的五个具体阶段:国际项目的批准或接受;国际承诺转变为国家法律或行政决定;通过行政系统的国家项目实践;规则制定者与目标团体以及目标团体对规则制定者的反应;目标团体反应的结果或行为改变。[3] 事实上,履行条约是一个复杂的过程,遵约不止于遵守,还包括一系列复杂的内容:通过当事国的立法确立条约在其国内法中的地位以及条约与国内法的关系;国家司法机关、行政机关和其他机关按照国内法的规定,针对某一具体案件来适用条约中的有关规定;由国家立法对某些条约,特别是对一些普遍性的造法公约中的规定做出解释并监督执

---

[1] Oran Yang, *Compliance and Public Authority: A Theory with International Applications*, Baltimore and London: The Johns Hopkins University Press, 1979, p.5.
[2] 参见[美]斯科特·巴雷特:《合作的动力:为何提供全球公共产品》,黄智虎译,上海人民出版社2012年版。
[3] 参见[美]詹姆斯·E.安德森:《公共政策制定》(第五版),谢明等译,中国人民大学出版社2009年版。

行。因此,履行存在一个复杂的机制和过程,美国学者奥兰·扬将机制分为机制化操作与机制日常运作。一旦国际机制条款进入成员国的国内政治实践,那么机制形成阶段便告一段落,随之而来的便是机制履行。批准与履行阶段的关注点是不同的,在条约批准阶段,强调与其他行为体行为的合作与约束;在履行阶段,则是一种战略性的关注,通过对比其他成员国的努力,使自身努力尽量不超过规定的水平。戴维·维克特(David Victor)等人认为,履行是将意图转变为行动的过程,涉及详尽说明、传播、监督、判决以及实施决定,不仅包括政府活动,也包含企业、环境组织、贸易协会等其他受制度影响的非政府因素,此外还包括国际制度的因素。[1]

论及条约履行就不得不涉及国际法和国内法的关系。国际法和国内法是两个不同的法律体系,他们的主体、调整对象、渊源、效力根据和性质等都有不同(详见表11.1)。当国际法的有些原则、规定通过国内法做出具体规定时,国际法就转化为国内法;国内法的一些原则、规则经大多数国家承认并在国际社会中反复运用,可能逐渐形成"习惯国际法"或被吸收进国际条约中,成为国际法的一部分。总的来说,国际法约束国家,但无法直接约束其机关和人民,当国际法与国内法冲突时,国内的法庭仍需执行国内法,但国家为此要负违反国际法的责任。

表 11.1 国际法和国内法的比较

比较角度	国 际 法	国 内 法
关系主体	国家、国际组织和正在争取独立的民族	自然人、法人和其他组织
调整对象	国家之间的关系	国家内部发生的关系
渊源	《国际法院规约》第38条的规定:"国际法的渊源包括国际条约、国际习惯和一般法律原则,司法判例及各国权威最高之公法家学说作为确立法律原则之补助资料。"	各国国内法的渊源不同,主要有以下几种:制定法、判例法、习惯法、法理、国际协定和条约
效力根据	多个国家的共同意志	本国的单独意志
制定方式	没有统一的最高立法机关来制定法律,国际法是作为国际社会平等成员的各国,在相互协议的基础上逐渐形成的	各国国内一般都有专门的立法机关,国内法一般是国家立法机关依据一定的程序制定的。英美法系国家的判例法则是由法官的判决做出
实施方式	对违反国际法的行为,国际社会没有专门的暴力机构,因此在强制执行力方面,国际法是"软法"	对违法国内法的行为,国家拥有暴力机关对其进行制裁

资料来源 陈杨:《国际法与国内法关系的法理思考》,《时代法学》2014年第3期。

---

[1] David Victor, et al., "Review Mechanisms in the Effective Implementation of International Environmental Agreements" (working paper, WP-94-114), CiteSeer^x, https://citeseerx.ist.psu.edu/viewdoc/download? doi = 10.1.1.56.8163&rep = rep1&type = pdf, retrieved November 16, 2021.

从内容上来说,履行包括国际层面和国家层面。其一,从国际层面上讲,履行包含由协议规定的国际组织的相关活动以及对国际制度具体原则、规范、规则以及决策程序的调整完善。当前,非政府间国际组织、地区性国际组织与专业性国际组织越来越成为国家履行国际协议的重要支配力量。履行这一进程在国际层面可以导致达成框架公约,并以众多的原则、规范、规则和决策安排作为补充。其二,从国内层面上看,协议在国内层面的履行可能引发对相关问题的再定义,比如对酸雨问题的关注就需要考量一国内部的工业结构布局等因素。国家层面对国际协议的履行主要分三个阶段:国家对协议的批准;将条约义务转变为国内法或国内规则的形式;通过国家行政机构和进程将这些措施运用于社会各部门。由于各国法律制度各不相同,国家可以采取三种不同的方式来落实履行:国家可以每次特别采取立法措施;也可以一次永久地规定一般原则,使得一切生效条约能够被当然执行;也可以依习惯法默示地承认条约在国内法上的约束力。

由于国际条约的实施不能借助国际社会的强制力量,而主要依靠各缔约方的意志、利益算计和国际舆论的道德压力。因此,即便条约得到遵守也不会是绝对的,而是必定会受到一些因素限制。首先,遵守条约的一个前提是这个条约本身是有效的。不平等的条约、非法的条约和义务、不可能履行的条约不在遵守的范围之内。其次,缔约后情势发生根本改变以致若继续履行将造成对一方显失公平的也不在遵守之列。再次,条约善意履行原则也受国家自保权的限制。最后,缔约一方重大违约,缔约他方有权援引该项重大违约之情势宣布解除条约约束。① 关于制约履行的影响因素非常多,斯特纳·安德森等人认为包括履行动机、履行能力以及履行进程的外部因素。具体来说,决定一国履行能力的因素主要有以下几个。

一是强制性因素。大多数现实主义者都强调强制性因素的影响,比如贸易制裁、减少发展援助、实施军事干预等,也包括一些增加援助、开辟市场等"胡萝卜"政策,都会对履行水平产生影响。国际组织也会实施一定程度的强制,影响一国的履行水平。

二是互惠性因素。履行动机最容易从成本-收益的角度来理解。罗伯特·基欧汉将互惠性界定为基于大致相同的价值观,一方的行动可能会视其他各方先前的行动而定,如此一来导致"好的更好,坏的更坏"。② 当缔约各方能够建立起直接联系时,通过反复互动,有利于稳定未来互动的预期,进而提高一国的履行水平。

三是声誉性因素。遵约与一国所做出的短期或长期的可信承诺(commitments)密切相关,即国家行为能否,以及多大程度受到承诺行为的影响。安德鲁·古兹曼

---

① 周忠海主编:《国际法》,中国政法大学出版社2007年版,第170页。
② Robert Keohane, *After Hegemony: Cooperation and Discord in the World Political Economy*, Princeton: Princeton University Press, 1984, p. 8.

(Andrew Guzman)认为,声誉是履行的重要依靠,关注潜在声誉的损失会促使国家履行国际承诺。一个国家的声誉对该国的利益也会产生实质性影响,比如一个国家在某一问题领域中建立起信守承诺的声誉,使该国政府在其他领域的合作变得更加容易,反之,一个不守信誉的国家往往会在一切问题的合作上遭受阻碍。[1]当前,发展中国家由于自身能力的限制及对外部的怀疑和恐惧,在国际社会中的声誉总体不佳,在遵约方面的记录也较差,这说明声誉代价对国家履行产生了明显的影响。

四是国内制度因素。选举、政党和立法-行政之间的互动关系尤其对履行水平具有直接的影响。国际条约的履行很容易成为国内各个机构开展政治斗争的牺牲品,越是民主化国家,其受国内制度因素的影响越大。彼得·科黑(Peter Cowhey)认为,选举系统的状况、治理制度的结构及政治系统的透明度都会影响外交政策承诺的可行性。[2]就政治机制的特定类型而言,民主制国家可以将国际法更好地运用到国内,或更有可能履行国际协定。但是现实中也存在很多民主国家违约的案例,学术界对民主制和履行之间的关系仍存争议。

评价履行效果也是一个复杂的问题,概括起来主要包括两个方面:其一,分析国内实施立法或条例是否适当;其二,仔细考察这些国内措施是否符合该协定的义务性表达方式。薄燕认为,履行是指国家在签署和批准国际规约之后,针对所做出的承诺而采取的措施和行动。[3]

总之,遵约和履行的概念非常重要,国际制度塑造和影响国家行为在相当程度上是建立在这两个概念上的。近年来,通过加强国内履行机制建设提升国家履行能力和水平,越来越受到各国的重视。所谓履行机制,是指针对公共问题的特点,在国际条约和协议框架内,通过缔约方之间及缔约方与条约内设机构之间的合作,加强缔约方履行能力,以促进遵约,并处理不遵约的一种新型的避免争端的履约保障程序和机制,这一机制强调预防不遵约性、促进遵约性和非对抗性。尤其是在履行条约的过程中,还有一个条约的解释问题。条约的解释是对条约某个和某些具体规定的正确意义的阐明。要善于履行和遵守条约,必然会遇到弄清条约的真正用意、内容以及适用条件的情形。解释的目的在于正确剖析条约条款的意义,以便当事国执行条约,实现条约的目的和宗旨。相关研究需要解决如下三个问题。一是解释主体,条约的当事方、国际组织、国际仲裁或司法机关是条约解释的主体。

---

[1] 参见 Andrew Guzman, *How International Law Works: A Rational Choice Theory*, New York: Oxford University Press, 2008。
[2] Peter Cowhey, "Domestic Institutions and the Credibility of International Commitment: Japan and the United States", *International Organization*, 1993, Vol. 47, No. 2, pp. 299-326.
[3] 薄燕:《全球环境治理的有效性》,《外交评论》(外交学院学报)2006年第6期,第56—62页。

条约的解释权属于缔约国,如果存在分歧,可在相互同意后求助于国际法院或者仲裁法院给予解释。二是解释方式,包括明示解释和默示解释两种方式。三是解释规则,既要遵循一般国际法的原则和规则,又要遵循而且特别要遵循条约法的规则。根据《条约法公约》第31条规定,在解释过程中,要按照善意原则进行解释,注意措辞意义、条约上下文逻辑关系和文法规则,整个条约的宗旨和意图,还要考察具体历史条件、补充资料和多种语言的意义。如果有疑问,要根据最低限度做出解释。

二、履行的监督机制

条约的履行对实现条约签订的目标至关重要,因此,为了保证条约的正常履行,历史上各国曾采取过各种各样的办法和手段。在古代,条约的履行常常求助于神灵,君主制时代多依赖于君主的威望;进入近代社会后,保证条约履行的方式呈现多样化,比较常见的有"财政负担""担保""报复""领土占领"等;现代国际社会出现了"国际执行行动""法律诉讼程序""条约明文规定惩戒行动""监督机制"等,以保证条约所载权利义务得以实现。① 总体来看,现代条约的监督机制主要有以下三种。

一是定期报告和审查机制。定期报告和审查机制是指条约规定各当事国定期向国际机构提交其关于执行条约的定期报告,以便审查、监视当事国的履约情况。这种监督机制最早出现于1919年的《国际劳工组织章程》中,该章程第22条规定:"各会员国同意就其参加的公约中各项规定的实施所采取的措施向国际劳工局提出年度报告。"②这一机制目前主要被国际人权条约所广泛采用。

二是核查机制。该机制是指条约缔约国负有义务允许有关国际机构在其领土上检查有关设施,以确定其是否正确履行条约义务的制度。这种监督机制主要为军备控制和裁军条约所采用。以1996年缔结的《全面禁止核试验条约》为例,该条约规定了严格的审查机制,其第4条规定:"每一缔约国有权请求按照本条和议定书第二部分的规定在任何缔约国领土内或其管辖或控制下的任何其他地方或在任何国家管辖或控制之外的任何地区进行现场视察。"③而"现场视察的唯一目的应是澄清是否已违反第1条进行了核武器试验爆炸或任何其他核爆炸,并尽可能收

---

① 曹胜辉、徐杰:《条约监督机制与条约义务的履行》,《外交学院学报》2000年第2期,第55—59页。
② ILO,"ILO Constitution",International Labor Organization website,http://www.ilo.ch/dyn/normlex/en/f?p=1000:62:0::NO:62:P62_LIST_ENTRIE_ID:2453907:NO#A22, retrieved February 23, 2022.
③ 《全面禁止核试验条约》,联合国公约与宣言检索系统,https://www.un.org/zh/documents/treaty/files/A-RES-50-245.shtml,最后浏览日期:2022年2月23日。

集也许有助于查明任何可能的违约者的一切事实"①。

三是国际机构监督机制。国际机构监督机制是指缔约各国通过现有国际机构或依条约设立的专门机构审查条约施行情况,进行必要管理以监督条约执行的机制。其中比较有代表性的就是在《国际原子能机构规约》通过后,在1957年成立的国际原子能机构。该机构逐渐建立并完善了国际核保障及监督制度。此后国际社会签署的《不扩散核武器条约》《拉丁美洲禁止核武器条约》《南太平洋无核区条约》《非洲无核武器区条约》等条约也委托国际原子能机构代为实施核保障监督。

第三节 强制执行

国际组织的失能是一个备受关注的问题。在全球事务治理中,面对强大的国家行为体和复杂的国际局势,国际组织经常陷入一种无能为力的困境。② 尽管国际组织的数量和规模在不断扩大,国际组织的人员和预算也在增多,国际组织仍然无法摆脱被弱化的结局。③ 由于国际法缺乏统一的执行机制来保障实施,绝大部分国际法规则主要依赖以国家为代表的国际法主体的自愿遵守。然而,在治理实践中,有关国家在做出承诺后,存在大量的执行失位和拒不执行的现象,比如拒绝偿还他国或国际组织的债务。国际法学者汉斯皮特·纽豪德(Hanspeter Neuhold)通过研究发现,一些国家之所以出现违法现象,主要受到制裁的程度与后果、受到制裁的可能性、违法行为被发现的可能性三个因素的影响,潜在的违法者会综合评估违法成本,并相机做出必要的调整。④

相比而言,遵约是一国立法机构将国际法转化为国内法的过程,是国际谈判确定的一国对国际法、国际公共政策和全球攻势的可信承诺转化为国内法的政治过程。履行则是在国内法框架内,通过立法、行政和司法机构的密切合作转化为行为

---

① 《全面禁止核试验条约》,联合国公约与宣言检索系统,https://www.un.org/zh/documents/treaty/files/A-RES-50-245.shtml,最后浏览日期:2022年2月23日。

② Guilio Gallarotti, "The Limits of International Organization: Systematic Failure in the Management of International Relations", *International Organization*, 1991, Vol. 45, No. 2, pp. 183-220; Michael Barnett and Martha Finnemore, "The Politics, Power, and Pathologies of International Organizations", *International Organization*, 1999, Vol. 53, No. 4, pp. 699-732.

③ 参见 Roland Vaubel, Axel Dreher, and Ugurlu Soylu, "Staff Growth in International Organizations: A Principal-Agent Problem? An Empirical Analysis", *Public Choice*, 2007, Vol. 133, No. 3-4, pp. 275-295; Catherine Weaver and Hypocrisy Trap, *The World Bank and the Poverty of Reform*, Princeton: Princeton University Press, 2008, chapter 2。

④ 参见 Hanspeter Neuhold, *The Law of International Conflict: Force, Intervention and Peaceful Dispute Settlement*, Boston: Leiden, 2015。

的行政过程,其中,行政机构发挥了主导作用,市场、社会等行为体也被纳入这一治理过程。在这一过程中,违法、拒绝执行、执行无效等"执行难"问题必然会出现。为解决执行难问题,需要推动国际强制执行,通过推进相关具有约束力的监督核查和问责机制等,促进相关决议得到履行,核心是提高治理的有效性问题。整个过程意味着:国家行为发生被期待的变化;出于国际法解决具体问题;达到国际法规则设定的目标。因此,在遵约和履行基础上,为提升全球治理能力,还需要强制执行和强制外交。

一、强制执行的类型

强制执行,是一种通过使用有限武力或者威胁使用武力强迫对方放弃或者取消某种侵害或违法行为,采取更加合作的态度的委婉说法,是一种试图扭转目标对象、国家或国家内的集团和非国家行为体放弃已经采取的目标行动。与威慑强调努力说服对手不要采取一项尚未实施的行动不同,强制执行则试图扭转对手已经实施的某项行动,其核心任务是通过创造一项令对手感到具有足够大的代价预期来让其放弃采取某行动的想法。与迅速的、决定性的军事雷霆行动相比,强制执行仅仅是有弹性的、注重政策造成的心理影响的"欺骗性策略"。因此,强制执行在世界范围内更多被描绘成一种致力于影响对手心理结构的政治外交战略,它在谈判过程中的综合运用——包括威胁使用武力或者有限地有选择地使用一些低烈度可控制的武力手段——通常用以体现决心,配合以积极的引诱和劝说,进而引导目标对象顺从某些要求,并努力控制局势,以避免意外升级。

与强制执行相关联的概念是威慑(deterrence),即维持军事实力以阻止袭击发生。美国哈佛大学的教授托马斯·谢林(Thomas Schelling)在其《军备及其影响》一书中提出了超越威慑的强制理论的一般概念。根据谢林的研究,威慑仅仅是意在阻止对手发动袭击的被动威胁。强制则是在对手已经动手的情况下采取行动以拉回对手,威慑并没有出现强制的行动,他提出了一个近似的概念——威逼(compellence)。威慑的目的是使敌方不要做事,而威逼的目的是使对方做事,通过威胁将做出伤害的行动,积极促成对手放弃或者接受某项决定。强制执行意味着在行动中将威逼和威慑结合起来。

在现实社会中,一国违反其自愿缔结的国际条约,拒绝履行条约义务的现象时有发生。这时,其他缔约国和国际社会也应以适当的方式追究违约国的国家责任,这种强制执行的方式主要体现为以下六类制裁措施。

1. 政治制裁

政治制裁的方式有很多,包括中止会员国资格、限制会员国权利和限制高层接触等。以联合国为例,作为世界普遍性的国际组织,为维护世界和平与安全,对严重破坏宪章的国家规定了开除的条件。《联合国宪章》(以下简称"《宪章》")第6条规定:"联合国之会员国中,有屡次违犯本宪章所载之原则者,大会经安全理事会之建议,得将其由本组织除名。"冷战后,南斯拉夫社会主义联邦共和国境内战火不断,1992年9月19日,联合国安理会以12票对0票、3票弃权,通过第777号决议;9月22日,联合国大会通过了该决议,决定中止南斯拉夫在联合国的席位。对于会员违反宪章基本原则的国家,联合国可以限制或停止会员国的权利。《宪章》第18条第2款规定:"大会对于重要问题之决议应以到会及投票之会员国三分之二多数决定之。此项问题应包括:……会员国权利及特权之停止,会员国之除名……"二战后,由于南非当局坚持其种族隔离政策,拒不执行联合国决议,1974年11月12日,联合国大会以91票对22票通过决议,不允许南非代表团参加大会的工作,并建议只要南非继续推行种族隔离政策,就应完全不许它参加一切联合国组织和联合国主持下召开的一切国际会议。20世纪90年代,南非进行民主改革,并于1994年重返联合国家庭。

2. 外交制裁

外交制裁通常是一个主权国家在外交领域内采取主动行动,对另一个国家予以惩处,以公开表示本国政府的愤怒和不满,通常是在外交交涉失败后采取。具体的形式有以下八种:断绝外交关系,降低外交关系的规格,召回驻外使节,取消原先议定的外交访问,拒绝被制裁国政府官员的正式来访,中止一切形式的外交合作,退出或废除双边条约,以及驱逐被制裁国的外交官。

3. 经济制裁

经济制裁是指一个或多个国际行为主体,为了实现一定的对外政策目标,实行对某一或某些国际行为主体经济交往的歧视性限制。经济制裁是国际制裁中使用较多、影响较大的制裁方式之一。常见的经济制裁形式有以下几类:冻结被制裁国的账户存款和其他资产、预期应得的援助款项等;取消被制裁国享有的优惠贸易条件;限制、禁止与被制裁国的部分或全部商品交易以及其他经贸往来;战争赔款。制裁措施包括武器和相关物资的禁运、海上拦截和运输制裁、资产冻结、旅行限制、金融制裁、进出口贸易制裁、海外劳工雇佣限制、索赔限制等。

4. 文化制裁

文化制裁也是一些国家和国际组织较为常用的制裁方式之一,主要方式有限制旅游,限制、禁止或抵制体育比赛,限制高技术产品出口等。如1992年波黑战争期间,为了迫使波黑塞族停火,1992年5月30日,联合国安理会通过第757号决议,对南联盟实行全面制裁,其中包括禁止南联盟同其他国家和国际组织的体育和文化交流。

5. 军事制裁

军事制裁是所有制裁方式中较为严厉的一种,常见的方式有武器禁运、停止军事交流和军事封锁等。军事制裁主要发生在三种情况下:第一,对交战双方或一方进行军事制裁;第二,一国国内发生内战,对政府军或反政府军或双方进行制裁;第三,防范某一地区大国的崛起进行制裁。

6. 法律制裁

国际政治中的法律制裁,是对于危害国际和平与安全,犯有战争罪、种族灭绝罪、反人类罪等罪行的个人,处以刑事制裁的一种法律制度。2002年,根据《罗马国际刑事法院规约》(以下简称"《规约》"),海牙国际刑事法院(ICC)成立,其主要功能是对犯有灭绝种族罪、危害人类罪、战争罪、侵略罪的个人进行起诉和审判。截至2022年2月23日,全球已经有137个国家签署了《规约》,并有123个国家批准了《规约》。但值得关注的是,作为联合国安全理事会常任理事国的中国、俄罗斯和美国尚未加入该《规约》。

二、强制外交

在外交谈判中,通过诉诸强制手段来改变对方的利益盘算,进而促进该谈判方从原有的谈判立场上后退,而接受较原先不利的谈判结果的谈判被视为"强制外交",又叫炮弹外交、炮舰外交,是一种通过使用或者威胁使用武力强迫对方放弃或者取消某种侵害(比如,停止侵略或放弃所占领的领土),试图扭转对手已经采取的行动,而采取更加合作态度的委婉说法。斯坦福大学的亚历山大·乔治(Alexander George)教授提出一项与谢林不同的战略,用强制外交替代威逼,将其定义为使用威胁或有限武力来说服其他行为体停止或消除已进行的某个行动。[①] 也就是说,迫使目标对象停止已经采取的行动,而非主动迫使对手采取某项行动,本质上是一种典型的"胡萝卜+大棒"的哲学。事实上,一国通过武力威胁以迫使他国从事某个行动,是历史上早就存在的国际政治现象,并非现代的产物。中国古代所讲的"不战而屈人之兵"也是一种强制外交。总体来看,强制外交是介入战争和威胁之间的一种非正常外交形态,是一种在高度紧张的情况下迫使对手妥协让步的冒险举措。

根据亚历山大·乔治的研究,强制外交寻求三项目标:一是劝说目标对象放弃其目标;二是让目标对象确信放弃已经实施的行动;三是劝说目标对象在其政府

---

① 参见 Alexander George, et al., eds., *The Limits of Coercive Diplomacy*, Boulder, CO: Westview Press, 1994; Alexander George, *Forceful Persuasion: Coercive Diplomacy as an Alternative to War*, Washington, D.C.: United States Institute of Peace Press, 1991。

中做出根本性的改变。一旦一项强制外交战略得以确立,决策者必须考虑准备好必要的"工具箱",包括对目标对象提出什么样的要求,是否以及如何创造顺从要求的紧迫意识,是否以及对不顺从行为确立何种惩罚措施,是否仅仅依赖惩罚的威胁或者也提供有条件的积极引导措施来保障要求得到接受等。① 亚历山大·乔治提出了一个左右强制外交目标达成的分析框架,当在实践中推行强制外交战略的时候,需要根据每一步实施的情况及时调整相关策略。具体来说,这一框架包含如下四个策略。

一是最后通牒(ultimatum)。一项内容完整的最后通牒通常包括三部分:(1)向对手提出的一项具体、明确的要求;(2)服从某项要求的明确时限或者紧迫感;(3)如不服从就将予以惩罚的威胁,这一威胁既可信又足够有力,使对手确信服从较为可取。

二是策略性最后通牒(tacit ultimatum)。策略性最后通牒与最后通牒类似,但并没有设置时限,或者向对手提出的要求可能不清楚或不具体,强制国可能没有传达一种紧迫感,而且惩罚不服从的威胁可能含糊不清、分量不够或缺乏可信性。

三是走着瞧(try-and-see)。"走着瞧"策略从一开始严格执行最后通牒的第一项内容,即向对手提出一项具体明确的要求,但并没有明确的时间限制,没有传递紧迫感,反而是"走一步,看一步",做出一个简单的威胁或者采取行动劝说对手,视情况再决定是否跟进。

四是拧螺丝(gradual turning of the screw)。此种策略类似于"走着瞧"策略,即它尽管做出了威胁的姿态,但这一威胁是渐近的、逐步加压的,而不是对手如果不顺从就立即大发雷霆之威,采取强烈的武力行动。

以下举两个有关强制外交的案例。美国总统约翰·肯尼迪(John Kennedy)使用强制外交在1962年成功解决了古巴导弹危机,使美苏避免发生一场核大战。当肯尼迪总统得知苏联打算在古巴部署42个中程导弹和24个中短程导弹的消息时,他做出了一个海上封锁和威胁武力进攻古巴的决定,迫使苏联改变在古巴部署导弹的主意,最终从古巴撤走导弹系统。肯尼迪处理古巴导弹危机的表现就是强制外交成功的典型案例。通过对比武力进攻和海上封锁的利弊,肯尼迪决定使用强制外交,使用"走着瞧"策略启动强制外交向赫鲁晓夫显示决心,迫使赫鲁晓夫回心转意。后来,为了集中释放强制外交的战略效应,肯尼迪从"走着瞧"转变为"最后通牒"和"胡萝卜+大棒"相结合的策略,最终迫使苏联撤走部署在古巴的导弹系

---

① 参见 Alexander George, et al., eds., *The Limits of Coercive Diplomacy*, Boulder, CO: Westview Press, 1994; Alexander George, *Forceful Persuasion: Coercive Diplomacy as an Alternative to War*, Washington, D.C.: United States Institute of Peace Press, 1991。

统。然而,一个失败的案例是 1990—1991 年的海湾战争,美国并没有通过强制外交劝说伊拉克总统萨达姆·侯赛因(Saddam Hussein)从科威特撤军,美国通过施加经济制裁等"拧螺丝"策略给萨达姆施加了很大压力,最后采取下达"最后通牒"措施,设定 1991 年 1 月 15 日为伊拉克从科威特撤军的最后期限,随着期限的邻近,萨达姆并没有就范,最终海湾战争爆发,强制外交失败。

当然,采取哪一种方式,强制外交仍然是强调立足于说服对手停止侵略,而非痛击对手,令其止步,更强调维护利益的决心和采取武力的可信性,强调信号传递、讨价还价和谈判等和平的可能性。① 可见,强制外交是一种带有欺骗性质的方略,这一方略能否成功,往往取决于强制国能否在对手心中造成一种服从其要求的紧迫感,能否影响双方动机的强弱对比,能否实现将强制国的动机和要求限定在不影响对手重要利益的范围内。影响强制外交结果的相关因素是西方学术界研究的重点。由于强制外交是通过影响对手的战略判断、左右其战略决策而奏效,因此强制外交能否成功,说到底取决于强制方与被强制方之间的博弈,是双方权力与意志的较量。以下研究都对影响强制外交结果的因素做了探讨。

托马斯·谢林通过抽象演绎总结出了强制成功的五个影响因素:一是强制者所传递的威胁必须有力,使敌手确信如不服从,则会付出很高的代价;二是强制者必须向对手传递足够可信的决心,如不顺从,强制方有实施威胁的决心和能力;三是强制者可以给予对手一定的时间考虑,但必须设置明确的最后时限;四是强制方必须向敌手保证,服从将不会导致未来提出更多的要求;五是冲突不能被知觉为零和博弈,双方必须在避免全面战争方面存在一定程度的共同利益,任何一方必须确信它可以通过协商而不是单方面使用武力获得更多的收益。② 谢林的研究非常明确,但理论过于抽象,在实践中缺乏可操作性。

相比谢林的演绎分析,亚历山大·乔治的分析看上去比较科学。他将影响强制外交的因素分成两大类变量:情境变量和成功变量。其中,情境变量包括全球战略环境、挑衅的类型、战争的意象、单边的或联盟的强制外交、敌手的孤立等。成功变量包括目标的明确性、动机的强度、动机的不对称、被强制方有紧迫感、强有力的领导、充分的国内支持、充分的国际支持、被强制方对于难以接受的危机升级的恐惧程度、关于解决危机的确切条件的明确性等。除此之外,乔治还阐述了将强制外交的一般战略适用于某个具体危机环境需要作出的努力,主要包括四个方面:第一,向敌手提出什么要求;第二,是否以及怎样造成必须服从的紧迫感;第三,威

---

① [美]戈登·克雷格、亚历山大·乔治:《武力与治国方略——我们时代的外交问题》,时殷弘等译,商务印书馆 2004 年版,第 274 页。
② 参见 Thomas Schelling, *Arms and Influence*, Connecticut: Yale University Press, 1966, pp. 1, 3-4, 69-76, 89。

胁将会对不服从做出什么惩罚；第四，除了威胁之外是否给予敌手积极的诱导物或者说"胡萝卜"。还有的学者基于乔治的分析，将影响强制外交结果的因素分为三大类，即环境性因素、策略性因素和认知性因素。

在众多关于强制外交的研究中，彼得·雅各布森（Peter Jakobsen）提出了强制外交取得成效必须满足的四个条件。一是威胁使用武力彻底击败对手的心理防线，迫使其以较小的代价迅速放弃其目标。这一强制以雷霆手段为主，以至于对手的任何不顺从都会造成巨大的代价。二是设置顺从的最后期限，通过最大化地赋予威胁以可信度，强制者必须设置清晰的最后时限，一旦突破最后时限将可能导致严重后果。三是向对手做出不会提出更多新要求的明确保证，如果对手担心顺从可能会导致更多的新要求，顺从强制者要求的动机将实质性降低。因此，强制者必须明确向对手提出不会再有任何新的要求，唯有顺从现有的要求，才有成功的机会。四是提出顺从的引诱物。在强制中要有效地使用各种诱惑，这些努力是带来更人可信度和明确保证的催化剂。①

罗伯特·阿特（Robert Art）和帕特里克·克罗宁（Patrick Cronin）在伊拉克战争后，修订了亚历山大·乔治的强制外交理论，他们反对简单地通过军事恫吓来达到"强制说服"的目的，认为一项成功的强制外交需要包括以下四个方面的基本要素。一是准备使用武力的决心。一旦敌对国家不接受制裁、核查、查扣等强制性的行动，强制外交需要具有直接升级为军事打击行动的意志和决心。二是建设性的诱导。目标国如果能够做出行为的改变，放弃危险性的行动，就能得到相应的好处和补偿。因此，强制外交不应该拒绝对话和外交接触，但需要按照实施强制外交国家的目标和条件来设计对话和接触的条件。三是持续性、不间断的强制行动。这些强制行动包括贸易和金融制裁、禁止目标国飞机和船只靠岸、对目标国的嫌疑船只采取强制拦截、扣押与核查。四是在强制行为中"有限但明确地使用军事力量，或者威胁使用军事力量"，成功的强制外交必须包括武力威胁和必要时小规模地使用武力，但并不意味着出现冲突便迅速向升级军事冲突的方向转化。②

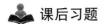 **课后习题**

一、名词解释

遵约　　履行　　强制执行　　强制外交

---

① Peter Jakobsen, "Coercive Diplomacy: Countering War-Threatening Crises and Armed Conflicts", *Contemporary Security Studies*, 2015, pp. 279-293.
② Robert Art and Patrick Cronin, eds., *The United States and Coercive Diplomacy*, Washington, D.C.: United States Institute of Peace Press, 2003, pp. 6-10.

二、论述题

1. 遵约和履行之间有什么区别和联系?
2. 国际条约从签订到国内履行需要经历哪些过程?
3. 现行的全球治理体系中保障国际条约得到履行的措施有哪些?

第十二章
能力建设

在全球治理能力研究中,有一个狭义的能力建设问题。1997年,世界银行将能力建设定义为:"为了使所在地区的所有国家达到共同发展而用于人民、机构和活动的投入。"[1]能力建设同时聚焦于促进人民、政府、国际组织和非政府组织意识到其发展目标并提高其基本能力,使其达成可测量的可持续目标。从这个意义上来说,能力建设是全球治理内涵式发展的重要内容,是在可持续发展议题下,经济发展和社会发展协调并进的产物。[2] 能力建设包括人力资源管理、预算、基础设施管理以及为保障全球治理相关活动得以开展的一系列援助项目管理、团队建设和风险管理等。总之,一切与保障全球治理正常运行和国际公共产品供给相关的人力、物力、财力和活动的投入和支持,都可纳入能力建设的范畴。

第一节 国际公务员制度

全球治理是众多行为体围绕某一全球性问题开展的持续性的协商和互动过程,其有效运行离不开高素质的人力资源支持。参与全球治理的人力资源,需要具有全球胜任力,不仅需要具有世界眼光和全球视野,还需要具有深厚的专业知识和行动能力,也需要跨文化沟通的能力。这样的人才既需要一个漫长的组织培养过程、又需要人才自身的深厚积累。

一、国际公务员及其类别

全球治理需要具有全球胜任力的人才,这些人才拥有和各国外交人员类似的政治地位和外交特权,被称为国际公务员。尽管国际组织可以追溯到维也纳和会

---

[1] *Partnership for Capacity Building in Africa: A Progress Report*, Uppsala: Nordic Africa Institute Press, 1997, pp.29-38.
[2] 潘家华:《能力建设的内涵及其在发展中国家的实践》,《世界经济与政治》1996年第7期,第5—9页。

之后建立的莱茵河委员会,但真正现代意义上的国际公务员起源于1905年建立的国际农业协会。① 第一次世界大战后建立的国际联盟和第二次世界大战后建立的联合国,逐步完善了国际公务员的管理制度。尤其是1921年国际联盟主持下出台的《诺贝尔梅耶报告》明确了国际公务员的选拔标准和相关制度保障,②其基本原则最终被发展并载入《联合国宪章》。根据联合国的相关制度规定,国际公务员从世界各国选聘,唯才是用,忠于联合国的职守,在秘书长领导下,专诚为国际社会服务,超然独立,不听命于任何政府或其他当局,亦不受其干涉,律己从公,唯联合国利益为重。"效率、才干、忠诚"成为国际公务员聘用的首要标准。2001年,联合国修订了1954年的《国际公务员行为标准》,列举了国际公务员的50条行为标准,2002年采取了管理和技术性改进措施。③

国际组织公务员是全球治理人力资源的重要组成部分。国际公务员是指在国际组织及其下属机构中服务、具有正式编制且符合现代公务员制度的一些基本要求的职员。现代意义上的国际公务员具有国际性、独立性和稳定性的特点,凡是在政府间国际组织中工作,符合国际性、独立性和稳定性特点,无论国籍、性别、宗教等因素,受雇于某国际组织且仅对该国际组织负责的长期工作人员都应该被视为国际公务员。狭义的国际公务员特指在联合国系统中工作的办事人员,本书侧重介绍这类国际公务员的类别。截至2016年12月,联合国系统共有39 700名工作人员。④ 国际维和行动中的军事人员不属于国际公务员,仅文职人员属于联合国统一派遣的国际公务员。

一般来说,国际公务员存在不同的分类。按照职务类别,可以分为一般人员、业务人员、司级人员、高级官员。按照职业类别,可分为专业及以上职类、外勤人员、一般事务及其有关职类等。按照招聘属地可以分为全球招聘、当地招聘人员等。在联合国,国际职员中等级最高的是联合国秘书长,由安理会推荐、联大选举通过。秘书长之下还有副秘书长、助理秘书长以及秘书长特使等,均由秘书长任命。除此之外,联合国其他职位都要通过竞聘获得。联合国普通职员的职位分为四个等级:高级职位、专门职位和一般事务职位以及技术合作专家。

1. 高级官员

高级官员是指D级别(directors)及其以上职位者,包括D1(特等干事,principal

---

① 赵劲松:《联合国与国际公务员法律制度的发展》,《外交评论(外交学院学报)》2006年第4期,第35—41页。
② 王家兵:《联合国公务员制度的改革》,《外交评论(外交学院学报)》2008年第2期,第59—71页。
③ 《国际公务员标准》,中华人民共和国人力资源和社会保障部网站,http://www.mohrss.gov.cn/SYrlzyhshbzb/rdzt/gjzzrcfw/gjzzrsztd/201701/t20170123_265458.html,最后浏览日期:2020年12月6日。
④ 联合国:《我们是谁》,联合国网站,https://careers.un.org/lbw/home.aspx?viewtype=WWA&lang=en-US,最后浏览日期:2021年12月3日。

officers)和 D2(主任,director)两个级别。高级官员是联合国的高级管理人员,要求具有多年丰富工作经验,年龄一般在 50 岁以上,是国际组织的内设机构负责人,大多由国际组织行政首长任命产生,部分也参与竞聘。在联合国内部,D 级以上的高级官员包括两部分:一是联合国首席行政首长(比如秘书长)、联合国专门机构的一把手(比如,世界卫生组织总干事、国际劳工组织干事长),这些岗位一般是由联合国大会或者相应国际组织代表大会选举产生,相关待遇也由全体大会审定并签订合同;二是联合国秘书长任命的若干副手以及联合国专门机构一把手任命的主要助手等。

2. 专业官员

专业官员统称为 P 级职员,包括 P1 到 P5 五个级别,具体为科员(P1 级)、高级科员(P2 级)、科长(P3 级)、副处长(P4 级)、处长(P5 级)。业务官员涉及的专业面比较广,包括行政、财务、人事、法律、外交、语言、信息等。

3. 一般事务官员

一般事务官员统称为 G 级职员(general service),主要从该机构所在地的当地人中录用,分为 G1 到 G7 七个级别,主要是秘书、服务人员和安全人员等工作职员。其中,G1 到 G3 级别最低,大多面向公众招聘,通过简单考试即可,但对语言有一定要求。G5 到 G7 多为内部调动或升级。G 级官员如果希望进入 P 级职员,必须通过联合国内部举行的一年一度的考试。

4. 技术合作专家

在国际组织内部,在对广大发展中国家进行援助的过程中,以受援助国的要求为基础,派遣具有专业知识和经验的技术专家进行为期三个月到三年不等的短期援助活动,这些技术专家统称为技术合作专家。联合国一般将技术合作专家按照 L1 到 L7 的级别进行划分,L1—L5 的薪金水平大致相当于 P1—P5 的,L6 和 L7 的薪金水平相当于 D1 和 D2 的。

二、国际公务员的素质要求

能力素质是一个心理学概念。1895 年,心理学家西格蒙德·弗洛伊德(Sigmund Freud)与安娜·布罗伊尔(Anna Breuer)合作发表《歇斯底里研究》,创立了"冰山理论"。弗洛伊德把人的内心活动的层次比作冰山,由上到下依次为意识、前意识和潜意识。前意识是内心活动中最活跃且波动幅度最大的部分,具有可干预性。[①] 在弗洛伊德的人格理论中,他认为人的心理分为超我、自我、本我三部分,人格就像海面上的冰山一样,露出来的仅仅只是一部分,即有意识的层面;剩下

---

① 史惠斌:《弗洛伊德精神分析中的舆情启示及引导策略》,《人民论坛·学术前沿》2019 年第 20 期,第 108 页。

的绝大部分是处于无意识的,而这绝大部分在某种程度上决定着人的发展和行为。20世纪中后期,哈佛大学的戴维·麦克利兰(David McClelland)教授提出了素质体系的冰山模型:一个人的素质就好比一座冰山,冰山之上是技能和知识,可以比较容易地通过教育和培训来改变,冰山之下是个性、品质、自我形象、社会动机、内驱力、价值观和态度,相对稳定且不易受到干预而改变,对人的行为表现起关键作用。① 明确素质模型是国际公务员管理的一个重要内容。

根据《联合国宪章》规定,国际公务员的最高标准是效率、才干和忠诚。② 这一规定明确了国际公务员的能力素质方面的要求。在所有标准中,价值观和基本能力是最主要的素质要求。在价值观上,国际公务员要求宽容、谅解并尊重他人,做到独立、忠诚并兼顾合理的国家利益。在基本能力上,国际公务员要有扎实的专业知识和技能,良好的语言、交流、学习、合作和管理能力,尤其是跨文化交往能力。具体来说,国际公务员需要具备如下素质。

(一) 核心价值观

国际公务员要求具有核心价值观,严格恪守忠诚、国际、独立和中立等品质。国际公务员的效忠对象是国际组织,致力于践行国际组织的宪章和章程规定的核心价值观,成为服务全球公共利益的世界公民。1954年联合国通过的《国际公务员行为标准》规定国际公务员要忠于自己的组织,要从全世界的角度,要以尊重多样性和为人类奉献的精神来实现自我价值。③ 国际公务员的职责具有国际性,一旦聘用为国际公务员,就不能作为国家代表为本国利益服务。比如,世界卫生组织前总干事陈冯富珍在接受中央电视台的采访时说,"我是国际公务员,我要坚守中立、公平、公正的原则去办事,我现在是为全世界人们的健康做事,为世界卫生组织193个成员国服务,中国是193个国家之一"④。国际公务员在为国际组织服务的过程中,坚持独立履职,不为任何国家或特殊利益所主导,也不干涉成员国决策,恪守独立性和中立性的立场。当然,受到各种复杂国际政治关系影响,真正做到中立也是很难的,国际组织也通过"地域员额分配制度"进行平衡,努力实现中立、公正和不偏不倚。

---

① 苏兰、何齐宗:《公共精神结构模型的理性审思与多维建构》,《广西社会科学》2017年第11期,第151—155页。
② 联合国:《联合国宪章》(1945年6月26日),联合国网站,http://www.un.org/en/charter-united-nations/,最后浏览日期:2021年3月30日。
③ 《国际公务员标准》,中华人民共和国人力资源和社会保障部网站,http://www.mohrss.gov.cn/SYrlzyhshbzb/rdzt/gjzzrcfw/gjzzrcfsxzd/201701/t20170123_265458.html,最后浏览日期:2020年12月6日。
④ 《国际高官里的中国面孔》,中国共产党新闻网,http://cpc.people.com.cn/n/2013/1129/c64387-23691268-2.html,最后浏览日期:2020年12月6日。

（二）专业核心能力

国际公务员除了具有核心价值观外，还要具有完成岗位职责的专业素质与处事能力。熟悉业务、掌握专业知识是国际公务员高效工作的前提条件。专业知识是在一定范围内相对稳定系统化的知识，国际公务员要熟悉世界形势、国际关系、国际法、各国立场、问题属性、相关专业领域的必要知识等，只有熟悉掌握这些专业知识，参与全球治理时才能得心应手。同时，每个岗位面对的问题都是世界范围内的复杂问题，需要国际公务员具有高度的敬业精神和合作精神，能够融入整体开展工作，具有卓越的语言学习能力和专业学习能力，能够尽快进入相关问题领域开展工作，对多元文化具有适应性，具有高超的驾驭多样性和复杂局势的能力。

（三）领导管理能力

全球治理是一个国际范围内的集体行动，要求国际公务员具有组织管理能力和领导素质，能够根据组织目标要求，根据工作任务的特点和需要，灵活地运用各种方法，选择适当的组织形式，设计精干高效的工作机构和控制系统，实行科学的分工和适当的授权，建立和完善各项规章制度，合理组织和有效动员各种力量。具体包括组织指挥能力、协调控制能力、计划决断能力、分析问题能力、处事用人能力和领导执行能力等。作为国际公务员，既要学会怎样做一个领导，有效领导国际集体行动，又要善于做好自我领导，协调好各方面的关系。

在全球治理实践中，各国际组织的人力资源部门为了建立清晰的期望和可衡量的绩效标准，帮助员工了解预期期望、目标和技能，开发了各种能力框架模型，为工作描述、招聘、绩效管理、学习与职业发展等人力资源流程打下良好基础。联合国系统内各部门在联合国"未来胜任力模型"的基础上制定了自己的竞争力框架文件，主要内容大同小异，但各项指标的优先顺序不同（具体如表12.1所示）。

表12.1 国际组织胜任力框架汇总比较

国际组织	核心价值观	专业核心能力	领导管理能力
联合国	1. 正直 2. 专业化 3. 尊重多样性	1. 沟通 2. 团队合作 3. 计划与组织 4. 问责制 5. 创造力 6. 客户导向 7. 持续学习 8. 技术意识	1. 领导力 2. 视野 3. 激励他人 4. 建立信任 5. 管理绩效 6. 判断力/决策力

续 表

国际组织	核心价值观	专业核心能力	领导管理能力
联合国教科文组织	1. 对组织的承诺 2. 正直 3. 尊重多样性 4. 专业化	1. 问责制 2. 沟通 3. 团队合作 4. 创新 5. 重视结果 6. 计划与组织 7. 知识分享和持续进步	1. 驱动和管理改革 2. 战略思维 3. 保证决策品质 4. 建立伙伴关系 5. 领导、激励他人 6. 管理绩效
联合国粮农组织	1. 对组织的承诺 2. 尊重所有人 3. 正直和透明	1. 重视结果 2. 团队合作 3. 沟通 4. 建立有效关系 5. 知识分享和持续进步	1. 重视结果 2. 领导、参与、激励他人 3. 沟通 4. 合作和倡导能力 5. 知识分享和持续进步 6. 战略思维

资料来源 笔者依据各国际组织相关公告,整理制作本表。详见 UNESCO Competency Framework, https://en.unesco.org/sites/default/files/competency_framework_e.pdf; United Nations Competencies for the Future, https://careers.un.org/lbw/attachments/competencies_booklet_en.pdf; UNFAO Competency Framework, http://www.mohrss.gov.cn/SYrlzyhshbzb/rdzt/gjzzrcfw/gjzzrszd/201704/P020170406517321918411.pdf。

三、国际公务员招聘选拔

严格意义上来说,国际组织是一个使用人的场所,而非培养人的场所。但是全球治理也是人才成长的摇篮和孵化器,在全球治理舞台上行走的国际公务员会受到非同一般的锻炼。国际公务员的聘用,按照其国籍和工作地点的关系,分为当地聘用职员和全球招聘职员。一般职位的公务员,原则上都属于当地聘用的职员,如安保、司机、厨师等工勤人员。专业官员以上的职员大多属于国际招聘的职员,根据聘用时限可以分为临时聘用和终身聘用两类。一般来说,终身聘用原则上是针对那些长期为国际组织工作且能力出众的国际公务员,而试用期(一般为两年)结束或者持续工作五年后可以转为终身聘用。《联合国宪章》第101条规定:"办事人员之雇用及其服务条件之决定,应以求达效率、才干及忠诚之最高标准为首要考虑。征聘办事人员时,于可能范围内,应充分注意地域上之普及。"[①]国际组织招聘工作人员,要综合考虑这些基本要求,通过竞争选拔和公开透明的招募方式进行招聘。

在招聘国际公务员上,国际组织坚持公开、平等、竞争、择优的原则,在个人素

---

① 联合国:《联合国宪章》(1945年6月26日),联合国网站,https://www.un.org/en/charter-united-nations/,最后浏览日期:2021年3月30日。

质上强调效率、才干和忠诚的最高标准，既重视学历，也重视实际工作经验。在制度上也采取了"适当幅度"和"地域分配"等规定。实际上，在招聘过程中主要坚持如下两个基本原则。一是地域分配原则。为了确保公平分配，国际组织公务员基本上遵循地域分配名额的原则。以联合国来说，成立之初美国人占绝大多数，后来随着 20 世纪 60 年代发展中国家的纷纷独立，亚非拉的人选有所增加。联合国对专业官员以上职位实行适当员额分配制度，根据会籍因素（40%）、会费因素（55%）和人口因素（5%）确定会员国的分配比例，并确立了上下增减 15% 的弹性，将职位基数分配给相应的国家。此外，联合国公务员中还遵循不成文的"独占保留"的做法，将有些职位保留给某些国家。不过，事实上的分配并不平衡，会存在无人任职、任职人数偏少、幅度内任职人数偏多等问题。二是男女平等原则。国际公务员实行男女平等原则，鼓励妇女应聘专业职位，在同等条件下优先考虑合格的女性领导人。但是，由于女性参与国际组织仍然存在一些客观障碍，比如女性参政比例偏少，女性参与的国际组织主要集中在联合国儿童基金会、联合国人口基金会等机构，真正做到男女平等还是比较困难的。

总体来看，联合国及其专门机构的职员除了首席行政首长由成员国代表大会选举产生以外，大部分职位是通过招聘产生的。招聘形式主要有以下两种办法。一是由联合国向各个成员国分配名额进行招募。此种办法主要适用于某些高级职位的官员，比如联合国副秘书长、内部司局级部门负责人、联合国维和行动的负责人、参谋人员和地区行政事务管理人员等。此类高级官员的招聘过程并不公开，也不透明，主要由各国政府根据自身考虑进行确定，国际组织做一些必要的审查。二是面向所有成员国进行公开招募。联合国有一个正式的招聘程序，公开招聘的岗位信息包括岗位责任、素质要求、资格条件，要求精通英语或法语。一般是本人提交申请，提交相关情况资料，如果联合国认为专业对口，就会进入面试。面试一般由 3—4 人组成的挑选小组主持，通过电话会议或者在联合国面试，挑选小组将面试情况提交给招聘委员会，通过审查后推荐给机构主要负责人签署生效。一般来说，候选人除了相关学历和专业经验外，还需要不少于 6 年的工作经验。除上述两种渠道外，国际组织经常因为工作需要，把会员国政府部门任职的重要官员借调到联合国工作，如中国的谢启美大使、冀朝铸大使等都曾经有被借调到联合国的经历。

对于联合国工作中的 P1 和 P2 级别的工作人员，通常采取青年专业人员考试的办法进行招聘。自 1979 年联合国大会通过《关于举办竞争性招聘考试的决议》以后，青年专业人员方案（young professional programme，YPP）成为联合国招聘国际职员的一项招聘计划，通过将一些优秀后备职员纳入联合国人才库，协助才华横溢、高素质的专业人员在联合国秘书处开展国际公务员生涯。成功的候选人在联合国开始职业生涯后,将参加入门考试和专业发展计划。该考试每年举行一次,向参加年度招聘活动的国家的国民开放,邀请未在联合国任职或任职人数不足的国家参加青年专业人员计划。参与国家的名单每年发布一次,并且每年都在变化。一般事务及其他有关职类工作、并渴望在专业人员及以上职类工作的联合国秘书处的工作人员也可以参与。根据联合国的人员需求,邀请申请人参加不同的考试科目。职责、预期能力和教育要求因地区而异。

青年专业人员考试和国家竞争考试主要考察应聘者的外语水平和专业能力。基本申请标准如下:具有参与国的国籍;至少拥有与申请的考试主题相关的本科学历;考试时年龄在32岁或以下;精通英语或法语。申请流程如下:(1)确认申请资格;(2)审查职位空缺;(3)使用申请手册准备申请;(4)筛选申请。如果申请成功,将受邀参加考试,否则将被通知没有考试资格。考试内容:包括笔试和口试。口试包括基于能力的视频会议面试,每位候选人都将接受由专门考试委员会成员组成的小组面试。笔试包括考察一般知识的综合卷和侧重考察专业能力的专业卷。每次考试的问题形式、问题数量、考试时间等均可能有所不同。综合考试与计划在同一日期举行的所有YPP考试相同,旨在评估应试者是否具备在像联合国这样的复杂国际组织中工作所需的基本技能。其中,可能包括起草文件、书面交流技巧以及联合国的"正直与尊重多样性"核心价值观。YPP考试通过者将进入填补空缺职位名册,名册有效期3年,入职者将签订2年合同,2年后表现良好可以续签。本科学历没有工作经验者分级为P1,本科学历有2年工作经验者为P2级别。重新分配计划(managed reassignment programme,MRP)每年举行一次,任职至少2年的初级专业人员(P2)可以选择自己感兴趣的职位来更换岗位。

此外,国际组织还通过设立一些实习项目和志愿者项目,吸引优秀年轻人。比如联合国的实习生项目,如果希望日后进入外交或公共政策领域,联合国实习是一个极好的起点,本硕博都有机会。各国际组织都有自己的实习项目及其要求,感兴趣的同学可以登录各国际组织的官网查看详情。

第二节 国际组织预算管理

巧妇难为无米之炊。一切美妙的全球治理蓝图都不能缺少充足的经费预算。全球治理规划必须从实际出发,量力而行,在制订规划的时候不能缺少预算。大多数国际组织的财政年度采用历年制,但自20世纪70年代以来,不少国际组织开始编制为期两年的规划预算,目的是减轻在预算编制、审批等方面的工作量,加强有关国际组织间的预算协调。

一、国际组织预算支出管理

预算管理是国际组织和全球治理的重要保障。所谓国际组织预算,是指国际组织在特定财政年度编制的收支计划。从使命和功能出发,国际组织将每年的活动计划进行量化,制订工作计划,编制资源预算,对计划投入产出内容、数量以及投入产出时间安排做出详细说明,确保计划目标得以实现。国际组织一直高度重视预算管理,采取巡视员和统计报告的方式对各种工作进行评价,并不断采取创新的政策和计划确立绩效导向的监管和评价。早期,国际组织在预算管理上更多采取审计手段,后来越来越专业化。

在早期,国际组织的预算绩效评价更多关注于审计方面,在大多数组织中,评价职能与内部审计处于同一组织位置。世界银行于1970年建立了相对独立的业务评价组织,于1973年成立了完全独立的业务评价局。业务评价局成为首个独立于组织内部审计部门的绩效评价部门,且评价报告也不向世界银行行长报告,而是为确保其独立性,直接向理事会报告。[①] 独立评价部、独立评价办公室等部门,负责在绩效自评的基础上监督国际组织资金的支出使用。20世纪80年代以后,随着新公共管理运动在欧美国家的兴起,推动了"以结果为导向"的新绩效预算的改革,强调对正在实施的计划进行预算控制。联合国开发计划署在20世纪90年代开始实施以结果为导向的管理,要求建立一项全面规划和结果管理制度,推动了世界银行等国际组织纷纷确立以结果为导向的预算管理制度,出现了结果框架(result framework)和结果链(result chain)等新理念,越来越多的国际组织开始建立联合评价机构(如评价联合小组和OECD/DAC发展评价网络),并建立统一的标准和原则,采取协调一致的绩效评价方法。总之,在预算管理上,国际组织普遍的趋势是从过程评价向结果评价转变,从分散评价向协调一致转变,越来越重视中长期评价和整体发展趋势控制。

国际组织的预算编制程序非常复杂,是一个环环相扣的系统。首先,由专门预算部门(如预算局)制定预算指示,并将指示下达到组织内的各个部门。其次,这些部门根据本部门的有关指标编写本部门的支出申请书。最后,由专门预算部门汇总各部门的预算支出申请,并根据汇总的支出总数决定各成员国应分摊的经费额度(或借款数)。编好的预算草案先交给该组织的首脑修订、审核,此后由有关机关讨论,最后送交该组织的全体会议批准。由于预算问题是国际组织内部的重大问

---

① 参见"About IEG",The Independent Evaluation Group website,https://ieg.worldbankgroup.org/about-us,retrieved November 16,2021。

题,因而预算的批准一般须得到 2/3 票数的赞成。国际组织的收支一般以美元进行核算。为确切地反映不同财政年度的实际收支数,各国际组织都编制决算报告。为提高预算资金的使用效率,大多数国际组织还规定,对预算的全过程实施行政监督。行政监督有内部监督和外部监督之分,内部监督由会计部门负责,其目的是保证普通预算和各种特别预算收支数的正确无误。外部监督由专门聘请的稽核员执行,其对象是国际组织的决算,其目的是保证各种预算数目及程序符合有关财政规章。

国际组织的预算评价往往采取自我评价与第三方评价相结合的方法进行。自我评价一般是由国际组织对相关项目根据组织最终目标和计划指南评价绩效,往往是在对数据进行整理、汇总的基础上,对结果进行系统和定期分析,总结优劣势和经验教训,便于指导下一步的工作。自我评价方法的典型例子是欧盟从 2000 年开始实施的公共评估框架。自我评价有利于国际组织协调和调度资金用途,但缺点是缺乏客观性,往往存在过于强调工作成绩的倾向,评价结果的客观性往往不足。第三方评价是为了克服自我评价存在的问题而建立起来的,自 20 世纪 70 年代开始,国际货币基金组织、世界银行、亚洲开发银行等机构都建立了独立的评价部或独立评价局,以提高评价的规范性、科学性和准确性。比如,世界银行在 1973 年就建立了独立于世界银行管理的业务评价局,在 2006 年建立了独立评价局;国际货币基金组织也在 2001 年成立了独立评价处,完全独立于国际货币基金组织的管理,甚至与执行董事会保持一定距离。此外,很多国际组织也开始建立联合评价机构,1996 年成立的评价联合小组就对亚洲开发银行、非洲开发银行、欧洲复兴与发展银行、美洲开发银行和世界银行这五个多边开发银行的评价方法进行协调。第三方评价的优点在于相对脱离资金使用主体的影响,评价程序和标准都比较规范,评价结果更为客观和准确,但缺点是可能会出现评价脱离国际组织项目实际需求的问题。

二、国际组织预算收入管理

国际组织的收入来源是非常多样的,不同于各国政府收入主要来自税收,国际组织的预算收入主要来自各国政府和成员缴纳的会费,还包括其他国际组织、非国际组织、伙伴、慈善基金会、私营实体、个人提供的捐赠经费,甚至有学术机构的捐款。在实践中,国际组织通常通过争取赠款来筹集资金,政府部门和私人基金会、慈善信托基金向非营利组织提供赠款,以使交易各方受益。近年来,国际组织的筹款方法多种多样,与时俱进。许多慈善机构和非营利组织越来越多地使用互联网筹集资金。这种做法称为在线筹款。

联合国是当今世界最大的普遍性国际组织。《联合国宪章》第 17 条规定,联合国组织的会费"应由各会员国依照大会分配限额担负之"①。联合国的经费来源由三部分组成：一是正常预算，用以支付主要机构和辅助机构的行政开支和活动费用等，比如，联合国工作人员的工资、办公用品及设备的购置与维修、通信联络、会议服务、文件印刷等其他系列服务；二是维持和平行动经费；三是预算外资金，联合国的其他活动所需经费靠会员国捐款，由捐助国决定用途，并直接交秘书长代管。

1. 正常预算的经费来源

由所有会员国按一定的比例分摊。会费比额表由各会员国充分讨论和协商，并经大会审议决定。会费比额表每三年重新审议一次，而每次的比额都有调整，以反映世界各国经济的最新情况。制定会费分摊比额表的基本原则是"支付能力"，即按会员国的各自经济实力分摊联合国的会费。各国应缴纳的会费数额由大会根据会费委员会建议批准的比额表确定，主要根据每个国家的国民生产总值、人口、支付能力等因素予以确定。此外，联合国会费还有最高和最低摊款限额的规定。从1974年开始，最高摊款限额不能超过整个预算的25%，最低不能低于0.001%。

在近几届联大审议会费比额问题上，会员国之间的争论十分激烈。美国、欧盟、日本、七十七国集团等都出自不同集团或国家的利益，提出不同的会费方案，导致联大在这一问题上很难做出决定。表面上看，争论的核心就是"谁多出钱，谁少出钱"的问题。回顾历史，1971年中华人民共和国在联合国的合法席位得到恢复，第二年恢复缴纳会费。1974—1979年，中国的会费比例增至5.5%。1980年，中国的比例下调为1.62%，随后一路到1995年下降为最低的0.72%。进入21世纪以来，中国分摊的会费比例持续较快上升。中国的会费比例从2000年的0.995%，上升到2001—2003年的1.541%，然后每三年一个台阶地上升到2016—2018年的7.921%、2019—2021年的12.01%。中国的会费比例在过去的近20年里增加了12倍，是会员国中增长最多最快的。到2019年年底，中国需要承担12.005%的联合国会费，具体数额为3.703亿美元。② 分摊比例的上升体现了中国的大国担当。一些国家经常拖欠联合国会费，对于这种行为，《联合国宪章》第19条规定："凡拖欠本组织财政款项之会员国，其拖欠数目如等于或超过前两年所应缴纳之数目时，即丧失其在大会投票权。"③

2. 维持和平行动的经费来源

联合国维持和平行动费用基本上也是由会员国分摊的，但采用与正常预算不

---

① 《联合国宪章》(1945年6月26日)，联合国网站，https://www.un.org/en/charter-united-nations/，最后浏览日期：2020年12月6日。
② 彭莉媛：《从会费变化看中国与联合国关系的演变》，《国际论坛》2007年第4期，第48—52页。
③ 联合国：《联合国宪章》(1945年6月26日)，联合国网站，https://www.un.org/en/charter-united-nations/，最后浏览日期：2021年3月30日。

同的分摊比例。近年来,国际维和行动的费用急剧增长。2020—2021 年度,联合国维持和平预算拟议数为 66.552 亿美元。[1]

维和费用是在正常预算分摊办法的基础上筹集的。这种办法将会员国分成四组:A 组由 5 个常任理事国组成,B 组由发达国家组成,C 组由经济不发达国家组成,D 组则由特别指定的经济最不发达国家组成。按规定,B 组国家按照其正常预算分摊比例缴纳,C 组国家按其正常预算的 20%分摊缴纳,D 组国家按正常预算的 10%缴纳,而 5 个常任理事国除了按各自正常预算的比例缴纳外,还得承担余下的部分。按现行的维和比额表,安理会 5 个常任理事国维和比额占所有会员国的维和比额的近 49%。其中,美国的比例是 30.5%,法国是 7.9%,英国为 6.2%,俄罗斯和中国分别为 3.5%和 1.2%。美国、日本极力要求作为安理会常任理事国的中国大幅提高维和费用份额。中国政府 2019 年 7 月发表的《新时代的中国国防》白皮书显示,中国积极支持联合国维和行动,是联合国维和行动的主要出资国之一,是安理会常任理事国中第一大出兵国。截至 2018 年 12 月,中国军队已累计参加 25 项联合国维和行动,派出维和军事人员 4 万余人次,16 名中国军人牺牲在维和一线。[2] 2015 年 9 月,习近平主席在联合国纽约总部宣布设立中国-联合国和平发展基金,总额 10 亿美元。此后三年内,基金共支持和平安全与发展领域 30 多个项目,涉及预防冲突、维和人员安全、反恐、落实 2030 年可持续发展议程、帮助难民移民等。[3]

3. 预算外资金的来源

预算外资金主要来源于各种方式的筹集资金。筹集资金是指通过请求个人、企业、慈善基金会或政府机构捐款来收集资金或其他资源的自愿捐款的过程。尽管筹款通常是指为非营利组织筹集资金的努力,但有时也用于指认和募集投资者或营利性企业的其他资本来源。联合国下属机构很多都是依靠会员国政府自愿捐助开展活动的,其中最主要的有联合国开发计划署、环境规划署、人口活动基金、儿童基金、难民署、工业发展组织、世界粮食计划署等。除政府捐助外,联合国发展署以及环境规划署等机构还从联合国正常预算中得到一小部分资金,作为它们的行政和管理开支。每年 11 月,联合国认捐会议都如期在纽约联合国总部举行。尽管中国经济上仍有很多困难,但历年来中国仍对很多机构提供了力所能及的捐助。

---

[1] 联合国:《维持和平行动支助账户 2020 年 7 月 1 日至 2021 年 6 月 30 日期间预算》(2020 年 3 月 9 日),联合国网站,https://documents-dds-ny.un.org/doc/UNDOC/GEN/N20/061/67/pdf/N2006167.pdf?OpenElement,最后浏览日期:2021 年 3 月 30 日。

[2] 《〈中国军队参加联合国维和行动 30 年〉白皮书》(2021 年 4 月 4 日),中国政府网,http://www.gov.cn/zhengce/2020-09/18/content_5544398.htm,最后浏览日期:2021 年 12 月 3 日。

[3] 《中国-联合国和平与发展基金指导委员会举行第三次会议》(2018 年 6 月 18 日),新华网,http://www.xinhuanet.com/world/2018-06/18/c_1123000635.htm,最后浏览日期:2020 年 12 月 6 日。

2015年9月,中国宣布将设立"南南合作援助基金",首期提供20亿美元。2017年5月,中国宣布增资10亿美元。① 该基金成为中国政府为支持其他发展中国家落实2030年可持续发展议程的专门援助性质基金。在气候变化问题上,中国坚定支持气候变化《巴黎协定》,倡导绿色发展。2015年9月,中国宣布出资200亿元人民币建立"中国气候变化南南合作基金",用于支持其他发展中国家应对气候变化。②

第三节　国际事务管理

全球治理是讲规矩的行动过程,所有的国际行为体在参与全球治理时,都必须遵守国际法和相关组织章程。尽管全球治理在实践中的表现形式各异,权力结构、决策程序、运行机制以及参与者等都存在很大差异。同时,全球治理是一项很强的专业事务。从会场安排、礼宾次序、会议服务、安全保卫等技术性问题,到议题设置、议程规划、程序规则等程序性问题,再到立场分化、谈判策略、冲突控制、危机管理等实质性问题,任何一个环节都必须妥善安排,具有很强的专业性。所有这一切都需要做到按照规章和程序办事。

一、国际组织章程及其制定原则

国际组织章程是一个国际组织的"宪法"。一般来说,国际组织的宪章体现了授权或权利的授予,表明作为授予者的成员正式承认接受者行使指定权利的特权。其中暗含的是,授予者保留优越性(或主权),而接受者承认这种关系中的有限(或次等)地位,并且在这种意义上,特许是历史上被授予的,并在现代的使用中得以保留期限。国际组织的章程具有三个基本特点。

一是纲领性。章程规定国际组织的组织规程和办事规则,具有纲领的性质。它属下所有组织和成员都得承认,共同遵守。国际组织宪章是国际组织的最高准则,该国际组织的一切活动和成员国参与国际组织的一切行为,都必须遵循这个章程,体现这个章程的基本精神。

二是程序性。章程一定要通过合法的程序制定,才能要求属下所有国际组织和成员认可,才能要求所有的国际组织和成员遵守。通常的程序是:成立起草小

---

① 《综述:兑现中国承诺　彰显大国担当》(2019年9月5日),新华网,http://www.xinhuanet.com/world/2019-09/05/c_1124965855.htm,最后浏览日期:2020年12月6日。
② 《综述:国际社会高度评价中国气候变化南南合作基金》(2016年11月16日),新华网,http://www.xinhuanet.com/world/2016-11/16/c_1119924181.htm,最后浏览日期:2020年12月6日。

组拟出草案征求意见,最后由该国际组织的最高级会议——代表大会通过,章程才最终被正式确立。

三是条款性。章程需要用条款方式予以说明。章程解说该国际组织的性质、任务、权利、义务和活动原则等,用最简单的语言把有关内容阐述清楚。较多的情况是用章条式排列,以显示各层次之间的关系。条款表达、段列行文是章程表达最突出的特点。

国际组织章程一般包括标题和正文两部分。其中,国际组织章程的标题一般由组织或社团名称加文种构成。标题下面写明什么时间由什么会议通过,加上括号。有关组织的代表大会通过了,就算正式章程。如果是尚未经代表大会通过的,在标题末尾加上"草案"字样。章程正文包括总则、分则和附则三部分。总则又称总纲,总体说明组织的性质、宗旨、任务和作风等。分则规定成员、组织和经费等内容。其中,成员部分涉及成员条件、权利、义务和纪律;组织部分涉及代表大会、理事会、常务理事会、秘书处、专门机构等;经费部分涉及经费来源和使用管理等。附则附带说明制定权、修改权和解释权等。成立国际组织之初,起草章程要注意遵守一些约定俗成的基本原则,下文以联合国为例予以说明。

一是内容完备。国际组织章程的内容要包括组织名称、宗旨、任务、组织机构、会员资格、入会手续、会员权利义务、领导者的产生和任期、会费的缴纳和经费的管理使用、章程的修正与签订等。必要的项目要完备,既突出特点又照顾全面。

二是结构严谨。章程全文由总到分,要有合理的顺序。开篇开宗明义,表明国际组织的宗旨。分则部分,一般先讲国际组织成员,后讲组织机构。在组织机构部分,先讲代表大会,次讲安理会、经社理事会等其他组织。分则部分还包括具体重点事务,如国际托管和维护和平的行动。最后阐明修正和批准等程序。章程内容要环环相扣,体现严密的逻辑性,使章程成为一个有机的统一体。同时,章程条款要完整和单一,一条只表达一个意思,以便于言说、执行和引用,既不要把一个完整的意思拆成几条,弄得零零碎碎,也不要把几个意思合在一条之中,造成交叉杂乱。

三要明确简洁。章程的文字表达要明确简洁,尽量用很少的话把意思明确地表达出来。章程既要用段列行文法,合理运用各种层次小标题;也要用条文表达,句与句、段与段之间语义明确,不拖泥带水。在章程条文表达上一般不要用"因为……所以……""虽然……但是……"等关联词语。此外,章程的语言表达多用词语的直接意义,不用比喻、比拟、夸张等修辞手法。

二、国际项目管理

全球治理一般实行项目化管理,将全球治理事务转化为一个个责任明确、运行规范的项目。所谓项目管理,是指项目的管理者在有限资源的约束下,运用系统的观点、方法和理论,对项目涉及的全部工作进行有效管理,即从项目的投资决策开始到项目结束的全过程,进行计划、组织、指挥、协调、控制和评价,以实现项目的目标。

项目管理通常被视为是第二次世界大战的产物,比如曼哈顿计划。1950—1980年,应用项目管理的主体主要是美国国防建设部门和建筑公司。在美国面临史普托尼克(Sputnik)危机之前,项目管理在国际事务上还没有被视为一个独立的概念。苏联成功发射卫星后,美国在1958年发明了计划评估和审查技术,应用于北极星导弹潜艇项目,项目管理开始成为美国处理国际事务的重要治理工具。与此同时,一些企业也在开发类似的项目管理工具,比如,美国杜邦公司就发明了一个被称为关键路径方法的项目管理模型,参考了计划评估和审查技术,将军事任务的项目管理经验用于私人企业管理实践中,其经验越来越被国际组织所学习,项目管理日益成为全球治理的重要运行方式。

与国内部门和企业的主体单一的封闭性管理结构不同,全球治理是一个主体多元的开放型管理过程,项目管理通过计划评估和审查技术,将治理任务分解为不同项目流程中的诸多环节,将任务落实到不同行为体上,从而解决了全球治理权威分散和协调不力的难题。具体来说,全球治理中的项目管理是一个环环相扣的复杂系统,它通过加强一系列程序管理,将任务分解成若干具体工作环节,并落实责任,督促推进。具体来说,项目管理包括以下环节。

(1) 范围管理。全球治理的议题往往是覆盖全球的重大议题,且矛盾盘根错节,十分复杂,如果没有精准界定项目范围,就会导致治理任务无处下手。因此,在界定治理议题之后,必须在明确治理目标的基础上,确定项目范围,对项目的工作内容进行控制,形成一个可预期的项目规划。比如在全球气候变化议题上,需要明确界定全球气候变化的目标,确立减排、达峰、减缓、适应、技术、援助等若干议题范围,推动众多行为体通过国际会议、谈判和活动等逐步解决。

(2) 时间管理。时间管理保证项目能够按期完成。在宏观计划指导下,各参与单位编制自己的分解计划,才能保证项目的顺利进行。在全球治理项目实施过程中,为了确保项目最终按时完成,必须明确相关时间节点、活动排序、进度安排及时间控制等要素。从项目立项之初,就要明确安排相应的时间进度,并定期督促推进。20世纪中后期,为了推进国际发展议程,联合国每十年制定一个发展十年规划,并陆续推出联合国千年发展目标、2015年后议程和可持续发展议程,持续推进国际发展目标,是时间管理的典范。

(3) 成本管理。为了保证项目推进和完成,全球治理的项目管理还需要对人力、物力、财力等实际成本进行预算控制,明确财务管理模型,确保相关支出费用不超过预算成本,具体包括资源的配置,成本、费用的预算以及费用的控制等工作。成本管理保证项目在批准的预算范围内完成,包括资源计划的编制、成本估算、成本预算与成本控制。全球治理项目涉及众多行为体,如果不能加强成本核算、做好预算控制,很容易造成成本失控。

(4) 质量管理。质量管理是项目管理的核心。质量是项目成功的前提和保证,质量管理包含质量计划、质量控制与质量保证。为了确保全球治理项目达到预期的质量要求,需要加强质量计划、质量控制和质量保证等工作。近年来,国际组织纷纷采取以结果为导向的绩效管理模式,越来越强调严格结项标准和程序,采取用户体验、专家会议、第三方评估等做法,严格项目质量控制。

(5) 人力管理。全球治理项目涉及不同文化背景的人群,需要保证所有项目相关人员的能力和积极性都得到最有效的发挥和利用,还需要充分考虑宗教信仰、文化差异和利益矛盾等问题,在组织规划、团队建设、人员选聘和项目班子建设等方面做出合理设计。在项目实施过程中,还需要加强跨文化沟通,提升管理人员的综合能力,及时协调处理出现的矛盾和分歧。

(6) 沟通管理。信息是全球治理项目管理的重要因素,加强项目信息管理,提高透明度,是全球治理项目顺利实施的重要保障。为了确保全球治理项目的信息的合理收集和传输,需要做好沟通规划、信息传输和进度报告等工作。近年来,很多项目采取召开新闻发布会、举行现场办公会、编订简报、建立网站等方式,及时沟通内外信息,回应各方关注。

(7) 风险管理。全球治理项目面临着各种不确定因素,面临着各种可以预料和无法预料的内外挑战,需要加强风险识别、风险量化和风险控制,制定相应对策,及时化解各种风险。一般来说,为了确保项目不受内外不确定因素的干扰,全球治理项目一般都制订各种风险管理计划,包括为相关人员购买人身安全保险,加强项目实施过程中的安全管理,做好相关预案,加强各种模拟演练,提高防风险和抗打击能力。

(8) 采购管理。为了从项目实施组织之外获得所需资源或服务,全球治理项目需要对采购计划、采购与征购、资源选择以及合同管理等加强管理,减少项目物料采购中的廉政风险。近年来,国际组织的反腐败问题也受到各方重视,物料采购中的徇私枉法是必须解决的重要问题,在保证项目需要的同时加强监管,是项目管理的一个重要环节。

(9) 集成管理。为确保项目各项工作能够有机地协调和配合,全球治理项目管理需要开展综合性和全局性的项目管理工作,包括项目集成计划的制订、项目集成计划的实施、项目变动的总体控制等。

在实践中,开展全球治理项目管理最重要的组织依托就是实行团队化运作,项目团队建设的成败,直接决定着全球治理项目的成败。团队合作是团队为了达成共同目标或以最有效的方式完成任务而进行的协作。这个概念意味着团队是一群相互依存的个人,他们为实现共同的目标而努力。有效团队合作的基本要求是:有足够的团队规模(大约6—8名成员);团队有可以利用的资源(即会议空间和时间、主管指导、组织支持等);明确组织成员在团队中的角色,以便每个人都有明确的目标。为了完成某一任务,项目团队经常专门成立一支工作队,这一工作队致力于完成某一明确的任务或活动。工作队的方法最初应用于美国海军,现在已经被广泛应用到社会各个领域,主要用于处理一些短期内的特别任务或重点任务。通常情况下,工作队方法在实际运行中会要求成立一个由特别委员会组成的特别行动队,主要由一些专家组成,通过分析当前形势,制定相关行动方案,并选择最佳实施路径达到解决问题的目的。

三、风险控制

风险控制是全球治理能力建设的重要组成部分。全球化时代没有一个国家不受紧急情况和灾难的影响。尽管这些事件不一定产生巨大的影响,但较小规模事件的累积影响也会对全球产生重大影响。面对不确定的风险社会,全球风险控制要求在采取有风险信息的行动时,要减少危害,并提高免受突发事件和灾害影响的能力,以应对当前的各种突发事件和风险。

风险控制最初来自冷战期间关于危机管理的相关研究。危机管理在20世纪60年代的古巴导弹危机之后才引起学界和政界的高度重视。就危机管理机制和过程来说,最重要的可能并不是制定一份应对危机的方案,而是引导外交界人士专注于危机管理事务,以至于将各个领域的人力、物力、财力和信息资源调动起来,检验所有人能够服务危机管理的能力和效率。可见,能否在短时间内实现资源的优化组合和集中应急,成为危机管理的核心和主题。查理斯·赫尔曼(Charles Hermann)和米歇尔·布雷彻(Michael Brecher)等学者认为,危机是一种威胁国家利益和基本政策目标的客观情境,对决策单位具有时间压力,必须立即做出决定以降低损失,并降低战争风险。危机的本质是(系统)"架构的打破者"(fram-breaker),外在特征在于其可量化和可测量。[①] 危机是决定性的一刻,是一件事转机和恶化的分水岭,是"危险"和"机遇"的统一。其中,如何转危为机的关键在于决策者的危机管理能力。风险控制是危机管理的靠前阶段和精准化实施,其之所以成为可能,与大数

---

① Charles Herman, *International Crises: Insights from Behavioral Research*, New York: Free Press, 1972, p. 13; Jonathan Wilkenfeld and Michael Brecher, "International Crises, 1945-1975: The UN Dimension", *International Studies Quarterly*, 1984, Vol. 28, No. 1, pp. 45-67.

据和信息技术发展有很大关系。

各种风险现象都有两个本质属性：未来的不确定性和潜在的损失性。风险可以定义为：在未来的一个特定时间内由于事物变化的不确定性给风险承担主体带来潜在的一定损失的可能性。因此，风险控制的关键是管理不确定性，核心是识别风险和控制风险。迄今为止，关于识别风险的方法，已经形成了主观判断法、方差（或均方差）估计法、风险分布的历史数据（或调查数据）拟合法、分布拟合法、时间序列法等。这些主要应用在金融领域，但也逐渐扩展到安全、健康、社会等领域。一般来说，识别风险主要包括三类方法。一是自然科学方法（物理学方法），用某种自然科学的定律来识别。二是社会统计与大数据方法，收集数据进行统计分析、回归分析，以控制风险。该方法在金融领域和企业界中已被普遍使用。三是算法学习与人工智能，包括机器学习、行动者建模等。

在风险识别的基础上，随之而来的就是风险控制。联合国内部监督事务厅将风险控制定义为对人员、资产和其他资源的风险的系统评估。[①] 世界贸易组织将风险定义为：可能发生或可能不会发生的事件，如果发生，可能会对秘书处目标的实现产生不利影响。世界贸易组织将风险分为财务风险，管理风险，工作场合的职业安全和卫生风险，遵守世界贸易组织财务细则、工作人员细则或采购等规定的政策和程序风险，政治风险和技术风险。风险管理的目的是确保尽早解决风险问题，并制订行动计划，以减少可能对秘书处目标的实现产生不利影响的风险。[②] 风险控制的复杂性和紧迫性注定要求国际组织整个系统的合作，需要各个部门各司其职，以及全体员工的积极参与。总体来说，风险控制主要包括四种方法。一是风险回避。风险回避是指主体有意识地放弃风险行为，完全避免特定的损失风险。简单的风险回避是一种最消极的风险处理办法，因为主体在放弃风险行为的同时，往往也放弃潜在的目标收益。二是损失控制。损失控制不是指放弃风险，而是制订计划和采取措施降低损失的可能性或者减少实际损失。损失控制包括事前、事中和事后三个阶段。事前控制的目的主要是为了降低损失的概率，事中和事后的控制主要是为了减少实际发生的损失。三是风险转移。风险转移是指通过契约，将让渡人的风险转移给受让人承担的行为。风险转移过程有时可大大降低主体的风险程度。四是风险自留，即风险承担。风险自留指，如果损失发生，主体将以当时可利用的任何资金进行支付。风险自留又包括无计划自留和有计划自我保险。

---

① 联合国内部监督事务厅：《对本组织的影响》，联合国网站，https://oios.un.org/content/Organizational-impact，最后浏览日期：2021年3月31日。
② 世界贸易组织：《世贸组织秘书处的风险管理政策》（2014年3月7日），世界贸易组织网站，https://www.wto.org/english/thewto_e/cbfa_e/risk_management_policy_e.pdf，最后浏览日期：2020年11月27日。

 **课后习题**

一、名词解释
能力建设　　风险控制　　冰山理论　　青年专业人员方案(YPP)

二、论述题
1. 国际公务员必备的素质有哪些？试论述如何构建合理的国际公务员能力框架。

2. 如何防止国际组织中出现腐败问题？

3. 国际组织的章程应该如何设计，才可以限制美国"退群"与拒绝缴纳会费等行为的发生？

第四部分
治理实践

全球治理不仅是一种理论，更是一种实践。事实上，自20世纪80年代以来，全球治理实践的发展突飞猛进。随着全球化的发展日益深刻地改变国际社会的组成结构，全球公共事务和全球性问题日益增多。这要求全球治理不仅在传统的军事和地缘政治领域有新的发展，同时也要考虑经济、社会、政治和文化等各种因素的复杂组合。在全球治理的实践中，既包含战争、冲突和安全等高级层面的政治问题，也包括经济发展、社会文化、气候、国际犯罪等基本层面的政治问题。

对全球治理的研究表明，尽管治理对象全部涉及专业性问题，但问题的焦点不是学科专业的问题，而是政治的问题。比较而言，国际关系总体上是以国家为中心的政治框架，而全球治理总体上涉及的是以人为中心的政治框架。受到经济利益、政治利益或者其他社会利益的复杂纷争影响，很多原本通过专业学科能够解决的问题反而迟迟得不到解决，甚至像艾滋病这样艰难的问题在医学上都已经有了突破性进展，但却因为经济利益的考虑而在法律上难以确立一个国际行动框架，即使在联合国的推动下已经有了这样的框架，但当涉及药品生产专利和价格确定问题的时候，还是让"利益重于生命"的图谋屡屡得逞。因此，考察全球治理实践的意义恰恰在于让人们更清楚地认识到，一切治理问题的症结不在其他，而在政治。

第十三章
领域治理

全球治理是指依赖于某一特定议题领域的治理,而非对所有全球公共事务的普遍化治理。在不同的议题领域内,治理实践表现为包括国家、市场和社会在内的众多行为体持续互动,逐渐形成一些共同接受的规则、制度和行动框架,进而驱动全球集体行动。概括而言,全球治理的实践主要集中于和平与安全的治理、经济与发展的治理、卫生与健康的治理、环境与气候的治理以及全球公共领域的治理等。在不同领域内,全球治理的表现形式各异,治理形态也千差万别,在实践中需要因地制宜、通权达变,唯有如此,全球治理实践才能真正有效。

第一节 全球和平与安全治理

和平与安全是全球治理的首要议程,也是全球最大的公共产品,从根本上来说,安全的定义是客观上没有威胁,主观上没有恐惧。从全球的实践来看,长期困扰国际社会的战争和安全困境似乎趋于缓解,但全球和平与安全的治理仍然存在众多风险挑战,需要国际社会持续努力。

一、世界和平的主要挑战

(一) 传统安全的威胁

避免战争、维护和平是全球治理的重要领域。传统安全主要是指国家的主权、领土和政权处于不受威胁的状态,尤其是不受战争和军事冲突的威胁,具体包括主权安全、领土安全和军事安全等内容。

传统上,战争对于交战方而言是一种用武力解决争端的手段。在历史上有很多的思想家[比如,霍布斯、格劳秀斯、卡尔·克劳塞维茨(Carl Clausewitz)等]都认为,战争是国际社会的一种常态,而和平则是一种例外。和平可以被界定为一种非战争状态。绝大多数的现实主义者都认为国家之间由于存在安全困境,存在周而复始的冲突,呈现出一种"角斗士的游戏"。从中世纪开始,经过文艺复兴和近代以来的战争和冲突,国家之间相互对抗甚至爆发战争,每个国家都试图通过战争来扩张自己,积极争取在国际社会当中获得更好的一个位置。在战争中,国际社会也形成了一些限制战争的基本规范。20世纪初及上半叶,西方一些国家就出现了和平主义的思想。特别是1928年的《凯洛格-白里安公约》(Kellogg-Briand Pact)将战争作为一个限制的手段。但是,迄今为止,战争并没有完全消失,当然战争也不再是国际社会和国际关系主导形态。现代战争的规范要求将军人和平民进行区分。二战以后,强国之间的冲突越来越呈现为一种新的形态,比如,美国和欧盟在世界贸易组织(WTO)内开展的经济和贸易战、情报和信息战等。由于现代战争的风险过大,人员伤亡和物质的损失代价过高,冲突方都会尽力避免发生直接的战争。

当今世界的战争与安全威胁已发生了很大变化。首先,军事实力不再是构成战争的因素。从世界范围来看,军事安全尽管仍然十分重要,但已经不是唯一。而且传统武装冲突的地理分布也发生了重大的变化。过去武装冲突主要爆发在欧洲和亚洲等北方国家。现在战争主要发生在非洲大陆和亚洲大陆的南方国家,这些国家往往是一些最不发达的国家。同时,冲突的数量不断增加,持续的时间日益延长,冲突国已经从国际体系的中心部分地转移到了外围,也就是从北方国家转移到南方国家,而且冲突恰恰是发生在那些不发达国家大量聚集的地区。其次,国际冲突日益让位于国内冲突。新兴的国际冲突更多地体现为国内的族群冲突,但也已经波及周边地区,甚至波及整个世界,对平民造成很大的伤害。那些军阀干脆把平民当作人质,剥夺民众的食品,造成社会的饥荒,甚至任意杀戮,以致在一些地区出现种族清洗和群体屠杀。这类冲突在国际社会当中往往会引发大规模的难民潮,引起周边国家和地区的动荡。比如在非洲大湖地区,在新型的国际冲突中,各方广泛使用轻型武器,甚至砍刀、斧头等冷兵器。冷兵器主要的受害者都是平民,在这种情况下国际社会的武器禁运和核不扩散政策实际上作用不大。最后,战争的目的迅速发生改变,占有地下资源(比如,钻石、石油)成为战争的一个动机,而非仅仅表现为获取领土。社会暴力不再是一种手段而成为一种目的本身。在这种情况下,联合国维持和平行动已经变得极为艰难,更多的个人行为体和社会性问题被卷入冲突当中,使冲突的性质日益复杂化。新型的国际冲突要求国际社会考虑新的和平创建方式。所以很多人开始思考建立地区和平制度。联合国本身也在考虑改革集体安全,把恐怖主义、饥荒和贫困这些问题也纳入整体考虑的框架之中。

(二) 非传统安全的威胁

传统安全威胁通常来自另一个国家的军事、政治和外交冲突,而非传统安全威胁来自更广泛的行为体,非传统安全威胁不一定来自某个主权国家,往往由非国家行为体如个人、组织或集团等所为,涵盖除国土安全、政治安全和军事安全之外的新安全领域,涉及经济、文化、社会、科技、网络、生态、资源、核、海外利益,包括太空、深海、极地和生物等新领域的安全威胁。在一个相互依赖的世界里,国际社会越来越发现人类安全的理念已经日益深入人心,非传统安全问题涵盖了经济安全、金融安全、生态环境安全、信息安全、资源安全、恐怖主义、武器扩散、疾病蔓延、跨国犯罪、走私贩毒、非法移民、海盗、洗钱等。

事实上,非传统安全威胁并非新近出现的问题,诸如疫情大流行问题、资源稀缺问题、恐怖主义问题等非传统安全威胁古已有之。之所以晚近才成为全球性挑战,原因在于:近代以来,由于西方资本主义在世界范围内的急剧扩张,导致了严重的世界发展不平衡和环境退化,原先表现为局部的问题演变为全球性的威胁;尤其是冷战结束后,传统安全威胁相对下降,非传统安全威胁开始受到更多关注,加之全球化推动国际相互依存日益深化,导致经济和金融风险上升、传染病传播范围扩大、跨国犯罪和恐怖主义事件增多等,人类社会面临着新的安全挑战。

非传统安全威胁对世界和平与稳定的危害不可低估。进入21世纪以来,非传统安全威胁接连不断,"9·11"事件夺走了近3000人的生命,超过了美国在珍珠港事件中的阵亡人数。每年死于艾滋病的人数高达200多万,一些地震、海啸、火山等重大自然灾害更是造成数以亿计人流离失所。2020年暴发的新冠疫情更是令全世界的产业链和供应链断裂,成为影响全球的公共卫生危机。显然,非传统安全威胁尽管不像战争那样残酷,但其对人类社会的危害程度却丝毫不亚于一场战争。

二、联合国框架内的维持和平机制

现代和平治理行动,根植于19世纪欧洲协作安全管理和体制的发展,当年在处理奥斯曼帝国崩溃后阿尔巴尼亚的和平问题上,出现了一支2000人组成的多国保护部队。[①] 尽管一战前还没有建立起永久性的和平维持机制,但已经出现了一些政府间合作的情况。在两次世界大战结束之后均出现了旨在实现持久和平而建立的国际机制,特别部队被组建和部署用于稳定局势、监督选举、监督领土转让和停战。成立于1945年的联合国就尽量吸取两次世界大战之间国际联盟所建立的集体安全体系失败的教训,建立一套多边机制来解决冲突,从而维护和平与国际安全。

---

① Erwin Schmidl, "The Evolution of Peace Operations from the Nineteenth Century", *Small Wars & Insurgencies*, 1999, Vol. 10, No. 2, pp. 4-20.

在1956年建立第一支联合国维和部队时,联合国秘书长达格·哈马舍尔德(Dag Hammarskjold)提出著名的维和三原则:第一,维和行动不得妨碍有关当事国坚持自己的权利、要求和立场,需保持中立,不得偏袒冲突中的任何一方;第二,维和行动必须征得有关各方的一致同意才能实施;第三,维和部队只携带轻武器,只有自卫时方可使用武力。人们把这三项原则概括为中立的原则、同意的原则和自卫的原则,并称之为"哈马舍尔德三原则"。哈马舍尔德三原则是联合国传统维和行动的基本准则。冷战期间,美国及其盟友将两极对抗在"朋友"和"无赖"之间画线,进而渗透进和平支持行动之中,导致其主导的维和行动实际上传播了霸权国的世界观,打着联合国的旗号做霸权国的事情。冷战时期联合国的早期维和行动主要是在取得当事方同意的基础上,在冲突结束之后,布置中立的蓝盔部队以维持停火。因此,维和行动越来越强调要符合道德伦理、人道主义、正义的话语以及"国际社会"的意愿。传统的维护和平有明确的普遍被认可的定义,即指在联合国安理会授权下,获得当事方同意所进行的旨在维持和监督停火的军事行动,即一支多国部队(有时还会有文职人员)被授权在冲突区域中立和公正地管理、监控和巡逻,通常遵循相关各方就纷争达成的共识。所有这一切和平支持行动都旨在实现对潜在威胁和对抗进行"升级控制"。

冷战结束后,安理会中否决权的使用越来越少,以及南方国家出现许多新型的国家冲突,共同导致联合国在1989—1993年开始实施全新的以公正原则为基础的第二代维和行动。其特征是维和在冲突中被授予的权限更大,内容上既包括传统的维和任务,也包括《联合国宪章》第6章、第7章所列举的使命,如监督选举、解除战斗人员武装以及人道行动的安全化。这类维和行动实质上支持着近年来提出并确定的人道主义干涉权,并将这一干涉权运用到危机管理之中,但其并非总是获得有关政府冲突各方的同意。这种维和行动在恢复和平的基础上,带有强制和平的内涵,就是在出现威胁和平、打破和平或有侵犯行为的行动时,由国际武装力量执行强制性行动来制止肇事者。第二代维和行动在1988—1991年两伊战争停火和1989—1990年纳米比亚独立等问题上行之有效,联合国维和行动的预算到1995年达到了33.64亿美元的高峰,联合国遂被授予诺贝尔和平奖。[①]

然而,此后的联合国面临新的困境,主要原因是大多数冲突涉及跨领域的挑战、主权的红线以及众多在人权和民事行政方面的难题,尤其是一些私有企业和部落军阀从事的犯罪、洗钱和残酷掠夺等现象,联合国对之显得无能为力。因为无法控制那些顽固的"掠夺者"和军阀,联合国在索马里、安哥拉、波黑和卢旺达等维和

[①] Anthony Mcdermott, *UN Finances: What are the Costs and Who Pays the Bills?*; The United Nations and Human Security, London: Palgrave Macmillan, 2001, p. 186.

行动失败,传统的蓝盔部队的概念迫切要求被重新界定。在这一背景下,联合国开始思考第三代多层次维和使命,即以不使用武力原则为基础的维和行动,把强制和平和巩固和平结合起来,以便先稳定局势,甚至重建崩溃的国家。所谓巩固和平就是指采取行动后,准备建设政治、经济和安全方面的基础设施以求彻底解决冲突,其方式近乎国家重建,以及将其置于国际社会的管理之下。除了传统的蓝盔军事行动外,联合国也不得不更多地介入民事行动,"即使维和行动必须准备应付冲突,即使他们并没有被要求击败敌人",和平使命也要求不得不卷入民事和行政事务,推动国家重建,把人道主义使命和人道主义干预结合在一起,导致和平使命变得更加复杂,代价更高且争议更大,很多人担心人道主义干预可能会成为西方安全文化、自我感受和自私自利行动的伪装。

自从联合国建立后,其治理实践始终面临许多困境,经常被批评为"制度不力"。在冷战期间,大国频繁使用否决权,使得联合国维和机制陷入瘫痪。自 1989 年起,联合国维和机制再度被寄予希望。尽管联合国也设立了军事顾问职位并进行应急中心、危机预警和冲突预防、培训中心和应急数据库和应急高度装备旅等方面的建设,但联合国的行动最终还是要出兵者愿意出力,且冲突方愿意接受。然而,在运作中联合国却越来越难以适应新型国际冲突的复杂性,出现能力捉襟见肘的问题。联合国如今面临许多困境,它自身不拥有武装力量,而是在每次履行使命中指挥受其控制的多国蓝盔部队。这些部队目前主要来自南方国家,而北方国家不愿意为耗资昂贵的维和行动派出军队。由于蓝盔部队准备不足、装备不良,联合国现在开始雇用若干发达国家特有的私人军事公司。这种把执行和平使命外包化的做法引发了众多的争议。此外,和平使命要正常履行也取决于相关国家是否遵守他们提供财力的诺言。一些富国采取了财政勒索的方式向联合国施加压力,迫使其推行改革,而穷国除了自身的财政困难之外,还担心和平使命能力的加强对发展援助会更加不利。另外,地区军事同盟以及自愿国家联盟目前越来越多地参与和平实际行动。有些行动得到了某些利益攸关方的支持,有些则独立进行,不管是哪一方介入的和平使命,它们都面临着地区内战背景中异常复杂的任务,因此更有必要了解地方冲突性问题的诸多方面。从战争转向和平不仅仅局限于军事战场,同时也体现在国家和社会关系上,外部的干涉会涉及冲突的政治经济联系和社会内部的联系。

一般而言,除了联合国的维和行动外,国际和平治理也有其他有和平使命的行为体的参与。例如:西非国家经济共同体设立停火监督团,派兵介入利比里亚、塞拉利昂、几内亚比绍和科特迪瓦的维和;俄罗斯主导下的独立国家联合体出兵介入原苏联境内的阿布哈兹、南奥塞梯、塔吉克斯坦、上卡拉巴赫的维和;在科索沃地区,北约、欧洲安全与合作组织、联合国难民署、欧盟等参与了维和使命,联合国负责对所有行动进行协调,并参与民事行政、司法和警察的重组。

三、全球反恐治理

与传统国家安全相比,非传统安全主要涵盖了对多数人的生命、健康、财产、生产和生活方面的威胁,表现为自然灾害、公共卫生、社会犯罪、环境破坏、隐私信息泄露、技术和文化等方面的问题。近年来人们越来越关注能源资源、全球健康、国际犯罪、生态破坏以及自然灾害等安全问题。考虑到很多问题不仅涉及安全问题,也涉及发展和秩序问题,对一些重大问题的治理另在其他专门领域进行专节阐述,本部分仅从全球反恐治理视角展开分析。

恐怖主义是国际社会的一个怪胎,是复杂社会矛盾的病态表现,是国际公害。简单地说,恐怖主义有三大本质特征:一是使用不同于战争的有预谋的针对平民的暴力行为;二是具有某种政治目的;三是旨在制造某种恐怖气氛,给公众造成重大伤害。不具备这三大特征,就不构成国际恐怖主义。因此,奉行恐怖主义的组织是不确定的,只要它为了追求某种政治目的,使用暴力手段,造成恐怖效果,就表明其是恐怖主义组织。

冷战结束后,美苏冷战高压下的社会矛盾开始爆发,国际恐怖主义开始升温。2001年9月11日,国际恐怖主义分子制造了震惊世界的"9·11"事件,引起了国际社会对恐怖主义问题的高度关注,反对国际恐怖主义一跃进入美国对外政策日程的首位,国际社会也紧随其后,展开了对恐怖主义的"国际大围剿"。包括联合国、地区国际组织和国际反恐体系等的一系列反恐措施纷纷出台,一系列组织比如基地组织、"伊斯兰国"、东突等被界定为国际恐怖组织,联合治理国际恐怖主义成为全球治理的重要内容。

联合国领导下的反恐体系是国际反恐治理的主要平台,是全球反恐治理体系的核心。联合国安理会通过19条含有反恐内容的法律条款。在联合国体系,最有效也最为持久的反恐努力体现在国际民用航空组织的法律体系中。联合国曾先后通过了三个关于飞行安全的条约:《东京公约》(1963年)、《海牙公约》(1970年)和《蒙特利尔公约》(1971年)。此外,联合国还通过了《消灭国际恐怖主义措施宣言》(1994年)、《制止恐怖主义爆炸的国际公约》(1997年)和《制止向恐怖主义提供资助的国际公约》(1999年)。

2006年9月8日,联合国通过了《全球反恐战略》,以加强国家、区域和国际的反恐工作,这是国际社会首次就反恐战略达成一致,共同治理国际恐怖主义公害。就反恐战略达成普遍协议,标志着国际反恐领域形成迄今为止最重要的共识。该决议除回顾、重申以往联合国在反恐问题上的一贯观点外,还充分认识到发展、和平与安全、人权相互关联并相辅相成,认为有必要消除有利于恐怖主义蔓延的条件,主张各国都应该在制定和落实战略的过程中发挥作用和专长,敦促各国迅速采取行动确保战略得到充分执行,并决定对战略执行情况进行定期审查,推动战略取得实效并得到发展。联合国的《全球反恐战略》充分体现了各会员国一致反对任何人、在任何地方、以任何理由、任何方式实施任何形式恐怖主义的坚定立场,以及采取行动防止和打击一切形式恐怖主义的坚定信念。在该战略具体内容中,联合国明确指出要围绕根除滋生恐怖主义的条件,防止和打击恐怖主义,加强各国反恐能力和联合国作用,在反恐中尊重人权和实行法治这四个支柱领域制定落实措施,为各国开展具体反恐行动提供了操作性较强的国际法基础。

除了联合国外,其他一些地区和国际组织(比如,上海合作组织、国际刑警组织等)也积极参与全球反恐。但是,由于存在对国际恐怖主义的界定不一问题,反恐与霸权主义交织在一起,反恐与人权之间存在模糊地带,全球反恐治理的高水平发展还需要假以时日。

第二节 全球经济与发展治理

全球经济和发展治理是指多边机构及其合作进程在塑造全球经济政策和规章制度方面发挥作用。在既有的全球治理框架内,全球经济治理被理解为对全球宏观经济政策进行协调、全球金融货币治理、改善全球投资贸易、有序推进全球产业链和价值链治理和推动全球会计治理,目的是维护和完善世界经济秩序。二战后确立的布雷顿森林体系和世界贸易组织是当今全球经济治理的主要载体,包括全球贸易治理和全球金融治理等领域。相比之下,全球发展治理则主要关注对不发达国家的发展,主要围绕南北关系、南南合作、国际减贫和可持续发展等话题展开。长期以来,关于全球发展(或者国际发展)的讨论往往为欧美发达国家所主导,而联合国也越来越取代布雷顿森林体系成为主导全球发展治理的核心机构。

一、全球贸易治理

贸易是全球治理的一个重要领域,因为二战结束以来,世界总出口额的增长率是同期世界总产量的10倍左右,近年来急剧增长的服务业贸易更是国际谈判中的关键议题。世界贸易之所以难以调控,主要原因是它连接着不同利益的国家逻辑和相互竞争的企业逻辑——前者是特殊化的逻辑,聚焦于关税和非关税贸易谈判;后者是全球化的逻辑,聚焦于自由化,因为全球30%的贸易是在企业间进行的。

全球贸易治理的框架在二战后经历了从关税贸易总协定到世界贸易组织的转型。1948年缔结的关税及贸易总协定是23个国家发起谈判的结果，基于认为贸易保护主义是战争根源这一认识。关税及贸易总协定主张自由贸易，将其视为推进和平与发展的手段，其方式是通过确立标准仲裁争端来推动国际贸易。关税及贸易总协定原是联合国专门机构的项目。联合国本来还要成立国际贸易组织，负责就业和投资事务，但1950年因美国的反对而最终流产。结果关税及贸易总协定变成了一个多边规范调控的长期工具，但它既不拥有常设机构，也缺乏制裁能力。关税及贸易总协定后来一共举行了八轮会谈，包括了越来越多的国家和种类更多的产品，最后出现了部分协议重叠的状况。1994年，在摩洛哥的马拉喀什市（Marrakech）举行的关贸总协定乌拉圭回合部长会议决定成立更具全球性的世界贸易组织，以取代关税及贸易总协定，为商业谈判提供一个长期论坛。1995年，世界贸易组织正式成立。与其他多边组织不同的是，世界贸易组织设有一个解决争端的机构，拥有十分重要的制裁手段。截至2022年1月，世界贸易组织一共拥有164个成员。

近年来，随着逆全球化思潮的不断推进，欧美发达国家关于贸易保护和单边主义的声音急剧升温，尤其是随着美国总统特朗普的上台，美国在抵制方面采取了一系列实际行动，最突出的是，美国对贸易争端解决机制的上诉法官的甄选和任命进行抵制，世界贸易组织的争端解决机制已经形同虚设。世界贸易组织进入了非常困难的艰难行进时期。拜登上台后，美国对世界贸易组织的政策没有实质改观。能不能突破现有的逆全球化思潮，成为决定世界贸易组织未来生死，以及决定全球贸易治理前景的关键。

二、世界投资和金融治理

冷战结束以来，遏制跨国金融流动、防范和应对地区和全球金融危机越来越成为全球治理的重要内容。21世纪金融最大的特征是全球一体化，从1974年美国解除了资本项目的进出口限制后，已经有超过150个国家解除了各种加到与国际收支余额的经常项目有关的外汇流动上的官方限制，甚至取消了对非居民户持有银行账户从事法定证券业务的限制。像威士（VISA）、万事达（MASTER）、银联之类的信用卡得到了普遍使用，并被200多个国家和地区的几千万个机构所接受，电子汇兑已经把伦敦、纽约、香港、东京、新加坡、苏黎世、法兰克福和巴黎等交易场所联结在一起。1977年建立的"环球同业银行金融电信协会"（SWIFT）的电子支付把194个国家和地区的7 000多个金融机构联系在一起，日交易量超过了10万亿美元。此外，大量的投资公司和各类政权机构形成了一个巨大的金融网络，对世界金融和投资治理提出了更高的要求。

全球金融和投资的治理主要是由布雷顿森林体系而不是联合国控制的,因为当前金融实力主要掌握在"富国俱乐部"手中。国际货币基金组织的规模有了很大扩张,从最初的几百人扩张到 5 000 人左右,该组织在应对 20 世纪 80 年代第三世界债务危机和 20 世纪 90 年代的新型市场金融危机中发挥了主导作用。同时,该组织还从 1996 年开始加大对金融部门的评估力度,提高治理的数据标准和跨国沟通职能。相比国际货币基金组织对发达国家的战略协调,世界银行在治理全球金融方面的作用要小得多,其主要治理框架是为非西方国家的金融部门发展提供贷款和技术援助,尤其近年来在私有化和法律改革的过程中帮助其部门重组。此外,经济合作与发展组织、世界贸易组织以及联合国也开始关注金融治理的职能,比如,世界贸易组织成立了金融贸易委员会,以监督其在金融方面的活动。不过,迄今为止,金融治理的改进主要受到各类危机的触发和启动,比如,1994 年、1997 年和 2008 年先后爆发了严重程度和蔓延程度不同的墨西哥金融危机、亚洲金融危机和全球金融危机,促使国际社会更加意识到日趋上升的国际不稳定会产生重大风险,并将管理问题提上日程。

在金融治理体系中,国家仍然是金融治理的第一主体,包括国家中央银行、财政部门、金融部门、国家安全部门、交易委员会和国家保险业监管部门等组成的金融治理体系仍然发挥着主导作用,更具体的渠道是各类政府间的协商与合作网络。比如,1962 年,工业发达国家的"十国集团"就定期在巴塞尔会晤,讨论货币和金融问题。南方国家则在 20 世纪 70 年代组成"国际金融事务 24 国"(G24),但影响力要小得多。1975 年,英法美德意日加组成"七国集团",其领导人每年举行一次会议,欧共体(现在的欧盟)自 1977 年开始参与,俄罗斯从 1998 年加入,构成了八国集团(G8)。1997 年亚洲金融危机爆发后,七国集团意识到治理国际金融问题需要发达国家和发展中国家共同努力。因此,1999 年 6 月,七国集团在德国科隆举行的财长会议中倡议成立"二十国集团"(G20),建立磋商国际金融问题的 G20 财长会议和央行行长会议机制,致力于避免金融危机再次爆发,并寻求合作以促进世界经济的稳定和增长。2008 年全球金融危机爆发后,为应对危机,美国推动首次 G20 领导人峰会于当年在华盛顿举行,由此 G20 领导人峰会成为固定机制,定期讨论全球经济治理问题。

在国家金融体系基础上,国际上出现了各种跨政府的金融治理网络。早在 1994 年,西方七国集团就提出了改革问题,并于 1999 年建立了预防机制和现代化机制。在所有这些跨国政府网络组织成立各种小组来巩固和加强对金融的治理的例子中,最著名是巴塞尔银行监管委员会(BCBS)。BCBS 成立于 1975 年,最初作为十国集团的常设机构,1988 年十国达成了《巴塞尔资本协议》,目的是评估跨国银行的资本状况,1997 年发布了《银行业有效监管的核心原则》。为了治理与毒品有关的洗钱问题,1989年,BCBS组建了"金融行动特别工作组"(FATF),1999年,FATF牵头成立了金融稳定论坛(FSF)以加强各国之间的金融信息交流与合作。所有这些跨政府网络组织为各国对等机构的公务人员提供了在特定政策领域开展密切治理合作的可能。此外,西方发达国家以所谓的"巴黎俱乐部"为依托,形成了跨国金融专家的联系与合作,并于1974年在法国人的支持下建立了一个秘书处。在债券和股票等更加专业化的领域,国际证监会组织(IOSCO)在1974年还只是美国的一个国内机构,在1983年就走向了全球,发展成为一个拥有100多个国家证券机构的国际组织。1994年成立的国际保险监督者协会(IAIS)也具有类似的影响力。1996年,巴塞尔银行监管委员会、国际证监会组织和国际保险监督者协会携手创办了一个金融集团联合论坛,推动了金融系统的协作治理,越来越体现出"超国家治理"的某些特征。全球金融治理最早也最主要的超国家机构是成立于1930年的国际清算银行(BIS),其建立了全球金融系统委员会和支付与清算系统委员会等工作组,并给各种监管机构设立了秘书处,影响力越来越显赫。

除了跨政府的金融治理网络外,还有一些非官方的金融管理机制开始起作用。许多产业协会制定了统一的全球标准,设计了大量全球证券和股票业务的自我管理工具,这些协会包括国际证券协会理事会(ICSA)、国际证券交易联合会(FIBV)等,还有一些类似于"衍生品政策小组"(DPG)、国际会计准则委员会(IASC)、国际会计师联合会(IFAC)等私人部门也越来越深刻地融入金融治理体系中。然而,在全球金融治理中,治理的效率、稳定性、持续性、社会公正和民主等问题开始遭到越来越多的质疑,如何完善和提升治理体系和治理能力,成为这方面未来发展的核心问题。

三、国际发展治理

长期以来,发展问题被西方发达国家界定为不发达国家的发展,发展治理主要指减贫、缩小收入差距、减少发展不平衡和实现可持续发展等内容。其中,贫困是国际发展治理中的核心问题,也是始终困扰人类社会的一个难题。二战结束以来,全球贫困问题总体上有所缓解,但发展仍然很不平衡,体现为:包括中国在内的一些新兴经济体在减贫上发生了革故鼎新的变化,到2020年中国已经实现了全面脱贫;但在世界上一些地区,尤其是撒哈拉沙漠以南地区、拉美和加勒比地区,贫困仍然是制约当地发展的根本问题。除了贫困以外,还涉及收入差距拉大、发展不平衡等问题。

第二次世界大战结束以来,国际发展为各方所重视。在欧美发达国家,之所以重视国际发展问题,一方面是因为西方国家开始意识到不发展是战争的一个重要根源,另一方面也是战后重建的需要。为此,以美国的"马歇尔计划"和"第四点计划"为代表,国际发展开始成为一个重要的战略。国际发展援助是指发达国家或者高收入的发展中国家及其所属机构,有关国际组织、社会团体,通过提供资金、物资、设备、技术等方式,帮助发展中国家发展经济和提高社会福利的行动,包括官方发展援助和非官方发展援助两种类型。然而,从欧美发达国家的战略需要出发,它们反对将发展中国家的援助要求纳入联合国的框架,而是依赖其控制的布雷顿森林体系解决发展问题。这样的国际发展援助往往附加了很多苛刻的政治条件,如1961年成立的经济合作与发展组织(OECD)的发展援助委员会(DAC)、世界银行的援助贷款和一些发达国家的援助计划。

国际发展援助起源于19世纪欧洲文艺复兴时期的人道主义救济救助,二战后因为"马歇尔计划"和"经互会"等计划而兴起,主要依据是当时人们认为贫困和发展不平衡是引发世界大战的根源。为此,国际社会先后建立了以国际发展为主要使命的世界银行集团(包括国际复兴开发银行、国际开发协会、国际金融公司、多边投资担保机构和解决投资争端国际中心)。环顾世界,负责国际发展援助的国家机构主要是经济合作与发展组织和石油输出国组织成员国,其中经济合作与发展组织成员国提供的双边发展援助占全球官方发展援助总额的90%以上,比如美国国际开发署、英国国际发展部、德国联邦经济与合作发展部、德国技术合作公司、日本国际协力机构、挪威发展合作署等,它们建立了每年提供国内生产总值0.7%作为国际发展援助的规范。从事多边国际发展援助的机构主要有联合国开发计划署(UNDP)、联合国儿童基金会、联合国人口基金、世界银行集团、非洲开发银行、亚洲开发银行、欧洲复兴开发银行、美洲开发银行等。

此外,一些以促进教育、科学、文化、卫生等事业发展为根本宗旨的私人基金会(比如,洛克菲勒基金会、比尔和梅琳达·盖茨基金会、克林顿基金会、彭博慈善基金会、维康信托基金会)和一些创新性机构(比如,全球疫苗免疫联盟、全球抗击艾滋病、结核病和疟疾基金)对国际发展治理也有一定的推动作用。

随着发展中国家数量的增多,其在联合国框架内逐渐获得更多的声音,发展中国家的发展要求开始成为联合国讨论的一个话题,国际发展治理从"富国俱乐部"的布雷顿森林体系被转移到作为"国际社会舞台"的联合国框架中。1961年,联合国大会通过了第一个关于发展问题的决议,启动了"联合国发展十年"计划,制定了发达国家应该提供不少于国民生产总值1%的预算作为发展援助经费的目标(1970年改为0.7%)。1964年,为了给发展中国家融入世界经济提供更好的制度安排和指导,联合国贸易与发展会议(UNCTAD)成立,发展中国家以此为平台建立了"77国集团",开展推动建立国际政治经济新秩序的斗争。1969年,世界银行发布的《皮尔森报告》认为,此前的国际发展援助过于关注总体经济增长,忽视了公平分配和贫困群体的利益,且对最不发达国家的援助额度过低。1970年,联合国通过了第二个"联合国发展十年"计划,发展援助的重点从基础设施建设转移到更多地关注卫生、教育、减贫等社会建设,强调促进经济与社会发展是国际社会的共同责任,要求发达国家应加大对发展中国家的支持和帮助,要求发展中国家更公平地分配收入和财富。

然而,由于受石油危机影响,发达国家提供发展援助的意愿下降,发展中国家也遭遇了债务危机。国际发展治理开始寻求新的理念和新的框架。1980年,联合国发布第三个"联合国发展十年"计划,强调建立国际经济新秩序的必要性,明确发展的最终目的是在全体人民充分参与发展过程和公平分配收入基础上,提升人民福利。国际社会开始从权利角度认识到发展权利是一项不可剥夺的人权,发展观则从以增长为中心转变为以人为中心。1987年,世界环境发展委员会在《我们共同的未来》报告中第一次提出了可持续发展的新发展理念。1989年,国际货币基金组织、世界银行和美国政府根据拉美国家相关经验,提出了以减少政府干预、促进贸易和金融自由化等为主要内容的"华盛顿共识",国际发展援助从以关注投资为核心的外生增长,转移到以人力资本和技术进步为核心的内生增长,更重视民主、善治和可持续发展。但是,"华盛顿共识"的结构调整计划很快在发展中国家表现出不适应,不仅没有带来经济发展,反而对发展中国家的民族工业、就业、环境、债务等方面产生了更大的损伤,造成一些发展中国家社会动荡、政局不稳定,全球发展鸿沟被进一步拉大。1990年,联合国通过第四个"联合国发展十年"计划,明确将发展、保护环境和改善人的境况结合起来,明确了可持续发展的发展战略。冷战结束后,全球化飞速发展,以战略目的驱动的发展援助持续下降,发展援助的重点转向善治,环境、人口、贫困等问题成为发展援助的重点。1990年5月,南方委员会(现南方中心)发布《对南方的挑战》报告,提出发展是一个过程,更重视挖掘潜力,提升信心,摆脱政治、经济和社会压迫,实现社会内部的自我增长。

促进可持续发展是联合国的一个重要使命。自1945年起,联合国的主要优先事项之一是"促成国际合作,以解决国际上属于经济、社会、文化及人类福利性质的国际问题,且不分种族、性别、语言或宗教,增进并激励对于全体人类之人权及基本自由之尊重"。提升人类的福祉仍是联合国的主要关注点之一。全球对发展的理解在不断改变,如今各个国家已达成共识:能促进繁荣、增加经济发展机会、提升社会福祉和改善环境保护的可持续发展是改善世界各地人民生活的最佳路径。20年前,近40%的发展中国家人口还生活在极端贫困中。迄今为止,在联合国千年发展目标的极大推动下,世界极端贫困人口的数量已经减少了一半。认识到千年发展目标的成就以及完成消除贫困工作的必要性,联合国通过了宏大的2030年可持续发展议程。同时,由于气候变化对世界发展目标造成了越来越大的威胁,联合国支持开展了一系列谈判,在2015年通过了具有普遍意义的全球气候协议。此外,联合国正在努力制定一个发展筹资框架,以确保可持续发展议程和气候行动获得合理的资源。

同时,联合国开发计划署从1990年开始以可行性能力为基础制定了"人类发展指数",作为测量发展的综合指标。1997年,联合国大会发布了《发展纲领》,这是联合国制定的第一份全面阐述发展问题的纲领性文件,从和平是基础、经济是进步的动力、环境是可持续发展能力的基础、正义是社会的支柱和民主是善治五个方面论述了发展的内涵,推动实现以人为中心的综合发展和可持续发展。进入21世纪后,以2000年"千年发展目标"为标志,国际发展援助进入了全球可持续发展的轨道。2000年9月,《联合国千年发展宣言》承诺在2015年之前实现在1990年数据的基础上,实现全球贫困人口减少一半、普及小学教育、促进男女平等、降低母婴死亡率、抗击艾滋病和疟疾、促进环境可持续发展和推动全球发展伙伴关系等8项目标。这8项目标后来被细化为21个次级目标和60个指标,形成了《联合国千年发展目标》,标志着联合国主导的全球发展治理框架确立,确立了"SMART"的目标,即具体(specific)、可量化(measurable)、认可(achievable)、相关(relevant)和时限(time-bound)。作为第四个"联合国发展十年"计划的继续,千年发展目标在坚持以人为本的可持续发展理念的基础上,明确了一整套全球发展目标和发展框架。当然,这一框架并非尽善尽美,尤其是它主要反映发达国家的意志,发展中国家的参与有限,仍然局限于减贫领域。

此后,联合国在2015年推动了"2015后发展议程"。它关注2015年后可持续发展,发布联合国应对气候变化工作和许多其他相关问题的信息。联合国网站在突出位置刊发了秘书长关于2015年后可持续发展议程愿景的报告,并向读者说明帮助宣传这些重要议题的方法。2015年9月,可持续发展首脑会议通过了新的联合国2015年后可持续发展议程。千年发展目标消除了一些人但不是所有人的贫困。因此,新的联合国可持续发展目标将完成千年发展目标遗留下的任务。将可持续发展目标与减贫结合在一起,确立了涵盖17个领域的169个具体目标,全球发展援助步入了可持续发展目标(SDGs)的新战略框架,涉及财政援助、技术援助、实物援助、债务减免、项目援助、规划援助和预算援助等内容。① 2019年9月24日和25日,各国领导人聚集在联合国纽约总部,全面审查"2030年可持续发展议程"和17个可持续发展目标的实施进展情况。此次活动是自2015年9月通过"2030年议程"以来首次举行的关于可持续发展目标的联合国峰会。

迄今为止,尽管国际社会在全球发展上作出了不懈努力,也取得了积极进展,但形势仍然非常严峻。尤其是随着逆全球化思潮的泛滥,占发展援助比例90%的

---

① 联合国大会:《变革我们的世界:2030年可持续发展议程》(2015年9月25日),联合国公约与宣言检索系统,https://www.un.org/zh/documents/treaty/files/A-RES-70-1.shtml,最后浏览日期:2021年11月12日。

发达国家普遍意愿不足,出现了"援助疲劳"的问题。具体而言,联合国体系和布雷顿森林体系受制于能力有限、苛刻条件和官僚主义等问题而裹足不前,新兴市场国家的援助能力的提升尚有待时日,发展中国家的自身发展与治理能力还不令人满意,全球发展治理仍然是任重而道远。

第三节 公共卫生与全球健康治理

全球健康和国际卫生理念最早从热带医学①发展而来。从19世纪初开始,欧洲各国就建立了港口停船检疫制度,以应对霍乱、鼠疫等烈性传染病。1851年,第一届国际卫生大会在法国召开,标志着以国际卫生会议为主要机制的国家间卫生合作的开始,最初的重点主要是传染性疾病的预防和控制。二战后,国际社会建立了以世界卫生组织为核心的国际传染病控制机制,成为这方面无可争议的领导者与协调者。

随着全球化的发展,全球健康和卫生鸿沟问题面临全球性挑战,"全球健康"的理念引起广泛关注,20世纪90年代逐步取代"国际卫生"进而成为约定俗成的术语。全球健康强调通过跨国界、跨部门的国际合作来解决健康问题。全球健康这一概念最早出现在1944年的一篇关于热带病和外国输入型疾病的文章里。全球健康概念弱化了国家的概念,强调地球上所有人类的健康发展与安全,包括政府、企业、媒体、非政府机构、基金会等多种机构的加入,形成了全球健康的治理体系。从热带医学到国际卫生,再到全球健康及其治理体系,全球健康越来越步入全球治理的发展轨道。

一、主要挑战

健康的社会决定因素表明,自然环境、社会环境、个人的生物特征和健康行为都会对健康状况产生影响。根据学界的研究,全球健康治理面临的挑战主要包括以下几个方面。

(一)全球公共卫生问题

全球公共卫生问题包括传染病和非传染慢性病,尤其是艾滋病、结核病、SARS

---

① 热带医学是欧洲人创立的一门学科,主要研究欧洲人在热带发现的一些从未见过的疾病,并开始关注和研究这些疾病的特征与治疗。

等传染病的预防、监控和医治；对食品、药品、公共环境卫生的监督管制以及相关的卫生宣传、健康教育和免疫接种等。对传染性疾病的控制是首要问题。2000年以来，传染性SARS、埃博拉病毒、寨卡病毒和新型冠状病毒等疫情的暴发，凸显了全球健康治理的重要性。总体而言，在非洲，艾滋病、疟疾、儿童传染病、营养不良、围生期感染等病症仍然是穷人无法摆脱的痛苦，传染病占所有早逝原因的近四分之三。2010年，全球人口的前十大死因包括缺血性心脏病、卒中、慢性阻塞性肺疾病、下呼吸道感染、肺癌、艾滋病、腹泻、交通伤害、糖尿病、结核病，传染病占了三席。在传染病中，尤以艾滋病、结核病、疟疾、埃博拉病毒、流行性感冒以及被忽视的热带病为主要威胁。非传染性慢性病也是影响全球健康的重要问题，尤其是对那些发达国家的民众而言。世界卫生组织关注的非传染性疾病主要包括心脑血管疾病、肿瘤、慢性阻塞性肺疾病和糖尿病，主要危险因素包括烟草使用、不健康饮食、运动不足和不当使用酒精。据世界卫生组织统计，2012年全球共有3800万人因非传染性疾病死亡，占死亡总数的68%。从区域来看，将近80%的非传染性疾病发生在中低收入国家。这些疾病危害最大的有高血压、高血糖、高血脂和超重及肥胖。

（二）国际关注的突发公共卫生事件

根据《国际卫生条例（2005）》规定，国际关注的突发公共卫生事件是指通过疾病在国际传播构成对其他国家的公共卫生危害，这些公共卫生危害包含传染病威胁，由意外和蓄意释放病原菌或化学、核放射性物质造成的威胁，因此需要采取协调一致的国际措施。其判断标准包括事件影响的严重性、不寻常或意外，并有可能在国家间传播和有可能引致限制旅行和贸易的危险。近年来，全球健康体系面临众多突发公共卫生事件，主要来自新发传染性疾病的暴发和流行、生物恐怖威胁、有毒化学废物的大规模倾倒和泄漏、气候异常导致的各种健康威胁，以及大型活动和食品安全导致的突发公共卫生事件。

（三）全球环境恶化引发的健康问题

人类活动不适当地作用于环境，对人的健康也会造成很大的影响。由环境恶化引发的健康问题包括自然演变和自然灾害引起的原生性环境问题，如地震、洪涝、干旱、飓风、泥石流等造成的健康威胁，也包括人类活动引发的次生灾害问题，比如，乱砍滥伐引起的森林破坏，过度放牧导致的大面积草场沙化、环境污染和生态破坏。迄今为止，由全球环境变化引起的健康问题主要有全球变暖、臭氧层遭破坏、酸雨、淡水资源危机、能源短缺、森林资源锐减、土地沙漠化、垃圾成灾和有毒化学品污染等。相关医学研究表明，人的健康水平与上述环境因素有非常高的相关性,困扰一些地方的地方病、困扰一些行业的职业病等都与周围环境状况及其变化有紧密的联系。

二、全球健康治理体系

人类的历史就是和疾病做斗争的历史。全球健康治理体系以拯救生命和修复、维持、促进人民的健康为首要目的,是由一定的人力和物质资源组合而成的全球治理体系,由资源供应、服务提供、筹资支付、规制监管等子系统组成。环顾世界,全球健康治理体系主要包括以下三个方面。

(一) 公共健康治理体系

健康与每个人的生活休戚相关,个人生活在社区之中,社区人是其最重要的属性。公共健康治理体系是解决健康问题的第一道防线,无论是传染性疾病控制,还是非传染的慢性病救治和突发公共卫生事件应对,只要守住第一道防线,就不会引发更大范围的危机。公共健康治理体系包括政府的公共卫生政策及其实施、社区自治、医疗机构救助以及其他多元社会行为体的联防联控机制建设等。

(二) 国家健康治理体系

健康有赖于建立功能完善的社区治理体系,也需要建立发达有效的国家治理体系。在19世纪之前,仅仅靠公共健康治理体系无法有效应对传染病的肆虐。从几乎摧毁雅典的第一次瘟疫到14世纪中期重创欧洲的黑死病,再到1918年席卷全球几个月就造成上千万人死亡的大流感,所有这些公共卫生危机都逼迫各国建立国家健康治理体系,包括建立实施海港检疫制度、设置巩固国家卫生机构和制度、建设公共卫生设施等,这些在一定程度上限制了传染病的传播。国家健康治理体系的核心是举全国之力应对突发公共卫生事件,调集全国资源进行救治和预防。

(三) 国际健康治理体系

19世纪开始,国际贸易、航运和交流越来越频繁,病毒和病菌也随之在各大洲传播,受各国检疫制度不匹配、彼此协调不力和形形色色保护主义的影响,仅仅靠国家健康治理体系已经无法有效应对跨国卫生挑战,必须建立国际协调和监督机制。1851年,第一次国际卫生大会在巴黎召开,成为国际卫生治理体系建立和制度化的起点,最重要的成果就是在1903年形成了被各国接受的《国际卫生条例》。此后,一系列国际卫生机制得到建立,比如1902年建立了国际卫生署(泛美卫生组织的前身)、1907年建立了国际公共卫生局、1923年建立了卫生组织国际联盟等。二战后,1948年,联合国在三大国际卫生组织基础上建立了世界卫生组织(WHO),1951年制定了《国际卫生条例》,关注内容逐步从最初的传染病控制扩大到公共健康领域。冷战结束后,随着疾病全球化的挑战,尤其是艾滋病、SARS、埃博拉病毒、新型冠状病毒和"超级细菌"等引发的新型传染病疫情日益频繁,WHO的职权得以不断扩张。在2005年第58届世界卫生大会通过的修订的《国际卫生条例(2005)》中,WHO在全球公共卫生危机应对中的领导地位得到确立。

总体来看,全球健康治理正在从"纵向战略"转向"纵横合一战略"。20世纪中后期以来,随着国际社会合作治理某一类特定疾病的"垂直项目管理模式"的完善,天花病成为第一个被人类彻底根除的疾病,艾滋病、结核病、疟疾等也正在日益得到控制。一些针对特殊群体的著名的"GOBI-FFF"原则,即生长发育监测(growth monitoring)、易获取的口服补盐液(oral rehydration)、母乳喂养(breast-feeding)、免疫接种(immunization)、女性教育(female education)、生育间隔(family spacing)和食品供给(food supplementation)。所有这些都是全球健康领域的纵向措施。近年来,国际社会越来越重视包括卫生体系的基础建设等横向健康治理平台,1978年的《阿拉木图宣言》开启了横向战略的新阶段,强调建立以自立与自决为核心价值的社区自助体系,从整体上提升世界健康水平。1986年,首届国际健康促进大会在加拿大温哥华召开,大会明确提出五个重要领域,包括制定促进健康的公共政策、创造支持性环境、加强社区行动、发展个人技能和调整卫生服务方向。2000年,世界卫生组织发布的报告——《卫生系统:改进业绩》标志着从纵向战略向横向战略的转变,倡导建立加强全球卫生体系。随后,联合国先后推出"千年发展目标"和"可持续发展目标",确立了17大类全球战略的发展目标,将全球健康纳入了可持续发展目标体系。

此外,在推进全球健康治理体系建设过程中,健康治理与经济发展之间出现矛盾。近年来,这一矛盾日益突出,比如,《与贸易相关的知识产权协议》(TRIPS)等法律在关于国际知识产权保护与全球健康方面就产生了矛盾,集中体现在药品的专利保护上,发达国家强调对药品进行专利保护从而导致大量用于挽救传染病患者生命的新药价格居高不下,发展中国家因为无力购买新药而导致大量传染病患者死亡。2001年的多哈会议通过了《关于TRIPS协议与公共健康的多哈宣言》,确定了公共健康权优于私人财产权,确认了WTO成员强制实施专利药品强制许可和平行进口等权利,在政治和法律上增强了发展中国家获得药物的能力,但在禁止同类药品生产上仍然存在障碍,需要跨机构和机制间的治理协调、公司伙伴关系的治理协调以及国际机制与国家间的协调等。随着19世纪以来世界人口爆炸式的增长,城市化和老龄化加快,非传染性慢性病疾病、伤寒和精神病患越来越成为人类疾病的最主要健康问题,对全球健康治理提出了更高的要求。

新冠疫情是近百年来人类遭遇的影响范围最广的全球性大流行病,已经构成对人类生命安全和健康的全球性威胁,导致全球生产链和供应链的断裂和转移,对整个世界的政治经济都产生了难以估量的深远影响,是人类社会面临的真正全球意义上的危机。面对新冠疫情的严峻挑战,习近平主席首先通过双边外交场合与各国领导人倡议并交流建设人类卫生健康共同体。2020年3月20日,习近平主席致电法国总统马克龙,首次提出构建"人类卫生健康共同体"的理念,明确表示中国愿同法方共同推进疫情防控国际合作,支持联合国及世界卫生组织在完善全球公共卫生治理中发挥核心作用,打造人类卫生健康共同体。此后,习近平主席在向多国领导人就新冠疫情致慰问电时提出了"打造人类卫生健康共同体"的倡议与主张,得到了各国领导人的积极响应。共筑人类卫生健康共同体的宗旨,就是要以合作的方式共同维护和促进包括中国人民在内的全人类的生命健康安全与健康可持续发展。人类卫生健康共同体是人类命运共同体在卫生健康领域中的实现形式,是为深化全球卫生合作提供的重要国际公共产品。与建立在国家中心主义原则基础上的现有国际秩序不同,人类卫生健康共同体是建立在人类中心主义原则基础上的世界秩序,其要点是生命至上的人类价值观、卫健结合的综合安全观、守望相助的共同利益观、标本兼治的共同治理观,为应对疫情挑战提供了新的秩序方案。

中国不仅是人类卫生健康共同体理念的倡导者,也是共建人类卫生健康共同体的积极践行者。在应对新冠疫情期间,中国开展卫生外交,积极参与全球健康治理,大力加强对外援助,主动分享中国智慧和中国经验,探索人类卫生健康共同体的推进路径,逐步形成了多元有序、立体化的国际卫生健康合作新格局。时下,新冠病毒仍在全球传播蔓延,整个世界仍然面临十分严峻的困难和挑战,只有秉持人类命运共同体理念,积极推动建设人类卫生健康共同体,才能战胜各种困难和挑战,建设更加繁荣美好的世界。

第四节 全球环境与气候治理

环境和气候变化是影响世界经济和社会发展的重要约束因素。最初,对这些问题的治理隶属于全球经济治理的一部分,随着经济全球化的深入,它们越来越形成独立的治理体系和治理框架,确立了相应的环境保护治理体系和气候变化治理体系。

一、全球环境与气候治理面临的主要挑战

(一) 生态环境遭到破坏越来越成为一个全球性问题

生态环境问题是指由于生态平衡遭到破坏,导致生态系统的结构和功能严重失调,从而威胁到人类的生存和发展的现象。其主要包括三类:(1) 不合理地开发利用自然资源所造成的生态破坏,比如,生物物种锐减、水土流失、土地荒漠化等;(2) 环境污染,比如,城市化和工农业高度发展引起的"三废"(废水、废气、废渣)污染、噪声污染、农药污染等;(3) 资源短缺,比如,水资源短缺、土地资源短缺等。从20世纪60年代开始,伦敦的毒雾、洛杉矶的光化学烟雾和日本的水俣病等一系列公害事件引发了国际社会对环境污染的关注。尤其是罗马俱乐部先后发表了《增长的极限》(1974年)、《人类处于转折点》(1974年)的研究报告,激发了国际社会对环境保护的热烈讨论,环境保护被设定为全球治理的焦点问题。

(二) 气候变化问题为国际社会高度关注

气候变化是指气候平均状态统计学意义上的巨大改变或者持续较长一段时间(典型的为30年或更长)的气候变动,主要表现为全球气候变暖、酸雨、臭氧层遭破坏三方面。其中,全球气候变暖是关乎人类未来的最迫切问题,它会引发诸多灾难,包括过量降雨、干旱、飓风、陆地被淹、热带疫病传播和气候难民等。据政府间气候变化专门委员会报告,如果温度升高超过2.5℃,全球所有区域都可能遭受不利影响,发展中国家所受损失尤为严重;如果温度升高4℃,气候变化则可能对全球生态系统带来不可逆的损害,造成全球经济重大损失。一直以来,温室气体主要由发达国家排放,但新兴市场国家也越来越成为排放主力。因此,全球气候变化问题不仅是科学问题、环境问题,而且是能源问题、经济问题和政治问题。

二、全球环境治理

从20世纪60年代起,国际环境合作有了很大进展,尤其以联合国的努力最有影响。1972年6月5日,联合国第一次人类环境会议在瑞典斯德哥尔摩召开,通过了著名的《人类环境宣言》,第一次将环境保护上升到全球高度,为推动国际环境保护合作和构建环境保护机制奠定了坚实基础。此后,联合国每隔十年就召开一次环境和可持续发展的国际会议,持续推进全球环境合作治理:1972年,斯德哥尔摩

人类环境大会召开,并通过《人类环境宣言》;1982年,内罗毕(Nairobi)人类环境特别会议召开,并通过《内罗毕宣言》;1992年,里约热内卢联合国环境与发展大会召开,并通过《里约热内卢宣言》《21世纪议程》《气候变化框架公约》《保护生物多样性公约》《关于森林问题的原则声明》等一系列重要文件;2002年,可持续发展世界首脑会议在约翰内斯堡举行,并通过《约翰内斯堡可持续发展声明》《可持续发展问题世界首脑会议执行计划》;2012年,联合国可持续发展大会在里约热内卢举办,并通过《我们期待的未来》文件。这些环境保护领域中的大型国际会议和环保条约已经构建起了国际环境保护机制,形成了为各方所接受的可持续发展理念、"共同但有区别的责任"原则以及在环境领域中的国际环境法、联合履约机制、清洁发展机制和排放贸易机制等完善的治理体系。

同时,联合国大会、联合国经社理事会、联合国环境规划署(1972年设立)、联合国可持续发展委员会(1992年设立,2013年改为可持续发展问题高级别政治论坛)以及联合国粮农组织、联合国教科文组织、国际海事组织、世界气象组织、世界卫生组织、世界银行、世界贸易组织、全球环境基金等都不同程度地成为环境保护国际合作机制的重要机构。

此外,一些区域组织比如欧盟、非政府组织和跨国公司也积极参与到环境保护机制之中。总之,尽管全球环境保护仍然形势严峻,但全球环境治理的确在不断向纵深推进。

三、全球气候治理

在推动环境保护国际合作进程中,全球气候变化成为一个新的内容。1992年,联合国在巴西里约热内卢召开气候变化大会,推动了《气候变化框架公约》的产生,但有关各方出现了严重的分歧。发达工业国家的立场分为两类:一是大多数欧盟国家主张做出司法承诺,强烈减少温室气体排放;二是美国、加拿大、澳大利亚、新西兰、日本、俄罗斯、挪威等国则主张保持当前的排放水平,并主张采用灵活的经济解决方案。相比之下,南方国家则认为温室效应是发达工业化国家造成的,强调自身经济发展的优先性。石油输出国则要求在减排的同时,能对其给予金融补偿。小岛国集团则担心自身因海平面上升而被淹没,呼吁大量减少温室气体排放量。在国际谈判过程中,各方也确立了承担共同但有区别的责任的革新性原则,所有各方面共同实施可持续发展政策、预防措施和污染者付费原则。《气候变化框架公约》肯定了非政府组织在提出建议和协调各方国内立场中的作用。发达国家也以非约束性的方式承诺,把温室气体排放量降至1990年的水平。新兴市场国家的排放量何时是峰值也是一个问题。总之,峰值、减排、减缓、适应、补偿、技术援助等是全球气候变化治理讨论的核心问题。

在推进全球气候治理过程中,1997年缔结并于2005年生效的《京都议定书》是一个重要里程碑,它首次确定了发达国家减少温室气体排放量的具体指标,区分了发达国家与发展中国家的不同义务。然而,因为气候变化政策直接影响发达国家石油工业和工业利益集团的发展,《京都议定书》引发了美国和欧盟的对立——双方围绕能源政策展开了激烈的争论。尽管有些国家政府逐步采纳可持续发展的政策,但是《京都议定书》确定了发达工业国家在2008—2012年减排5.2%的义务,并为此设定了几个灵活机制,包括建立一个可以谈判碳排放的市场,企业可以购买或者出售碳汇;一项辅助实施安排可以使工业化国家在一致同意减少全球碳排放量的同时,共同为削减二氧化碳排放量的具体政策提供资助;一个工业化国家可以对一个发展中国家的发展机制提供资助,从而分享使用该国的二氧化碳排放指标量。欧盟最后获得了对于把这类机制和减少本国排放量努力互补挂钩原则的正式确认。到2007年,一共有166个国家批准了《京都议定书》,其碳排放量占全球排放量的61.6%。① 未来的难处是发展中国家如何采取强制措施减少排放量,同时又不使经济社会发展受损,以及如何建立控制制裁和解决争端的机制。对于这一分歧,2009年哥本哈根全球气候变化大会没有达成协议。

巴黎气候变化大会达成了《巴黎协定》,在应对气候变化的总体目标、责任区分、资金技术等核心问题上取得进展,被认为是气候谈判中的历史转折点。《巴黎协定》是2015年12月12日在巴黎气候变化大会上通过的,这是继《京都议定书》后第二份有法律约束力的气候协议,为2020年后全球应对气候变化行动做出了安排。共有175个国家签署了这一协定,创下国际协定开放首日签署国家数量最多纪录。《巴黎协定》共29条,当中包括目标、减缓、适应、损失损害、资金、技术、能力建设、透明度、全球盘点等内容。《巴黎协定》主要目标是将21世纪全球平均气温上升幅度控制在2℃以内,并将全球气温上升控制在前工业化时期水平之上1.5℃以内。2018年12月15日,联合国气候变化卡托维兹大会顺利闭幕。大会如期完成了《巴黎协定》的实施细则谈判,通过了一揽子全面、平衡、有效的成果,全面落实了《巴黎协定》各项条款要求,体现了公平、"共同但有区别的责任"、各自按能力承担原则,考虑了不同国情,符合"国家自主决定"安排,体现了行动和支持相匹配,为协定实施奠定了制度和规则基础。

大国合作为《巴黎协定》的签署创造了有利条件。尤其是中美率先签署,发挥了表率作用。2018年11月26日,中国气候变化事务特别代表解振华表示:"中国

---

① 联合国大会:《大会决议61/201. 为今世后代保护全球气候》(2006年12月20日),Prevention Web,https://www.preventionweb.net/files/resolutions/N0650642.pdf,最后浏览日期:2021年11月20日。

会始终坚定地、积极地应对气候变化,落实《巴黎协定》。"①2020年9月22日,习近平在第七十五届联合国大会一般性辩论上的讲话中首次承诺,"中国将提高自主贡献力度,采取更加有力的政策和措施,二氧化碳排放力争于2030年前达到峰值,努力争取2060年前实施碳中和"②。这是中国基于推动构建人类命运共同体的使命担当和实现可持续发展的内在承诺做出的重大决策,也是中国在国际上做出的表率。然而,2018年后,美国特朗普总统上台,宣布美国将退出《巴黎协定》,气候变化问题的议程遂陷入停滞。2019年11月4日,美国国务卿蓬佩奥证实,特朗普政府已正式通知联合国,美国将退出《巴黎协定》。这是退出协定为期一年流程中的第一个正式步骤,使《巴黎协定》的前景蒙上了灰暗的阴影。拜登总统上台后,对气候变化政策重新做了调整,美国重返《巴黎协定》又被提到议事日程。2021年10月31日—11月13日,联合国气候变化格拉斯哥会议(COP26)在英国格拉斯哥举行,会议完成了《巴黎协定》实施细则谈判,达成了相对平衡的政治成果文件"格拉斯哥气候协议"及50多项决议,为《巴黎协定》的全面有效实施奠定了基础,成为全球气候变化治理进程的重要里程碑。然而,从长远来看,全球气候变化治理仍然面临诸多变数,尤其是美国国内在气候变化治理上的政策争论还将继续下去。

第五节　全球公共领域治理

近代以来,尽管民族国家已经覆盖了整个世界的很大一部分,但仍然存在为各国所共享的全球公域(global commons),对全球公域进行治理也是全球治理的一个重要组成部分。迄今为止,关于全球公域的定义还没有形成共识。

尽管全球公域的概念诞生于西方,但并不意味着这一领域是西方国家的"专属地带"。理解全球公域需要结合全球公域的利益基础和制度特征两个方面:从利益基础上来看,全球公域存在全球共同利益,是在一定时空条件下全人类福利函数最大化的体现;从制度特征来看,全球公域意味着在管辖归属权上并没有获得现有国际法和国际制度的明确界定。只要满足这两个方面的领域均属于全球公域,它与全球公共产品的概念存在内在联系,全球公共产品是法理化的全球公域,除了包括法理化的全球公域外,还包括没有法理化的全球公域。全球公域治理意味着全球范围内各个行为体对全球公域空间事务的治理,核心是解决全球"公用地悲剧"

---

① 《"中国会始终坚定地、积极地应对气候变化,落实〈巴黎协定〉"——中国应对气候变化工作取得积极进展》(2018年11月26日),新华网,http://www.xinhuanet.com/politics/2018-11/26/c_1123768993.htm,最后浏览日期:2022年1月7日。
② 习近平:《在第七十五届联合国大会一般性辩论上的讲话》,《人民日报》,2020年9月23日,第3版。

问题。迄今为止,学界的讨论主要集中在公海、极地、太空、网络四个领域。本书以互联网治理为例,分析全球公域治理的问题与进展。

一、互联网治理面临的新挑战

网络空间是人类社会共同财富,维护网络安全符合国际社会共同利益,也是国际社会的共同责任。据联合国 2018 年 12 月 7 日公布的最新数据显示,目前全球网络用户已达 39 亿人,首次超过全球总人口的一半。联合国信息和通信技术专门机构国际电信联盟表示,到 2018 年年底,全球 51.2% 的人都在使用互联网。国际电信联盟称,全球发达国家的互联网使用增长缓慢而稳定,从 2005 年的 51.3% 上升到现在的 80.9%。与此同时,发展中国家的增长更为显著,目前有 45.3% 的网络用户,而 13 年前这一比例仅为 7.7%。非洲经历了最强劲的增长,同期互联网用户数量增加了 10 倍多,从 2% 增加到 24%。[①]

随着互联网的普及和社会媒体影响力的扩大,网络空间越来越成为一个新兴的全球公共空间。目前,关于全球网络治理涉及的主要问题有网络主权、网络发展、网络安全等。

(一) 网络主权问题

网络究竟是没有主权边界的完全开放的空间,还是具有主权管辖和国家治理基础的半开放空间,目前国际社会对此仍然存在分歧,中国主张在全球网络治理中必须坚持网络主权原则。这并不妨碍全球网络空间所具有的全球公域特征,并有利于世界各国人民深化务实合作,共同构建网络空间命运共同体。

(二) 网络发展问题

网络基础设施的发展是网络治理的一个根本问题。目前,全球管理互联网的根服务器一共有 13 个,一个主根服务器在美国,12 个根服务器中的 9 个在美国,其余 3 个分别在英国、瑞典和日本。网络发展不平衡造成的信息鸿沟,从根本上影响全球治理秩序。中国主张要本着相互尊重和相互信任的原则,通过积极有效的国际合作,共同构建和平、安全、开放、合作的网络空间,建立多边、民主、透明的国际互联网治理体系。[②]

---

① UN News, "Internet Milestone Reached, as More than 50 Percent Go Online: UN Telecoms Agency" (December 7, 2018), UN website, https://news.un.org/en/story/2018/12/1027991, retrieved November 17, 2021.
② 中共中央宣传部、中华人民共和国外交部:《习近平外交思想学习纲要》,人民出版社、学习出版社 2021 年版,第 155 页。

(三) 网络安全问题

网络世界并非总充满阳光雨露,也存在网络冲突,网络空间已经被称为与陆海空天并列的"第五战争空间",网络空间的大规模攻击造成的影响不亚于现实空间。此外,网络黑客、网络间谍、网络恐怖主义、网络犯罪以及其他网络安全问题,成为影响国际安全的重要因素。网络安全是国家安全的重要组成部分。互联网技术是网络安全最大的"命门",核心技术受制于人是最大隐患。因此,要维护网络安全就要在如下方面努力:大力发展核心技术,加强关键信息基础设施安全保障,加速推动信息领域核心技术突破,以及完善网络治理体系。同时,还要严厉打击网络犯罪,不论是网络商业窃密,还是对政府网络发起的黑客攻击,都是违法犯罪行为,都应该根据法律和相关国际公约予以打击。

二、加强国际网络治理

如何在网络空间中建立网络秩序,是全球治理的一个重要问题。目前,国际社会缺乏治理网络共建的秩序,互联网名称与数字地址分配机构(ICANN)成立于1998年,是一家非营利的国际组织,也是国际互联网治理的最重要机构,主要负责根服务器、顶级域名、IP地址分配和协议标识符指派的管理,具有很强的国际约束力。然而,这一机构并不是通过协商一致而是通过投票进行决策的,由于国际社会的参与度非常有限,因而其一直是一个饱受争议的机构。同时,作为联合国专门机构的国际电信联盟在网络空间治理中也发挥着重要作用,包括电信标准化部门、无线电通信部门和电信发展部门。国际电信联盟推动召开信息社会世界峰会(WSIS),推动信息社会建设、信息技术利用和智慧城市等建设,大量非政府组织、跨国公司等利益相关方参与其中,在推动互联网治理方面起到了非常积极的作用。2001年,欧盟26国和美国、加拿大等30多个国家共同签署了《网络犯罪公约》,规定了九种必须予以刑事处罚的网络犯罪行为,这是世界上第一部针对网络犯罪的国际公约。2013年,斯诺登事件曝光美国的"棱镜计划"后,引发了国际社会的广泛争论,要求互联网治理秩序改革的声音日益高涨。2015年,由ICANN、巴西互联网指导委员会和世界经济论坛联合发起成立的全球互联网治理联盟(GIGA),致力于探索互联网治理方案。迄今为止,围绕网络治理与网络主权、网络公平、网络自由和政府角色、公民隐私等问题,国际社会一直在进行热烈讨论,相关治理方案改革正在推进过程之中。

中国主张国际社会本着和平、主权、共治、普惠原则,通过有效的国际合作,建立多边、民主、透明的互联网治理体系,共同构建和平、安全、开放、合作的网络空间。中国积极同有关国家建立网络事务对话机制,参与多边网络对话与合作,推动在联合国框架下制定"信息安全国际行为准则",帮助发展中国家弥合"数字鸿沟",推动国际社会共同打击网络犯罪和网络黑客行为。中国将继续深入参与网络领域相关国际进程,为维护全球网络安全作出积极贡献。①

 **课后习题**

一、名词解释

非传统安全　　国际发展治理　　全球健康治理体系

《巴黎协定》　《京都议定书》　全球气候治理

二、论述题

1. 全球健康治理体系建设遇到哪些问题和挑战?

2. 发展中国家和新兴市场国家在全球气候治理实践中扮演什么角色?

3. 全球经济治理改革的方向是什么?如何提高全球经济治理的有效性和应对新挑战的及时性?

---

① 《网络空间国际合作战略》,中华人民共和国外交部网站,https://www.fmprc.gov.cn/web/ziliao_674904/tytj_674911/zcwj_674915/t1442389.shtml,最后浏览日期:2021年11月20日。

第十四章
地区治理

地区化和地区治理是当今世界的一个重要特征。尽管世界上几个地区性的治理体系起始于二战结束之后,比如建立于1948年的美洲国家组织、建立于1957年的欧洲经济共同体、建立于1968年的东南亚国家联盟等,但地区化真正形成势头恐怕还是冷战结束以来的事情。所有这些地区治理安排的共同点是主权国家自愿放弃部分主权,将某些职能(绝不是全部)融合到一个地区合作框架之中,成为全球治理体系之中的一个子系统。据统计,截至2020年,在世界贸易组织框架内,已签订的并现行有效的地区贸易协定(regional trade agreement,RTA)共有305个。[①]

为什么一些国家的组合被界定为一个共同地区?除了地理邻近之外,有没有其他的逻辑?这一问题主要有两种解释:一种解释认为,一个地理区域之所以被界定为一个地区社会,主要是由自下而上的地区一体化的客观逻辑决定的,是区域内的商品、货币、资本、劳动、信息等要素跨国流动的产物;另一种解释则认为,地区社会的形成主要是由自上而下的地区主义的主观逻辑建构的,是区域内的各个国家共同价值观或身份认同的结晶。前者被学界称为地区化现象,后者被称为地区主义现象。事实上,在已有的地区合作实践中两种逻辑都不同程度地存在,之所以做上述区分,完全是为了理论分析的需要。

环顾世界,不同地区由于历史文化传统差异、具体区情多样、社会矛盾不一,地区治理呈现出多样性景观。无论是自下而上的地区化,还是自上而下的地区主义,在不同地区都有不同表现。通过比较不同地区的治理特征,有助于丰富对地区治理的认识。

第一节 地区治理概论

为什么一个地理空间在政治上是有意义的?这是地区化和地区一体化讨论的

---

① 数据来源:世界贸易组织地区贸易协定数据库,http://rtais.wto.org/UI/PublicMaintainRTAHome.aspx,最后浏览日期:2020年12月7日。

核心问题。当然,严格来说,地区化和地区一体化是有区别的:地区化是经济和社会因素在特定地区内优化配置的客观运动;地区一体化则不仅包含市场和社会的运动,也包括来自政府自上而下的制度建构和政治推动,并且往往被归为地区主义的范畴。考虑到地区化的进程在现实性上很难做到完全客观,本书使用地区一体化来概括地区化的多样性。

一、地区一体化

地区一体化是一个重要的经济现象,最早为经济学家所关注。1954 年,诺贝尔经济学奖获得者、荷兰经济学家简·丁伯根(Jan Tinbergen)在《国际经济一体化》中提出了这一概念,认为地区一体化是通过国家或区域之间相互协作与统一,将阻碍经济活动有效运作的因素加以弱化、消除,以创造出最优的国际经济结构。[1] 美国学者斯蒂芬·哈格德(Stephan Haggard)也认为,地区一体化是一个过程,是指地区内生产要素流动、集中,提升区域经济效率的过程,是经济自然发展的客观过程。迄今为止,被广泛接受的概念是美国经济学家贝拉·巴拉萨(Bela Balassa)在 1961 年提出的,他认为地区一体化不仅是一个过程,也是一种状态,既是采取旨在消除区域内各国之间差别待遇措施的过程,又是上述差别待遇消失的一种状态。[2] 尽管学界对区域一体化的界定存在差异、各有侧重,但基本上都是在经济领域内的观察。

随着欧洲经济共同体和此后欧盟的创立,地区一体化不仅仅是一个经济学概念,更成为一个政治学概念,所强调的重心也从地区化转移到一体化上来。在政治学家看来,一体化是指多个原来相互独立的主权实体通过某种方式逐步在同一体系下彼此包容、相互合作,在地区和国际范围内形成一个相对独立的单一实体。一体化过程既涉及国家间经济,也涉及政治、法律和文化,乃至整个社会的融合,是政治、经济、法律、社会、文化的一种全面互动过程,并最终成为一个在世界上具有主体资格的单一实体。因此,地区一体化不同于一般意义上的国家间合作,涉及的也不仅仅是一般的国家间政治或经济关系,而是涉及超越民族国家的政治建构过程。一体化的基本特征在于自愿性、平等性和主权让渡性,其核心在于国家主权的让渡是一个长期的、渐进的过程,在这一过程中制度化和法律化即成为实现一体化的基本前提和保障。当今世界上一体化程度比较高的地方包括欧盟、北美自由贸易区和东南亚国家联盟。

---

[1] 参见 Jan Tinbergen, *International Economic Integration*, Amsterdam: Elsevier, 1965。
[2] Bela Balassa, "Towards a Theory of Economic Integration", *International Review for Social Sciences*, 1961, Vol. 14, Iss. 1, pp. 1-17.

地区一体化具有不同的表现形式。美国学者巴拉萨认为,地区一体化主要存在四种形式,根据一体化程度由低到高分别是自由贸易区(free trade area, FTA)、关税同盟(customs union, CU)、共同市场(common market, CM)、经济联盟(economic union, EU)。① 具体而言:首先是建立自由贸易区,在该地区国家之间取消贸易壁垒;在此基础上发展共同对外的关税同盟;共同市场则意味着成员国之间取消了生产要素的壁垒,实现资本、劳动力等自由流动;经济同盟则意味着提升经济政策的协调对接层次,包括预算、货币、社会政策的一体化等。综合学界研究的共识,地区一体化主要存在以下五种表现形式。

一是优惠贸易安排(preferential trade arrangement, PTA)。优惠贸易安排是区域经济一体化中最低级和最松散的组织形式,成员国之间通过贸易条约或协定,规定了相互贸易中对全部商品或部分商品的关税优惠,对来自非成员国的进口商品,各成员国按自己的关税政策实行进口限制。1932年英国与英联邦成员国建立的大英帝国特惠制,第二次世界大战后建立的"东南亚国家联盟""非洲木材组织"都属于此类。

二是自由贸易协定(free trade agreement, FTA)。自由贸易协定通常指两个以上的国家或地区,通过签订自由贸易协定,相互取消绝大部分货物的关税和非关税壁垒,取消绝大多数服务部门的市场准入限制,开放投资,从而促进商品、服务、资本、技术、人员等生产要素的自由流动,实现优势互补,促进共同发展。有时它也用来形容一国国内,一个或多个消除了关税和贸易配额、并且对经济的行政干预较小的区域。这里所指的贸易壁垒可能是关税,也可能是繁杂的规则等。在WTO文件中,自由贸易协定与优惠贸易安排、关税同盟协定(CUA)一道被纳入区域贸易协定(regional trade agreement, RTA)的范围。

三是关税同盟。关税同盟是指成员国之间彻底取消了在商品贸易中的关税和数量限制,使商品在各成员国之间可以自由流动。另外,成员国之间还规定对来自非成员国的进口商品采取统一的限制政策,关税同盟外的商品不论进入同盟内的哪个成员国,都将被征收相同的关税,如早期的"欧洲经济共同体"和"东非共同体"。关税同盟的主要特征是成员国相互之间不仅取消了贸易壁垒,实行了自由贸易,还建立了共同对外关税。建立于1834年并逐步发展扩大的德意志关税同盟是较早出现的关税同盟组织,对促进当时德国经济发展和政治统一起过一定作用。此外还有:1924年,瑞士和列支敦士登公国建立的关税同盟;1948年,比利时、荷兰、卢森堡建立的关税同盟;1958年,欧洲经济共同体各国缔结的关税同盟;1960

---

① Bela Balassa, "Towards a Theory of Economic Integration", *International Review for Social Sciences*, 1961, Vol. 14, Iss. 1, pp. 1-17.

年一度建立的欧洲自由贸易联盟;中非关税及经济联盟和南部非洲关税同盟,以及安第斯条约组织。

四是共同市场。共同市场是指成员国之间废除了商品贸易的关税和数量限制,并对非成员国商品进口征收共同关税,还规定资本、劳动力等生产要素可在成员国间自由流动。其特点是成员国间完全取消关税壁垒,并对非成员国征收统一关税,成员国之间资本和劳动力自由流动。

五是经济同盟。经济同盟旨在实现商品、生产要素的自由流动,建立共同对外关税,并且制定和执行统一对外的某些共同的经济政策和社会政策,逐步废除政策方面的差异,使一体化的程度从商品交换扩展到生产、分配乃至整个国民经济,形成一个有机的经济实体。

二、地区主义

将一组国家界定为某一地区的另一路径是地区主义。相比强调技术、经济和社会因素自下而上构建的地区化逻辑,地区主义强调政治和文化因素自上而下的理念建构和政治建构。相比之下,地区主义在中国学界是一个冷战结束之后才出现的晚近概念,此前较长一段时间内,对地区化、一体化和地区经济合作等概念并不做严格的区分,直到中国参与亚太经济合作组织进程之后,地区主义才从英美学界被介绍到中国学界。比如,庞中英 1999 年在《欧洲》期刊发表的《地区主义与民族主义》一文,解释了地区主义的形成和发展,以及地区主义和民族主义的关系。再如,袁正清、肖欢容和郎平译介了一些国外研究,对地区主义的基本概念、研究议程、最新进展有比较充分的介绍。① 进入 21 世纪以来,对东亚地区主义、欧洲地区主义以及其他地区的地区主义的研究越来越成为学界研究的热点。

如果说一体化是地区化(regionalization)的核心概念,那么地区就是地区主义(regionalism)的核心概念。地区绝不仅仅是一个地理概念,而是有着明确经济、政治、社会和文化内涵。约瑟夫·奈提出了以国家为中心的地区概念,在国际关系中,地区就是由一种地缘关系和一定程度的相互依存性联结到一起的有限数量的国家。卡尔·多伊奇(Karl Deutsch)从相互依存的角度界定了地区的内涵,认为地区是相互依赖的经济和社会有机体。被广泛接受的概念是瑞典学者比约恩·赫特(Björn Hettne)和弗雷德里克·索特伯姆(Fredrik Soderbaum)对地区的界定。

---

① 参见[瑞典]赫特、索德伯姆:《地区主义崛起的理论阐释》,袁正清译,《世界经济与政治》2000 年第 1 期,第 66—71 页。[美]阿米塔夫·阿齐亚:《地区主义和即将出现的世界秩序:主权、自治权、地区特性》,肖欢容译,《世界经济与政治》2000 年第 2 期,第 63—69 页;[德]汉斯·莫尔:《地区主义和全球主义:相互矛盾还是相互推动的进程?》,郎平译,《世界经济与政治》2000 年第 9 期,第 68—71 页。

他们认为,地区是一个开放的系统,存在地区区域、地区复合体、地区社会、地区共同体、地区国家等不同层次的存在形式。①

将地区视为一种理论观念和政策实践的"地区主义",严格来说是二战结束以来的事情,此前尽管也有学者提及以国际贸易为中心的地区主义,甚至有人将门户开放政策视为地区主义,但此种由一国强权确立的"强加的地区主义"与当下人们谈及的地区主义大异其趣。尽管学界对地区主义的界定纷繁复杂,但其核心都是强调地区主义是国家的一种有意的自上而下的地区政策和实践,推动在地区基础上形成代表地区的地区组织或国家集团,它是一个多层次、多行为体、主动协商互动的过程。因此,地区主义可以界定为地理上相邻或相近的一组国家,为了特定的共同目标进行宏观政策协调合作,建立某种地区性国际组织或某种非机制性安排的国际关系现象。

相比地区化的自然过程,地区主义是一个社会建构的过程。严格来讲,地区主义需要满足如下三个条件。一是地区利益是地区主义的基础。利益是国家行为的基础,也是一切社会行为的根本。地区主义首先意味着确立了地区共同利益,商品、资金、技术、人员、信息等经济要素在特定国家集团内的流动速度要比在该国家集团以外的流动速度要快,已经存在着地区社会化共同利益的事实。一旦出现违背或者损害地区利益的行为,地区各国的众多行为体都会受到影响。二是地区价值是地区互动的载体。志同道合是伙伴,求同存异也是伙伴。地区主义要想夯实基础,必须具备共同的价值观。一旦地区各国建立起共同的价值观,就可以在基于共同价值基础上实施地区内国家之间开展经济、社会、安全领域的政策协调,建立机制化的官方正式联系渠道。三是地区责任是地区主义的功能。地区责任意味着地区各个成员都承担了地区的权利和义务,为权威性分配地区资源,地区内国家需要确立共同的政策框架,对地区外国家和地区恪守共同的政策立场,呈现了一定程度的"一个声音讲话"。近年来,地区主义已经引发了众多学科领域的关注,呈现出跨学科发展的势头。

按照这一标准,作为一种理论主张的地区主义产生于 20 世纪 50 和 60 年代,兴起于 70 年代后期。在 20 世纪 50 年代开始建立的欧洲煤钢联营、欧洲经济共同体和欧洲原子能共同体,不仅具有地区内互动的事实,也具有地区互动的机制和一定程度的共同地区政策,标志着地区主义的确立。当然,当时欧洲地区主义的范围还非常有限,主要集中于功能领域、经济领域等低级政治领域,在政治、安全等高级政治领域还非常有限。冷战结束之后,欧洲的地区主义大规模复

---

① Björn Hettne and Fredrik Söderbaum, "The New Regionalism Approach", *Politeia*, 1998, Vol. 17, No. 3, pp. 6-21.

兴,尤其是欧盟成立后,东欧国家申请加入欧盟,并建立了一系列对话和入盟机制,地区主义在欧洲达到顶峰。欧洲地区主义的成功实践,激励了地区主义在东亚、拉美、非洲、海湾地区等世界其他地区的发展,地区主义不胫而走,呈现出多样化的形态。迄今为止,真正确立相对完整形态的地区主义主要存在两种模式。

1. 基于欧洲经验的政府间主义模式

欧洲的地区主义源自对历史上国家间武力血腥对抗的惨痛经历的反思,这种对抗引发了两次世界大战,导致了欧洲文明的自我摧毁,产生了超越威斯特伐利亚体系的欧洲联合思想。尤其是第二次世界大战之后,源于欧洲煤钢联营的努力,最终形成了形形色色的地区主义思想。欧洲地区主义的特征是一体化的制度和机制,强调采用成熟的、健全的、具有超国家性质的制度化框架来推动地区主义发展。这些制度化框架在组织结构上主要包括欧洲联盟理事会、欧洲理事会、欧洲委员会、欧洲议会、欧洲法院等主要机构,这些机构分别掌管管理、行政、司法等执行权力,具有相对独立的职权范围。其中,欧盟的地区法律高于成员国国内法,这是政府间地区主义的最大特点所在。

2. 基于东亚和拉美地区经验的"开放型地区主义"或"新地区主义"模式

与欧洲经验强调制度建设和政治建设不同,新地区主义模式建立在低水平的制度化基础上,此种地区主义往往充分释放企业、社会、非政府组织等社会网络的积极性,鼓励跨国之间的对话和交流,通过比较松散、对成员国的约束力也相对较小的会议和论坛来建构地区身份认同,在尊重和包容不同国家差异基础上推进地区合作框架建设。比如亚太经济合作组织、东盟地区论坛、东盟-中日韩首脑非正式会晤等,相比欧盟的"委员会""议会""法院"等高制度化层次,东亚也只是"论坛""非正式会晤""会议"等低制度化层次。新地区主义最大的特征是开放性,强调保持对外开放,不制定区别性的宏观政策,主张以广泛的非歧视性作为区域合作的基本原则,更加符合世界多边贸易体制的宗旨,有利于进一步推进全球多边贸易体制的不断完善。

尽管世界各地的地区主义形态各异,其本质是一致的,都是对传统"国家中心主义"的突破,是在公共事务治理上对"国家失灵"的一种补救,它致力于解决国家解决不了或解决不好的国际公共问题。说到底,地区主义是同一地区内各种行为体基于共同利益而开展地区性合作的一切思想和实践活动的总称。[①] 除了纯粹自下而上的地区化的自然过程之外,一切主观的地区意识和认同建构、国家之间的地区合作和协调的机制和过程,都是地区主义的重要组成部分。地区主义和全球主

---

① 耿协峰:《新地区主义与亚太地区结构变动》,北京大学出版社2003年版,第37页。

义、民族主义并行不悖,它既不是全球主义的派生物,也不是民族主义的替代品。地区主义的逻辑是把地区作为思想和行动的出发点和基础,致力于寻求提供区域公共产品,捍卫地区共同利益,建构地区共同价值,履行地区共同责任,是地区利益、地区价值和地区责任的统一体。因此,地区主义是一种与全球主义共生、与民族主义相互补充的新型意识形态或思潮,日益在全球主义和民族主义之间扮演一种"桥梁"和"中介"的角色。

第二节　欧洲的地区治理

欧盟在区域一体化和区域主义方面是最为成熟和领先的。欧洲经验基本上可以称为政府间合作形式,欧洲区域治理最初的目的是超越民族国家之间的武力血腥对抗的自愿合作和特定的历史环境。最初欧洲合作计划失败了,比如古登霍夫-卡勒斯的欧洲合众国计划、白里安的欧洲联邦计划等。直到二战后,在冷战两大集团对立的紧张背景下,欧洲的思想家开始构思超越经济合作阶段和超越国家间对抗竞争的欧洲共同体计划(舒曼计划)。

一、欧洲地区合作的历程

欧洲地区一体化是开始最早、取得进展最大的地区一体化模式。事实上,早在19世纪开始,欧洲就有联合起来的声音,也推进了一些欧洲联合的计划,但都没有成功。第二次世界大战结束后,面对冷战对抗的高压,欧洲社会部分思想家和政治家构想超越经济合作和超越国家对抗的欧洲共同体蓝图。1950年5月9日,法国外长舒曼发表声明(史称"舒曼计划"),建议法德两国建立煤钢共同体,启动了法德和解进程。1951年,从法德煤炭和钢铁联营开始,成立了欧洲煤钢共同体,该方案从"马歇尔计划"中获得了一些财政支持。1952年7月,法国、联邦德国、意大利、荷兰、比利时和卢森堡正式成立欧洲煤钢共同体。到1958年,西欧六国签署了《罗马条约》,欧洲经济共同体正式成立。1958年1月,六国成立了欧洲经济共同体和欧洲原子能共同体。1967年7月,三个共同体的主要机构合并,统称欧洲共同体。1993年11月,《欧洲联盟条约》(又称《马斯特里赫特条约》)生效,欧洲共同体演化为欧洲联盟(简称"欧盟")。2002年1月,欧元顺利进入流通。2009年,《里斯本条约》生效后,欧盟具备了国际法主体资格,正式取代和继承欧洲共同体,并首次就成员国退出欧盟相关程序做出规定。

二、欧盟的内部治理

欧洲一体化建设半个多世纪以来在曲折中不断取得积极进展。至2020年总体来看,取得最大进展的是经济和货币领域。欧盟先后建立了关税同盟,实行了共同贸易政策、农业和渔业政策,统一了内部大市场,建立了经济与货币联盟,在欧元区内统一了货币。20世纪60年代的进展主要集中于农业、渔业、竞争、运输以及与第三国贸易等共同政策,20世纪70年代前后主要解决了科技、教育、卫生医疗、环境和地区政策,80年代则基本实现了商品、人员、资本和服务的自由流通。20世纪90年代尤其是1992年《马斯特里赫特条约》签订以后,欧盟宣布成立,一体化建设逐步向外交、安全、司法、内务等领域拓展,并不断取得进展。

欧盟是一个复杂的治理体系。在制度设计上,欧盟通过《阿姆斯特丹条约》和《尼斯条约》,陆续将"申根协议"纳入欧盟法律框架,把民事领域司法合作纳入欧盟机制。市场管理(支柱1)的任务被赋予了欧盟委员会和欧洲议会;共同外交和防务(支柱2)和司法和内部安全(支柱3)的任务被交给了欧洲/盟理事会,但需要全体一致同意方能通过。此外,1993年的《马斯特里赫特条约》,明确了"欧盟负责做出决定,各成员国政府负责执行决定"的分层授权原则,导致欧盟的行动取决于各成员国在相互竞争领域所采取的行动。20世纪90年代以后,欧盟推出了共同外交与防务政策,制定了在军火工业、警务合作和军事合作等方面的计划,着手筹建一个军事参谋部,但这一努力不仅遭受了成员国的激烈争议,也遭到了美国的反对。

欧洲区域治理安排的主要特征就是复杂的机构设置,主要机构如下。

一是欧洲理事会(European Council),又称欧盟首脑会议或欧盟峰会,是欧盟最高决策机构。欧洲理事会由成员国国家元首或政府首脑及欧洲理事会主席、欧盟委员会主席组成。欧洲理事会设主席一职,任期两年半,可连任一届。2019年7月,比利时首相查尔斯·米歇尔(Charles Michel)当选新一届欧洲理事会主席,于2019年12月1日就任。

二是欧盟理事会(Council of the European Union),又称部长理事会,是欧盟的立法与政策制定、协调机构。理事会由每个成员国各派的一名部长级代表组成,按不同议事领域由相应部长组成。除外长理事会由欧盟外交与安全政策高级代表主持外,欧盟理事会主席由轮值主席国担任,任期半年。

三是欧盟委员会(European Commission),简称欧委会,是欧盟的立法建议与执行机构。本届(2019年)选举产生的委员会共27人,由每个成员国(不含英国)1名代表组成,其中主席1人,副主席8人,任期5年。现任主席是德国前国防部部长马尔苏拉·冯德莱恩(Ursula von der Leyen),2019年7月当选,12月1日就任。

四是欧洲议会(European Parliament),是欧盟的监督、咨询和立法机构。欧洲议会的议员由成员国直接普选产生,任期5年。设议长1人,副议长14人,任期两年半,可连选连任。第九届议会于2019年7月正式成立,共有议员751名,7个党团。现任议长是意大利人戴维·萨索利(David Sassoli),2019年7月当选并就任。

五是欧盟对外行动署(European External Action Service)。由欧盟外交与安全政策高级代表(兼任欧盟委员会副主席)领导,协调成员国外交政策。现任欧盟外交与安全政策高级代表为西班牙前外交大臣何塞普·博雷利(Josep Borrell),于2019年12月1日就任。

三、欧盟的外部治理

冷战结束以来,欧盟扩大的速度加快,先后共经历了7次扩大:1973年,英国、爱尔兰和丹麦加入;1981年,希腊加入;1986年,西班牙和葡萄牙加入;1995年,奥地利、芬兰和瑞典加入;2004年5月1日,波兰、匈牙利、捷克、斯洛伐克、爱沙尼亚、拉脱维亚、立陶宛、斯洛文尼亚、塞浦路斯和马耳他10国入盟;2007年1月1日,罗马尼亚、保加利亚入盟;2013年7月1日,克罗地亚正式成为欧盟第28个成员国。英国于2016年6月通过全民公投决定退出欧盟,并于2017年3月正式启动脱欧程序,于2020年1月31日英国正式脱欧。总之,欧洲是一个边界模糊、不停波动的政治空间,在一体化的过程中,并非所有政府都加入同样的机构,往往是非常多样的。比如:军事方面存在北约和欧洲防卫联盟之间的错位;预防性外交方面有欧洲安全合作会议;在保障人权和促进民主方面主要依赖欧洲理事会;次区域合作还有波罗的海理事会等。尤其是2004年中东欧10国加入欧盟,欧洲内部的社会经济差距也在加大,政治协商一致的难度也在上升。

欧盟作为"一个声音"在世界舞台上发声,积极开展全方位外交,已同世界近200个国家和国际组织建立了外交关系,与战略伙伴建有定期领导人会晤机制。欧盟奉行有效多边主义,倡导自由贸易,积极引领国际能源及气候变化合作,强调维护联合国的地位和作用,主张以和平方式解决地区热点问题。2016年6月,欧盟发布题为"共同愿景、共同行动:一个更强大的欧洲"的外交与安全政策全球战略,确定以促进和平与安全、实现繁荣、推进民主、建立基于规则的国际秩序四大共同利益为目标,以"有原则的实用主义"为对外行动基本纲领。

总之,欧洲民众接受欧洲共同价值的人数在增加,正在缓慢地建构一个欧洲公共空间。但也有人持欧洲悲观论,认为欧盟难以走得更远,尤其是其运作方式不透明和民主赤字。当然,欧洲国家的内部差异和高度地区化的决策也令人们对欧盟的前景存有顾虑。尤其是随着反建制主义和逆全球化思潮的泛滥,欧盟国家的分离倾向有所发展,为欧盟地区治理蒙上了一层阴影。

第三节 亚洲的地区治理

亚洲的地区合作与治理是不同于欧洲的另一种模式——"开放型地区主义"或者"新地区主义"。亚洲的区域治理并非追求某种区域制度安排,而是将地区治理作为一个旨在更好融入全球化的经济工具。亚洲地区合作的模式得到了国际货币基金组织、世界银行和美洲发展银行的支持。亚洲地区治理的一个最大特征是多样性。表现为大量双边协定、多边地区合作和次区域合作。亚洲地区合作呈现为多个不同的次区域,缺乏类似于欧盟那样真正的总体一致性。

一、东盟地区治理

东南亚地区地缘战略地位重要。该地区地处亚洲与大洋洲、太平洋与印度洋的"十字路口",包括中南半岛和马来群岛两大部分,共有越南、老挝、柬埔寨、泰国、缅甸、马来西亚、新加坡、印度尼西亚、文莱、菲律宾、东帝汶 11 个国家,人口超过 6 亿,面积约 457 万平方千米。太平洋西岸国家与南亚、西亚、非洲东岸、欧洲等沿海国家之间的航线多经过这里,马六甲海峡是世界上最繁忙的海峡之一,战略地位非常重要,历来为外来者所青睐。从上古时期的中华帝国、印度帝国,到近代以来的欧洲殖民者,都对该地区产生了重大影响。最初,东南亚地区的联合是基于成员国对冷战的战略安全考虑,发生于冷战和非殖民化的背景下。

东南亚的概念是现代的和外来的,在东南亚国家的历史上没有这样一个概念。准确来讲,"东南亚"的概念是二战的产物,是一个舶来品。在 1943 年 8 月的魁北克会议上,西方盟国决定建立一个单独的"东南亚战区"(SEAC),其地理范围涵盖缅甸、马来亚、苏门答腊和泰国。[①] 这一原本服务于抗日战场的军事权宜之计却为东南亚地区提供了富有政治凝聚力的合作框架,改变了以前该地区各殖民主义宗主国各自为政的态势,将抗日战争期间"南洋华侨拯救祖国运动"的潜能转化为地

---

① 随着战事的进展,1945 年 7 月,波茨坦会议将范围扩展到荷属东印度的其余部分、印度支那北纬 16 度以南的广大地区。

区合作抗战的热情。二战后,东南亚在美国的全球战略中被作为一个区域来对待,在美国等所谓反对"共产主义扩张"的冷战战略框架下,东南亚的认同逐渐在该地区巩固下来。1955年,在印度尼西亚召开的万隆会议,标志着东南亚集体努力的发声。1967年8月,印度尼西亚、马来西亚、泰国、菲律宾、新加坡推动成立了"东南亚国家联盟",其目的是捍卫刚刚获得独立不久的国家主权,东南亚地区的观念正式落地生根。此后,地区合作一直是东南亚国家追求的战略主线,1976年通过的《东南亚友好合作条约》为地区合作设置了互相尊重独立、主权和平等、不干涉内政、和平解决争端与开展友好合作等制度规范。

冷战结束后,东盟国家开始从战略安全走向区域经济合作,尤其是在日本的积极推动下,地区经济一体化得到发展。从1992年起,东盟开始推出亚洲自由贸易区的概念,致力于实现地区经济复兴。尽管地区多样性十分突出,但在地区经济一体化领域还是有很大进步,逐步确立了所谓的"东盟方式"。自东盟成立五十多年来,尽管面临着越南入侵柬埔寨、东南亚金融危机等多场严峻考验,但创建一种基于维护国家主权、开展独立自主合作和灵活多样的地区合作,是贯穿始终的战略线索,被称为"东盟方式",核心是一致性(consensus)和不干涉(non-interference),无论是《曼谷宣言》,还是《东南亚友好合作条约》都强调了尊重国家主权、不干涉内政以及和平解决彼此争端的原则,成功地跨越了许多困难和障碍。

2008年12月,《东盟宪章》正式生效。根据该宪章,东盟组织主要包括如下机构。(1)东盟峰会:就东盟发展的重大问题和发展方向做出决策,一般每年举行两次会议。(2)东盟协调理事会:由东盟各国外长组成,是综合协调机构,每年至少举行两次会议。(3)东盟共同体理事会:包括东盟政治安全共同体理事会、东盟经济共同体理事会和东盟社会文化共同体理事会,协调其下设各领域工作,由东盟轮值主席国相关部长担任主席,每年至少举行两次会议。(4)东盟领域部长会议:由成员国相关领域主管部长出席,向所属共同体理事会汇报工作,致力于加强各相关领域合作,支持东盟一体化和共同体建设。(5)东盟秘书长和东盟秘书处:负责协助落实东盟的协议和决定,并进行监督。(6)东盟常驻代表委员会:由东盟成员国指派的大使级常驻东盟代表组成,代表各自国家协助东盟秘书处、东盟协调理事会等机构开展工作。(7)东盟国家秘书处:是东盟在各成员国的联络点和信息汇总中心,设在各成员国外交部。(8)东盟政府间人权委员会:负责促进和保护人权与基本自由的相关事务。(9)东盟附属机构:包括各种民间和半官方机构。

当然,受制于叠床架屋式的跨界次区域合作框架,以及东盟与其他大国的伙伴关系,东盟内部很难专心致志地推动自己的地区一体化。东盟国家积极开展多方位外交,每年与对话伙伴(包括中国、日本、韩国、印度、澳大利亚、新西兰、美国、俄罗斯、加拿大、欧盟)举行对话会议,具体如下。1994年7月,东盟倡导成立东盟地区论坛（ARF），主要就亚太地区政治和安全问题交换意见。1994年10月，东盟倡议召开亚欧会议（Asia-Europe Meeting，ASEM），促进东亚和欧盟的政治对话与经济合作。1997年，东盟与中、日、韩共同启动了东亚合作，东盟与中日韩（10＋3）、东亚峰会（East Asia Summit，EAS）等机制相继诞生。1999年9月，在东盟倡议下，东亚-拉美合作论坛（Forum for East Asia and Latin America Cooperation，FEALAC）成立。近年来，东盟在推动地区合作方面不遗余力，但进展不快。2011年11月，东盟提出"区域全面经济伙伴关系"（RCEP）倡议，旨在构建以东盟为核心的地区自贸安排。2012年11月，在第七届东亚峰会上，东盟国家与中、日、韩、印（度）、澳、新（西兰）六国领导人同意启动RCEP谈判。2017年11月，首次RCEP领导人会议在菲律宾马尼拉召开。2018年11月，第二次RCEP领导人会议在新加坡召开，各国领导人肯定当年RCEP谈判取得的实质进展，在2019年结束谈判达成一致。2019年11月，第三次RCEP领导人会议在泰国曼谷举行，与会领导人在会后发表联合声明，宣布RCEP15个成员国结束全部20个章节的文本谈判及实质上所有市场准入问题的谈判，并致力于2020年签署协定。2020年11月15日，RCEP协定正式签署，成为当今世界规模最大的自由贸易区。然而，随着中美战略竞争压力的上升，这一合作框架今后面临的障碍也可能会越来越大。

除了东盟之外，该地区还存在大量多样的地区合作形式。1989年，由澳大利亚倡议，获得美国支持的亚太经合组织（APEC）是一个地区一体化的重要论坛。但是，这一论坛也并非要创建一个政治共同体，而是通过建设一个低水平机制化的经济论坛来应对全球贸易与投资自由化。在长期发展愿景上，是建立一个自由贸易区，还是维持一个经济论坛，仍不明确，加上美国、中国、日本等国家还有很大的分歧，制约了这一论坛的发展。成立于1996年的亚欧会议（ASEM）是对APEC的竞争回应，是一个亚欧领导人会晤的场所，包括东盟、欧盟以及中、日、韩，致力于促进欧亚国家在政治、经济、社会和文化领域的合作，但随着欧盟建设进入困难期，这一跨地区主义架构的前景也非常黯淡。总体来看，除了1995年关于东南亚无核化的《曼谷宣言》取得了些许进展外，东盟在1999年的东帝汶危机等问题上的表现乏善可陈。

冷战的结束和区域化进程催生了开放型的地区主义和新型地区主义的形式，不再追求政治一体化，而是旨在更好地融入全球化。考虑保留成员国的民族独立性，东盟更优先推进经济一体化，并没有政治一体化的打算，这是东盟地区合作保持发展势头的一个重要原因。总体来看，东南亚的地区一体化具有实用主义、渐进方式、经济优先和非正式的特征，被称为"东盟方式"。1997年的东南亚金融危机，表明该地区的一体化效力非常有限，暴露了低结构化机构、相互经济依赖不强、内部多样化和缺乏领导以及缺乏组织协调等缺陷。

二、环印度洋地区的治理

除了东盟地区合作以外,在亚洲地区还存在南亚国家地区合作联盟、海湾国家合作委员会等次区域组织。然而,由于存在经济差异、地区内部贸易有限、分离运动和内乱冲突、印巴之间的纷争,地区合作一直停滞不前。环印度洋地区还存在孟买(印度)-德班(南非)-珀斯(澳大利亚)增长三角、毛里求斯-阿曼-新加坡增长三角、新加坡-马来西亚-印度尼西亚增长三角和印度尼西亚-马来西亚-泰国增长三角等地区经济合作框架。

(一) 南亚区域合作联盟

1985年12月,孟加拉国、不丹、印度、马尔代夫、尼泊尔、巴基斯坦、斯里兰卡七国首脑齐聚孟加拉国首都达卡,通过《南亚区域合作宣言》和《南亚区域合作联盟宪章》,宣告南亚区域合作联盟(简称"南盟")正式成立。2005年11月,阿富汗加入南盟。南盟秘书处为常设办事机构,在尼泊尔加德满都,负责南盟会务、成员国间及南盟与其他国际组织的交流与合作,协调和监督南盟各项活动的实施。现任秘书长斯里兰卡外交官埃萨拉·鲁万·威拉昆(Esala Ruwan Wee rakoon)于2020年3月就任。2007年,中国、日本、韩国、美国、欧盟等国作为观察员首次派团出席南盟峰会。2014年,第18届南盟峰会在尼泊尔加德满都举行,会议通过《加德满都宣言》,强调加快推动地区一体化建设,加强在贸易、投资、金融、能源、安全、基础设施建设、互联互通以及文化领域的合作,优先推进地区合作和次区域合作项目。

(二) 环印度洋联盟

印度在1995年成立了环印度洋地区合作组织(The Indian Ocean Rim-Association for Regional Cooperation, ORC-ARC),促进了政府、企业、大学三者之间在经济和贸易领域的合作,但同样不涉及政治一体化,主要聚焦于地区经济合作尤其是多边贸易谈判。1997年3月5—7日,环印度洋地区14国外长聚会毛里求斯首都路易港,通过《联盟章程》和《行动计划》,宣告环印度洋地区合作联盟(The Indian Ocean Rim Association for Regional Cooperation, IOR-ARC)正式成立。2013年11月1日,环印度洋地区合作联盟第13届部长理事会会议决定将该组织更名为环印度洋联盟(The Indian Ocean Rim Association, IORA)。秘书处是其常设机构,设在毛里求斯,负责协调联盟政策的执行,处理日常行政事务。现任秘书长诺姆武约·农齐克莱洛·诺奎(Nomvuyo Nontsikelelo Nokwe)来自南非，2018 年 2 月上任。

（三）海湾阿拉伯国家合作委员会

1981 年 5 月 25 日，六个海湾阿拉伯国家（阿拉伯联合酋长国、阿曼苏丹国、巴林国、卡塔尔国、科威特国、沙特阿拉伯王国）的元首在阿拉伯联合酋长国开会，宣布成立海湾阿拉伯国家合作委员会（简称"海湾合作委员会"或"海合会"），并签署了委员会章程。海合会自成立以来，每年 11 月或 12 月轮流在六国首都召开首脑会议，至 2020 年 12 月共举行了 40 次。此外，1999 年起一般在首脑会议之间召开非正式首脑磋商会议，迄今已召开 17 次。六国的外交、国防、内政、石油和财经等大臣（部长）也定期或根据需要召开会议。会议主要商讨六国和海湾、中东地区面临的政治、经济、外交、安全、军事等重大问题，互通情况，协调立场，共商对策，联合行动。海合会六国均奉行务实、平衡的外交政策。面对新的国际和地区形势，六国积极参与国际和地区事务，开展多元外交。

在亚洲地区，除了以东盟、南盟、海合会为主要代表的多样化治理之外，还有形形色色的地区和次区域治理现象，由于其发展并不充分，在此不一一详述。总体来看，由于亚洲地区在地理景观、文化历史和社会规范上的多样性，导致其缺乏地区化的强大动力，也缺乏足够强大的地区领导型国家，故亚洲的地区治理呈现出明显的由中小国家主导的特征。

第四节　美洲的地区治理

美洲的地区治理是一种建立在发达国家与发展中国家垂直合作基础上的治理形态，其治理效果受到美国霸权的强力制约。由于美国的霸权影响，整个西半球被美国视为自己的"后院"，美洲地区一体化无法回避美国霸权的影响。无论是北美地区一体化，还是拉美地区一体化，一切地区一体化的理念、政策和实践都不免要看美国人的脸色行事。因此，整个美洲地区的国家和非国家行为体都被卷入了一场关于地区治理的错综复杂的多项谈判之中。这些谈判内容包括：美洲自由贸易区、欧盟-南美共同市场、世界贸易组织以及南美各项发展纲领。

一、北美地区治理

北美地区合作倡议最早来自美洲会议。1890 年 4 月 14 日，美国同拉美 17 个国家在华盛顿举行第一次美洲会议，决定建立美洲共和国国际联盟及其常设机构——美洲共和国商务局。因此,4月14日被定为"泛美日"。1948年,在哥伦比亚首都波哥大举行的第九次美洲会议上,《美洲国家组织宪章》被通过,联盟遂改称为"美洲国家组织"。从那时起,美洲就开启了地区合作的进程。然而,受制于美苏冷战和美国地区霸权战略,美洲的地区治理名不符实。

建立自由贸易区是北美地区治理的首个尝试。从1994年起,34个美洲国家(仅古巴除外)就建立自由贸易区展开谈判。北美自由贸易区(North American Free Trade Area,NAFTA)是在区域经济集团化进程中,由发达国家和发展中国家在美洲倡导建立的,由美国、加拿大和墨西哥三国组成,其于1992年8月12日就《北美自由贸易协定》达成一致意见,并于同年12月17日由三国领导人分别在各自国家正式签署。1994年1月1日,协定正式生效,北美自由贸易区成立。

事实上,美国推动的北美自由贸易区仅仅把美国经济与加拿大和墨西哥联系起来而已,加、墨两国的国内生产总值加起来也不过美国的10%,美墨之间因北美自由贸易区使墨西哥出口至美国受惠最大。北美自由贸易区没有实行共同关税政策和人员自由流动,也不会建立一个经济利益的内部分配机制,更谈不上具体的政治目标,区内的经济完全是围绕美国经济进行的。美国的真正意图不过是阻止来自拉美的移民潮,也包括利用墨西哥边境免税加工区的便宜劳动力。从1964年开始,墨西哥就在北部边境和尤卡坦半岛设立免税加工区,吸引来自美、日、欧的外来直接投资和技术转让,从而平衡贸易收支。NAFTA的确推动了免税加工区的发展,但冷战后遭遇了来自中国和亚洲其他国家更加低廉的劳动力竞争。

在美国总统特朗普的主导下,2017年8月16日,美、加、墨三方代表在美国首都华盛顿就《北美自由贸易协定》进行重新谈判。2020年1月29日,签署修订后的《美国-墨西哥-加拿大协定》(简称"《美墨加协定》")正式生效,新协定涉及全球最大的自贸区之一,每年贸易额超过一万亿美元。相较而言,北美地区一体化更多是一种美国对加拿大、墨西哥的施舍,以此来巩固和强化美国的主导地位。不过,《美墨加协定》的签订的确为北美地区的工人、农民和公司提供了高标准的贸易协议,进一步促成了更加自由的市场、更加公平的交易以及更可持续的经济增长。《美墨加协定》确定在劳工、知识产权、市场准入、争端解决机制这四个领域进行改革。总体来看,美国是最大的赢家,墨西哥退让最多。

二、拉美地区治理

伴随着民主制度回归和经济政策变化,拉美各国重新界定并推动安第斯共同体(Comunidad Andina de Nactiones,CAN)、南美共同市场(Mercado Común del Sur,MERCOSUR)、加勒比共同体(Caribbean Community,CARICOM)等的发

展。与北美自由贸易区不同,拉美地区一体化是随着进口替代工业化战略发展模式的枯竭而出现的,美国关于建立一个包括西半球南北美洲的大自由贸易区的倡议也吸引了拉美地区各国,拉美地区治理虽然并不稳固,但的确也有了一定的发展。

(一) 安第斯共同体

安第斯共同体是安第斯国家之间联合自强的合作平台。1969年5月,秘鲁、玻利维亚、厄瓜多尔、哥伦比亚和智利政府代表在哥伦比亚的卡塔赫纳城举行会议,讨论本地区经济一体化问题,同月26日在哥伦比亚首都波哥大签署了《卡塔赫纳协定》。同年10月16日,该协定生效。因成员国均系安第斯山麓国家,故称安第斯集团或安第斯条约组织,后称安第斯共同体。安第斯共同体的宗旨是充分利用本地区资源,促进成员国之间平衡和协调发展,取消成员国之间的关税壁垒,组成共同市场,加速经济一体化进程。然而,受制于外部势力介入和地区复杂矛盾,安第斯共同体一直处于低水平发展状态。

(二) 南方共同市场

南方共同市场是巴西和阿根廷推动建立的地区合作平台。1991年3月26日,阿根廷、巴西、巴拉圭和乌拉圭四国总统在巴拉圭首都亚松森签署《亚松森条约》,宣布建立南方共同市场(简称"南共市")。南方共同市场的宗旨是通过有效利用资源、保护环境、协调宏观经济政策、加强经济互补,促进成员国科技进步和实现经济现代化,进而改善人民生活条件,推动拉美地区经济一体化进程。总的来说,南共市缺乏共同基础,随着巴西与阿根廷的关系出现问题,南共市的合作进程放缓。尤其是巴西更重视与G20国家和金砖国家的合作机制,南共市的影响更趋下降。

(三) 加勒比共同体

加勒比国家之间的合作平台——加勒比共同体也是拉美地区经济一体化的重要体现。由特立尼达和多巴哥、巴巴多斯、牙买加以及圭亚那四国总理于1973年7月签署的《查瓜拉马斯条约》发起创建,同年8月1日正式成立,包括安提瓜和巴布达、巴哈马、巴巴多斯、伯利兹、多米尼加、格林纳达、圭亚那、海地、牙买加、蒙特塞拉特(英属)、圣基茨和尼维斯、圣卢西亚、圣文森特和格林纳丁斯、苏里南、特立尼达和多巴哥15个成员,其宗旨是推动经济一体化、加强外交政策协调、促进人文社会发展和深化安全合作四大支柱的确立,促进地区一体化和成员间合作。加勒比国家多属岛国,碎片化问题十分严重,地区治理发展缺乏必要资源支持,进展比较缓慢。

(四) 拉美和加勒比国家共同体

拉美和加勒比国家共同体(Comunidad de Estados Latinoamericanos y Caribeños, CELAC)是一个泛美主义合作的框架。2010年2月,第21届里约集团峰会暨第二届拉美峰会(统称"拉美和加勒比团结峰会")在墨西哥举行,会议决定筹建涵盖所有33个拉美和加勒比独立国家的新地区组织,并定名为"拉美和加勒比国家共同体"(简称"拉共体"),以替代里约集团和拉美峰会。2011年12月2日至3日,拉美和加勒比地区33国的国家元首、政府首脑或代表在委内瑞拉首都加拉加斯举行会议,宣布正式成立拉共体。拉共体的宗旨是：在加强团结和兼顾多样性的基础上,深化地区政治、经济、社会和文化一体化建设,实现本地区可持续发展;继续推动现有区域和次区域一体化组织在经贸、生产、社会、文化等领域的对话与合作,制定地区发展的统一议程;在涉拉共体重大问题上进行协调并表明成员国共同立场,对外发出"拉美声音"。拉共体之所以活跃,与大国尤其是美国有着不可分割的关系,它扮演了地区各国与大国谈判的协调中心角色。

总的来说,尽管拉美国家在地区一体化上十分活跃,但发展水平并不高,特别还受到美国战略的影响,拉美地区治理最大的意义在于为拉美国家集体与美国讨价还价提供了平台。相比早期的泛美主义合作,拉美地区一体化与其说是一种聚变,不如说是一种裂变,在这一裂变过程中,北美和拉美渐行渐远,发展差距也越拉越大,最终连美国也不想过多卷入与拉美国家的合作框架。

第五节 非洲的地区治理

一、非洲的地区一体化

非洲国家虽然在新型地区一体化方面不断努力,但由于经济被边缘化、国家职能虚弱,以及与原宗主国有着千丝万缕的联系,内部族群矛盾和武装冲突不断,非洲地区一体化步履蹒跚。非洲的地区治理仍然无法摆脱按照前殖民地帝国或者地理瓜分范围的轮廓。非洲国家的地区治理呈现出错综复杂的特征。历史因素、族群因素、经济因素和语言文化因素等在非洲地区一体化进程中占据很大的分量。总体来看,非洲推进地区一体化的动力主要是基于经济考虑。本节重点介绍一些在非洲一体化进程中有较突出表现的组织。

（一）西非国家经济共同体

西非国家经济共同体[(Economic Community of West African States, ECOWAS),简称"西共体"]成立于1975年5月28日,包含贝宁、布基纳法索、多哥、佛得角、冈比亚、几内亚、几内亚比绍、加纳、科特迪瓦、利比里亚、马里、尼日尔、尼日利亚、塞拉利昂、塞内加尔15个国家。虽然西非经济共同体是基于经济考虑建立的,但更加有效的是共同体在军事领域的合作,建立了一个主要由尼日利亚士兵主导的西非维和机制,数度出兵执行维和任务。2019年6月,西共体在尼日利亚首都阿布贾举行第55届首脑会议,就地区一体化、发行西共体统一货币、和平安全等问题达成多项共识和成果。需要指出的是,法语区因素和历史上的法国影响对西非地区一体化具有十分重要的影响。

（二）中部非洲国家经济共同体

1983年10月18日,中部非洲国家经济共同体(Communauté Economique des Etats d'Afrique Centrale, CEEAC)是基于中部非洲国家元首和政府首脑在加蓬首都利伯维尔签署的"中部非洲国家经济共同体"条约成立的,包含安哥拉、布隆迪、喀麦隆、中非、乍得、刚果(布)、刚果(金)、加蓬、赤道几内亚、圣多美和普林西比、卢旺达11个成员国。1999年第9次峰会确定如下的优先目标：提高维护和平、安全与稳定的能力,加快经济、货币和人文一体化进程；设立中共体财政自主机制。

（三）南部非洲发展共同体

南部非洲地区一体化的情况较为复杂,南部非洲地区一体化的发动机是把矿业开发领域的生产要素整合在一起。由于南非白人实行种族隔离制度,使得一体化仅仅停留在工业生产领域,且严格禁止外来移民。反对种族隔离的斗争为南部非洲地区打上了深刻的烙印。南非种族隔离政权废除后,民主化迅速发展,南部非洲发展协调会议演变成了南部非洲发展共同体(Southern African Development Community, SADC),南非成为该地区的经济主导新强国。1992年8月17日,南部非洲发展协调会议成员国首脑在纳米比亚首都温得和克举行会议,签署了有关建立南部非洲发展共同体(简称"南共体")的条约、宣言和议定书,决定朝着地区经济一体化方向前进。1994年,各成员国模仿欧盟《马斯特里赫特条约》签约成了关税同盟,旨在实现经济一体化和建立一个政治和司法参照框架,以欧盟模式来推动一体化,1999年通过了《协调、稳定、增长和互助公约》,但在实践中进展不大。

(四) 东非共同体

东非共同体(East African Community，EAC)最早成立于1967年，成员有坦桑尼亚、肯尼亚和乌干达三国，后因成员国间政治分歧和经济摩擦于1977年解体。1993年11月，坦、肯、乌三国开始恢复合作。1996年3月14日，三国成立东非合作委员会秘书处。1999年11月30日，三国签署《东非共同体条约》，决定恢复东非共同体，将由来已久的关税合作和经济层次的深度合作前景结合起来。2001年，东非共同体正式成立，旨在实现一个地理范围有限但更加深化和协调的区域一体化，希望在未来争取建立一个东非国家政治联盟。2015年1月，签署建立货币同盟协议，确定了建立货币同盟的路线图，2015年6月，东非共同体、南部非洲发展共同体、东南非共同市场三个次区域组织签署协议，目标是共同建立一个新的单一自贸区。2016年3月，南苏丹正式加入东非共同体。东非共同体的宗旨是加强成员国在经济、社会、文化、政治、科技、外交等领域的合作，协调产业发展战略，共同发展基础设施，实现成员国经济和社会可持续发展，逐步建立关税同盟、共同市场、货币联盟，并最终实现政治联盟。

总体来看，非洲地区的一体化进程尽管更多地借鉴欧洲经验，寄希望未来达到政治建设的层次，但总体上主要停留在经济领域，且受到非洲地区历史、族群、政治和文化的强烈影响，也容易受到外来大国力量干涉的影响。因此，形形色色的一体化方案经常会遇到成员国内部竞争和国家结构性弱点，加之大量因战乱和冲突引发的现实问题，非洲国家即使有推进地区一体化的心，也没有这个能力，地区一体化仍然只是非洲国家人民的一种美好的愿望而已。

二、非洲的新地区主义实践：非洲联盟

非洲地区最大规模的地区主义是非盟的发展。非洲联盟的前身是成立于1963年5月25日的非洲统一组织(以下简称"非统")，源于众多非洲领导人和独立运动领袖的倡议，包括肯尼亚的肯雅塔、南非的亚伯拉罕、尼日利亚的阿齐克韦、坦桑尼亚的尼雷尔、赞比亚的卡翁达、加纳的恩格鲁玛和埃及的纳赛尔等，他们共同持有一个泛非主义的梦想，建立一个非洲合众国，希望摆脱和改变殖民主义瓜分非洲的"巴尔干化"问题，在国际上形成一个整体的非洲声音。1961年，随着"非洲应该团结起来"的泛非号召提出，卡萨布兰卡集团(加纳、埃及、摩洛哥、突尼斯、埃塞俄比亚、利比亚、苏丹、几内亚、马里和阿尔及利亚临时政府)也加入这一进程中来。当然，最大的阻力来自原殖民地宗主国的干扰和冷战的高压，限制了泛非主义的发展。1999年9月9日，在利比亚领导人卡扎菲再次提出泛非大陆一体化的建议后，

非统第四届特别首脑会议通过《锡尔特宣言》,决定成立非洲联盟(以下简称"非盟")。2002年7月,非盟正式取代非统。根据规划,非洲国家希望建立起相应的地区机构和动员相应的资源,至少应该包括一个泛非议会、一个中央银行和一个非洲法院。

总体来看,非盟基本上是参照欧盟建设的,由于非洲国家普遍缺乏自主发展的能力,尽管参与热情很高,但总体上发展水平比较低,非盟越来越成为非洲国家与其他国家建立伙伴关系和寻求合作的平台。2001年,非洲国家提出非洲发展新伙伴计划,旨在解决非洲民众的普遍贫困和贫困化难题。该计划首先主张预防危机,加强已有的地区组织,防止武器扩散。此外,该计划还主张促进民主事业,促进善治,并为此建立一个领导对话的机构。《非洲发展新伙伴计划》这一战略文件是由得到非盟授权的南非、阿尔及利亚、埃及、尼日利亚、塞内加尔五国首脑制定,负责实施这一计划的高级首脑委员会由非盟按照每个区域选举三个成员国组成,由首脑会议提交年度报告。该计划的指导委员会由国家元首和政府首脑的个人代表组成,还设立了一个秘书处,负责协调得到高级首脑委员会认可的项目和计划的实施。

 **课后习题**

一、名词解释

地区化　　　地区一体化　　　地区主义
新地区主义　　地区间主义　　地区治理

二、论述题

1. 简述地区主义的必要条件和代表性模式。
2. 试比较欧洲和亚洲地区一体化实践的差异。
3. 对于相近类型的地区一体化模式,为什么在一些地区能够实现的水平较高,而在另一些地区发展缓慢?

第十五章
全球治理的中国路径

中华人民共和国成立至今,对待全球治理的态度发生了从抵制批判到积极参与的根本性变化。特别是中共十八大之后,中国参与全球治理的主动性大幅提升,深度和广度全面拓展,开始提出自己的理念与方案,成为全球治理的重要参与者和推动者。

本章通过分析近年来中国对全球治理的理解与认知,中国对全球治理的战略定位,中国参与全球治理的实践,提出中共十八大之后的中国治理外交走的是以"存量改革、增量创新"为核心的中国路径,是对现有全球治理体系的主动融入与积极创制,目的在于推动全球治理向更加公正合理的方向发展,促进中国国家治理体系和治理能力现代化,更好地服务于中华民族伟大复兴。

第一节　中国的全球治理观

对中国来说,现代意义上的全球治理概念是一个舶来品。尽管中国在历史上曾经长期处于世界发展的前列,但古代中国并没有现代意义上的治理天下、治理国家的概念,仅仅期盼"天下太平"而已。近代以来,随着西方世界的兴起,中国不断受到西方世界扩张的冲击,陷入了所谓的"屈辱外交",中国逐渐形成了洋务的概念,被迫"师夷长技以制夷"。自中华人民共和国成立以来,中国对全球治理的态度发生了根本性变化:从消极以待到选择性参与,再到积极参与和推动全球治理变革向正确的方向发展。尤其是中共十八大以来,中国不仅积极参与全球治理,而且还形成了共商共建共享的全球治理观,坚持公平正义理念,参与和推动全球治理变革,主动创建了一些全球治理平台,提出大量全球治理倡议,成为全球治理变革中的一支重要战略力量。

一、秉承共商共建共享的全球治理观

中国需要一个什么样的全球治理,这是中国对全球治理理解的首要问题。

习近平深入发掘中华文化中独特的治理理念和智慧同当今时代的共鸣点,突出中国人民和世界人民的共同意愿,针对全球治理面临的重大现实问题和挑战,提出了共商共建共享的全球治理观、新安全观、新发展观、正确义利观、新型全球化观等一系列新理念新主张,推动建立更加公正合理、普惠均衡的全球治理体系。

2014年3月28日,习近平在德国科尔伯基金会发表重要演讲,指出:"中国的发展绝不以牺牲别国利益为代价,我们绝不做损人利己、以邻为壑的事情。我们将从世界和平与发展的大义出发,贡献处理当代国际关系的中国智慧,贡献完善全球治理的中国方案,为人类社会应对21世纪的各种挑战作出自己的贡献。"[1] 2015年10月,中共中央政治局就全球治理格局和全球治理体制进行集体学习。习近平强调:"要推动全球治理理念创新发展,积极发掘中华文化中积极的处世之道和治理理念同当今时代的共鸣点,继续丰富打造人类命运共同体等主张,弘扬共商共建共享的全球治理理念。"[2] 2015年12月1日,中国正式接任二十国集团主席国,习近平在致辞中提出:"我们要树立人类命运共同体意识,推进各国经济全方位互联互通和良性互动,完善全球经济金融治理,减少全球发展不平等、不平衡现象,使各国人民公平享有世界经济增长带来的利益。"[3] 2017年,习近平在中共十九大报告中指出:"中国秉持共商共建共享的全球治理观,倡导国际关系民主化,坚持国家不分大小、强弱、贫富一律平等,支持联合国发挥积极作用,支持扩大发展中国家在国际事务中的代表性和发言权。中国将继续发挥负责任大国作用,积极参与全球治理体系改革和建设,不断贡献中国智慧和力量。"[4] 中国坚持的共商共建共享的全球治理观与中华优秀传统文化是内在一致的。2019年4月26日,习近平在人民大会堂会见联合国秘书长古特雷斯时指出:"中国人民不仅要自己过上好日子,还追求天下大同。我提出共建'一带一路'倡议,体现的就是'和合共生'、互利共赢的思想,也和联合国可持续发展理念相契合。"[5] 共商共建共享就是中国人期望的全球治理观,也是中国参与全球治理的基本方案。这一方案中既包括国家之间合作治理的"联合国模式",也包括多元社会行为体参与的"网络模式",是一种复合型的治理路径。

---

[1] 习近平:《在德国科尔伯基金会的演讲》,《人民日报》,2014年3月30日,第2版。
[2] 《习近平在中共中央政治局第二十七次集体学习时强调:推动全球治理体制更加公正更加合理 为我国发展和世界和平创造有利条件》,《人民日报》,2015年10月14日,第1版。
[3] 《习近平就2016年二十国集团峰会发表致辞》,《人民日报》,2015年12月1日,第3版。
[4] 习近平:《决胜全面建成小康社会 夺取新时代中国特色社会主义伟大胜利——在中国共产党第十九次全国代表大会上的报告》,人民出版社2017年版,第60页。
[5] 《习近平会见联合国秘书长古特雷斯》,《人民日报》,2019年4月27日,第2版。

二、推动全球治理公正合理发展的改革观

如何才能秉承共商共建共享的全球治理观,建设一个更加公正合理的全球治理体系?是在现有体系的基础上创新完善,还是从头做起?习近平就全球治理体制机制的调整改革说得非常清楚:"这种改革并不是推倒重来,也不是另起炉灶,而是创新完善。"①中国坚定维护以《联合国宪章》的宗旨和原则为基石的国际关系基本准则,强调全球治理变革要增加发展中国家的代表性和发言权,推动国际关系民主化,这是中国推动全球治理变革的"改革观",它不是在现有二战后建立的国际治理体系之外"另起炉灶",而是推动现有治理体系更加公正合理,更加适应国际力量对比的变化,尤其是提高广大新兴市场国家和发展中国家的代表性和话语权。2013年3月,习近平就任中国国家主席后首次出访前夕接受金砖国家媒体联合采访时谈及全球治理,他说:"全球经济治理体系必须反映世界经济格局的深刻变化,增加新兴市场国家和发展中国家的代表性和发言权。"②2013年3月,在南非德班举行的金砖国家领导人第五次会晤上,习近平讲道:"不管全球治理体系如何变革,我们都要积极参与,发挥建设性作用,推动国际秩序朝着更加公正合理的方向发展,为世界和平稳定提供制度保障。"③在治理改革上,习近平强调制度改革和中国方案。2014年12月,中共中央政治局就加快自由贸易区建设进行集体学习时,习近平说:"加快实施自由贸易区战略,是我国积极参与国际经贸规则制定、争取全球经济治理制度性权力的重要平台,我们不能当旁观者、跟随者,而是要做参与者、引领者,善于通过自由贸易区建设增强我国国际竞争力,在国际规则制定中发出更多中国声音、注入更多中国元素,维护和拓展我国发展利益。"④2015年9月22日,习近平接受美国《华尔街日报》书面采访,回答关于完善全球治理结构的问题时提出:"全球治理体系是由全球共建共享的,不可能由哪一个国家独自掌握。中国没有这种想法,也不会这样做。中国是现行国际体系的参与者、建设者、贡献者,一直维护以联合国为核心、以联合国宪章宗旨和原则为基础的国际秩序和国际体系。"⑤

---

① 《习近平接受〈华尔街日报〉采访》(2015年9月22日),新华网,http://www.xinhuanet.com/world/2015-09/22/c_1116642032.htm,最后浏览日期:2022年1月7日。
② 习近平:《习近平谈治国理政》第二卷,外文出版社2017年版,第100页。
③ 习近平:《携手合作 共同发展》,《人民日报》,2013年3月28日,第2版。
④ 《中共中央政治局就加快自由贸易区建设进行集体学习》(2014年12月6日),中国政府网,http://www.gov.cn/xinwen/2014-12/06/content_2787582.htm,最后浏览日期:2020年12月6日。
⑤ 《习近平接受〈华尔街日报〉采访》(2015年9月22日),新华网,http://www.xinhuanet.com/world/2015-09/22/c_1116642032.htm,最后浏览日期:2022年1月7日。

同时,对于通往更加完善的全球治理体系的路径,"规则"和"制度"是中国主张的两个关键词,提升制度性权力是关键路径。在2015年10月举行的中共中央政治局集体学习中,习近平说:"随着全球性挑战增多,加强全球治理、推进全球治理体制变革已是大势所趋。"①随后召开的中共十八届五中全会的公报中,进一步明确提出具体方案:"积极参与全球经济治理和公共产品供给,提高我国在全球经济治理中的制度性话语权,构建广泛的利益共同体。"②2016年7月1日,在庆祝中国共产党成立95周年大会上,习近平说:"什么样的国际秩序和全球治理体系对世界好、对世界各国人民好,要由各国人民商量,不能由一家说了算,不能由少数人说了算。""中国将积极参与全球治理体系建设,努力为完善全球治理贡献中国智慧,同世界各国人民一道,推动国际秩序和全球治理体系朝着更加公正合理方向发展。"③2016年9月27日,中共中央政治局就"二十国集团领导人峰会和全球治理体系变革"进行集体学习,习近平明晰了推进全球治理体系变革必须坚持的两大基本原则。其一,坚持以经济发展为中心,集中力量办好自己的事情,不断增强中国在国际上说话办事的实力。中国要积极参与全球治理,主动承担国际责任,但也要"尽力而为、量力而行"。其二,推动全球治理体系变革是国际社会大家的事,要坚持"共商共建共享"原则,使关于全球治理体系变革的主张转化为各方共识,形成一致行动。要坚持为发展中国家发声,加强同发展中国家团结合作。在强化自身能力建设上,习近平强调,"要提高我国参与全球治理的能力,着力增强规则制定能力、议程设置能力、舆论宣传能力、统筹协调能力。参与全球治理需要一大批熟悉党和国家方针政策、了解我国国情、具有全球视野、熟练运用外语、通晓国际规则、精通国际谈判的专业人才。要加强全球治理人才队伍建设,突破人才瓶颈,做好人才储备,为我国参与全球治理提供有力人才支撑"④。

显然,中国并非要推翻现有的全球治理体系,而是在现有全球治理体系基础上推动公正合理的改革,尤其是增加发展中国家的代表性和发言权,不断提出中国方案,贡献中国智慧。近年来,在这一思想的指导下,中国积极参与全球治理改革,在现有全球治理体系中正发挥着越来越大的作用,对全球治理体系的创新完善作出越来越重要的贡献。

---

① 《习近平在中共中央政治局第二十七次集体学习时强调:推动全球治理体制更加公正更加合理 为我国发展和世界和平创造有利条件》,《人民日报》,2015年10月14日,第1版。
② 《中国共产党第十八届中央委员会第五次全体会议公报》,《求是》2015年第21期,第3—7页。
③ 习近平:《在庆祝中国共产党成立95周年大会上的讲话》,《人民日报》,2016年7月2日,第2版。
④ 习近平:《习近平谈治国理政》第二卷,外文出版社2017年版,第450页。

第二节　全球治理与中国大战略

从中国对全球治理的理解不难发现,全球治理对于中国来说已经不仅仅是一个外交问题,而是一个统筹国际国内两个大局的全局性问题和战略性问题。2018年4月8日,习近平在会见联合国秘书长古特雷斯时指出:"国际上的问题林林总总,归结起来就是要解决好治理体系和治理能力的问题。"①2019年6月,中国政府发布《新时代的中国与世界》白皮书,强调"什么样的国际秩序和全球治理体系对世界好、对世界各国人民好,要由各国人民商量,不能由一家说了算,不能由少数人说了算。中国将积极发挥自身作用,加强与各方协调,推动全球治理体系变革更好地体现和平、发展、公平、正义、民主、自由的人类共同价值,更好地反映国际格局的变化,更加平衡地反映整个国际社会的意愿"②。显然,推动全球治理转型已经成为中国维护世界和平和促进共同发展的大战略,成为实现中华民族伟大复兴的重要战略支柱。

一、以全球治理为载体推动构建新型国际关系

推动全球治理变革,首要的是妥善处理好与世界各国的伙伴关系,以全球治理为载体推进新型国际关系的构建。在这一问题上,习近平在多个场合多次阐述推动全球治理与处理各国外交关系的问题,将发展以合作共赢为核心的新型国际关系与推进全球治理结合起来,构建覆盖全球的伙伴关系网和"朋友圈"。

在处理大国关系上,全球治理越来越成为大国关系的重要内容,努力构建总体稳定、均衡发展的大国关系框架。2015年9月22日,习近平在美国华盛顿州西雅图市出席当地政府和美国友好团体联合举行的欢迎宴会时发表演讲指出:"中美两国合作好了,可以成为世界稳定的压舱石、世界和平的助推器。""我们应该推动完善全球治理机制,共同促进世界经济稳定增长,共同维护全球金融市场稳定。"③2018年6月8日,习近平在北京人民大会堂同俄罗斯总统普京举行会谈时强调:"无论国际形势如何变幻,中俄始终坚定支持对方维护核心利益,深入开展各领域合作,共同积极参与全球治理,为推动建设新型国际关系、构建人类命运共同体发

---

① 《习近平会见联合国秘书长古特雷斯》,《人民日报》,2018年4月9日,第1版。
② 中华人民共和国国务院新闻办公室:《新时代的中国与世界》,《人民日报》,2019年9月28日,第11版。
③ 习近平:《在华盛顿州当地政府和美国友好团体联合欢迎宴会上的演讲》,《人民日报》,2015年9月24日,第2版。

挥了中流砥柱作用。"①2019年3月26日,习近平在巴黎同出席中法全球治理论坛闭幕式的法国总统马克龙、德国总理默克尔和欧盟委员会主席容克举行会晤时也强调:"当前国际形势中不稳定不确定因素突出,保护主义抬头。中方愿同各方一道,坚定维护多边主义,推进完善全球治理,共同应对全球性挑战。""中方愿同欧方加强在联合国框架内的交流合作,在推动政治解决国际争端、应对气候变化、促进可持续发展等方面积极有所作为。"②在金砖国家领导人峰会,出访印度、巴西、南非等大国时,习近平也多次强调要与其他新兴大国一道为世界经济增长和全球治理作出更大贡献,为气候变化、粮食安全、能源安全、网络安全等全球性问题提供代表广大发展中国家利益的方案,在金砖国家、二十国集团、上海合作组织等多边机制内开展战略协作。不难看出,推动全球治理合作已经成为中国大国外交的重要内容之一。

在周边关系上,习近平强调推动全球治理体系朝着更加公正合理方向发展,要从周边先行起步。2013年10月24日至25日,周边外交工作座谈会在北京召开,习近平明确提出"更加奋发有为地推进周边外交","让命运共同体意识在周边国家落地生根"。③ 2014年11月29日,习近平在出席中央外事工作会议时强调:"要切实抓好周边外交工作,打造周边命运共同体,秉持亲诚惠容的周边外交理念,坚持与邻为善、以邻为伴,坚持睦邻、安邻、富邻,深化同周边国家的互利合作和互联互通。"④在博鳌亚洲论坛2015年年会上,习近平提出迈向亚洲命运共同体的倡议,强调要共同营造对亚洲、对世界都更为有利的地区秩序,通过迈向亚洲命运共同体,推动建设人类命运共同体。⑤ 2015年7月10日,上海合作组织成员国元首在《上海合作组织成员国元首乌法宣言》中共同强调:"成员国呼吁在平等和共同安全、兼顾相互利益和法治等原则基础上,巩固第二次世界大战后形成的全球治理机制,首先是联合国体系。"⑥2015年11月7日,习近平在新加坡国立大学发表重要演讲《深化合作伙伴关系　共建亚洲美好家园》中强调:"中国推动全球治理体系朝着更加公正合理方向发展,推动国际关系民主化,推动建立以合作共赢为核心的新型国际关系,推动建设人类命运共同体,都是从周边先行起步。"⑦近年来,中国积极地建设性地参与周边地区热点问题的解决,在朝鲜半岛核问题、伊朗核问题、阿

---

① 李伟红、陈效华:《习近平同俄罗斯总统普京举行会谈　两国元首一致同意　推动中俄关系在高水平上实现更大发展》,《人民日报》,2018年6月9日,第1版。
② 杜尚泽、龚鸣:《习近平同出席中法全球治理论坛闭幕式的欧洲领导人举行会晤》,《人民日报》,2019年3月27日,第1版。
③ 习近平:《习近平谈治国理政》第一卷,外文出版社2014年版,第296、299页。
④ 习近平:《习近平谈治国理政》第二卷,外文出版社2017年版,第444页。
⑤ 习近平:《迈向命运共同体　开创亚洲新未来》,《人民日报》,2015年3月29日,第2版。
⑥ 《上海合作组织成员国元首乌法宣言》,《人民日报》,2015年7月11日,第3版。
⑦ 习近平:《深化合作伙伴关系　共建亚洲美好家园》,《人民日报》,2015年11月8日,第2版。

富汗问题、南海争端、缅甸国内和解问题等议题上,中国坚持政治解决和对话协商,积极劝谈促和、稳定局势,逐步形成了以"和平性、正当性、建设性"三原则为主要内容的中国特色热点问题治理之道,为周边地区治理作出了重要贡献。

在处理与广大发展中国家关系上,中国坚持发展中国家定位,在全球治理体系改革问题上为发展中国家主持公道,"增加新兴市场国家和发展中国家的代表性和发言权"①,更好地维护发展中国家的共同利益。2014年11月22日,习近平同太平洋岛国领导人举行集体会晤并发表主旨讲话,提出"中方愿同各岛国就全球治理、扶贫减灾、粮食安全、能源安全、人道援助等问题加强沟通,维护双方和发展中国家共同利益。中方将在南南合作框架下为岛国应对气候变化提供支持,向岛国提供节能环保物资和可再生能源设备,开展地震海啸预警、海平面监测等合作。中方将继续积极参与太平洋岛国论坛、太平洋岛国发展论坛等岛国地区合作机制,支持岛国联合自强、互帮互助、维护地区稳定和繁荣的努力"②。2015年1月8日,习近平在中国-拉共体论坛首届部长级会议开幕式上发表致辞《共同谱写中拉全面合作伙伴关系新篇章》,指出:"双方在联合国、亚太经合组织、二十国集团、七十七国集团等国际组织和多边机制框架内,就全球治理、可持续发展、气候变化等重大议题加强协调和配合,中拉合作的战略意义和国际影响日益凸显。"③近年来,中国发起一系列以发展中国家为主体的国际组织及合作机制,实现了多边机制在发展中国家的网络化全覆盖,努力补强全球治理体系中的南方短板,推动金砖国家、上海合作组织等机制在区域和全球治理中发挥更大作用,将其打造为新兴市场国家和发展中国家参与全球治理的重要平台。

二、以全球治理为抓手推动构建人类命运共同体

中共十八大以来,习近平站在人类历史发展的战略高度,提出了国际社会日益成为一个你中有我、我中有你的"人类命运共同体"的重大战略判断。这一判断在理论上和实践上不断被丰富和完善,中共十九大报告明确了"推动构建新型国际关系,推动构建人类命运共同体"的中国特色大国外交思想,确立了新时代中国参与全球治理的全球治理观。人类命运共同体是新时代中国外交的一面旗帜,回答了人类社会向何处去的问题,回答了中国外交向何处去的问题。推动构建人类命运共同体,就是要建设持久和平、普遍安全、共同繁荣、开放包容、清洁美丽的世界。

---

① 胡锦涛:《合作 开放 互利 共赢》,《人民日报》,2010年4月17日,第2版。
② 杜尚泽、颜欢:《习近平同太平洋岛国领导人举行集体会晤并发表主旨讲话》,《人民日报》,2014年11月23日,第1版。
③ 习近平:《共同谱写中拉全面合作伙伴关系新篇章》,《人民日报》,2015年1月9日,第2版。

这一倡议超越了国别、党派和制度的异同,反映了大多数国家的普遍期待,符合国际社会的共同利益,也日益得到各方的认同和支持。

人类命运共同体是中国对全球化时代面临的各种挑战提出的全球治理的中国方案。2017年1月,习近平出席达沃斯世界经济论坛并发表演讲,提出当今世界面临着共同的挑战:"世界经济长期低迷,贫富差距、南北差距问题更加突出。究其根源,是经济领域三大突出矛盾没有得到有效解决。"① 2018年4月8日,习近平在会见联合国秘书长古特雷斯时指出:"我们需要不断推进和完善全球治理,应对好这一挑战。中国正在统筹推进经济、政治、文化、社会、生态文明建设'五位一体'总体布局,这五方面也是构建人类命运共同体的主要内容。"②在习近平看来,国内"五位一体"总体布局与国际"五个世界"(持久和平、普遍安全、共同繁荣、开放包容、清洁美丽的世界)的人类命运共同体构建是"一体两面",实现中华民族伟大复兴的"中国梦"与构建人类命运共同体的"世界梦"是内在一致的,国内推动国家治理体系和治理能力现代化和国际上完善全球治理体系和治理能力都是应对当今世界共同挑战的"中国方案"。

在这一思想指导下,中国提出了"一带一路"倡议,倡导成立亚洲基础设施投资银行和金砖国家开发银行,并在G20和APEC等全球和地区治理框架中不断提出新理念、提供新方案,受到世界各国的普遍欢迎。2017年2月10日,联合国社会发展委员会通过"非洲发展新伙伴关系的社会层面"决议,"呼吁国际社会本着合作共赢和构建人类命运共同体的精神,加强对非洲经济社会发展的支持"。随后在11月1日举行的第72届联大负责裁军和国际安全事务第一委员会(联大一委)会议通过了"防止外空军备竞赛的进一步切实措施"和"不首先在外空放置武器"两份安全决议,"构建人类命运共同体"理念被纳入联合国安全决议。从人类命运共同体的倡议提出到转变为国际共识和国际规范,充分体现了人类命运共同体思想的强大国际影响力,有着很强的生命力和广阔的发展空间,为全球治理体系改革和建设贡献了中国智慧、提供了中国方案。

总体来看,中国之所以强调全球治理作为中国大战略的重要支柱,核心是回答"世界怎么了,我们怎么办"的"时代之问"。2019年3月26日,习近平在巴黎出席中法全球治理论坛闭幕式上的讲话《为建设更加美好的地球家园贡献智慧和力量》中指出,当今世界面临着和平赤字、发展赤字、治理赤字和信任赤字四个问题,"面对严峻的全球性挑战,面对人类发展在十字路口何去何从的抉择,各国应该有以天下为己任的担当精神,积极做行动派、不做观望者,共同努力把人类前途命运掌握

---

① 习近平:《共担时代责任 共促全球发展》,《人民日报》,2017年1月18日,第3版。
② 《习近平会见联合国秘书长古特雷斯》,《人民日报》,2018年4月9日,第1版。

在自己手中"①。这是中国领导人第一次在国际舞台上系统阐述中国对全球治理的看法,表明中国已经把全球治理改革与人类命运共同体建设结合起来,成为推动人类命运共同体建设的重要战略抓手。

第三节 全球治理的中国实践

中共十八大以来,中国在全球治理的认识上不仅形成了以共商共建共享的全球治理观为主要内容的"中国路径",明确将全球治理作为新时代中国外交战略乃至国家大战略的重要支柱之一,而且在外交实践上也进行了一系列创新,倡议并推动了一系列治理平台,在现有体制内和体制外均取得重大进展,全球治理外交成为中共十八大以来中国外交的重要支柱。

一、体制内的改制:存量改革

在现有体制内,中国在加入联合国、世界贸易组织、国际货币基金、世界银行等一系列国际组织和制度框架的基础上,积极参与在现有体制框架之内的改革创新。中国积极支持联合国进行改革,推动联合国在思想理念、机构设置、运行模式等方面更好适应全球治理的新要求,更好履行《联合国宪章》赋予的职责,在维护世界和平、促进共同发展中发挥更大作用。中国还积极支持世界贸易组织在公平公正基础上进行必要改革,主张世界贸易组织改革要维护世贸组织核心价值和基本原则,特别是维护发展中国家的发展利益和政策空间,推动全球贸易自由化和便利化,完善贸易争端解决机制,使全球贸易更加规范、便利、开放,为建设包容和开放的世界经济发挥更大作用。中国还积极推动国际货币基金组织和世界银行份额与治理改革,切实反映国际格局的变化;积极推动二十国集团发挥作为国际经济合作主要论坛的作用,从危机应对向长效治理机制转型,为促进世界经济增长、完善全球经济治理作出更大贡献;积极推动亚太经合组织合作取得新进展,使亚太大家庭精神和命运共同体意识深入人心,做开放型世界经济的引领者和推动者。经过上述努力,中国在全球治理中的地位和影响力不断上升:中国已成为联合国第二大维和预算摊款国和经常性预算会费国,是安理会常任理事国第一大出兵国,并宣布设立为期10年、总额10亿美元的中国-联合国和平与发展基金、南南合作援助基金,推动人民币加入特别提款权货币篮子,在国际货币基金组织中的份额和投票权升至第三

---

① 习近平:《习近平谈治国理政》第三卷,外文出版社2020年版,第460页。

位,成为欧洲复兴开发银行成员等。为了进一步检验中国在现有体制框架内的存量改革策略,本章选取二十国集团杭州峰会作为案例进行分析。

G20是目前世界上首屈一指的全球经济治理平台,也是一个泛全球治理平台。最初,二十国集团诞生于亚洲金融危机的余波之中,为了防范类似的金融危机再度发生,七国集团(G7)于1999年主导创建了二十国集团,在性质上属于非正式对话的一种机制,宗旨是为推动已工业化的发达国家和新兴市场国家之间就实质性问题进行开放及有建设性的讨论和研究,以寻求合作并促进国际金融稳定和经济的持续增长。一般来说,考察中国对于现有治理体制的态度究竟是融入还是推翻,二十国集团要比更为正式的国际货币基金组织、世界银行和世界贸易组织更有参考性,因为作为非正式对话机制的二十国集团比作为硬性机制的世界银行与国际货币基金组织更为柔性,也更容易被改变被形塑。因此,下面选择二十国集团框架内的中国角色变化作为案例,考察全球治理的中国路径及其特征。

二十国集团建立后,由于世界金融与经济形势在21世纪头几年一直相对稳定,二十国集团的作用也一直未得到充分发挥,在全球经济治理中也显得较为边缘化。直到2008年美国次贷危机爆发,继而引发了全球性金融危机。在美国的推动下,作为各方应对危机的机制,二十国集团走到了全球经济治理的中心。尤其是在2009年,美国一年之内推动先后在华盛顿、伦敦、匹兹堡举行3次领导人峰会,有效地稳定了金融危机带来的经济冲击。自2009年匹兹堡峰会之后二十国集团开始转型,从危机应对机制向全球经济治理平台转型,并且在保持以经济议题为主的同时,逐渐将气候变化等议题整合进来,向泛全球治理平台发展,但总体上进展不大。

自1999年二十国集团成立以来,中国一直是积极的参与者。中国在七国集团提出发达国家与新兴市场国家对话的倡议之初就积极响应,是最早提出二十国集团机制化的成员国之一。但在较长的时间里,中国在二十国集团中的角色更多是以参与者为主,而非引领者。在应对2008年世界金融危机中,中国发挥了卓越作用,为全球经济复苏作出了巨大贡献,这成为中国在全球经济治理中发挥更加积极主动作用的契机。在2008年的二十国集团领导人华盛顿峰会上,时任国家主席胡锦涛在二十国集团框架内积极推进国际金融体系改革,倡导"国际金融体系改革,应该坚持建立公平、公正、包容、有序的国际金融新秩序的方向,努力营造有利于全球经济健康发展的制度环境。国际金融体系改革,应该坚持全面性、均衡性、渐进性、实效性的原则","尤其要体现新兴市场国家和发展中国家利益"。[①] 对此,日本《朝日新闻》的社论指出,"新兴国家正在深入参与到以发达国家为中心的国际金融

[①] 《胡锦涛文选》第三卷,人民出版社2016年版,第138页。

体系中来,新兴市场国家参与感的增强是国际金融体系框架的最大变化"①。然而,尽管中方这段时间里曾一度提出"超主权货币"的倡议而引发国际热议,②但并没有形成明确的全球治理战略。从全球治理变革的角度来理解二十国集团,把二十国集团作为中国参与全球经济治理的重要平台,则是2012年中共十八大以来才开始的。从2013年到2019年,习近平先后七次出席二十国集团峰会并发表重要讲话,中国参与全球治理的深度和广度都有明显拓展,并且更加积极主动地提出动议,开始成为推动二十国集团转型的引领者。

总体来看,中国参与二十国集团框架的合作尤其是2016年的杭州峰会取得了丰硕成果,使得二十国集团在理念、机制、路径等方面都取得了新的进步,同时实现了全球经济治理与全球发展议题的对接,巩固了其作为全球经济治理首要平台的地位。杭州峰会制定了《2016年二十国集团创新行动计划》《二十国集团新工业革命行动计划》《二十国集团数字经济发展与合作倡议》等多项行动计划,核准了《二十国集团创新增长蓝图》《二十国集团迈向更稳定、更有韧性的国际金融架构的议程》《二十国集团反腐败追逃追赃高级原则》《二十国集团2017—2018年反腐败行动计划》《二十国集团全球贸易增长战略》等多项原则性文件,涵盖了贸易、投资、金融、发展、创新、反腐等多个领域。杭州峰会上,中国积极参与全球治理的决心,以及"中国智慧""中国方案"都得到了很好的展现与阐释,二十国集团在杭州峰会上获得了继续前进的新动力。二十国集团杭州峰会后,中共中央政治局专门组织第三十五次集体学习,习近平在主持学习时用"六个首次"来总结杭州峰会:"首次全面阐释中国的全球经济治理观,首次把创新作为核心成果,首次把发展议题置于全球宏观政策协调的突出位置,首次形成全球多边投资规则框架,首次发布气候变化问题主席声明,首次把绿色金融列入二十国集团议程,在二十国集团史上留下了深刻的中国印记。"习近平强调这次峰会"是近年来我国主办的级别最高、规模最大、影响最深的国际峰会",更是从"提高我国全球治理能力"的高度,要求为参与全球治理提供更有利的人才支撑。③

从二十国集团杭州峰会的案例中可以发现,中国既不是谋求对当今全球治理体制"推倒重来"的"修正主义者",也不是因循守旧的"维持现状者",而是锐意进取,推动全球治理体制变革的不断创新与发展,正如习近平所说,中国"推进全球治理变革并不是推倒重来,也不是另起炉灶,而是创新完善,使全球治理体制更好地

---

① 钱彤、田帆:《中国影响 中国责任——记胡锦涛主席3次出席二十国集团领导人金融峰会》(2009年9月26日),经济日报网,http://paper.ce.cn/jjrb/html/2009-09/26/content_81985.htm,最后浏览日期:2020年12月6日。
② 周小川:《关于改革国际货币体系的思考》,《理论参考》2009年第10期,第4—5页。
③ 《中共中央政治局进行第三十五次集体学习》(2016年9月28日),中国政府网,http://www.gov.cn/xinwen/2016-09/28/content_5113091.htm,最后浏览日期:2020年12月6日。

反映国际格局的变化,更加平衡地反映大多数国家特别是新兴市场国家和发展中国家的意愿和利益"①。

二、体制外的创制: 增量创新

在参与欧美国家创建的既有全球治理体制外,中国也启动了新机制与新平台的创建,先后创建上海合作组织、亚洲基础设施投资银行、丝路基金、金砖国家开发银行及应急储备安排、上合组织开发银行等新的治理平台,创办了"一带一路"国际合作高峰论坛、中国国际进口博览会、虹桥国际经济论坛、中非合作论坛、中阿合作论坛、中拉论坛、博鳌亚洲论坛、中国-东盟博览会、中国-阿拉伯国家博览会、中国-非洲经贸博览会、亚洲文明对话大会、世界互联网大会等多个全球和区域性多边平台,主办了亚信上海峰会、亚太经合组织领导人北京非正式会议、二十国集团领导人杭州峰会、金砖国家领导人厦门会晤、上海合作组织青岛峰会等,在全球治理中的影响力越来越大,尤其是在地区冲突治理方面为解决地区热点问题提供的"中国方案",加大对网络、极地、深海、外空等"全球公域"规则制定的参与,强调"以我为主、自主创新",承担力所能及的大国责任,在全球经济、全球发展、全球气候变化、反恐、防扩散、核安全、减贫、防灾减灾、疾病控制、极地、海洋、太空、网络治理等领域越来越"承担与自身国力及国情相适应的国际责任"。②中国在现有全球治理体制外的主动创制行为,既受到了欢迎与赞扬,也遭遇了质疑与阻力。一些西方国家表现出关于中国意在推翻现有国际秩序的担忧,为了进一步检验中国在体制外的增量创新意在何为,本章选取创办亚洲基础设施投资银行作为案例进行研究。

亚洲基础设施投资银行[(Asian Infrastructure Investment Bank, AIIB),简称"亚投行"]是中国在现有治理体制外进行创新来推进国际经济金融治理改革的案例之一。2013年10月,习近平和李克强在先后出访东南亚时提出了筹建"亚洲基础设施投资银行"的倡议,将同域外现有多边开发银行合作,相互补充,共同促进亚洲经济持续稳定发展。③ 根据设想,亚投行将是一个以重点投资基础设施建设为主要使命的亚洲区域多边政府间开发机构,法定资本1000亿美元,是中国试图在国际金融秩序的一些领域中发挥主导作用的一次重要尝试。自倡议提出后,得

---

① 中共中央宣传部编:《习近平总书记系列重要讲话读本(2016年版)》,学习出版社、人民出版社2016年版,第274—275页。
② 《如何构建中美新型大国关系: 王毅外长在布鲁金斯学会的演讲》(2013年9月22日),中华人民共和国外交部网站,http://www.fmprc.gov.cn/ce/cevn/chn/zgyw/t1078864.htm,最后浏览日期: 2020年12月6日。
③ 杜尚泽、庄雪雅、王晔:《共同谱写中国印尼关系新篇章 携手开创中国-东盟命运共同体美好未来》,《人民日报》,2013年10月4日,第1版。

到了众多国家的积极响应,特别是2015年3月18日法国、德国和意大利同意加入亚投行,调动了西方发达国家加入亚投行的积极性,截至2019年10月,共有100个国家成为成员国,大大出乎美国的意料。最终,美国也不得不表示支持亚投行与美国主导的世界银行等金融机构建立合作关系。亚投行是中国在全球治理中进行增量创新的代表性案例,并且获得了成功。

亚投行是中国继提出建立金砖国家开发银行、上合组织开发银行之后,中国推动建立的第三家多边开发银行,也是目前中国在全球经济治理中提出的规模最大、规格最高的主动创制。

就中国倡导成立亚投行的目的,中国领导人也在多个场合阐述过。习近平在2014年11月6日主持召开中央财经领导小组①第八次会议时指出,要以创新思维办好亚洲基础设施投资银行和丝路基金,强调亚洲基础设施投资银行和丝路基金同其他全球和区域多边开发银行的关系是相互补充而不是相互替代的,将在现行国际经济金融秩序下运行。② 习近平明确表示,发起并同一些国家合作建立亚洲基础设施投资银行是要为"一带一路"有关沿线国家的基础设施建设提供资金支持,促进经济合作。③ 2016年1月16日,国家主席习近平在亚洲基础设施投资银行开业仪式上的致辞中进一步明确解释了中国的意图:"倡议成立亚投行,就是中国承担更多国际责任、推动完善现有国际经济体系、提供国际公共产品的建设性举动,有利于促进各方实现互利共赢。"④同时,习近平希望亚投行"成为专业、高效、廉洁的21世纪新型多边开发银行,成为构建人类命运共同体的新平台"⑤。李克强的解释则更为具体:"中国发起设立亚投行,旨在拓宽融资渠道,扩大总需求,改善总供给,以自身发展成就回馈和带动地区共同发展,促进世界经济复苏。"⑥同时,李克强明确表示,亚投行与亚洲开发银行等机构互为补充,并行不悖。欢迎其他多边开发机构共同参与,齐心发力,把合作的蛋糕做大。⑦ 关于亚投行的宗旨和业务范围,时任财政部部长楼继伟明确回答:"中国强调亚投行作为新的区域多边开发银行,与现有多边开发银行的业务领域各有侧重。亚投行专注于亚洲基础设施建设,促进区域互联互通和经济合作,现有的世界银行、亚洲开发银行等多边开

---

① 2018年3月,中共中央印发《深化党和国家机构改革方案》,中央财经领导小组由此改为中央财经委员会。
② 中共中央文献研究室编:《习近平关于社会主义经济建设论述摘编》,中央文献出版社2017年版,第257页。
③ 同上。
④ 习近平:《在亚洲基础设施投资银行开业仪式上的致辞》,《人民日报》,2016年1月17日,第2版。
⑤ 同上。
⑥ 《李克强出席亚洲基础设施投资银行理事会成立大会并致辞》(2016年1月16日),新华网,http://www.xinhuanet.com/politics/2016-01/16/c_1117797561.htm,最后浏览日期:2021年4月7日。
⑦ 同上。

发银行则以减贫为宗旨。"①对于创办亚投行后会不会动摇中国对现有国际金融机构的参与力度,楼继伟同时指出,中国也将一如既往地支持世界银行、亚洲开发银行等现有多边开发银行在国际发展议程中发挥重要的作用。② 从中国领导人的解释来看,中国倡议亚投行在意图上并没有排斥哪一个国家,也没有替代现有国际金融秩序的意图,中国更关注的是以中国的方式为国际社会承担更多责任,作出更大贡献。

自中国提出筹建亚投行倡议以来,中方积极与亚洲国家和域外国家进行了多轮磋商和广泛沟通,与意向创始成员国就备忘录达成了共识。2014年10月24日,包括中国、印度、新加坡等在内21个首批意向创始成员的财长和授权代表在北京正式签署《筹建亚投行备忘录》,共同决定成立亚投行,标志着这一中国倡议设立的亚洲区域新多边开发机构的筹建工作进入新阶段。国家主席习近平会见了出席签署仪式的各国会议代表,习近平指出,亚投行的建立是"一种创新机制,有利于推动完善全球金融治理","希望各方共同努力,将亚投行建设成为一个平等、包容、高效的基础设施投融资平台和适应本地区各国发展需要的多边开发银行","亚投行应该秉承开放包容的区域主义,欢迎所有有兴趣的国家积极参与,实现合作共赢","提出建立亚投行的倡议,目的就是深化亚洲国家经济合作,实现共同发展。我们将努力使中国自身发展更好惠及亚洲和世界各国"。③ 亚投行作为国际公共产品的性质进一步凸显。

亚投行成立几年多以来不断发展壮大,与世界银行等机构形成了良好的合作互补关系,成功融入了全球金融治理体系,成为国际多边开发机制的重要新成员。整体来看,自2016年成立以来,亚投行先后9次扩容,到2019年第四届亚投行理事会年会为止,亚投行的会员国数量达到了100个,成员主体为发展中国家,但也吸收了包括英、法、德、加等发达国家,其成员数量远超日本作为最大出资国的亚洲开发银行,仅次于世界银行,顺利获得联合国大会永久观察员地位,贷款总额达到85亿美元并成功发行首笔美元全球债券,制定了一系列重要战略和政策,已成为多边开发体系新的重要一员。④

纵观亚投行成立以来所取得的成绩,源于亚投行自身的特质。在与现有体系保持一致目标的基础上,作为多边开发体系的新成员,亚投行在治理结构、保障政策等方面将充分借鉴现有多边开发银行通行的经验和好的做法的同时,克服了其

---

① 《财政部部长楼继伟就筹建亚洲基础设施投资银行答记者问》(2014年3月11日),中国招标投标协会网站,http://www.ctba.org.cn/list_show.jsp?record_id=217030,最后浏览日期:2021年9月20日。
② 同上。
③ 李伟红:《习近平会见出席筹建亚投行备忘录签署仪式各国代表》,《人民日报》,2014年10月25日,第1版。
④ 刘昆:《亚投行已成为多边开发体系新的重要一员》,《中国总会计师》2019年第7期,第8页。

他多边开发机构的一些突出问题,如机构臃肿、标准苛刻、审批流程复杂、效率低下等问题,是一种"更好的标准"。对此,亚投行行长金立群解释道,亚投行是一个国际多边机构,按照多边开发银行模式和标准运营,有独立的项目遴选标准。"中国是亚投行的第一大股东,通过理事会和董事会参与银行的治理和决策。"①根据中国时任财政部副部长邹加怡的解释:"中国支持亚投行在未来发展中始终按照多边开发银行模式和国际性、规范性、高标准的原则来运作,努力将自身打造成一个实现各方、互利共赢和专业高效的基础设施融资平台。"②换言之,亚投行并非依靠中国的国际政治手段来运行,而是依靠高标准、高质量的治理架构和治理能力来运行。诚如金立群行长强调的那样,亚投行的核心价值观是"精干、廉洁和绿色",对腐败零容忍,并且将依照高标准建章立制,打造强有力的企业文化。③ 正是因为亚投行在治理上的杰出表现,标普、穆迪和惠誉三大国际信用评级机构自亚投行成立至今连续给予亚投行最高信用评级——3A。④

十八大以来中国所开展的全球治理外交并非致力于推翻现有的治理框架和国际秩序,而是在现有治理框架内创新完善。从中国领导人的表述来看,中国并没有意图要推翻现有的全球治理体系,而是强调继续积极参与现有的全球治理体系,并希望通过"增量创新"带动"存量改革",从外部探索来推动现有全球治理体系的改革,最终目的还是推动现有国际体系和国际秩序向着公正合理的方向发展。

从长远来看,如果全球治理体制内的改革滞后于体制外的创新,中国在"一带一路"、亚洲基础设施投资银行、金砖国家发展银行等领域的努力,很大程度上将可能改变现有的治理框架和治理格局,进而对现有治理体系改革形成外部压力。相比之下,中国在体制外创新完善的影响力要大于体制内改制的影响,而且中国的影响力首先体现在发展和经济领域,继而可能逐渐拓展到更多领域。中国在参与和推进全球治理上仍有相当长的路要走,中国将在全球治理体系中承担起自身应尽的责任。

总之,推动全球治理体系和治理能力的现代化,既是当今时代大变局和国际社会对中国的期望,也是中国推动"治理现代化"和实现中华民族伟大复兴的必由之路。随着中国国家实力的增长,全球治理将在中国外交战略中占据越来越重要的地位,推动中国逐步成为一个当今世界舞台上的治理强国,至于中国是选择延续现

---

① 《金立群:树立高质量基础设施投资典范》(2019 年 6 月 12 日),中国金融新闻网,http://www.financialnews.com.cn/zgjrj/201906/t20190612_161682.html,最后浏览日期:2020 年 12 月 6 日。
② 同上。
③ 《立足基本面 共创新未来——以平常心为亚投行点赞》(2015 年 3 月 31 日),新华网,http://www.xinhuanet.com/world/2015-03/31/c_1114827979.htm,最后浏览日期:2020 年 12 月 6 日。
④ 《让人心服口服,亚投行的五年这样走过——专访亚投行行长金立群》(2021 年 1 月 15 日),新华网,http://www.xinhuanet.com/2021-01/15/c_1126988037.htm,最后浏览日期:2022 年 12 月 6 日。

有的全球治理道路,还是可能发展出一种新的模式,是一个值得长期观察的研究议题。

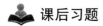 **课后习题**

一、名词解释

中国路径　　杭州峰会　　亚洲基础设施投资银行

二、论述题

1. 请简述中共十八大以来中国的全球治理观。
2. 请简述中共十八大以来中国的治理外交。

主要参考文献

一、中文文献

1. 《马克思恩格斯选集》第1卷,人民出版社2012年版。
2. 《马克思恩格斯选集》第2卷,人民出版社2012年版。
3. 《马克思恩格斯选集》第3卷,人民出版社2012年版。
4. 《马克思恩格斯选集》第4卷,人民出版社2012年版。
5. 习近平:《习近平谈治国理政》第一卷,外文出版社2014年版。
6. 习近平:《习近平谈治国理政》第二卷,外文出版社2017年版。
7. 习近平:《习近平谈治国理政》第三卷,外文出版社2020年版。
8. 习近平:《论坚持推动构建人类命运共同体》,中央文献出版社2018年版。
9. 蔡拓:《全球学导论》,北京大学出版社2015年版。
10. 蔡拓、杨雪冬、吴志成:《全球治理概论》,北京大学出版社2016年版。
11. 黄河:《跨国公司与全球治理》,上海人民出版社2018年版。
12. 俞可平:《全球化:全球治理》,社科文献出版社2003年版。
13. 俞可平主编:《全球化:全球治理》,社会科学文献出版社2003年版。
14. [加]安德鲁·F.库珀、[波]阿加塔·安特科维茨主编:《全球治理中的新兴国家:来自海利根达姆进程的经验》,史明涛、马骏等译,上海人民出版社2009年版。
15. [美]奥兰·扬:《复合系统:人类世界的全球治理》,杨剑、孙凯译,上海人民出版社2019年版。
16. [美]奥兰·扬:《世界事务中的治理》,陈玉刚、薄燕译,上海人民出版社2007年版。
17. [英]戴维·赫尔德等:《全球大变革:全球化时代的政治、经济与文化》,杨雪冬译,社会科学文献出版社2001年版。
18. [英]戴维·赫尔德:《民主与全球秩序:从现代国家到世界主义治理》,胡伟等译,上海人民出版社2003年版。
19. [美]罗伯特·基欧汉、海伦·米尔纳主编:《国际化与国内政治》,姜鹏、董素华译,北京大学出版社2003年版。

20. [英]马丁·阿尔布劳:《全球时代:超越现代性之外的国家和社会》,高湘泽、冯玲译,商务印书馆 2001 年版。
21. [德]乌尔里希·贝克:《世界风险社会》,吴英姿、孙淑敏译,南京大学出版社 2004 年版。
22. [瑞典]英瓦尔·卡尔松、[圭]什里达特·兰法尔主编:《天涯成比邻——全球治理委员会的报告》,赵仲强等译,中国对外翻译出版公司 1995 年版。
23. [美]约翰·鲁杰主编:《多边主义》,苏长和等译,浙江人民出版社 2003 年版。
24. [加]约翰·J.柯顿:《二十国集团与全球治理》,郭树勇、徐谙律等译,上海人民出版社 2015 年版。
25. [美]詹姆斯·罗西瑙主编:《没有政府的治理》,张胜军、刘小林等译,江西人民出版社 2001 年版。

二、外文文献

1. Acharya, Amitav, *Whose Ideas Matter?: Agency and Power in Asian Regionalism*, Ithaca: Cornell University Press, 2009.
2. Barnett, Michael and Raymond Duvall, eds., *Power in Global Governance*, Cambridge: Cambridge University Press, 2004.
3. Estevadeordal, Antoni and Louis Goodman, *21st Century Cooperation: Regional Public Goods, Global Governance, and Sustainable Development*, Oxford: Routledge, 2017.
4. Held, David and Thomas Hale, *The Handbook of Transnational Governance Institutions and Innovations*, Cambridge: Polity Press, 2018.
5. Kahler, Miles and David Lake, *Governance in a Global Economy: Political Authority in Transition*, Princeton: Princeton University Press, 2003.
6. Keohane, Robert and Joseph Nye, Jr., *Governance in a Globalizing World*, Washington D.C.: Brookings Institute Press, 2000.
7. Risse, Thomas, Stephen Ropp, and Kathryn Sikkink, eds., *The Power of Human Rights: International Norms and Domestic Change*, Cambridge: Cambridge University Press, 1999.
8. Rosenau, James, *Along the Domestic-foreign Frontier: Exploring Governance in a Turbulent World*, Cambridge: Cambridge University Press, 1997.
9. Tarrow, Sidney, ed., *The New Transnational Activism*, Cambridge: Cambridge University Press, 2012.

后　记

摆在读者诸君面前的《全球治理导论》是一本教材,它是基于我在清华大学开设的"全球治理导论"课程讲稿的基础上编写而成的。近年来,关于国际组织和全球治理人才的培养受到各方面的关注,清华大学也为此设立了专门的全球胜任力教育模块。2017年,我在社会科学学院分管教学工作,推动建立了国际事务与全球治理大类专业方向,并设立了全球治理兼修硕士和能力提升证书项目,开设了面向社会的全球胜任力证书项目和中国特色大国外交司局级干部选学项目,推动构建了一个全方位的国际组织和全球治理人才培养体系。

随着人才培养项目的设立,课程、教材、教师、教参等一系列相关问题接踵而至。作为项目负责人,我一下子被置于一种困难和压力之下,承担起开设"全球治理导论"课程的任务,这项课程于2017年的秋季第一次正式开设。刚刚开课的时候,课程没有任何教材参考,只能参照国内外大学同行已开设的相关课程进行设计。经过一个学期的教学,虽然感觉非常累,但收获颇丰,我很快被这一领域深深吸引。在授课过程中,由于缺乏固定教材,我经常把各学科的相关内容都介绍到课堂上来,因此课程涉及的议题十分广泛、内容十分丰富。2020年,新冠疫情迫使该课程在线上开设,虽然和学生之间隔着屏幕,但我也经常在屏幕前滔滔不绝地演讲,不时会结合疫情的治理困境对所教授的内容进行解释,这就导致本书书稿在一些地方的语言风格有些口语化——本书的确是讲出来的。疫情期间,感谢清华的雨课堂软件可以帮助我把每一次讲课的内容录制下来,我也是在回看的过程中逐渐萌生了将讲稿整理出来,并形成教材的想法。

2020年秋季学期,学生陆续返校,大家见面后积极支持将这一书稿尽快整理出来的想法。我先在讲义的基础上整理了初稿,一些博士后、博士生、硕士生参加进来,成立项目组分工协作,对书稿进行整理。初稿修订校对工作的情况如下:导论(赵丹阳)、第一章(雷定坤)、第二章(孔裕善)、第三章(陈维)、第四章(赵远)、第五章(李海涛)、第六章(蔡锐)、第七章(秦紫晓)、第八章(翟大宇)、第九章(赵丹阳)、第十章(尹一凡)、第十一章(郎昆)、第十二章(刘风至)、第十三章(刘丽娜)、第十四章(史艳)、第十五章(赵远)等,其中,赵丹阳、赵远出力最多,在此一并感谢。课题组几乎每周都一起开会,最后集中两个多礼拜的时间对教材进行逐字逐句审定,不断提出意见,一起讨论。总之,大家的贡献在整理过程中已水乳交融,不分彼此,本教材是集体贡献的结晶。

书稿大约在2020年11月初步完成,完成后即与复旦大学出版社的邬红伟先生联系出版事宜,立即得到积极回应,很快就签订了出版合同。邬红伟先生是复旦大学出版社的资深编辑,我和他曾多次合作,有几本书还获得了上海市的大奖。邬红伟先生的编辑业务专业精湛,做事一丝不苟,且做人十分低调,是我非常尊敬的师长。离开复旦后,与他联系少了,此次有幸再度与他合作,期待能够更进一步。本书能够以最短的时间面世,邬红伟先生厥功至伟。孙程姣女士是本书的责任编辑,她对本书字斟句酌,看得十分仔细,提出了大量有价值的建议,令本书增色良多。当然,书中如有一切问题,皆因本人学力不逮,完全由本人承担。

非常感谢秦亚青教授和蔡拓教授的鼎力推荐,两位教授是中国国际关系研究的重要开拓者,也是全球治理研究的开拓者,很多成果都使本书受惠很多。得蒙两位不吝赐序,让本书立即获得大师加持,增色巨大。

最后,还要特别感谢我们各自家人的默默支持,我们在本书的撰写、修订和统稿过程中,常常工作到深夜,家人的理解和支持永远是我们前进的动力。

一切批评和建议都将得到最热烈的欢迎。

赵可金
2021年9月10日于双清苑

图书在版编目(CIP)数据

全球治理导论/赵可金著. —上海：复旦大学出版社，2022.3(2024.11 重印)
(国际事务硕士(MIA)系列)
ISBN 978-7-309-15654-6

Ⅰ.①全… Ⅱ.①赵… Ⅲ.①国际政治-研究 Ⅳ.①D5

中国版本图书馆 CIP 数据核字(2021)第 085410 号

全球治理导论
QUANQIU ZHILI DAOLUN
赵可金　著
责任编辑/孙程姣

复旦大学出版社有限公司出版发行
上海市国权路 579 号　邮编：200433
网址：fupnet@fudanpress.com　http://www.fudanpress.com
门市零售：86-21-65102580　团体订购：86-21-65104505
出版部电话：86-21-65642845
上海四维数字图文有限公司

开本 787 毫米×1092 毫米　1/16　印张 23.5　字数 447 千字
2024 年 11 月第 1 版第 2 次印刷

ISBN 978-7-309-15654-6/D·1089
定价：59.00 元

如有印装质量问题,请向复旦大学出版社有限公司出版部调换。
版权所有　　侵权必究